근대 도덕철학의 역사 ②

자율의 발명

나남
nanam

한국연구재단 학술명저번역총서
서양편 398

근대 도덕철학의 역사 ②
자율의 발명

2018년 8월 31일 발행
2018년 8월 31일 1쇄

지은이   제롬 B. 슈니윈드
옮긴이   김성호
발행자   趙相浩
발행처   (주) 나남
주 소   10881 경기도 파주시 회동길 193
전 화   (031) 955-4601 (代)
F A X   (031) 955-4555
등 록   제 1-71호 (1979.5.12)
홈페이지 http://www.nanam.net
전자우편 post@nanam.net
인쇄인   유성근 (삼화인쇄주식회사)

ISBN 978-89-300-8933-3
ISBN 978-89-300-8215-0 (세트)

책값은 뒤표지에 있습니다.

'한국연구재단 학술명저번역총서'는 우리 시대 기초학문의 부흥을 위해
한국연구재단과 (주)나남이 공동으로 펼치는 서양명저 번역간행사업입니다.

근대 도덕철학의 역사 ②

자율의 발명

제롬 B. 슈니윈드 지음

김성호 옮김

나남
nanam

The Invention of Autonomy
A History of Modern Moral Philosophy

by Jerome B. Schneewind
Copyright ⓒ 1998 by Cambridge University Press, UK
All rights reserved

근대 도덕철학의 역사 ②

자율의 발명

차례

인용과 생략형에 관하여

참고문헌의 전반부에 해당하는 1차 자료들에서는 1800년 이전에 출판된 저술의 목록을 제시했다. 여기에는 내가 주로 논의한 철학자들의 저술뿐만 아니라 도덕철학사의 초기 업적에 속하는 수많은 저술이 포함되었다. 이런 저술을 인용하면서 이 목록에서 어떤 저자의 저술이 오직 한 권뿐일 경우에는 저자의 이름만 표시했고, 그렇지 않은 경우에는 저술 제목의 일부 또는 아래의 생략형을 표시했다. 1차 자료 끝부분에 제시한 자료집에서 인용할 경우에도 마찬가지로 편집자의 이름과 페이지를 표시했다.

1800년 이후에 출판된 주석가들과 역사가들의 저술을 인용하면서는 모든 경우에 저자의 이름과 출판연도를 표시했다. 내가 인용한 저술들의 목록은 참고문헌의 후반부에 해당하는 2차 자료에 등장한다. 때로 어떤 현대의 저술을 단 한 번만 부수적으로 인용하기도 했는데 이 경우에는 각주에서 상세한 서지사항을 밝혔다.

DJBP   그로티우스, 《전쟁과 평화의 법》(*De Jure Belli ac Pacis Libri Tres*). Trans. Francis W. Kelsey(1925), Oxford.

DJN   푸펜도르프(1672), 《자연법 및 국가의 법에 관하여》(*De Jure Naturae et Gentium*). Trans. C. H. Oldfather and W. A. Oldfather (1934), Oxford.

DJP   그로티우스(1604), 《전리품과 노획물 법에 관한 주석》(*De Jure Praedae Commentarius*). Trans. Gwladys L. Williams and Walter H. Zeydel(1950), Oxford.

LCCorr 클라크와 라이프니츠, 《라이프니츠-클라크 편지》(*The Leibniz-Clarke Correspondence*). Ed. Henry G. Alexander(1944), Manchester.

LE   칸트, 《윤리학 강의록》(*Lectures on Ethics*). Ed. Peter Heath and J. B. Schneewind. Trans. Peter Heath(1997), Cambridge.

MM   칸트, 《도덕 형이상학》(*The Metaphysics of Morals*). Trans. Mary Gregor(1991), Cambridge.

ST   아퀴나스, 《신학대전》(*Summa Theologia*). Trans. Fathers of the English Dominican Province(1947), New York.

TP   칸트, 《이론철학, 1755~1770》(*Theoretical Philosophy*, 1755-1770). Trans. and ed. David Walford and Ralf Meerbote (1992), Cambridge.

제 2 부

완성주의와 합리성

제9장

근대 완성주의의 근원

"인간은 자신이 저지른 오류 때문에 비참해진다." 1674~1675년에 출판된 말브랑슈(Malebranche)의 위대한 저술 《진리의 탐구》의 첫머리는 이렇게 시작된다. 1) 이것과 그로티우스가 쓴 《전쟁과 평화의 법》의 첫머리, 즉 논쟁의 해결이 도덕이 다루어야 할 문제라는 대목을 비교해 보면 자연법 사상가들과 17세기의 이성주의적 도덕철학자들 사이의 기본적인 차이가 간명하게 잘 드러난다. 앞에서 주장했듯이 전자에 속하는 학자들의 공통적인 요소는 끊임없이 이어지는 대립과 갈등의 해소가 도덕적 문제의 핵심이라고 생각했다는 점이다. 반면 후자에 속하는 학자들의 공통 요소는 이성을 제대로 사용하지 못한 데서 비롯되는 무지와 오류가 조화롭고 덕을 갖춘 삶을 사는 것을 가로막는 장애물이라는 주장이다.

---

1) 인간이 저지른 중요한 잘못이 무엇인지는 제11장 5절에서 논의하려 한다.

근대의 자연법 학자들은 관찰 가능한 사실로부터의 추론을 통해 우리의 삶을 방해하는 도덕적, 정치적 문제에 맞설 방법을 발견할 수 있다고 주장했다. 신이 존재하며 우리를 돌본다는 사실을 이끌어 내는 데 필요한 증거들을 경험이 제공한다. 또한 경험으로부터 배운 바 중의 하나는 어떤 거대한 우주의 도식과는 별도로 신이 우리가 살아가는 공동의 삶을 위한 적절한 체계를 창조했다는 점이다. 설령 신이 만든 우주의 조화가 존재한다 할지라도 우리가 어떻게 살아가야 하는지 결정하면서 여기에 호소할 수는 없다. 일단 신이 우리를 지배한다는 사실을 이해하기만 하면 현세에서 관찰 가능한, 우리 자신에 관한 사실들이 우리가 추구해야 할 적절한 방향에 대한 모든 합리적인 기초를 제공한다. 자연법 학자들은 이런 방식의 경험론적인 접근을 통해 도덕을 종교전쟁이 벌어졌던 논쟁 영역으로부터 끌어내어 과학이 통용되는 사실과 연결할 수 있으리라고 생각했다.

근대 자연법 이론에 대한 17세기 철학자들의 주요 대안은 자연법 철학자들의 경험주의와 함께, 신이 우주를 감독한다는 생각을 거부했던 그들의 주장까지도 모두 부정하는 것이었다. 자연법 이론을 부정한 많은 철학자는 신의 정신과 우리의 정신이 근본적으로 유사하다고 주장했다. 그들이 보기에 우리의 정신은 우리를 위한 신의 계획에 경험주의의 간접적 추론이 허용하는 것 이상으로 더욱 직접 접근할 수 있다. 자기이해를 더욱 증진하면 — 즉 자신을 완성하면 — 우리는 자신이 조화로운 전체의 일부로서 스스로 및 다른 사람과 함께 조화로운 관계를 이루면서 살아갈 수 있음을 더욱 확실히 깨닫는다. 이런 견해에 따르면 우리에 관한 사실 중 가장 중요한 것은 우리가 신의 정신에 관여한다는 사실이다. 이는 우리의 영원한 목적을 확인해 줄 뿐만 아니라 우리의 도덕과 정치까지도 규정한다.

고대 스토아학파는 신의 정신에 대한 인식으로부터 도덕이 등장한다는 관점을 이미 상세하게 제시했다. 17세기 도덕철학자들은 이런 스토아학파의 생각을 도입해 재구성했다. 이 장에서는 우선 뒤베르와 립시우스가 제시한 스토아철학을 검토하려 하는데 이들의 저술은 당시 폭넓게 읽혔다. 그 후 스토아철학의 주지주의는 인간의 선에 관련된 이들 특유의 이론과 분리되어 새로운 기초를 확보하면서 도덕 또한 새로운 방향으로 이끌었다. 스토아철학의 요소를 재가공하려 한 최초의 인물은 허버트 경이었다. 그는 자신이 새롭다고 주장한 방법을 사용해 강력한 주지주의적 윤리를 제시했다. 그의 주목할 만한 이론을 살펴본 후에는 데카르트에게로 눈을 돌리려 한다. 신스토아학파(neo-Stoic)라고 부를 수 있는 선구자들과 마찬가지로 데카르트도 지적인 자기완성과 오류의 회피가 중요함을 강조했다. 하지만 그는 이전 철학자들과는 달리 인간이 신의 정신에 접근할 수 있다는 주장과 도덕 이론을 분리하는 데 세심한 주의를 기울였다. 설령 이들 중 어느 누구도 충분히 만족스러운 도덕 이론을 제시하지 못했다 할지라도 이들이 자연법 학자들이 제쳐 놓았던 관념들에 새 생명을 불어넣었음은 분명한 사실이다.

1. 기독교화한 스토아철학: 뒤 베르와 립시우스

15세기 말 키케로(Cicero)와 세네카(Seneca)의 저술과 에픽테투스 (Epictetus)의 라틴어 번역이 처음 출판되자 스토아학파의 몇몇 중요한 이론에 쉽게 접근할 수 있게 되었다. 16세기에 출판된 두 권의 저술은 스토아철학이 더욱 넓게 확산되는 데 기여했다. 프랑스의 법학자이며 사제인 동시에 의회에서도 활발하게 활동했던 뒤 베르 (Guillaume du Vair, 1556~1621)는 1584년 《성스러운 철학》(*Sainte Philosophie*)이라는 상당히 긴 저술을 썼고 그 다음 해에는 다소 짧으면서도 대중의 인기를 얻었던 《스토아학파의 도덕철학》(*Philosophie morale des Stoiques*)을 출판했다. 벨기에 출신의 립시우스(Justus Lipsius, 1547~1606)는 정치적, 학술적 저술들에 힘입어 공적 문제에 상당한 영향력을 미치는 고위 고문직에 올랐으며 학술계에서도 최고의 인물 중 한 사람이 되었는데 1584년 《일관성에 관해》(*De Constantia*)를 라틴어로 출판했다. 이 책은 최소한 여덟 판 이상 간행되었고 다른 언어로도 많이 번역되었다.[2] 이들 둘은 모두 당시 유럽을 뒤흔들었던 불확실성과 공포에 맞서 스토아철학이 효과적인 개인의 안식처를 제공한다고 믿었기 때문에 자신들의 저술 또한 중요하다고 생각했다. 립시우스는 "나는 평화롭고 조용한 마음의 안식처를 발견하는 데 나의 모든 노력을 다 바쳤다"고 말하면서 이에 덧붙여 자신이 특히 정치적인 문제에 집중하려는 새로운 시도를 했다

---

[2] Levi(1964): 67면. 뒤 베르의 《스토아학파의 도덕철학》(이하 《도덕철학》으로 약칭)과 립시우스의 《일관성에 관해》(이하 《일관성》으로 약칭)에 대한 인용 표시는 Kirk가 편집한 판의 페이지에 따랐다.

고 언급한다. "나는 공공의 악에 맞서 위안을 찾으려 했다. 나 이전에 그렇게 한 사람이 누가 있는가?"(《일관성》: 207면)

스토아학파의 고전 문헌을 편집해 번역했던 학자들과 뒤 베르, 립시우스는 이런 문헌이 혼란한 시대에 평온한 삶을 사는 최선의 방법을 가르쳐 주며 이를 파악한 사람은 아직 계몽되지 못한 다른 사람에게 이를 가르칠 책임이 있다는 믿음을 공유했다. 철학자가 자신만의 명상을 통해서 배울 수 있는 바를 일반인은 관습을 통해서 얻는다(뒤 베르, 《도덕철학》: 92면). 키케로를 번역한 한 학자는 "사람이 이 세상에 태어난 까닭은 한 사람이 다른 사람을 완전하게 만드는 목적을 위해서"라고 말하면서 키케로가 바로 이런 목적에 합당한 사람이라고 덧붙인다.[3] 이성주의자들은 완전성에 이르는 일에 항상 큰 관심을 보였지만 자연법 학자들 사이에서는 이런 관심이 드러나지 않는다. 자연법 학자들은 주로 공적인 삶을 위한 체계를 제시하는 데 관심이 있었다. 푸펜도르프와 더불어 이들은 관찰 가능한 행위를 통제하는 것이 세속적 사상이 다룰 수 있는 영역이라고 주장하면서 인간의 최고선에 대해서는 탐구하지 않았다. 반면에 모든 이성주의자들은, 립시우스나 스피노자처럼 공적이고 정치적인 주제를 논의했던 학자까지도, 내적인 완전성 그리고 완전성에 반드시 동반하게 마련인 만족과 행복에 이르는 방법을 모색하였다.

립시우스의 저술을 영어로 번역한 학자는 립시우스가 "철학을 이해하기 어려운 질문이 난무하는 거짓과 궤변 안에 가두려 한 교활하고 닳고 닳은 말싸움꾼은 결코 아니었다"고 말한다(《일관성》: 68

---

3) Kirk, "introduction to Lipsius", 《일관성》: 24면에서 재인용.

면). 하지만 뒤 베르와 마찬가지로 그도 몇몇 형이상학적 문제를 다루지 않을 수 없었다. 게다가, 한 현대 학자가 말했듯이, "스토아학파 윤리학의 기초는 … 인간 심리학이 아니라 우주론과 신학에서 찾아야 한다".[4] 16세기 학자들이라면 이런 주제를 피하고 싶었을지 모른다. 하지만 그들은 고전 이론을 자신들의 기독교 신앙과 조화시켜야만 했다. 근대 유럽인의 삶에 스토아철학이 도움이 되었다 할지라도, 또는 뒤 베르가 원했듯이, 이교도들도 얼마나 덕이 있는 삶을 살았는지 보여 줌으로써 유럽인들이 부끄러움을 느끼고 분발하도록 만들었다 할지라도, 스토아학파의 이론은 기독교인이 받아들일 수 있도록 변형되어야만 했다. 신스토아학파는 서로 전혀 다른 두 견해를 융합하려는 노력의 결과였다.

　뒤 베르의 철학은 스토아학파의 일반적인 견해와 충고에 약간의 이론을 더하고 이를 신앙심이라는 몇 장의 포장지로 감싼 일종의 혼합물이다. 모든 것은 자신에게 적합한 선을 추구하므로 우리 또한 지성과 의지를 사용해 당연히 그렇게 해야 한다.[5] 지성과 의지는 우리의 가장 고귀한 부분이기 때문에 인간의 완성은 이들을 완성함으로써 이루어진다(57면). 만일 최고선이 도달 가능한 것임에 틀림없다면 — 자연이 우리로 하여금 최고선을 갈망하기만 하고 도달할 수

---

4) Striker(1991): 13면. 이 논문은 다소 짧지만 스토아학파의 윤리학을 설득력 있게 포괄적으로 서술한 최고의 글이다. 또한 Inwood(1985); Rist (1969); Long(1986) 참조.

5) 뒤 베르는 스토아학파의 도덕심리학에 아무 거리낌 없이 의지의 개념을 더한다. 그도 립시우스도 영혼과 정념의 통합을 거의 논리학의 명제 수준으로 생각하는 스토아학파의 견해에 관해서는 전혀 논의하지 않는다.

는 없도록 한다면 이런 자연은 자기 자신과 불화를 일으킬 수밖에 없으므로 — 최고선은 덕으로 이루어져야 한다. 왜냐하면 오직 덕만이 우리의 능력 안에 완전히 속하는 것이기 때문이다. 사람은 각자 크게 다르지만 자연이 우리를 그렇게 만들었으므로 "정신의 작용은 이런 종류의 사람에게나 저런 종류의 사람에게나 모두 고귀하고 영예로운 것임에 틀림없다". 부유하든 가난하든, 평민이든 귀족이든 누구나 덕에 이를 수 있다. 덕의 중요한 부분인 지혜는 의지에게 자연과 일치하는 것은 행하고 그렇지 않은 것은 피하라고 가르친다(58~61면). 이 점을 명확히 깨달았다면 마음의 평정에 도달했을 것이다. 하지만 우리의 정념이 이를 방해한다. 정념은 선하지 않은 것을 선하게 생각하도록 우리를 잘못 이끈다. 그리고 "지혜는 우리의 정신 밑바닥에 깊숙이 감추어져 있으므로" 이를 배우기 위해서는 철학이 필요하다. 또한 철학은 "우리의 정신 안에 생겨난 정념과 이들이 일으킨, 이성의 눈을 어둡고 흐리게 하는 연기를" 제거할 수 있게 해준다(61~62면).

여기서 의지는 핵심적인 위치를 차지한다. 어떤 행위가 선한지 악한지, 자연에 따르는 것인지 그렇지 않은지 명확하게 파악하기 이전에 우리는 행위의 수행을 거부하거나 피함으로써 의지를 통해 행위를 통제할 수 있다. 의지는 "우리의 의견을 처리할 수 있는데, 단지 의견을 승인하는 것이 아니라 우리가 반드시 해야 할 바가 무엇인지 제공한다". 또한 의지는 의심스러운 문제에 대해서는 판단중지 상태에 머물 수도 있다. 회의주의자들은 이런 판단중지를 우리가 탐구를 통해서 얻는 중요한 이익이라고 여긴다(위의 제3장 3절 참조). 스토아학파는 그렇게 생각하지 않는다. 의지의 중요 임무는 우리가 진정 스스로의 능력에 속하는 것만을 추구할 수 있도록 하는 것이다. 의지의 판단중지를 통해 우리는 모든 것에 대한 어떤 관심에서도 벗어날 수 있다(67~69면). 뒤 베르는 부, 명예, 쾌락을 비롯해 마치 선처럼 보이는 것들에게서 느끼는 현혹을 상당히 길게 고찰한다. 뒤이어 증오와 시기, 질투를 피해야 한다고 주장한 후(75~76, 80~81, 86~89면) 그는 어떤 일이 일어나든 평온을 유지할 수 있는 방법을 생각하는 습관을 들이라고 충고한다.

이상이 모두 참이라 할지라도 특히 신앙심을 또는 신에 대한 인식을 길러야 한다고 뒤 베르는 결론짓는다. 신앙심은 우리를 완전성의 근원인 신과 결합해 준다. 신이 모든 것의 창조자이며 모든 것을 돌본다는 사실을 인정한다면 자신에게 어떤 일이 일어나든 그것을 선으로 받아들여야 한다. 모든 일은 신으로부터 오기 때문이다. 신을 숭배하는 기도는 올려도 좋지만 신이 명한 것 이외에 그 무엇도 신에게 요구해서는 안 된다. 신은 우리에게 오직 "죄를 짓지 않는 삶"과 공적인 찬양만을 요구한다(109~112면). 우리는 신에게서 받은 영예를 깨닫기만 하면 이를 동료 인간에 대한 의무로 — 우리가 사는 국가, 부모, 자녀 그리고 다른 사람에 대한 의무로 — 돌릴 수 있다. 뒤 베르는 신이 다른 무엇보다도 우리가 완전성에, 즉 신이 우리를 위해 창조한 완전성에 도달하는 모습을 볼 때 기뻐한다고 결론짓는다. 하지만 "우리의 본성적인 능력은 그 자체만으로는 이런 완전성을 유지하기에 결코 충분하지 않으므로" 신의 호의에 의지해야 한다. 우리의 지성이 신이 우리에게 부여한 탁월성을 제대로 이해하도록 신이 허락해 우리의 지식을 통해 정념을 다스려 영원불변하는 선을 추구할 수 있기를 기원해야 한다(128~129면).

립시우스는 뒤 베르에 비해 훨씬 이론적이지만 그에 못지않게 기독교로의 전환을 강조한다. 일관성이라는 위대한 덕에 따라야 한다고 주장하면서, 립시우스는 또한 거짓되고 경박한 의견이 아니라 올바른 이성에, 즉 "인간 및 신에 대한 모든 일에서 진정한 의미와 판단"에 따라 살아가야 한다고 강조한다(《일관성》: 79~80면). 그는 이성이 인간에게 남은 신의 형상이라고 말한다. 비록 우리의 영혼은 타락한 육체의 영향을 받지 않을 수 없지만 "자신을 창조한 자로부터 받은, 순수한 불과 같은 본성을 지니므로 분명히 어떤 광채를 띤다". 이 광채는 양심의 가책을 설명해 준다. 이런 광채는 항상 우리 안에 존재하면서 우리가 신을 향해 움직이도록 하며, 신과 마찬가지로 영원하다. 립시우스는 "이런 형상을 통해 신은 우리 안으로, 진정 … 심지어 우리 같은 존재 안으로 들어온다"고 설명한다. 6) 이성은 우리 안에 존재하는 신성함인 반면 의견은 육체와 그 감각으로부터 생겨나므로 감각 자체와 마찬가지로 변하기 쉽다(81~83면). 올바른 이성을 통해 우리 모두는 공통의 왕국에 속하게 된다. 세속적인 애국심은 중요한 덕이 아니다. 우리가 속한 진정한 나라는 바로 천국이다. 그렇다고 해서 우리는 다른 사람의 고통을 무시해서는 안 된다. 우리는 그런 사람에게 동정심을 느끼지 않으면서도 자비를 베풀 수 있다. 또한 이성을 유지함으로써 변하지 않는 평온한 마음을 방

---

6) 립시우스는 《정치학》(*Politickes*)에서 이런 견해를 밝히면서 양심은 "인간 안에 있는 올바르고 완전한 이성의 흔적이며 광채로서 선하고 악한 행위를 판단하고 명명한다"고 말한다(I.V: 8면). 지혜가 마치 땅속 깊이 묻혀 있는 금처럼 우리 안에 숨겨져 있다는 뒤 베르의 믿음에서도 이런 견해가 부분적으로 드러난다.

해받지 않으면서도 그들을 도울 수 있다(93~100면).[7]

　자유의지와 필연성이라는 주제는 립시우스에게 매우 중요하다. 기독교도로서 그는 스토아학파의 운명예정설을 못마땅하게 여긴다. 하지만 그는 이를 완전히 포기하기를 망설인다. 그는 필연성이 모든 것을 지배한다고 생각하며, 특히 모든 피조물들이 결국에는 반드시 쇠퇴하고 만다고 생각한다(107~111면). 따라서 죽음에 대해 불평하는 일은 무의미하다. 또한 운명이 존재하지만, 적어도 신에게 그것은 외형적 권능을 드러내는 것이 아니다. 운명은 단순한 신의 권능이 아니라 신이 섭리를 통해 보살핀다는 사실을 보여 주는, 신의 영원한 명령으로 여기는 것이 가장 바람직하다. 이로부터 립시우스는 모든 원인이 자연적이지는 않다는 결론을 이끌어 낸다. 신은 기적과 경이를 일으키는데 이들은 "자연을 벗어난 또는 자연에 반하는 것이다". 그리고 우연성과 자유의지 또한 존재한다. 그런데 이들은 운명이 최소한 인간의 삶을 지배한다는 사실과 양립할 수 있는가? 립시우스는 그렇다고 생각한다. 운명은 "첫 번째이자 주요한 원인인데, 중간의 이차적 원인으로부터 무척 멀리 떨어져 있어 … 오직 그 자체로 작용할 뿐이다. 그리고 의지는 수많은 중간 원인 중의 하나인데 신이 의지를 강제한다고 생각해서는 안 된다". 스토아철학에 아우구스티누스적 주장을 더해 립시우스는 신이 태초부터 인간이 자유롭게, 자신의 의지에 따라 무엇을 행할지 미리 알고 있었다고 주장한다. 따라서 우리는 필연적으로 죄를 저지르지만 동시에 자발

_____

7) 립시우스에게 가장 중요한 영향을 미친 스토아학자는 세네카(Seneca)이다. 그는 여기서 자비에 관해 논의하는 세네카의 저서 《관용론》(De Clementia)에 등장하는 관점을 채택한다.

적으로 죄를 저지른다(122~123면).

큰 해를 입히는 듯이 보이는 것에, 예를 들면 자신의 국가가 망하는 것에 반대한다면 우리는 그릇되게 신의 지배 방식에 간섭하려는 셈이 되고 만다. 모든 것은 신이 부여한 바이므로 우연이나 행운 등은 존재하지 않는다. 따라서 올바른 이성은 신을 기쁘게 하는 것을 보고 우리도 기뻐하라고 가르친다(101~105면). 립시우스는 특히 이런 주장이 불러일으킬 수 있는 오해 한 가지를 불식하는 데 주력한다. 만일 "필연성에서 벗어날 다른 도피처가 없이 오직 그것이 원하는 바를 따를 수밖에 없다면" 왜 가만히 앉아 모든 것을 운명에 맡겨서는 안 되는가? 이에 대해 립시우스는 운명이 어떻게 작용할지 우리는 모르기 때문이라고 답한다. 어쩌면 운명으로 예정된 결과를 낳기 위해 우리의 의지가 필요한지도 모른다. 따라서 우리는 결과를 모르는 한 악을 피하려고 노력해야 하며 계속 희망을 가져야 한다.[8] 하지만 우리가 더 이상 어떤 원인도 될 수 없다는 점이 확실해지면 ― 예를 들어 우리가 거의 죽음의 순간을 맞이했다면 ― 그때는 이를 신의 뜻으로 받아들여야 한다(125~127면).

따라서 립시우스는 섭리와 필연성을 제대로 이해할 때 우리가 공적이든 사적이든 어떤 불행을 당하더라도 일관되게 평온한 마음을

---

8) 또한 《정치학》 Bk. I. III 참조. 운명은 모든 것이 선하도록 지배하는 신이다. 하지만 우리는 넋 놓고 앉아 아무것도 안 할 수는 없다. 여백에 단 주석에서 립시우스는 "(예를 들면) 우리는 배의 노를 힘차게 저어야 한다. 그리고 신은 그 배의 키를 잡고 있다"고 말한다(7면). 그는 키케로의 《운명에 관해》(On Fate)에 의지하는데 키케로는 이 책에서 스토아학파가 생각하는 운명의 개념을 간단히 논의하면서 왜 이 개념이 숙명론(fatalism)을 포함한다고 여겨서는 안 되는지 그 이유를 설명한다.

유지할 수 있다는 점을 보이기 위해 노력한다.[9] 다음으로 그는 개인적 이익 추구가 가리키는 것이 덕을 추구하는 것과 일치한다고 주장한다. 이를 통해 그는 명예로운 삶의 방식이 또한 유용한 것이기도 하다는 키케로의 깊은 믿음을 발전시킨다.[10] 립시우스의 중요한 주장 중 하나는 모든 것이 신으로부터 왔으므로 우연히 일어난 모든 일도 유용하다는 점을 이해해야 한다는 것이다. 이 점을 밝히기 위해 그는 자주 우리의 무지에 호소한다. 우리는 자연의 재앙이 왜 일어나는지 모르듯이 신이 죄 없는 사람을 학살하는 폭군을 왜 허용하는지 알지 못한다(142~144면). 우리는 신이 선한 목적을 실현하기 위해 사악한 자를 이용한다고 가정해야 한다. 그런 악한 자들은 자신도 모르는 사이에 신의 처벌을 집행함으로써 신의 섭리에 따르는 집행관이다(145~147). 자연적인 악과 인간이 저지르는 악은 모두 우리의 죄를 처벌하는 과정을 통해 우리의 인내심을 강화한다. 혹시 신의 처벌을 피할 수 있는지 묻는 것은 우리가 알 수 있는 범위를 넘

---

9) 《정치학》에서 립시우스는 자신이 사람들에게 시민으로서의 삶을 가르치려 한다고 말하면서 그런 삶을 이끄는 두 요소는 섭리와 덕이라고 주장한다. 덕은 다시 신앙심과 선이라는 두 부분으로 나뉜다. 그는 "선은 이렇게 시민으로서의 교양을 쌓는 부분보다는 도덕적 탐구에서 다루는 편이 더욱 적절하므로" 선에 관해서는 별로 말하지 않겠다고 밝힌다(I. VI: 10~11면). 하지만 섭리는 틀림없이 덕을 향하므로 이 둘에서 드러나는 의지는 항상 같은 것을 가르친다(I. VII).

10) 예를 들면 《의무에 관해》 II. III. 9, III. III. 11 참조. '명예로운'에 해당하는 용어(honestum)를 로브(Loeb) 고전 총서의 번역자들은 "도덕적으로 옳은" 또는 "도덕적으로 선한"으로 번역했다. 이런 번역어는 키케로가 원하는 스토아학파적인 구별, 즉 유용하고 쾌적한 바와 — 원어로는 utile — 그 자체로 요구되는 바 사이의 구별을 잘 지적하기는 하지만 칸트적인 분위기가 너무 강하므로 적절한 번역어로 보기 어렵다.

어서는 일을 알고자 하는 것이다. 죄를 짓지 않는 사람은 없기 때문에 모두 죄에 합당한 벌을 받는다. 그리고 죄가 얼마나 무거운지 우리가 판단할 수는 없다. 하지만 사악한 사람은 항상 커다란 양심의 가책을 받는다는 것 그리고 내세에서 보상과 처벌이 이루어진다는 것은 확신할 수 있다(158~160면). 이런 점을 모두 기억할 때 커다란 재앙에도 흔들리지 않고 더욱 평온한 마음을 유지할 수 있다. 어쨌든 현재의 상황은 항상 과거의 상황보다는 나쁘지 않다. 아무리 폭군인 통치자도 우리 자신의 정신까지 구속하지는 못한다. 우리는 우리 외부의 그 어떤 것도 다다를 수 없는 마음 안에 평온함의 근원을 항상 지니고 있다(195~196면).

뒤 베르와 립시우스가 쓴 두 권의 책은 널리 보급되어 읽혔는데 여기서 드러나는 신스토아철학은 본질적으로 형이상학에 기초한 개인의 치료를 목표로 삼는다. 이 철학은 개인의 정신을 신의 정신과 한데 묶는다. 우리 자신의 이성을 들여다보면 무엇이 최고선이며 이에 이르는 방법은 무엇인지 알게 되리라고 한다. 우리가 그렇게 할 수 있는 까닭은 본질적으로 우리 안의 이성이 곧 우리가 지닌 신성함이기 때문이다. 만일 세계에 대한 경험에만 주목하면 이런 문제를 제대로 파악할 수 없다. 신의 이성이 일으킨 광채가 우리 안에 각인되었으므로 이를 통해 발견할 수 있는 것에 비추어 세계의 사건을 해석해야 한다. 오직 그럴 경우에만 우리가 어떻게 할 수 없는 사건에 올바르게 대응할 수 있다.

키케로는 두 저술을 통해 스토아학파의 자연법 이론을 요약해 제시했는데 이 글들은 비록 단편의 형태로 전해졌지만 꾸준히 상당한 영향을 미쳤다. 11) 물론 그로티우스도 이 단편들을 알았기 때문에 그가 스토아학파의 자연법 이론을 근대식으로 변형해 발전시켰다고 생각하기 쉽다. 하지만 나는 이런 생각이 크게 잘못되었다고 본다. 우리는 그로티우스가 스토아학파 윤리학의 배후에 놓인 어떤 형이상학에도 호소한다고 생각해서는 안 된다. 그는 자신의 자연법 이론을 전개하면서 우리의 이성과 신의 정신 간의 관계에 관한 그 어떤 주장도 단호히 거부한다. 앞서 지적했듯이 그는 키케로가 상당히 길게 논의했던 최고선과 국가의 최고 형태 등에 관한 문제를 전혀 다루지 않는다. 그는 악인 듯 보이는 모든 것이 사실은 선이라거나 아니면 최소한 우리와 무관하다는 식의 설명으로 우리를 설득하려 하지 않는다. 그는 어떤 치료법도 제시하지 않으며, 개인의 완성에 대해서 아무 말도 하지 않는다. 반면 신스토아철학은 고대의 스토아철학과 마찬가지로 완성주의 이론이다. 17세기에 등장한, 스토아학파에 철학적으로 흥미를 느낀 추종자들은 완성주의적 견해를 발전시킨다. 앞으로 보겠지만 이들의 완성주의는 도덕적 개념이 경험으로부터 도출되지 않는다는 스토아학파의 믿음을 받아들여 발전시킨 결과이기도 하다.12)

---

11) 이 두 저술은 《법률론》(*De Legibus*)과 《국가론》(*De Re Publica*)이다. 이들에 관한 간략한 논의는 Striker(1987) 참조.

12) 스토아학파에 속한 철학자들은 우리의 사고가 모든 영역에서 본유적 개념들의 지배를 받는다고 주장하지는 않았다. 사실 이들은 개념이 경험에 근원을 둔다고 말하려 했다. 하지만 이들은 도덕적 개념은 본유적이라고 여겼는데 그 까닭은 어쩌면 이들이 우리가 도덕적 측면에서 전체 우주와 모든 것이 그 안에서 차지하는 목적을 알려 주는 신의 정신에 관여한다고 생각했기 때문인 듯하다.

2. 처베리의 허버트: 질서와 공통 관념

처베리의 허버트 경(Lord Herbert of Cherbury, 1581/2~1648)은 《진리에 관해》(*De Veritate*)라는 저술을 출판하도록 자신을 가장 강하게 격려한 사람은 바로 그로티우스였다고 말한다.[13] 그로티우스가 그렇게 했더라도 이는 전혀 놀라운 일이 아니다. 허버트는 최소한의 종교적인 믿음만으로도 모든 사람을 구원하기에 충분하다고 주장하면서 칼뱅주의의 운명예정설에 반대했는데 이는 그로티우스 또한 반대했던 바이기도 하다. 허버트는 회의주의는 근거가 없다는 점을 보이려고 시도하면서, 진리의 가장 분명한 특징인 보편적 동의에 호소한다. 허버트와 그로티우스가 같은 목적을, 즉 종교적 갈등의 근거를 제거하려는 목적을 공유한다는 점은 명백하다. 하지만 격려가 곧 시인은 아니며 현재 논의의 목적을 고려할 때 그들 간의 일치점보다는 차이점이 더 중요하다.

이제 허버트의 전체 체계에서 핵심을 차지하는 형이상학적 견해로부터 논의를 시작해 보자. 스토아학파와 마찬가지로 그는 신이 부여한 조화를 형이상학의 중심에 놓는다. 우주는 질서를 갖춘 전체이다. 우리는 소우주로서 주변에서 볼 수 있는 것과 유사한 종류의 질서 안에 스스로를 놓지 않으면 안 된다. 자기보존을 추구하는 본유적인 충동은 우리가 이런 목적을 향하도록 한다. 이에 도달하는 것은 우리 개인에게 적합한 종류의 완전성에 이르는 것이기도 하다.

---

13) *Life*:120면. 허버트의 《진리에 관해》에 대한 인용 표시는 Carré의 번역본을 따랐다. 또한 《평신도의 신앙에 관해》(*De Religione Laici*)에 대한 인용 표시는 Hutcheson의 번역본에 따랐다.

이렇게 함으로써 우리는 또한 공동의 선을 촉진한다. 신은 모든 것이 공동의 선을 향해 움직이도록 만드는데 무생물도 어떤 방식으로, 동물은 이와는 또 다른 방식으로 움직인다. 그리고 우리 인간은 신이 우리에게 부여한, 특별한 정신적인 방식을 통해서 움직인다. 허버트는 다음과 같이 말한다. "인간은 신의 형상인데", 특히 인간의 정신은 특별한 존재 안에 담긴 "신의 최선의 형상이며 표본이다"(149~150면). 우리는 그저 수동적인 형상에 그치지 않는다. 의지와 기본 개념을 통해서 우리는 최대의 선을 창조하는 신의 활동을 공유한다(151면).

하지만 허버트는 이런 형이상학의 탐구에 초점을 맞추지는 않는다. 그는 그저 "소우주와 대우주 사이에 서로 대응하는 법칙"이 존재하며(108면), 모든 것은 자신을 보존하기 위해 애쓰며(126면), 신은 모든 것을 배열해 개인의 보존과 세계의 보존이 서로 양립할 수 있도록 만든다는 점을 당연시할 뿐이다. 그의 언급에 따르면 "자연의 보편적인 지혜"로부터 도출된, 상호파괴를 막는 법칙이 존재함에 틀림없다. 만일 그렇지 않다면 사물은 "모두 서로 폭력을 사용해 다툼으로써 곧 멸망에 이르고 말 것이다"(135~136면). 허버트가 이런 주장을 펴는 까닭은 서로 다른 종류의 사물 사이에 항상 유사성이 성립한다는 점을 보이기 위해서이다. 따라서 육체의 네 가지 체액은 자연의 네 요소에 대응한다(166면). "사물의 전체 질서가 이런 체액을 통해서 잘 드러나고" 또한 이들은 우리의 육체를 구성하는 데 필수적이므로 전체 우주가 우리의 정신뿐만 아니라 우리의 육체에서도 은연중에 드러난다. "무한은 어디에나 존재하며, 모든 부분은 전체가 지닌 어떤 요소를 나타낸다."(166~169면)

우주가 우리 정신 안에 들어 있다는 것이 허버트의 핵심 주장이다. 그가 자신의 견해를 설명하는 방식은 그리 명확하지 않지만 현재 논의의 목적을 위해 그의 입장을 이해하는 데는 충분하다.[14] 그는 진리가 존재하며 우리가 그것을 인식할 수 있음을 보임으로써 회의주의자들 및 그들과 연합한 신앙주의자들의 논증을 완전히 제거하는 것을 목표로 삼는다. 그의 첫 번째 논점은 사물에 대해 참인 명제 또는 그의 표현에 따르면 사물에 대한 진리가 존재하는데 사물이 현존하든 그렇지 않든 이런 진리는 성립한다는 것이다. 이 진리는 그가 현상의 진리라고 부르는 것 안에서 자신을 드러낸다. 이를 통해 그는 사물이 우리에게 나타나는 방식 또는 내적으로 우리에게 영향을 미치는 방식이 사물에 관한 어떤 진리를, 이 진리가 아무리 편파적이고 왜곡되었다 할지라도, 드러냄에 틀림없다는 점을 의미하는 듯하다. 사물의 진리에 존재하는 모든 차이는 현상의 진리로부터 기인한다. 그리고 우리는 이런 차이를 인식할 수 있는 어떤 본유적인 힘 또는 능력을 지닌다. 이런 능력은 또한 차이를 개념화할 수 있도록 만들기 때문에 허버트는 이 능력이 우리에게 개념의 진리를 제공한다고 말한다. 그는 현상에서 드러나는 각각의 차이에 대응하는 능력이 존재한다고 주장한다. 이런 주장은 우리의 능력을 비정상적으로 다양화하는 듯이 보이지만, 나는 이를 통해 그가 의미하는 것이 우리가 감각적, 내부적 경험 간에서 그리고 개념 간에서 차이를 개념화하려 할 때 어떤 한계도 없다는 것이라고 해석하려 한다. 그

---

14) 데카르트는 메르센(Mersenne)이 허버트의 저술을 번역해 준 것에 감사하면서 허버트의 라틴어보다 메르센의 프랑스어가 더욱 명쾌함을 발견했다고 말한다. *Writings* III. 140, 1639년 10월 16일자 편지.

리고 만일 인식 가능한 차이 각각이 어떤 개념을 산출할 능력을 필요로 한다면 이런 능력의 수에도 제한이 없을 것이다. 마지막으로 지성의 진리가 존재하는데 이를 통해 우리는 모든 하위의 진리를 일관성을 지닌 하나의 체계로 통합한다. 여기서 허버트는 우리가 경험을 반성함으로써 얻는 무한히 넓은 개념의 집합을 통일하기 위한 상대적으로 규모가 작은 개념적 체계를 지적하는 듯이 보인다.[15] 오직 사물의 진리만이 절대적이다. 오직 사물이 우리의 능력과 들어맞는다는 조건이 충족될 때 우리는 진리를 얻게 된다(83~88면). 왜냐하면 일반적으로 "진리는 우리의 능력이 대상과 적절하게 들어맞음을 의미하기 때문이다"(191면).

진리를 얻는 조건에 관한 허버트의 논의가 독자들을 놀라게 하는 까닭은 그것이 독창적이기 때문이 아니라 우리가 현상에 관해 생각하면서 사용하는 가장 기본적인 개념에 대한 그의 주장 때문이다. 그는 이런 개념이 본유적이며, "모든 평범한 사람에게서" 발견된다고 주장한다. 또한 그는 이들이 자연이 우리에게 각인한 "보편적 지혜로부터 도출되는가" 아니면 신이 우리에게 부여한 지혜로부터 도출되는가에 따라 서로 달라진다고 말한다(106면, 126면 참조). 하지만 이들을 그 자체로 얻을 수는 없다. 이들은 우리 안에 숨겨져 있는데 오직 우리가 "대상들에 의해서 자극될 경우에만" 자신을 드러낸다(126면). 경험을 통해서 주어진 어떤 현상이 우리 안의 어떤 능력과

---

15) 허버트는 공통 관념에 대해 ― 즉 기본 개념에 대해 ― 다음과 같이 말한다. "우리가 혼란스러운 이론들과의 접촉에서 벗어나 공통 관념들을 체계적인 질서에 따라 배열할 때 이들은 … 신성한 지혜의 형상으로 빛날 것이다. 이들은 모두 긴밀하게 서로 연관되어 있다. …"(《진리에 관해》: 121면)

맞을 때 허버트가 자연적 본능이라고 부르는 능력이 활동하기 시작한다. 이 본능은 추론하는 사고나 심사숙고를 거치지 않고 적절한 능력이 바로 경험적 자극에 반응하도록 만든다. 이런 경우에 자신을 드러내는 개념은 자연적 본능을 자극해 가장 기본적인 개념 또는 "공통 관념"이 작용하도록 만드는데 다른 하위의 개념은 공통 관념에 따라야만 한다(122면).

하지만 경험 자체가 자연적 본능에 의해서 작동되는 공통 관념과 무관하다거나 공통 관념에 선행한다고 생각해서는 안 된다. 이와는 정반대이다.

> 공통 관념들은 경험의 결과가 아니라 오히려 그들 없이는 어떤 경험도 할 수 없는 원리로 여겨져야만 한다. 우리의 정신이 깨끗한 백지와 같다고 주장하는 이론과 관련해 우리가 대상을 다루는 능력을 대상 자체로부터 얻는다는 점도 받아들여야 한다(132면).

여기서 허버트가 경험주의에 반대한다는 점은 충분히 명백하다. 하지만 그는 공통 관념이 경험을 가능하게 한다는 점을 매우 불충분하고 별 도움이 안 될 정도로만 설명한다. 이것의 작용에 대해서는 다소 더 명확하게 해명한다.

무엇보다도 우선 공통 관념은 지식의 기초를 제공한다. 공통 관념 이론에는 새로운 것이 전혀 없다고 말하는 사람들에게 허버트는 "모든 증명이 공통 관념의 원리들로부터 도출되기 때문에 이 이론을 통해 사실들은 수학적 확실성을 얻는다"고 답한다(135면). 공통 관념과 관련해 우리는 결코 오류에 빠질 수 없다. 감각적 현상과 내적 현상 또한 확실성을 지닌다. 하지만 이는 낮은 수준에 그친다(103~104면). 우리는 오직 논증적인 사고나 추론을 할 때만 오류에 빠진다. 하지만 여러 현상을 공통 관념과 올바르게 연결하는 개념을 사용하면 우리는 확실한 일반적 지식을 얻게 된다.[16]

다음으로 공통 관념은 방법론의 핵심을 제공한다. 허버트에 따르면 누군가 진리에 관한 주장을 펼 때마다 우리는 그것이 어떤 종류의 주장이냐고 묻는다. 이에 대한 대답은 그 주장에 대한 어떤 증명도 우리의 능력에 의존해야 한다는 점을 드러낸다. 만일 단지 권위에만 호소하지 않는다면 내적, 외적 감각에 의지한 증명이 필요한데 이들을 통해서 우리는 특정한 진리 또는 공통 관념에 접근하게 된다. 다시 이로부터 우리는 특정한 것에 적용할 수 있는 보편적 진리를 얻거나 아니면 이들 둘을 서로 연결하는 작용을 하는 논증적 사고에 이르게 된다(240~241면). 증명이란 논증적인 사고를 이용해 의심의 여지가 거의 없는 무언가로부터 ─ 이것이 특정한 경험적 자료든 아니면 일반적인 공통 관념이든 간에 ─ 새로운 확실성을 얻는 데로 나아가는 작업이라 할 수 있다. 이런 일을 제대로 하려면 명확히 규정된 일련의 절차에 따라야 한다. 허버트는 이런 탐구의 방법 또는 "탐구론"(Zetetics)을 자신의 중요한 업적 중 하나로 손꼽으며 이를 상당히 상세히 설명한다(242~284면).[17] 이는 만일 무언가가 인식될 수 있다면 우리 각자가 자신의 능력으로 그것을 인식할 수 있다는 것 이상

---

16) 여기서 나는 《진리에 관해》: 232~236면에 등장하는 자료를 해석했다.
17) "Zetetics"라는 용어는 추구하다, 탐구하다를 의미하는 그리스어 *zetein*에서 유래했다.

을 보여 준다. 즉, 지식을 획득하는 데 권위는 어떤 중요한 역할도 하지 않는 것이다. 이는 다른 모든 문제에서와 마찬가지로 종교에서도 참이라고 허버트는 주장한다. 이런 탐구의 방법을 사용할 줄 아는 사람은 누구나 "그 어떤 교사의 인도를 받지 않더라도 … 스스로 자신의 능력과 경험에 비추어 완벽한 확실성에 이를 수 있다"(280~282면).

세 번째로 공통 관념은 영원한 행복에 이르는 방법을 제시한다. 허버트는 자신이 이를 한 문장으로 표현할 수 있다고 생각한다. "이와 관련되는 모든 능력이 서로 완전하게 들어맞을 때 영원한 행복은 바로 이런 일치 안에 존재할 것이다."(286면) 이는 최고선에 대해 우리가 기대할 만큼 그리 명료한 설명은 아니다. 하지만 현상을 받아들이고, 추론을 진행하고, 여러 개념을 공통 관념 아래 포함시키는 능력이 모두 하나의 정연한 사고 체계로 통합될 때 우리가 행복을 느낀다는 점을 의미하는 듯이 보인다. 이런 수준에 이르면 "이와 관련되는 모든 능력이 제대로 대응해 최초의 능력부터 마지막 능력까지 서로 연결되며" 그 결과로 유일한 진리, 정신과 대상의 유일한 일치가 등장한다(286~287면, 87면 참조). 허버트는 거듭해서 공통 관념이 공동의 선을 지적하며 바로 이 이유 때문에 우리는 공통 관념 안에 "창조주 자신이 모습을 드러낸다"는 사실을 확신할 수 있다고 말한다(126, 135, 155면). 모든 능력을 다해 신을 사랑하고 마치 우리 자신을 사랑하듯이 신을 사랑하라는 명령은 공통 관념이 우리의 사고를 지배함으로써 다른 모든 능력까지도 지배하고 이를 통해 우리는 신과 일치하게 된다는 사실에 의존한다(287면).[18]

3. 허버트: 공통 관념, 도덕 그리고 종교

허버트는 흔히 이신론(*deism*), 즉 17세기 후반에 형성되어 18세기 초에 널리 확산된, 종교를 이성화하려는 시도의 핵심 사상들을 처음 제시한 인물로 여겨진다. 이신론자들은 신의 존재는 인정했지만 창조 이후 신에게 최소한의 임무만을 부여하려는 태도를 보였다. 이신론을 비판하는 사람들은 이신론자들이 단지 비기독교의 수준이 아니라 적극적으로 반기독교적인 주장을 편다고 비난했다. 왜냐하면 이신론자들이 내세운 종교에는 인간의 타락, 그 결과 생겨난 원죄, 구원의 필요성 그리고 신의 아들인 구세주 그리스도 등에 대한 믿음이 설 자리가 없다고 보았기 때문이다. 종교의 핵심에 관한 허버트의 주장에 힘입어 그의 책은 무척 난해하였음에도 계속 영향력을 유지했다.

허버트는 종교적인 사람이 반드시 받아들여야 할 바를 오직 다섯 가지 진리로 요약한다. 첫째, 신은 존재한다. 둘째, 신을 숭배해야 한다. 셋째, 종교적 실천에서 가장 중요한 부분은 예배와 교리가 아니라 덕과 경건함이다. 넷째, 참회함으로써 자신의 사악함을 속죄해야 하며 이는 우리가 행위를 변화시킬 수 있는 유일한 참된 방법이다. 다섯째, 현세 이후의 내세에서 보상과 처벌이 이루어진다(291~303면). 공통 관념은 이런 진리를 더욱 명확하게 만든다. 그리고 가톨릭교회만이 유일하게 참된 종교로서 모든 사람을 항상 포용한

---

18) 스토아학파의 제논(Zenon)은 '자연과 일치해'라는 말을 줄여서 '일치해'라는 그리스어 표현을 자주 사용했다고 전한다. 어쩌면 허버트는 일치하는 삶을 살아가라는 자신의 언급을 통해 제논의 이런 생각을 반영하는 듯하다.

다. 왜냐하면 "이를 통해서만 모든 사람이 내가 말한 진리들에 이르는 일이 현재에도 가능하며 또 이전부터 그래왔기 때문이다"(303~305면).19)

허버트는 양심이 최고의 능력이며 양심의 공통 관념은 내적인 의식의 형식 모두를 지배한다고 주장한다(205~206면). 그는 양심이 지향하는 바에 관한 책을 쓰겠다고 약속했지만 결국 이 약속을 지키지 못했다. 하지만 교리를 최소화한 반권위주의, 반성직주의적인 종교적 견해를 형성하는 과정에서 허버트는 도덕에 관한 많고도 중요한 생각을 명백히 드러내지 않을 수 없었다.

이들 중 가장 중요한 것은 도덕이 고유의 공통 관념을 갖는다는 생각이다. 다른 모든 공통 관념들과 마찬가지로 도덕의 공통 관념도 경험이나 다른 공통 관념으로부터 도출되지 않는다(139면). 다른 공통 관념의 영역에 속하는 질문을 할 때 우리는 항상 무언가가 존재하는지 그렇지 않은지, 만일 존재한다면 그것의 성질이나 본질 또는

---

19) 그의 언급이 예민한 동시대인들에게 충격적으로 받아들여진 까닭은 위의 항목을 통해서 교리의 최소화를 주장했기 때문만은 아니다. 신앙 자체에 대한 태도도 마찬가지로 충격적이었다. 허버트는 종교가 기적과 예언자의 말을 포함해 과거의 일에 관해 주장하는 바를 단지 그럴 가능성이 있는 일로 간주하며 이들은 공통 관념이 제시하는 바보다 확실성이 낮다고 생각한다. 신의 약속에 대한 신앙은 공통 관념에 의존하며 따라서 이성에 의존한다(《평신도의 신앙에 관해》: 90~109면 참조). 이는 17세기 초까지도 여전히 유지되었던 생각, 즉 종교적 문제에서 우리가 이성을 통해 도달할 수 있는 확신은 단지 획득된 믿음이며, 신이 직접 부여한 신성한 믿음보다는 확실성이 낮다는 생각을 완전히 무시하는 것이다. Chadwick은 수아레스 같은 스콜라 철학자들이 이런 견해를 확산했다고 여기면서 이를 "신앙이 지식보다 확실성이 높다"고 보는 견해로 요약한다(Chadwick(1957): 34면과 2장 전체). 허버트의 신학에 관해서는 Walker(1972) 5장 참조.

다른 속성은 무엇인지 묻는다. 하지만 공통 관념이 "양심과 관련되는 내적인 진리인 경우에는 특별한 종류의 질문, 즉 무언가가 주어진 방식으로 존재해야만 하는지 그렇지 않은지 하는 질문이 제기된다"(244면). 따라서 도덕에 관한 사고에서 사용되는 개념과 원리는 다른 모든 것과 다른 범주에 속한다. 더욱 정확히 말하면 이들은 감각으로부터 도출될 수 없다. 허버트는 다음과 같이 말한다. "우리가 무엇을 따라야만 하며, 무엇을 피해야만 하는지는 외부 세계로부터 배울 수 없다. 이런 지식은 오직 우리 안에 존재한다"(193면). 여기서 허버트는 도덕이 정의될 수 없는 개념들에 의지하며, 이들은 오직 추론을 통하지 않고 인식되는 도덕적 진리를 우리에게 제공한다는 견해를 요약해서 제시한다. 일찍이 샤롱(Charron)은 모든 덕의 "씨앗"이 우리 정신 안에 포함되어 있다고 주장했지만 도덕적 지식이 이런 관념에 기초한다는 견해를 상세히 밝히지는 않았다(앞의 제3장 7절). 허버트는 현재에 직관주의라고 부르는 인식론적 이론을 처음으로 명확하게 제시한 인물이지만 그의 이론과 같은 견해에 직관주의라는 이름을 붙인 것은 이제 막 100년이 지났을 뿐이다.[20] 이후에 유사한 유형의 사고를 드러낸 사람들과 마찬가지로 허버트가 인간의 자기규율 능력을 강조하고, 자신의 인식론을 통해 우리와 신이 동일한 용어로 도덕을 생각한다는 사실을 보증한다고 여기는 점은 매우 중요하다.

내적인 파악의 양식으로부터 도출된 관념을 근거로 삼아 허버트는 우리가 오직 다섯 가지 감각을 지닌다는 진부한 이론을 비난한

---

20) 제18장 2절 및 각주 10 참조.

다. 만일 우리가 다섯 가지 감각을 통해 드러나는 바만을 알도록 제한된다면 "현재 우리가 사용하는 모든 종류의 말에서 수많은 문구가 쓸모없어져, 아무것에도 적용할 수 없다는 이유로 폐기되고 말 것이다"(113면). 이런 "문구"는 양심의 공통 관념으로부터 도출된 개념에 적용될 수 있는 것들인데 이들의 의미는 우리의 감각이 다섯 가지라는 이론으로는 제대로 설명할 수 없다.21) 반면 진리라고 주장되는 모든 것에 대해 어떤 능력이 관여하는가 하는 질문을 던질 수 있다는 점을 기억한다면 우리는 도덕적 문제를 적절하게 판단할 수 있을 것이다(114면). 사실 공통 관념이 도덕의 기본적인 내용을 모두 제공하기 때문에 우리는 도덕적 진리와 관련해 광범위한 동의가 이루어짐을 발견한다. 수학을 제외하면 이렇게 폭넓은 동의가 이루어지는 다른 영역은 없는 듯하다(192면).

두세 번에 걸쳐 허버트는 "다른 사람이 네게 행하기 원하지 않는 바를 다른 사람에게 행하지 말라"는 것을 도덕의 제일원리에 대한, 추론을 통하지 않은 지식의 예로 인용한다(136, 186면).22) 우리가 이런 지식을 지닐 수 있다는 주장은 인간의 도덕적 능력을 높이 평가하려는 허버트의 시도에서 핵심적인 위치를 차지한다. 허버트는 권위를 거부하고 각자가 스스로 생각하라는 명령을 몇 차례나 반복하

---

21) 어떤 측면에서 허버트는 종교와 도덕 각각에 서로 다른 분리된 능력을 할당함으로써 양심의 영역 안에서 종교와 도덕을 구별하는 듯이 보이기도 한다. "영적인 양심뿐만 아니라 진정 명예로운 도덕적 양심도 존재한다."(《진리에 관해》: 187면) 하지만 그는 이런 생각을 더욱 발전시키지는 않는다.
22) 《진리에 관해》: 133면에서 허버트는 "세계 자체가 이 준칙에 따라 지배된다"는 결론은 타당하다고 말한다. 왜냐하면 이 준칙은 공통 관념이라고, 즉 신 자신이 이 준칙에 따른다고 말할 수 있기 때문이다.

면서(72, 75, 80~81, 122, 280~282, 322면) 이른바 신이 직접 계시한 바가 진정한 계시인지 그렇지 않은지 결정하는 데 자신의 이성을 사용해야 한다는 주장에까지 이른다. 여기서 핵심적인 요소는 "계시가 반드시 어떤 선한 행위 유형을 권고해야 한다"는 점이다(308면). 철학뿐만 아니라 정의와 종교도 "성직자나 재판관의 명령에 의존해서는 안 되며 오직 양심의 명령에 의지해야 한다"(281면). 우리 각자는 다른 모든 사람과 공유한 도덕적 능력 덕분에 종교적 문제도 판단할 수 있다. 학식이나 사회적 지위는 도덕적 판단을 내릴 자격과 아무런 상관이 없다.[23] 그로티우스는 신이 존재하지 않더라도 도덕법칙이 구속력을 지닌다는 점을 암시했지만 이런 암시가 전제하는 바나 함축하는 바를 설명하지는 않았다. 반면 허버트는 도덕적 지식이 종교적 믿음의 수용 가능성을 위한 조건까지도 규정한다고 명확히 주장한다. 설령 자신이 생각하는 도덕을 분명히 드러내지 못했다 할지라도 그는 최소한 자신의 주장을 지지할 만한 인식론을 제시한다.

허버트는 무엇을 행해야만 하는지 생각할 수 있는 능력이 우리 모두에게 똑같이 있다고 본다. 왜냐하면 우리 모두는 동일한 공통 관념을 가지기 때문이다.[24] 이 주장은 최소한 부분적으로라도 신이

---

23) 한 대목에서 허버트는 우리가 "신과 함께하면 그의 절대적인 권능 때문에 불가능한 것이란 없다"고 당당하게 말할 수 있음을 밝힌다. 그리고 이에 덧붙여 신의 도덕적 속성은 그가 변하지 않을 것임을 드러낸다고 말한다(《진리에 관해》: 162면). 하지만 나는 이런 주의주의적 생각을 지지하는 다른 대목이나 이런 생각이 더욱 발전된 부분을 발견하지 못했다.

24) "나는 나 자신을 통해서 인류 전체를 … 판단한다. 그리고 나는 모든 시대에 걸쳐, 모든 정상적인 사람의 영혼은 동일한 능력을 지녀 왔다고 (이는 공통 관념의 예이기도 한데) 주장한다."(《진리에 관해》: 78~79면)

능력을 어떻게 분배해야 하는가에 관한 도덕적 논증에 의존한다. 덕과 경건함은 영원한 행복에 이르기 위한 선행 조건이다. 따라서 모든 사람은 덕이 요구하는 바를 알아야 한다. 그리고 신은 "유한한 존재인 우리에게 현세와 내세의 삶에 필요한 것을 제공하기" 결코 거부하지 않는다(119면, 136면 참조). 우리는 수많은 종교가 진리라고 내세우는 것들에 직면한다. 어떤 것을 받아들일지 결정해야 하는데 신은 우리가 스스로 판단할 것을 요구한다(289~290면). 조화에 달린 영원한 행복과 더불어, 신은 우리에게 결정을 내릴 수단도 부여했음에 틀림없다. 영원한 행복에 이르는 일이 불가능하게 만들어 놓고 단지 그것을 동경하는 마음만을 우리에게 심어 주지는 않았을 것이다(78, 112면). 그렇다면 우리 자신의 도덕 판단을 내리고 그것에 따르는 능력이 핵심이 된다. 25)

허버트는 질문에 답하기보다는 질문을 제기한다. 불관용 및 종교적 권위주의에 대항해 싸우면서 그는 우리가 신과 더불어 무한성을 공유하며 신과 마찬가지로 행위의 독립적인 근원이라는 점을 보이기 위해 자유의지라는 속성을 우리에게 부여하는 쪽으로 나간다(120, 150, 156면). 자유롭기 때문에 선하게도 악하게도 될 수 있다. 만일 그렇지 않다면 우리가 가진 어떤 선도 우리 자신이 아니라 신으로부터 나오게 될 것이다〔205, 164면 (또한 《평신도의 신앙에 관해》: 117면 참조)〕. 하지만 허버트는 자유의지만 제외하면 모든 것이 결정된 세계에서 어떻게 자유라는 "비길 데 없는 경이"(162면)가 가능한지 거의 설명하지 않는다. 자유의지의 본성에 관한 그의 설명 또

---

25) 또한 《평신도의 신앙에 관해》: 102~103면 참조.

한 지극히 간략할 뿐이다. 우리는 궁극적 목적에 대해서는 자유롭지 않다. "어느 누구도 영원한 행복을 바라는 것에서 벗어날 수 없기 때문에" 자유는 오직 수단에만 적용된다(163면). 하지만 분명히 선이라고 지각되는 바를 혐오할 수 없으므로 우리의 의지는 목적에 대한 수단으로 명확한 선을 추구하도록 결정된 듯이 보인다(200면). 그리고 이것이 그의 이론이라면 우리는 오직 무엇이 선인지를 명확히 파악할 수 없는 한에서만 자유롭다. 동시에 그는 우리의 능력이 다른 것들로부터 받는 영향뿐만 아니라 자유의지 때문에도 오용되거나 악용될 수 있다고 말한다(203면). 하지만 이에 대한 더 이상의 설명은 전혀 하지 않는다.

또 다른 문제는 공통적 믿음의 지위에 관한 허버트의 이중적 생각 때문에 제기된다. 만일 모두가 공통 관념을 가지고 스스로를 행복으로 인도하는 데 필요한 판단을 내릴 수 있다면 일반인의 상식적인 판단이 충분히 ─ 어쩌면 필연적으로 ─ 건전하다고 결론지어야 하지 않는가? 이전에 등장했던 후커나 그로티우스와 마찬가지로 어쨌든 허버트는 모든 사람의 합의(consensus gentium)를 진리의 기준으로 받아들인 인물로 유명하다. 하지만 그는 "모든 사람이 동일한 수준의 지성을 부여받지는 않는다"고 말하면서 때로 군중이나 집단을 언급한다. 이들은 "심지어 어떤 혼란스러운 신앙에 의해서 더 나은 삶을 살 수 있다고 생각하도록 내몰리기도 하거나"(《평신도의 신앙에 관해》: 115, 123면) 아니면 자신들의 모호한 선을 추구하느라 "폭력에 시달리기도" 한다(《진리에 관해》: 186~187면). 이런 언급은 그가 일반인의 판단을 그리 크게 신뢰하지 않았음을 암시한다. 그가 한 말 중에 성직자들의 설교가 공통 관념에 비추어 참이라고 드러나는 바와 일치하지 않는다면 그들은 결코 성공할 수 없다는 반성직주의적인 언급을, 너무나도 무지해 다른 사람의 도움이 없이는 아무것도 깨우칠 수 없는 사람들에게 진리를 가르쳐 준 성직자들을 칭찬하는 언급과 서로 조화시키기는 몹시 어렵다(《진리에 관해》: 138면; 《평신도의 신앙에 관해》: 123면). 몇몇 학자가 주장하듯이 설령 허버트가 이후에 등장한 상식 철학의 '아버지'라 할지라도, 그 자신은 이런 결과를 그리 달갑게 생각하지 않았을 수 있다.

허버트가 자신의 적극적인 도덕 이론을 결코 명확하게 제시하지는 않았다 할지라도 그의 이론은 완성주의의 한 예라 할 만하다. 우리를 상식에 어긋나게 행위하는 오류에 빠지도록 만드는 원인이 무엇이든 간에 ― 사실 허버트는 이 주제에 관한 책을 쓰기도 했지만 ― 우리 중 어느 누구도, 심지어 허버트 자신조차도 공통 관념을 적절한 질서와 일관된 체계와 더불어 아직 완전히 파악하지는 못한 듯하다. 이를 파악하기 이전까지 우리는 이에 관해 계속 생각해야 하며 따라서 그릇되게 행위할 수밖에 없다. 어쩌면 경험주의적인 자연법 학자들과 허버트 사이의 가장 뚜렷한 분기점은 바로 여기인 듯하다. 자연법 학자들이 볼 때 우리가 자연법을 모른다는 사실은 우리가 자연 세계의 또 다른 측면을 모르는 것과 마찬가지이므로 단지 약간의 해가 될 뿐이다. 자연법에 대한 무지는 그 어떤 중요한 의미에서도 우리 자신에 대한 무지가 아니다. 우리의 첫 번째 임무는 동기에 상관없이 주어진 완전한 의무를 수행하는 것이다. 우리는 타인에 대한 우리의 사랑을 증가시키기 원할 수도 있지만, 최소한의 도덕이라는 측면에서 볼 때 이런 내부적인 변화는 설령 우리에게 이익이 된다 할지라도 외부적으로 드러나는 적절한 행위에 비해 덜 긴급한 것에 머물고 만다. 반면 허버트와 도덕적 본유주의자들은 일반적으로 우리를 신의 정신으로 이끄는 것이 바로 우리의 정신이라고 생각하기 때문에, 무엇보다도 우리를 그릇된 행위로 이끄는 도덕적 무지는 바로 불완전한 자기인식인 것이다. 따라서 허버트의 주장대로 우리의 가장 큰 임무는 자신을 완성하는 것이다. 오직 자신의 완전성을 높임으로써만 우리는 자신의 행복뿐만 아니라 다른 사람과 적절하게 상호작용하는 능력에도 더욱 가까이 다가가게 된다.

4. 데카르트의 주의주의

"나 자신의 윤리적 규범에서 가장 중요한 점 중 하나는 죽음에 대한 두려움 없이 삶을 사랑하는 것"(*Writings* III. 131) 이라고 데카르트는 선언한다. 그는 이에 이르는 방법을 보여 주는, 도덕철학만을 다룬 저술을 출판하지는 않았다. 그의 도덕 이론에 관해 우리가 아는 바는 여러 저술과 편지, 특히 후기 저술인 《정념론》(*The Passions of the Soul*) 중 여기저기에 흩어져 있는 언급을 바탕으로 구성된 것이다.[26] 설령 이들을 통해 완성된 이론에 이르지 못한다 할지라도 여

---

26) 그는 이미 출판을 염두에 두고 편지를 썼으며, 1657년 출판된 이후로 광범위하게 읽혔다. 웰시(Joshua Welsh)는 데카르트의 편지를 편집 출판한 클러젤리어(Clerselier)가 편집자 서문에서 데카르트가 윤리학에 매우 큰 관심을 지녔으며 우리의 행위를 이성에 따르도록 인도하는 방법을 보이는 것이 그의 중요한 목표 중 하나라고 썼다는 사실을 내게 알려 주었다. 드 라 포르지(Louis de la Forge)는 1666년 "데카르트의 원리에 따라" 인간의 정신을 해명하기 위한 책을 썼는데 이 중 한 장에서 데카르트의 윤리학을 다룬다.

기에는 놀라운 견해가 등장한다. 데카르트는 신스토아학파와 허버트 경에게 강한 친밀감을 드러내지만 이는 그가 단지 이들의 견해에 동의하기 때문은 아니다.

데카르트는 허버트의 《진리에 관해》에 대한 비판적인 논평을 통해 몇 가지 측면에서 그를 칭찬할 뿐 그와 자신 사이의 중요한 불일치를 드러내지는 않는다(III. 139~140, 142). 허버트는 공통 관념을 인식하기 위해 우리는 신과 사고를 공유해야 한다고 주장했다. 우리는 지식을 늘려 나감으로써 자신을 완전하게 하고 결국 점점 더 신에 가까워지게 된다. 데카르트는 자신이 완고히 주장하면서도 결코 충분히 해명하지는 않는 어떤 입장을 근거로 이런 견해에 반대하는데 초기 데카르트 저술의 독자 중 상당히 많은 이가 이런 입장을 몹시 곤란하게 생각했다. 데카르트는 허버트가 생각하는 공통 관념과 같은 종류의 진리는 신을 구속할지도 모른다고, 즉 이교도의 사고방식처럼 운명이 신을 속박할지도 모른다고 생각한다. 또한 그는 어떤 것이 이렇게 신을 필연적으로 지배한다는 주장을 허용해서는 안 된다고 강조한다. 심지어 영원한 진리들조차도 마치 군주의 법률이 그의 나라 안에서만 통용되듯이 신의 의지에 의존해야 한다(III. 23). 전체는 부분보다 크다는 등의 영원한 진리가 분명히 존재한다. 하지만 신이 그렇게 되기를 원하지 않았다면 이들은 참이 되지 않았을 것이다(III. 103). 신의 의지는 현실적인 것의 원인일 뿐만 아니라 동시에 본질과 가능한 것의 원인이기도 하다(III. 343; 25 참조).

무언가를 창조하는 신의 의지작용은 완벽하게 자유롭다. 왜냐하

하지만 그는 그저 데카르트의 편지를 요약해 인용하는 수준에 그친다.

면 신은 애초부터 모든 가능한 사건의 상태에 전혀 무관심하기 때문이다. 신이 특정한 상태를 창조하는 것은 그 상태의 현존이 다른 상태의 현존보다 바람직하기 때문이 아니다. 오히려 그가 어떤 상태가 현존하기를 원하기 때문에 그 상태가 더욱 바람직해진다. 신은 무언가를 원하기에 앞서 자신이 무엇을 원할 근거를 지닐 수 없다(III. 291). 데카르트는 계속해서 신은 피조물에게 자신을 미워하라는 명령도 얼마든지 내릴 수 있다고까지 주장하는 극단으로 나아간다(III. 343; 앞의 제 2장 각주 14 참조). 하지만 루터나 칼뱅, 수아레스 등과는 달리 데카르트는 신이 우리에게 어떤 자연법에 따르라는 명령을 내렸다는 점에 관해서는 단 한 마디도 하지 않는다. 이런 측면에서 데카르트가 철저한 자기규율의 윤리를 제시한다는 사실이 점차 명백해진다.

신이 어떤 자연법이라도 부과했다는 주장을 거부하는 데카르트의 태도는 신학자에게나 어울리는 문제에 관해서는 결코 논의하지 않겠다는 그의 결심을 보여 주는 수준에 그치지 않는다. 부분적으로는 이와 동일한 견해로 인해 그는 자연학에서 목적인에 관한 언급을 완전히 배제했다. 데카르트는 결코 무신론자는 아니지만 이론적이든 실천적이든 간에 어떤 문제를 해결하는 데 신에 관한 이성적 지식을 사용해서는 안 된다고 생각한다. 그가 생각하는 신은 루터나 그 이전 철학자들의 신만큼이나, 어쩌면 그보다 더욱 파악할 수 없는 존재이다. 우리의 가장 기본적인 사고방식에 비추어 우리는 신의 사고방식에 관해 전혀 아무것도 추론할 수 없다. 우리가 현재 통용되는 기하학이나 논리학의 법칙 외에 다른 대안을 생각할 수 없다는 사실은 신의 권능이 아니라 단지 우리의 정신이 지닌 한계를 드러낼 뿐이다(III. 23, II. 294). 우리의 사고방식은 이런 식으로 한정되기 때문에 우리는 "신의 계획을 공유할 수 없다"(I. 202). 따라서 자연학에서 "우리는 결코 목적으로부터 논증을 진행할 수 없다"고 데카르트는 주장한다(III. 341).

실천적 영역에서도 사정은 마찬가지이다. 이 세계를 창조한 신의 목적을 전혀 모르기 때문에 신이 모든 것을 우리에게 이익이 되도록 만들었다고 가정해서는 안 된다(I. 248). 오직 신 자신이 드러낼 경우에만 신의 목적을 알 수 있다. 만일 "윤리학에서 인간적인 관점을 채택해"라고 말한다면 이는 신이 모든 것을 자신의 영광을 위해 만들었다고 올바르게 말하는 셈이 된다. 하지만 이것이 의미하는 바는 단지 우리가 신을 현존하는 모든 것에 대한 동력인으로 찬양해야 한다는 점뿐이다(III. 195). 그 이상의 결론도 이끌어 낼 수 있다. 신을 사랑하는 사람은 누구든지 자신에게 어떤 일이 생기더라도, 심지어 자신에게 큰 해악이나 죽음이 닥치더라도 이를 그대로 온전히 받아들여야 한다(III. 309~310; 273 참조). 기독교를 바탕으로 한 신스토아학파와 마찬가지로 데카르트도 신의 섭리를 일종의 운명으로 받아들이며, 우연한 행운이란 이 세계에서 아무 쓸모없는 것이라고 생각한다(I. 379~380). 하지만 삶을 하나의 전체로서 바라보는 이런 태도로부터는 어떤 구체적인 삶의 지침도 이끌어 낼 수 없다. 데카르트는 신의 현존에 대해 경험과 무관한 논증을 제시하는데 이 논증은 신이 우리를 속이지 않는다는 점을 보이기 위한 것이다. 그는 신이 창조자이며 세계가 현존하기 위한 근거로서 반드시 필요한 존재라고 생각한다. 그러나 신의 자유로움을 인정해야 한다는 데카르트의 주의주의적 주장은 신의 현존과 권능이 모든 것을 일반론적으로는 설명하지만 무언가를 구체적으로는 결코 설명할 수 없음을 함축한다. 자연학과 생물학에서 참인 바는 도덕에 대해서도 마찬가지로 참이다. 우리는 신을 완전하다고 여기는 자신의 능력을 신뢰할 수 있지만 동시에 그런 능력을 가지고 스스로 학문을 전개해 나가야 한다. 우리는 신을 완전하다고 여김으로써 신을 사랑할 수 있지만 동시에 무엇을 행해야 할지 스스로 결정해야만 한다.

5. 데카르트: 무지와 덕

데카르트는 윤리학에 관한 저술을 쓰고 싶지 않았다고 말한다. 만일 자신의 도덕적인 견해를 공개적으로 표현하면 그의 철학 중 다른 부분이 정통적인 종교를 믿는 사람들과 이미 불러온 것보다 훨씬 더 많은 마찰을 일으키리라고 생각했기 때문이다. 더욱이 그는 다른 사람의 삶을 규제하는 일은 오직 통치자의 임무이지 한 개인의 임무는 아니라고 생각한다(III. 326, I. 142 참조). 《방법서설》(*Discourse on Method*)에는 그가 "잠정 도덕"(*une morale par provision*)이라고 부르는 바가 등장한다. 하지만 그는 버만(Burman)에게 자신이 이런 표현을 사용한 까닭은 오직 "스콜라철학자 같은 사람들 때문이다. 이렇게 하지 않으면 그들은 나를 종교적 믿음이 전혀 없는 사람으로, 나의 방법을 사용해 그들을 전복시키려는 사람으로 매도하려 들 것이기 때문이다"라고 말한다(III. 352~353; 299 참조). [27] 잠정 도덕

---

27) 《철학의 원리》(*Principles*) 서문에서 데카르트는 잠정 도덕이라는 표현을 사

은 데카르트 또는 그의 독자들이 모든 믿음에 대한 동의를 잠시 보류하고 도덕을 재구성하기 위한 기초를 탐색하는 과정에서 사용할 수 있는 도덕이다. 이런 상황에서도 그는 행위해야 하며 그러기 위해서는 일종의 지침이 필요하기 때문이다.

잠정 도덕은 자신이 사는 나라의 법과 관습에 따르라는, 다소 회의주의적인 준칙과 더불어 시작된다. 그리고 이어지는 두 규칙은 립시우스가 제시했을 만한 것들이다. 두 번째 규칙은 일단 어떤 행위 방식을 선택했다면 그런 선택으로 이끈 믿음이 아무리 불확실하다 할지라도 확고하게 그에 따라 행위하라는 것이며, 세 번째 규칙은 스스로 순전히 자신의 능력 안에 속하는 것만을 욕구하도록 만듦으로써 세계보다는 자기 자신을 다스리라는 것이다. 마지막 규칙은 일생에 한 번은 해야 할 듯이 보이는 행위를 요구한다. 즉, 가능한 모든 직업을 검토해 보고 그중 최선의 것을 선택하라고 말한다. 여기서 데카르트는 이들이 단지 잠정적이라는 자신의 표현과는 달리 상당히 결정적인 태도를 보인다. 그는 신이 우리에게 스스로 참과 거짓을 구별할 수 있는 능력을 주었으며, 자신은 평생토록 이 능력을 사용하려 한다고 주장한다. 이런 결심은 그가 잠시 다른 사람들의 의견을 받아들인 것에 대한 일종의 사죄이기도 하다. 그는 자신의 새로운 방법을 사용해 진리를 추구하는 데 평생을 바치겠다고 다짐

용한 또 다른 이유를 제시한다. 우리는 제일원리로 거슬러 올라가 "우리 스스로를 가르치려 할 때" 이런 도덕을 필요로 한다. 왜냐하면 "우리는 다른 무엇보다도 잘살기 위해 노력해야 하며" 이는 결코 미룰 수 없는 일이기 때문이다(*Writings*, I. 186~187). 프랑스어로 잠정적(*par provision*)이라는 말은 임시적인 방법이라는 의미뿐만 아니라 오직 자신을 위해 마련한 방법이라는 의미도 지닌다.

한다. 오직 그런 후에야 어떻게 살아야 하는지 알게 되리라고 말한다(I. 122~125).

올바른 삶을 위해서는 지식이 필요하다는 점을 의심하지 않으면서, 데카르트는 또한 우리에게 필요한 지식을 얻는 손쉬운 방법은 없다는 사실도 인정한다. 그는 지식을 얻는 순서에 대해 자신의 강력한 견해를 표명한다. 잠정 도덕을 익힌 학생은 우선 논리학을 배워야 한다. 그 다음에는 형이상학 및 그와 관련되는 분야에 정통해, 데카르트 자신이 《성찰》(Meditations)에서 보여 주듯이, 자아에 관한 지식으로부터 신에 관한 지식으로, 이어서 물체의 세계에 관한 지식으로 나아가야 한다. 뒤이어 생명체를, 특히 인간을 탐구해야 한다. 이런 모든 지식을 확보한 다음 우리에게 가장 직접적인 이익을 제공하는 두 분야, 즉 의술과 도덕의 원리에 이르려는 기대를 할 수 있다. 형이상학은 지식의 나무 중 뿌리에 해당하지만 이 두 유용한 분야는 열매에 해당한다. 따라서 "철학에서 얻는 주된 이익은 우리가 제일 마지막에 배울 수 있는 부분에 의존한다". 그리고 이런 부분에 이르렀을 경우에만 가장 완벽한 도덕 체계를 소유하게 된다(I. 186).

데카르트는 현재 자신이 철학의 나무를 이루는 가지의 끝 부분에 대해서는 거의 무지하다고 덧붙여 말한다. 하지만 이런 언급이 그리 솔직한 고백이 아니라는 점은 쉽게 드러난다. 이런 언급을 할 당시에 그는 이미 정념에 관한 심리학적 연구를 완성하고 이 결과에 부합하는 윤리학을 제시하는 작업에 착수한 상태였다.[28] 만일 도덕에

---

28) 앞의 언급은 1647년에 출판된 《철학의 원리》에 등장하는데 이때는 데카르

대해 무지하다는 그의 언급이 진심이었다면 그가 이렇게 말한 까닭은 최소한 당시에는 분명 모든 사람이 도덕에 대해 무지하다고 생각했기 때문이다. 그는 자신의 원리가 보일 수 있는 바를 이끌어 내는 데는 앞으로 몇 세기가 걸릴 것이라고 말한다(I. 189). 데카르트는 어느 누구도 도덕과 관련해 이상적인 삶을 살아가는 데 필요한 모든 지식을 소유할 수 없다는 점을 충분히 이해했다. 따라서 어떤 도덕에 이르든 간에 그것은 항상 "잠정적"이다.

스토아학파 철학자들은 자신들이 이해하는 한에서 가장 현명한 사람조차도 결코 완전한 지식을 소유할 수 없다는 점을 당연한 사실로 받아들였다. 29) 하지만 이들은 17세기의 후계자들과 마찬가지로 우리의 피할 수 없는 무지를 극복하기 위한 방법을 추천하기보다는 완전한 성자로서 살아가는 삶을 묘사하는 데 더욱 큰 관심이 있었다. 데카르트는 완벽한 덕을 갖춘 삶에 관해서는 비교적 별 언급을 하지 않는다. 그는 어떻게 살아가야 하는가에 관한 이런 적극적인 충고는 인간이 처한 조건에 맞게 주어져야 한다고 생각했다. 그가

트가 윤리학에 관한 편지 대부분을 쓴 이후이며 정념에 관한 자신의 생각을 이미 거의 정리한 시기였다. *Writings* III. 289, 샤뉘(Chanut)에게 보낸 1646년 6월 15일자 편지 참조. 여기서 데카르트는 자연학에 관한 자신의 작은 지식이 "도덕철학의 확실한 기초를 마련하는 데 … 큰 도움이 되었다"고 말한다.

29) 키케로는 스토아학파를 훌륭한 삶을 살아가는 데 자연철학이 가장 큰 중요성을 지닌다고 주장한 철학자들로 묘사한다. "왜냐하면 자연과 일치하게 살아가려는 사람은 세계 전체의 체계와 운행에 기초한 원리들을 받아들여야 하기 때문이다. 자연의 전체 계획에 대한 또한 신들의 삶에 대한 지식이 없이는 어느 누구도 선한 것과 악한 것들을 제대로 판단할 수 없다."(*De Finibus* III. xxii)

가장 뛰어나다고 생각한 덕에서 인간의 무지는 필수적인 요소로 작용한다. 왜 무지가 필요한지는 그의 심리학이 설명해 준다.

　데카르트는 사고하는 실체로서 우리의 정신은 단순하다고 생각한다. 따라서 다른 모든 정신적 작용들은 사고의 작용 방식으로 해석되어야 한다. 이런 생각은 의지와 같은 것의 존재를 불가능하게 만든다는 한 비판자의 주장에 답하면서, 데카르트는 그런 결론이 도출되지 않는다고 말한다. "의지, 이해, 상상 그리고 감각 등은 단지 사고가 다르게 작용하는 방식일 뿐이며 이 모든 작용은 정신에 속한다."(III. 56; 97 참조) 오직 자신에게 의존하는 것으로 경험되는 사고가 바로 의지작용인데 이는 순전히 정신의 작용이다. 지식을 구성하는 지각은 정념이다.[30] 어떤 의지작용은, 예를 들면 어떤 추상적인 실체에 관해 생각하도록 이끄는 의지작용은 우리의 내부를 향하는 반면 산책을 하기로 결정하는 것과 같은 다른 의지작용은 우리의 외부를 향한다(I. 335). 어떤 쪽을 향하든 간에 의지작용은 사고와 마찬가지로 어떤 대상에 관한 것이다. 의지작용의 역할은 우리를 어떤 대상과 결합하거나 분리하는 것이다.

　의지는 순수한 이론적 사고에서와 마찬가지로 실천에서도 중요하다. 이론적인 사고를 행하면서 우리는 그것을 받아들이거나 — 즉 우리의 것으로 만들거나 — 아니면 거부한다. 그리고 받아들인다면 그것을 믿거나 인식한다(II. 39~40). 좋거나 선한 무언가에 관해 사고하면서 그것을 받아들이는 일을 욕구라고 부르는데 욕구는 정기

---

30) *Writings* III. 182; "이해 작용은 정신의 수동성이며, 의지작용은 정신의 능동성이다."

의 방향을 뇌의 송과선으로 재조정함으로써 육체에 효과적으로 영향을 미친다(I. 343). 따라서 행위와 관련되는 의지작용은 선과 악에 관한 또는 완전성과 불완전성에 관한 능동적인 사고이다.[31] 우리는 필연적으로 자신이 선이라고 여기는 바를 추구하고 악이라고 여기는 바를 회피한다. 만일 "우리에게 무엇이 좋고 선한지" 명석 판명하게 인식한다면 이런 사고를 유지하는 한 "욕구가 그것을 향하지 않도록 멈추는 일"은 불가능하다고 데카르트는 말한다(III. 233). 명석하게 선이라고 지각된 바를 추구하지 않을 수 있는 유일한 경우는 그렇게 함으로써 우리가 자유의지를 지닌다는 사실을 논증하는 것이 바람직하다고 생각하는 경우뿐이다(III. 245).

따라서 우리의 자유는 기본적으로 무관심성의 자유가 아니다. 우리 앞에 여러 선택지가 놓여 있을 때 오직 그들이 선한지 악한지에 대한 명석한 지식이 부족한 경우에만 우리는 무관심할 수 있다(III. 233). 따라서 우리의 무관심성은 일종의 불완전성인 ― 지식의 부족인 ― 반면 신의 무관심성은 전능함의 결과이다.[32] 하지만 동의하

---

31) *Writings* III. 141에서 데카르트는 문득 "모든 사람이 소유해야 하는 욕구는 그가 생각할 수 있는 모든 완전성"이라고 말한다. 여기서 완전성과 선은 의지의 대상과 교환 가능한 용어로 간주된다.

32) 이로부터 데카르트는 주저함이 없이 죄는 무지의 결과라는 결론을 받아들인다. 만일 어떤 행위가 죄라는 점을 명석하게 인식한다면 "이런 방식으로 인식하는 한 우리가 죄를 저지르는 일은 불가능할 것이다"(*Writings* III. 234).
데카르트의 추종자였던 르그랑(Antoine LeGrand)은 당시 널리 읽힌, 데카르트의 이론을 요약한 저술에서 데카르트의 이런 견해를 그대로 받아들인다. 그에 따르면 의지의 본질은 무관심성이 아니다. "왜냐하면 의지의 대상이 명석하고 판명하게 파악되지 않는 경우를 제외하면 의지는 결코 무관심할 수 없기 때문이다. … 죄인은 자신이 저지르는 행위가 악하다는 점을 명석하게 인식하지 못한다. … 따라서 의지는 오류에 빠지지 않고 자신에게 가장

거나 거부하는 우리의 능력, 곧 우리의 자유는 능동적인 능력이며 따라서 일종의 불완전성이 아니다. 데카르트는 우리가 이런 능력을 지닌다는 사실은 너무나도 자명하므로 우리가 이를 지닌다는 지식은 다른 본유 관념에 대한 지식과 같은 수준으로 확실하다고 주장한다. 설령 신이 모든 사건을 예정했다는 사실을 알고 이런 신의 예정이 어떻게 우리의 자유와 양립 가능한지 이해하지 못한다 할지라도 우리는 결코 우리의 자유를 회의할 수 없다(I. 206, III. 277). 자유롭게 행위하면서 우리는 자신이 가장 간절히 원하는 바를 행한다. 우리는 명석 판명한 명제에 동의하기 원하는데 그 까닭은 명석함과 판명함이 동의에 대한 최선의 근거를 제공하기 때문이다. 또한 우리는 선하다고 명석하게 인식되는 바와 자신을 결합하기 원하는데 그 까닭은 무언가를 원할 경우 그것이 선하다는 것보다 더 나은 근거가 없기 때문이다. 무언가를 받아들이거나 거부할 근거가 부족할 경우 우리는 무관심성을 드러내게 된다. 그러므로 근거 없이 행위하는 것은 자유롭게 행위하는 것이 아니다. 데카르트는 한 비판적인 질문자에게 다음과 같이 말한다. "따라서 나는 일반적인 의미에서 자발적인 모든 것을 자유롭다고 부르는 반면 당신은 오직 무관심성을 동반해 스스로 결정을 내릴 수 있는 능력만을 자유로 한정하려 한다." 사실 우리는 무관심성을 드러내는 경우 자유롭게 행위할 수 있다. 하지만 그렇게 할 수 있는 능력은 그리 중요하지 않다(III. 234). 그 까닭은 자유의지가 무언가를 받아들이거나 거부하는 능력이므로 이에 따라

편리하게 드러나는 바를 향하려는 경향을 지니며 이를 스스로 명석하고 분명하게 나타낸다." LeGrand, *Entire Body*, part IX V. vi: 329면.

우리는 칭찬받거나 비난받을 수도 있고 또 공적이나 과실을 평가받을 수도 있기 때문이다(I. 205).

그렇다면 데카르트에게 "자발성과 자유는 하나의 동일한 것이며", 자유의 적절한 사용은 우리를 오직 명석 판명한 지각에 따라 행위하도록 이끈다(II. 134). 하지만 이런 수준에 이르기는 몹시 어려운데 그 까닭은 대체로 영혼이 육체와 결합되어 있기 때문이다. 우리는 육체 때문에 세계의 대상들을 불완전하게 지각한다. 이런 지각은 혼란스럽고 판명하지 않은 사고이므로 우리에게 도움이 되기도 하고 방해가 되기도 한다(I. 358~359; III. 264, 267). 이들이 불러일으키는 욕구는 항상 겉으로는 선하게 보이지만 사실은 그렇지 않은 것을 향한 욕구이다. 오직 지식만이 우리에게 도움을 준다. 하지만 우리가 지식을 무척 선한 것으로 여기고 이를 원한다 할지라도 항상 지식에 도달하지는 못한다.

무지에서 벗어나기 위한 데카르트의 처방은 잠정 도덕 중 두 번째 준칙, 즉 일단 어떤 행위 방식을 선택했다면 그런 선택으로 이끈 믿음이 아무리 불확실하다 할지라도 확고하게 그에 따라 행위하라는 준칙을 통해서 제시된다(I. 123). 후에 그는 이 규칙을 다소 변형해 설령 우리가 최종의 진리에 이르지 못했다는 점을 깨닫더라도 "이성이 추천하는 것이면 무엇이든 수행하는 확고하고 일관적인 결정에 따르라"고 말한다. 그리고 덕이란 "정확하게 이런 결정에 충실히 따르는 것을 의미한다"는 점을 덧붙인다(III. 257~258). 만일 선에 관한 명석 판명한 지식을 지닌다면 이는 우리의 행위에 질서를 부여할 것이다. 그런데 우리에게는 이런 지식이 부족하므로 오직 의지의 강력하고 일관된 결정만이 이런 질서를 만들어 낼 수 있다. 이렇게 분명한 결정을 내릴 경우 우리는 확실하지 않은 믿음에 근거해서도 확고하게 행위할 수 있다(III. 97). 데카르트는 거듭해서 자유의지는 우리를 신과 가장 가깝게 만드는 것이라고 말한다(예를 들면 II. 40; III. 141~142, 326). 신은 완전하게 일관적이다(III. 23, 273, 348). 따라서 덕을 갖추기 위해 우리는 가능한 한 우리 안에 있는 신의 형상에 따라 신과 같이 행위해야 한다. 즉, 우리도 스스로 일관되게 행위해야 한다. 항상 일관되게 반성을 거친 최선의 근거에 따라 행위하는 한 우리는 결코 후회나 가책을 느끼지 않을 것이다. 우리 자신을 비난하거나 질책하는 일은 결코 없을 것이다(III. 267, 269).

6. 데카르트: 행복, 정념 그리고 사랑

데카르트는 덕을 의지의 일관된 결정으로 정의함으로써 자기규율을 정면으로 윤리학의 핵심에 놓는다. 그는 덕에 대한 이런 정의가 매우 독창적이라고 주장한다(III. 258). 그는 또한 자신이 행복에 관해서도 새로운 무언가를 말했다고 생각한다. 정신과 육체 사이의 구별과 관련해 많은 주장을 펴고 의지의 자유를 그토록 강조하기 때문에 그가 인간의 본질은 육체와 분리된 영혼이라고 생각했으며 더 나아가 자유의지가 홀로 자신과 관련되는 모든 것을 받아들이거나 거부할 수 있다는 주장을 폈다고 가정하기 쉽다. 하지만 이는 잘못이다. 데카르트는 우리가 본질적으로 정신과 육체로 구성되는 복합적 존재라고 주장한다(III. 189, 200, 206, 209). 우리는 이런 결합의 본성을 그리 세련되지 않은 개념을 통해서 파악한다(III. 218, 226~227).

이 점은 성찰에 그리 많은 시간을 들이지 않는 사람에 의해서, 감각을 통해서 가장 잘 파악된다. 데카르트의 도덕은 바로 이들을 위한 도덕이다. 그러므로 덕만으로는 우리에게 충분하지 않다.

따라서 스토아학파와는 달리 데카르트는 정념을 제거하려 들지 않는다. 정념은 우리의 육체를 보호하고 조절하는 데 유용하다. 그리고 정념은 이성이 설정한 한계 안에 머무는 한 우리에게 쾌락을 주므로 아무리 사소한 정념이라도 무시해서는 안 된다(I. 343, 376; III. 265, 300). 데카르트는 어디서도 철학을 죽음의 방법에 관한 탐구라고 여기지 않는다. 하지만 이런 탐구가 전통적으로 제공하려 한 바를 그 또한 제시하려 한다. 즉, 일상적 삶의 쾌락과 정념에 집착하는 데서 벗어나 낙담과 죽음에 직면해서도 평정을 유지하는 방법을 제시한다. 이런 이중성은 ― 삶을 누리는 데 감사하는 동시에 삶에서 일어나는 우연적인 일들을 넘어설 필요가 있다는 이중성은 ― 그가 최고선을 이해하는 데서 드러나는 이중성으로 이어진다.[33]

우선 데카르트는 최고선 자체와 그것에 이르렀을 때 우리가 느끼는 감정, 자신이 만족이라고 부르는 감정을 구별해야 한다고 말한다. 행복은 오직 이런 감정으로 이루어진다. 우리의 최종 목표는 최고선에 이르는 것이어야만 한다. 만족은 그 결과로 우리에게 생기는 것이다(III. 261, 268). 다음으로 그는 최고선이 전적으로 우리의 능

---

33) 데카르트는 사랑하는 사람의 죽음에서 느끼는 슬픔을 극복하기 위한 처방으로 우리 영혼의 본성에 대하여 올바른 지식을 지닐 것을 추천한다. 이에 더하여 "내가 항상 가장 강력하다고 생각해 온 처방 중 하나는 … 내가 다른 누구보다도 삶을 사랑하지만 자신의 〔죽음을〕 두려워하지 않는 것이다"(*Writings* III. 215~216)라고 말한다.

력 안에 있는 무언가여야만 한다고 주장한다. 따라서 부나 권력 따위의 외부적인 선은 결코 최고선이 아니다. 우리 안에 있는 무언가가 최고선일 수 있다면 그것은 우리의 사고일 것이다(III. 160; 또한 98; I. 123 참조). 따라서 최고선은 우리가 자신의 정신을 드러낼 수 있는 어떤 조건이어야만 한다. "하지만 지식은 자주 우리의 능력을 넘어선다. 따라서 우리가 완전히 마음대로 할 수 있는 무언가, 즉 의지만이 남게 된다." 따라서 의지의 일관된 결정으로 정의되는 덕이 최고선이지만 만족으로서의 행복이 이에 뒤따라야 한다. 뒤이어 데카르트는 다소 으스대면서 이를 통해 자신이 제논(Zeno)과 에피쿠로스(Epicurus)를 종합해 조화시켰다고 결론짓는다. 즉, 자신이 제논에게서는 최고선으로서의 덕을, 에피쿠로스에게서는 "그가 쾌락이라는 이름으로 불렀던" 만족의 궁극적인 중요성을 받아들였다고 주장한다(III. 325). [34]

이제 덕과 만족이 선하다는 사실은 어떻게 알 수 있는가? 데카르트는 이에 관해 말하지 않는다. 그가 허버트 경처럼 정의 불가능한 다른 여러 "원초적 개념"과 더불어 우리 안에 본유적으로 선이라는 기본 개념이 존재한다고 생각한 것 같지는 않다(III. 218). [35] 그는

---

34) 드 라 포르지는 데카르트의 최고선 이론을 설명하면서 이 점을 크게 부각한다. 그는 세네카의 주장을 받아들여 모든 인간이 행복을 원한다는 점을 지적한다. 그리고 일종의 동기로 작용하는, 개인의 행복을 향한 욕구의 중요성을 강조한다. "나는 최고의 무관심성을 보이는 은둔자들도 다음과 같은 점을 그리 어렵지 않게 동의하리라고 생각한다. 만일 덕을 따르는 데서 극도의 만족을 발견하지 못하거나 어떤 행복도 기대할 수 없고 또한 죽은 후의 보상을 바랄 수 없다면 이들도 지금처럼 죄를 범하지 않고 얼마든지 현세에서 누릴 수 있는 쾌락을 스스로 완전히 끊어 버리는 결정을 쉽사리 내리지는 못할 것이다."(de la Forge, ch. XXVI: 328면)

무언가를 선하게 만드는 것이 어떤 것인지 어디서도 명확하게 설명하지 않으며 또한 자신이 선과 동일한 의미로 사용하는 "완전성"이라는 용어에 대해서도 설명하지 않는다.[36] 하지만 우리에게는 정념이 생길 수밖에 없고 결코 이를 완전히 제거할 수 없기 때문에 데카르트가 생각하는 실천적인 핵심 문제는 정념의 대상이 불러일으키는, 겉으로만 그럴 듯한 매력에 굴복하지 않도록 우리 자신을 지키는 일이다. 물론 만일 정념이 우리에게 전하려는 바를 — 즉 우리의 육체에 좋은 바를 — 완벽하게 인식한다면 우리는 필연적으로 그것을 원하고 바랄 것이다. 그리고 정념 외부의 그 어떤 것을 통해서도 정념을 통제할 필요가 없을 것이다. 하지만 우리에게 무엇이 좋은가에 관한 명석 판명한 지식을 우리는 거의 갖고 있지 않으므로 의지를 발휘함으로써 정념을 통제해야만 한다.

후기 저술들을 보면 데카르트는 이렇게 하기 위한 방법을 자신이 발견했다고 생각하는 듯하다. 그에 따르면 우리는 순전히 우리 능력 안에 속하는 것 중에 무엇이 좋은지 생각하는 습관을 들여야 한다. 순전히 능력 안에 속하는 것은 바로 우리의 의지를 발휘하는 일이다. 감각을 통해서 좋다고 드러나는 무언가를 욕구하는 경험을 할

---

35) 《철학의 원리》 프랑스어 판 서문에서 데카르트는 자신의 현존에 관한 인식, 신이 창조주라는 인식 그리고 신이 진리를 보증해 준다는 인식이 "내가 다른 것들에 관한 진리를 이끌어 내기 위해 사용한 원리의 전부이다"라고 말한다 (*Writings* I. 184). 이는 도덕적 진리가 오직 형이상학과 인식론의 원리로부터 도출됨을 암시한다.

36) *Writings* I. 358에서 데카르트는 무언가가 우리의 본성과 일치하는가 아니면 반대되는가에 따라 그것을 선 또는 악이라고 부른다고 말한다. 하지만 그가 사람들이 일반적으로 의미하는 바에 호소하는지는 명확하지 않다.

때마다 바로 이 점을 떠올리는 습관을 들여야 한다. 그 다음에는 자유의지를 지닌다는 사실을 드러내기 위해 잠시 행위를 중지하고 그것이 좋음을 추구하는 것인지 그렇지 않은지 생각해 보아야 한다 (III. 233~234). 데카르트의 이런 중지는 피론과 같은 회의주의자들이 생각하는 중지와는 다르다. 이는 우리를 평정한 삶을 바라는 상태로 이끄는 전제 조건이 아니다. 이는 더 나은 결정을 내리도록 만드는 일종의 행위이다.

이제 덕을 갖춘 행위자는 덕과 그것에 동반되는 만족을 넘어서서 과연 무엇을 추구해야 하는가? 앞서 데카르트는 이런 문제에 관해 스스로 무지하다고 공언했지만 최소한의 기본적인 신념은 지니고 있다. 여기서도 다시 한 번 그의 심리학이, 특히 사랑에 관한 견해가 핵심적인 역할을 수행한다. 우리에게 영향을 미치는 무언가를 좋거나 나쁘다고 지각할 때 우리는 그것을 사랑하거나 미워하는 기본적인 정념을 드러내어 반응한다. 데카르트에 따르면 "무엇이 우리에게 좋다고, 즉 이익이 된다고 생각할 때" 우리는 그것에 대해 사랑을 느낀다. 무엇이 좋고 무엇이 손해가 되는지에 대한 생각이 우리에게 다른 모든 정념을 불러일으킨다(I. 350). 여기서 데카르트는 이기주의적인 견해를 내세우지 않는다. 그는 곧바로 영혼이 어떤 대상과 자신을 기꺼이 결합하려 할 때 영혼은 그 대상에게 자비심을 느끼며 어떤 선을 행하려 한다고 분명히 한다(I. 356). 그런데 영혼은 육체와 연결되어 있기 때문에 우리가 최초로 느끼는 혼란스러운 사랑은 자신의 육체를 보존하려는 쪽으로 향하게 된다. 하지만 이는 사랑과 욕구의 본성이 아니라 명석한 지각이 부족함을 드러낼 뿐이다. 데카르트는 사랑에 관해 가장 길게 논의한 대목에서 "자신과 사랑하는 대상을 하나의 전체로 여기도록, 따라서 자신을 그런 전체의 한 부분으로 여기도록 만들며 이전에는 우리가 스스로에게만 쏟았던 배려를 이 전체를 유지하는 데로 옮기는 것이 바로 사랑의 본성이다. 우리는 자신의 배려의 일부만을 우리 자신을 위해 유지할 뿐"이라고 말한다. 그리고 우리가 자신에게서 발견하는 선의 총계는 이 더욱 큰 전체에서 발견되는 선의 총계와 비례한다(III. 311; 269 참조). 데카르트는 다른 모든 사람으로부터 자신을 고립시키는 일이 스스로에게 최대의 악이 되리라고 생각한다.[37]

사랑의 확장에 관한 데카르트의 주장은 그의 도덕심리학에서 가장 중요한 의미를 지니는 것 중 하나이다. 정념을 변화시키는 것은 바로 사랑에 관한 지식이다. 우리는 자신의 선을 사랑하는 데서 출발하지만 친구를 사귀게 되면 자신보다 친구를 더 많이 생각하고, 자신보다 그를 더 사랑하며, 스스로의 선보다 그의 선을 더욱 원하게 된다. 이와 마찬가지 방식으로 우리는 자신이 속한 나라의 선이 자신의 선보다 더 중요하다는 사실을 깨닫게 되고 나라를 더욱 사랑하게 된다. 이를 통해 나라를 구하기 위해 자신의 생명까지도 기꺼이 희생하게 된다. 마지막으로 우리는 신이 가장 완전한 존재임을 깨달음과 동시에 신을 다른 무엇보다도 사랑하게 된다. 앞서 지적했듯이 데카르트는 신에 대한 이런 사랑이 너무나도 완벽해 우리는 "[신의] 의지가 행한 것이 아니면" 아무것도 원하지 않으리라고 생각한다. 데카르트는 우리가 오직 우리의 능력을 통해서 이런 사랑에

---

37) *Writings* III. 266에서 데카르트는 우리가 설령 우리와 이해가 충돌하는 사람들과는 분리되어 소원하게 지내게 될지 몰라도 우리 자신을 가족, 사회, 국가의 일부로 여기는 일은 매우 중요하다고 거듭 강조한다.

이를 수 있다고 말하지만 이 사랑이 "은총이 없이도 가치를 지니는지" 그렇지 않은지는 논의하기를 거부한다(III. 308~311). 이후 그의 주장은 무척 대담하다. 명석 판명한 지각에서 등장한 사랑을 통해 우리는 죽음의 두려움에서 벗어나 삶을 즐길 수 있다.

데카르트는 자신이 "관대함"이라고 부르는 바가 "우리 자신의 진정한 가치를 제대로 평가하도록" 만드는 성질이라고 주장한다. 우리는 대상의 가치를 어떻게 평가하는가에 따라 그 대상을 존중하거나 경멸할 수 있지만 가장 중요한 평가 대상은 바로 우리 자신이다. 우리가 자신을 적절하게 그리고 최고로 존중하게 되는 경우는 자유의지의 능력이 우리에게 속한다는 사실을 인식할 때와 우리가 무언가를 올바르게 잘 원하는 ─ 즉 우리가 선하다고 생각하는 바를 일관되게 추구하는 ─ 확고한 습관을 지녔다고 느낄 때이다.[38] 관대함은 자신의 욕구를 조절하게 하고, 다른 사람을 자신과 마찬가지로 자유의지를 제대로 사용할 줄 아는 존재로서 적절하게 간주하도록 이끈다. 따라서 관대함은 "다른 모든 덕에 이르는 핵심이다"(I. 384~388). 관대한 사람은 다른 사람과 나눌수록 가치가 줄어드는 선한 것들, 예를 들면 부나 명예 등을 사랑하는 데서 벗어나 모든 사람과 아무리 함께 나누더라도 가치가 변하지 않는 선한 것들, 즉 건강과 지식, 덕 등을 사랑하는 쪽으로 나아간다. 신을 사랑함으로써 스스로를 신이 창조한 위대한 전체의 일부로 생각할 경우, 전체를 더욱

---

38) 우리가 본질적으로 육체를 지닌 영혼이라는 주장과 "〔그 누구에게든 간에〕 오직 스스로 의지작용을 행하는 이런 자유만이 진정으로 그에게 속한다"는 (*Writings* I. 384) 자신의 강력한 주장을 데카르트가 어떻게 조화시켰는지는 그리 명확하지 않다.

고귀하게 생각하면 할수록 자신도 더욱 높이 평가하게 된다(III. 321~322). 데카르트에 따르면 우리에게 좋은 것과 다른 모든 피조물에게 좋은 것 사이에, 그리고 자신에 대한 사랑과 다른 사람에 대한 사랑 사이에 진정한 대립은 발생하지 않는다.

그가 제기한 인식론적 원리들은 "모든 시대에 걸쳐 모든 사람에게 계속 알려져 왔던 것이지만" 그보다 이전에 등장한 어느 누구도 이들이 지식의 원리라는 점을 지적하지는 못했다(I. 184). 무언가를 믿는 것과 자신이 그것을 믿는다는 사실을 아는 것은 서로 다르기 때문에 "많은 사람은 자신이 믿는 바를 알지 못한다"(I. 122). 따라서 본유주의는 상식적인 도덕을 인식적인 입장에서 파악하려 하는 어떤 시도도 거부하려 한다. 그리고 허버트와는 달리 데카르트가 진리의 검증 기준으로 일반적인 동의에 전혀 호소하지 않았다는 점은 상당히 중요하다. 하지만 그는 허버트와 마찬가지로 우리 각자가 여러 가지에 대해 스스로 혼자 생각해야 한다고 강조한다. 여기서 정치적 동기와 철학적 동기가 함께 부여된다. 허버트와 데카르트는 모두 개인이 스스로 생각함으로써 적절하게 결정할 수 있는 문제에 국가가 개입하는 것에 저항한다. 각자가 스스로 생각해야 한다는 이들의 주장은 단지 이런 저항을 지지하기 위한 것이 아니라 본유주의에 기초한 완성주의에서 도출된 것이다. 경험주의를 선택한 자연법 학자들은 이론적으로 우리가 스스로 생각해야 한다고 주장할 필요가 없었다. 따라서 그로티우스, 홉스와 푸펜도르프도 이처럼 주장하지 않았고 단지 로크만이 이같이 주장했지만 그 또한 인식론이 포함되지 않은 정치적 측면에서의 입장이었다. 반면 데카르트는 현재 우리에게 선과 악에 대한 지식이 아무리 부족하더라도 이를 늘려 나가는 유일한 방법은 우리 자신의 인식 능력을 확장하는 것뿐이라고 생각한다. 지식의 확장을 통해서든 아니면 지식이 부족할 경우 일관된 의지를 통해서든 자기완성은 모든 도덕의 핵심이다. 그리고 오직 스스로 탐구함으로써 우리는 우리에게 필요한 지식을 얻을 수 있다.

제 10 장

신에 이르는 길

Ⅰ. 케임브리지 플라톤주의자들

우리와 신 사이가 복종의 관계임을 거부한 토마지우스의 주장은 일찍이 영국에서 등장했던 태도가 독일로 건너와 더욱 분명히 드러난 것으로 볼 수 있다. 이미 17세기 중반에 존 스미스(John Smith)는 "신에 대한 올바른 지식은 복종이 아니라 우리 안에 있는 영혼의 자유를 낳는다"고 썼다〔《논고》(*Discourses*) : 28면; 또한 362, 364, 424면 참조〕. 위치코트(Benjamin Whichcote)는 독자들에게 "당신들 안에 있는 신을 존경하라. 신은 세계의 다른 어느 곳보다 바로 인간의 마음 안에 있기 때문"이라고 간곡히 권고했다(Patrides: 333면, no. 798). 커드워스(Ralph Cudworth)는 아타나시우스(Athanasius)[1]를

---

1) 〔옮긴이주〕 아타나시우스(293~373)는 4세기에 활동한 이집트 출신의 신학자로 성삼위 중 성자는 성부와 동일한 본질을 지닌 피조물이 아니라고 주장한 아리우스파의 이단에 대항해 그리스도교 정통 신앙을 변호하는 데 앞장

인용하면서 "신은 육체를 얻어 인간이 되었기 때문에 우리를 신성하게 만들 수도 있다"는 점에 동의한다(Patrides: 101면). 1640년대부터 계속해서 이들 세 철학자는 한 무리를 형성해 개신교를 급진적으로 재편하려는 시도에 참여했다. 이들은 모두 "신에 대한 올바른 지식"이 종교뿐만 아니라 도덕에도 반드시 필요하다는 스미스의 주장에 동의했다. 하지만 이들은 지식의 증가만으로는 도덕을 확보하는 데 충분하지 않다고 보았다. 가장 중요하게 요구되는 바는 사랑의 덕을 실천하는 것이다. 그리고 이런 실천을 통해 우리는 자신을 완성해 나가야 한다.

도덕 이론의 발전에 기여했던 다른 많은 인물과 마찬가지로 이들은 사회를 분열시켰던 종교적 논쟁에 강력하게 대응했다. 분파적인 칼뱅주의가 토마스주의를 제거하려 드는 것을 보고 후커(Hooker)는 일종의 국교회를 설립하려고 생각했다. 그러자 교회의 조직과 지배권, 전례와 예배의 적절한 형식, 성직자의 자격 등을 둘러싼 격렬한 논쟁이 이어졌다. 그리고 구원에 이르기 위해 신앙이나 행위가 상대적으로 얼마나 중요한지의 문제도 더불어 논쟁에 휘말리게 되었다. 개신교가 도덕법칙 폐기론(antinomianism), 즉 도덕법칙이 구원에 이르는 것과 아무 관련이 없다는 이론을 낳았는가? 실제로 많은 학자가 이렇게 결론지었다.[2] 이성과 인간적인 예의에 호소해 사회적 결속을 유지할 수 있는가? 많은 학자는 이런 견해가 근대적인

선 인물이다.

2) 개신교 사상에서 이런 흐름에 관한 탁월한 연구로는, 비록 가톨릭을 옹호하려는 저의가 상당히 포함되기는 하지만 Knox(1950) 참조.

치장을 한 펠라기우스주의처럼 보인다고 주장했다. 오직 이성에만 호소하는 일은 아르미니우스주의가[3] 신이 임의로 부여하는 예정 은총을 부정한 것만큼이나 위험하다. 또한 이런 견해는 소키누스주의 (*Socinianism*)에서 삼위일체의 교리에 반대한 것과도 유사하다.[4] 우리는 교황주의나 홉스주의를 선택하지 않고도 자연법을 주장할 수 있는가? 당시 나름대로의 의견을 지닌 사람이라면 누구나 교리의 순수성에 관한 문제에 열중했던 것처럼 보인다. 사람들은 자신이 옳다는 점을 증명하기 위해 《성서》에서 전거를 찾기도 하고, 구원의 진리에 대한 올바른 원리를 곧이곧대로 받아들이지 않는 사람들을 비난하기도 하고, 오류에 빠진 이들을 교회 구성원에서 배제하기 위한 정치적 행동을 취하기도 했다 — 이런 문제들은 무엇보다 큰 중요성을 지닌 것으로 보였다. 그리고 이들이 직면한, 더욱 격화된 대립은 영국 신교도들 간에 신앙을 공유할 가능성을 무너뜨리는 수준에 그치지 않았다. 이 대립은 공통의 사회적, 정치적 삶을 심각하게 위협하는 지경에 이르렀다.

---

3) 〔옮긴이주〕아르미니우스주의는 네덜란드 레이덴대학교 교수였던 개혁주의 신학자 아르미니우스(1560~1609)에서 유래한 자유주의 신학 운동이다. 아르미니우스는 특히 칼뱅의 예정은총설에 반대하면서 인간의 자유의지를 강조하고 인간은 심지어 신의 은총을 거부할 자유도 지닌다고 주장했다.

4) 펠라기우스주의에 관해서는 제2장 5절 및 각주 26 참조. 그로티우스는 아르미니우스주의자였으며 로크도 후에 소키누스주의자라는 의혹을 받았다. 〔이하 옮긴이의 첨가〕소키누스주의는 16세기에 폴란드를 중심으로 일어난 종교 운동으로 그리스도를 신의 계시에 의해 태어난 존재로 보지만 직책상 신적인 존재일 뿐, 본성은 신이 아니라 인간이라고 주장했다. 따라서 소키누스주의자들은 삼위일체의 교리를 부정했다. 소키누스주의라는 명칭은 운동의 창시자인 이탈리아인 소키누스(Laelius Socinus, 1525~1562)의 이름에서 유래했다.

위치코트, 스미스, 모어 그리고 커드워스는 영국에서 일어난 이런 지역적 갈등에 깊숙이 관여했다. 하지만 이들에 반대했던 많은 사람들과 달리 이들은 당시의 개별적 특정 논쟁을 넘어서는 중요한 관점과 철학을 전개했다. 흔히 이들은 케임브리지 플라톤주의자라고 불리는데 이런 명칭은 이들이 삶의 대부분을 케임브리지를 중심으로 한 학문적 집단의 중요한 구성원으로 활동했음을 의미한다. 케임브리지 플라톤주의의 창시자는 철학자들이 아니라 성직자와 개혁 신학자들이었다. 이들은 복잡하면서도 일관된 전망을 발전시켰지만 이를 철학자들이 원하는 체계적인 형식으로 표현하려 하지 않았다.[5] 이들은 자신들의 견해를 《성서》와 관련해 완성하려 했으며 자신들과 함께 논의를 진행했던 대부분의 학자와 마찬가지로 《성서》 해석에 관한 주장을 전개했다. 이들이 제시한 이론은 대체로 《성서》를 해석하는 새로운 방법을 암시하는 수준에 그쳤다. 이들이 택한 플라톤주의는 대부분 플로티노스(Plotinus)와 그리스 교부들을 거친 것이었다. 플라톤을 활용해 기독교를 새롭게 해석하려는 데 도움을 얻으려는 시도는 이들의 핵심적인 목표가 아니라 부수적인 목표였을 뿐이다. 이들이 제시한 철학적 설명 중 가장 일관성을 지닌

---

5) 컬버웰(Nathaniel Culverwell)은 자주 케임브리지 플라톤주의자에 속하는 것으로 간주되지만 나는 그를 제외했다. 내가 앞서 지적한 것처럼 그의 저서 《자연의 빛에 관한 논고》(Discourse of the Light of Nature, 1652)는 거의 수아레스주의의 맥락에서 서술되었다. 컬버웰은 수아레스의 절충적인 반주의주의를 전해 주고 자연법을 발견하는 이성의 능력을 강조했기 때문에 플라톤주의자들로부터 환영받았지만 이를 제외하면 그는 지적인 관심이나 철학적 지향점에서 이 집단의 다른 중요한 구성원들과 거의 공통점을 보이지 않는다. Patrides는 분별 있게 자신이 편집한 자료집에서 컬버웰을 제외했다. 컬버웰에 관한 논의는 Darwall(1995) 2장 참조.

부분은 분명히 플라톤주의 또는 신플라톤주의를 드러내는 듯하다. 하지만 커드워스가 생각한 플라톤은, 즉 이집트인들로부터 신의 계시를 배워 이를 유대인들에게 전한, 명백한 기독교도로 묘사되는 플라톤은 현대의 연구를 통해서 드러나는 플라톤의 모습과는 거리가 멀다. 케임브리지 플라톤주의자들에게서 실제로 발견되는 플라톤주의의 범위는 기독교에 새로운 빛을 던지려는 시도에는 전혀 미치지 못한다.

1. 위치코트: 종교의 핵심으로서의 도덕

위치코트(1609~1683)는 케임브리지 플라톤주의의 창시자였다. 그는 설교와 개인적인 가르침을 통해 두 가지 결론을 주장했다. 그중 하나는 도덕이 종교의 핵심이라는 점이며, 다른 하나는 이성과 종교가 동일한 것이라는 점이다.[6] 그는 이 두 주장으로부터 상당히 급진적인 추론을 진행한다. 그는 이 두 주장을 올바르게 이해한다면 "우리를 신의 교회부터 멀어지게 만드는 여러 차이가 왜 생기는지 그 기초를 알게 되리라"고 주장한다(Patrides: 66면). 신학의 교리나 교회의 지배권 그리고 적절한 예배 형태 등에 대한 의견 차이가 일어나는

---

6) 위치코트 자신은 어떤 저술도 출판하지 않았다. 그의 설교는 그가 죽은 지 거의 70여 년이 흐른 뒤에 케임브리지대학의 선배였던 터크니(Anthony Tuckney)와 주고받은 편지 및 수많은 경구의(이들 중 일부는 설교 부분에도 등장한다) 형태로 출판되었다. 이들 자료는 현재 Patrides와 Cragg의 편집본을 통해 가장 편리하게 이용할 수 있는데 두 편집자는 상세한 참고문헌도 덧붙였다.

일은 피할 수 없지만 이들이 사회를 전쟁터로 바꾸기에 충분할 정도로 중요하지는 않다. 어떤 종파의 개신교도든 심지어 가톨릭교도조차도 이런 문제에 대해 일치된 의견에 이를 수 있다. 가장 중요한 것은 바로 도덕이다.[7]

위치코트는 다음과 같이 말한다. "종교에는 도덕과 제도라는 오직 두 요소만이 존재한다. 도덕은 피조물의 이성에 의해서 알 수 있고 일단 선언되면 바로 효력을 발휘한다. 그리고 모든 종교에서 20분의 19에 해당한다."(Patrides: 332면, no. 586) 십계명이 두 부분으로 나뉘며 신을 경배할 것을 주장하는 부분이 도덕을 다룬 부분에 앞선다는 점을 떠올려 보면, 위치코트의 이런 구분이 당시 사람들에게 몹시 충격적으로 받아들여진 이유를 바로 알 수 있다. 그는 이신론자가 아니다. 처베리의 허버트 경과 달리 그는 기독교의 핵심을 보존하는 것을 목표로 삼는다. 허버트가 진정한 계시의 평가 기준이라는 기본적인 역할을 양심에 부여한 반면(앞의 제9장 3절), 위치코트는 펠라기우스 이후 감히 어느 누구도 부여하려 하지 않았던 지위를 도덕에 부여한다. 그의 급진적인 주장은 "종교의 도덕적인 부분이 영혼을 **신성하게 만든다.** 그리고 그 도덕이 모든 제도와 조직에 대해 **결**

---

7) 신학을 격하하며 도덕을 강조하려는 태도에 포함된 정치적인 의미에 관해서는 Noel Malcolm(1988), "Hobbes and the Royal Society" in Rogers and Ryan 참조. 플라톤주의자들은 개신교의 주류 사상과 이를 둘러싼 교회의 권력에 반대했다. 이들은 일종의 반대파였으며 또한 그렇게 보였다. Malcolm은 이들이 현재 우리 눈에는 지극히 정상적이고 합리적으로 보이므로 이들의 논쟁적이고 호전적인 태도를 간과하기 쉽다는 점을 지적한다. 즉, 이들이 현재 우리가 여전히 받아들이는 견해를 제시했으므로 이들에 반대한 사람들을 공상가나 광신도로 여기고 이들을 분노의 격랑 속에서 평온한 목소리를 낸 사람들로 보기 쉽다는 것이다.

정적인 요소"라는 데로 이어진다(Patrides: 329면, no. 221). 도덕은 구원에 이르기에 충분하며, 예배와 교회의 지배권에 관한 질서를 통제하는 요소여야만 한다. 그리고 도덕은 《성서》의 권위를 포함해 권위에 호소하기보다는 이성에 의해서 알려진다.

종교 중 20분의 1을 차지하는, 제도에 해당하는 부분은 ―《성서》에서 계시된 신의 적극적인 의지를 통해서 구성되는데 ― 단지 도구적인 가치만 지닌다고 위치코트는 주장한다. 이는 덕이 있는 삶을 살고 죄를 용서하는 데 도움이 되는 약속을 제공함으로써 우리의 혼란스러운 마음을 달래는 역할을 한다. 이런 도움은 "건강의 측면에서" 유용하다. 왜냐하면 아담의 타락 이후 죄인이 된 우리와 일종의 계약을 맺는 것이기 때문이다. 반면 종교의 도덕적 부분은 이성이 직접 명령한 요구 사항을 포함하므로 "그 자체로 반드시 필요하다"(Patrides: 68~69면). 도덕이 요구하는 바는 신의 의지에 의존하지 않는다. 설령 신이 도덕의 면제를 허락하겠다고 하더라도 정상적인 사람이라면 누구나 기꺼이 도덕에 따르려 할 것이다(Patrides: 73면; Cragg: 413면). 우리가 진정 행복할 수 있는 유일한 방법은 이런 필수적인 도덕법칙에 따라서 살아가는 것이다. 위치코트는 "도덕은 무언가에 도달하는 데 필요한 수단이 아니라 행복 자체이다. 다른 모든 것은 도덕에 이르기 위한 수단이다"라고 말한다(Cragg: 431면, no. 743).

커드워스나 스미스와 마찬가지로 위치코트는 우리 자신이 덕을 갖춤으로써 신성해질 수 있다는 자신의 주장에 권위를 부여하기 위해 《성서》를 인용한다(Patrides: 70면). 이 주장을 설명하면서 그는 계속 두 가지 사실, 즉 우리가 신 안에서 살며 전적으로 신에게 의존한다는 사실과(Cragg: 43~44면) 우리 각자가 스스로에 대한 "일종의 통치권"을 가진다는 사실을 강조한다. 위치코트는 첫 번째 주장을 문자 그대로 참이라고 받아들인다. 우리의 정신과 신의 정신은 결코 서로 떨어질 수 없다. 하지만 그는 이런 주장에 포함된 형이상학을 전개하지는 않으며 이런 작업은 후에 말브랑슈에 의해서 이루어진다(제11장 4절). 하지만 위치코트의 설교를 들은 사람들은 우리가 신 안에서 살고, 활동하고, 존재한다는 점을 《성서》가 가르쳐 준다는 그의 주장을 무리 없이 받아들였을 듯하다. 하지만 우리가 자신의 도덕적 능력을 통해서 신이 기꺼이 받아들이는 존재가 될 수 있다는 그의 주장에 관해서는 더 많은 설명이 필요하다.

위치코트는 최소한의 핵심적 논점만을 제시한다. 그의 핵심 주장은 우리 각자가 스스로 생각함으로써 어떻게 살고 행위해야 하는지 알 수 있으며 또한 각 개인은 이런 지식에 따라 행위를 "실행하고 수행할 능력"을 지닌다는 것이다(Cragg: 414면). 위치코트는 주의주의에 강력하게 반대하므로 도덕의 기저에 인식할 수 있는 무언가가 존재한다고 주장한다. 그는 "도덕법칙들은 의지의 제재가 없이도 적용되는 법칙 자체이며, 이들의 필연성은 존재 자체로부터 생겨난다"고 말한다(Patrides: 329면, no. 221). 신은 우리를 신과 신의 피조물을 인식하도록 창조했으며 따라서 인간의 정신이 건전한 능력들을 가지도록 만들었다(Cragg: 410면). 이들을 적절하게 사용하는 것은 곧 우리 자신과 조화를 이루는 것이다. 진리를 추구하고 스스로 생각하는 일을 거부하는 것은 곧 우리 자신에 거스르는 것과 같다. 더욱이 우리는 이미 중요한 진리들에 충분히 접근할 수 있으며 이 진리들은 심오하지도 난해하지도 않다. 이성적 추론으로 우리는 신이 존재한다는 점을 알게 된다. 만일 이를 알 수 없다면 신앙은 불가능할 것이다. 왜냐하면 신앙은 신의 권위에 관한 주장을 받아들이는 것이며 따라서 신이 존재한다는 인식을 전제하기 때문이다. 또한 이성을 통해서 도덕이 요구하는 바도 알 수 있다. 도덕의 제일원리들은 "그 자체로" 인식되는 자명한 것이어야 한다. 왜냐하면 추론의 출발점이 확보되지 않으면 아무것도 인식될 수 없기 때문이다(Patrides: 47면). 따라서 지적인 행위자는 각각 "도덕적 평가에 근거해 선과 악을 파악하는 감각을 지닌다"(Patrides: 73면). 추론 능력은 우리의 핵심적인 본질이므로 이성적 추론이 제시하는 바를 거부한다면 우리는 자기모순에 빠지게 된다. 이로부터 위치코트는 자신의 가장 중요한 이론 중 하나, 즉 도덕이 자아와 내부적으로 연결된다는 이론을 도출한다(Patrides: 59면).

비도덕적으로 행위할 때 우리는 스스로의 원리를 위배하며 따라서 자신의 이성과 모순을 일으킨다(Patrides: 46면; Cragg: 424면, no. 129). 그러므로 잘못 행위함을 알려 주는 외부의 법정은 필요하지 않다. "올바르지 않은 사람은 신이 비난하기에 앞서 그들 자신이 스스로를 비난한다."(Patrides: 329면, no. 232; 또한 44면 참조) 이런 자기비난이야말로 진정 지옥에 빠진 상태이다. 반면 "겸손, 정숙, 올바름, 인내, 신에 대한 경배 등으로" 가득 찬, 자기모순이 전혀 없는 상태는 진정 천국에 머무르는 것의 의미를 보여 준다. 천국과 지옥은 어떤 특정한 장소가 아니다. 이들은 곧 우리 마음의 상태이다(Patrides: 46면; Cragg: 424면, no. 100). 그리스도가 우리를 대속하여 구원한 행위 또한 도덕과 마찬가지로 우리 외부에 있는 무언가가 아니다. 그리스도는 "우리 **외부에서** 우리를 위한 행위를 하는 것만으로 우리를 구원하지 않는다". 따라서 위치코트는 개인이 성스럽게 되는 것(즉 우리의 마음 자체가 신을 기쁘게 하는 상태가 되는 것)과 의로움을 인정받는 것(즉 그리스도가 대신 속죄함으로써 신이 우리를 받아들이는 것)을 분명히 분리한 청교도들의 생각을 거부한다. 그리스도는 우리를 신과 같이 만들기 위해 우리 안에 존재함에 틀림없다. 구원을 받는다는 것, 따라서 성스럽게 되는 것은 오직 우리 스스로 옳다고 인식하는 바에 따라 살아감을 의미할 뿐이다(Cragg: 38~39면).

위치코트는 도덕적 지식의 지위를 거의 말하지 않는다. 앞서 지적했듯이 그는 무엇이 이익이 되고 손해가 되는지 파악하는 능력과는 구별되는, 도덕적 선과 악을 인식하는 특별한 감각이 우리에게 있다고 말할 뿐이다 ─ 그는 이 감각이 본능적 의식이라고 말할 뿐, 더 이상의 설명을 하지 않는다(Patrides: 73~74면). 그는 도덕에 포함된 절대적 필연성과 종교의 제도적 측면에 관련된, 신이 계시한 법칙에 포함된 도구적 필연성을 서로 대비한다. 하지만 이런 구별도 더 자세히 설명하지 않는다. 그는 창조된 세계에 존재하는 모든 것은 신의 정신 안에 앞서 존재하는 관념에 따라 만들어지며, "사물의 본성 및 성질"에 관한 진리와 "도덕적 고려"에 관한 진리 사이에는 어떤 차이가 있다고 주장한다. 하지만 이런 차이가 신의 관념 안에서의 차이인지 그렇지 않은지 언급하지는 않는다(Cragg: 409~411면).

위치코트는 우리의 합리성과 세계를 인식하는 능력을 크게 강조하면서 우리가 자신을 발전시키기 위해 끝없이 노력해야 한다고 생각하지만 지식의 증가가 곧 완전성의 증가라고 주장하지는 않는다. 데카르트는 도덕적 지식이 우리가 가장 어렵게 얻을 수 있는 최후의 지식이라고 생각한 반면 위치코트는 도덕적 지식을 손쉽게 얻을 수 있다고 생각한다. 어려운 일은 그것이 지시하는 대로 살아가는 일이다. 왜냐하면 우리에게는 육체에 몰두하는 성향이 있기 때문이다. 하지만 도덕적 지식에 따라 사는 것이 바로 우리의 임무이다. "우리가 지닌 이성적 능력의 참된 진보는 오직 절제와 … 신에게 복종하고 사람들에게 자비를 베푸는 몇 가지 덕을 발휘하는 것일 뿐이다."(Partides: 331면, no. 541)

여기서 이 점은 매우 중요하다. 허버트 경과 마찬가지로 위치코트는 많은 설교에서(예를 들면 *Works* III. 182~183, 285) 신은 모든 사람에게 동등한 책임을 묻기 때문에 분명 모두가 동등하게 구원의 지식에 이를 수 있도록 하였음이 틀림없다고 주장한다. 따라서 구원을 위한 지식은 무척 단순해 최소한 원리상으로는 교육받지 않은 사람들도 스스로 깨달을 수 있는 것이어야 한다. 위치코트는 실제적으로 상황을 숙고해 해결책을 찾아내는 대중의 능력에 대해서는 판단을 보류한다.[8] 하지만 그는 생각할 시간이 없는 사람들이 택할 수 있는 첫 번째 방안은 이전 사람들을 따르는 것이라고 권고하며, 두 번째 방안으로 모든 사람을 제대로 교육해 최소한 도덕적 문제에서만큼은 각자가 스스로 판단할 수 있도록 만드는 것이 중요하다고 말한다(Patrides: 87~89면).

---

[8] 위치코트는 "가장 긴 검과 가장 강력한 호흡 그리고 가장 큰 목소리 등은 진리에 비추어 보면 대개 거짓으로 드러난다"고 지적하면서(Patrides, 331면, no. 500) 독자들에게 그리스도를 십자가에 매달라고 외치는 군중의 함성을 떠올려 보라고 말한다. 하지만 여전히 그는 계시된 진리의 핵심적인 부분은 "모든 사람에게 충분히 알려질 수 있다"고 확신한다.

위치코트는 도덕에 관해 우리가 공유하는 지식이 평화로운 사회의 기초로 작용할 수 있다는 확고한 믿음을 드러낸다. 우리 모두는 실제로 신의 정신에 참여하고 또 참여할 수 있기 때문에 공통의 도덕을 지닌다. 하지만 설령 신의 정신을 인식한다 해도 우리는 자신의 도덕적 지식이 신의 정신에 관해 알려 주는 바를 항상 숙고해야 한다. 우리는 오직 자연 세계에서만으로는, 아니면 도덕과 무관한 문제에 대한 신의 계시만으로는 신의 정신을 배울 수 없다. 실천이성이 신에 관한 우리 지식의 기초를 제공한다(Patrides: 57면). 우리는 또한 도덕적 지식을 사용해 우리 자신을 이해한다. 인간 본성에 관한 다른 어떤 지식에서도, 이로부터 출발하여 도덕을 이끌어 낼 수는 없다. 그렇다면 위치코트의 사고 체계에서 도덕적 지식은 자연 세계나 계시에 대한 지식보다 훨씬 폭넓게 접근할 수 있는 것으로서 가장 기본적인 위치를 차지하며, 모든 이론은 도덕적 지식과 조화를 이루어야 한다.

위치코트의 견해는 우리가 속한 두 나라를 구별하려는 루터나 칼뱅의 시도를 무의미하게 만드는 듯 보인다. 위치코트에 따르면 우리의 내부적 영역은 신이, 외부적 영역은 현실의 통치자가 지배한다는 말은 어떤 명확한 의미도 지니지 못한다. "정부에서 벗어나는 최선의 방법은 우리 스스로 정부가 되는 것이다. 우리는 바로 여기서 출발해야 한다."(Patrides: 332면, no. 659) 내부적인 영역은 도덕과 종교의 인도를 따라 덕이 있는 행위를 낳아야만 한다. 그렇지 않으면 이 영역은 아무것도 아니다. 현실적 통치자가 제정한 법에 따르는 것은 이와 전혀 다른 문제이다. 위치코트가 말한 바에서는 이전과 다른 방식으로 도덕과 법을 구별하려는 시도가 은연중에 드러난다.

2. 존 스미스: 완전성, 사랑 그리고 법

존 스미스(1618~1652)는 위치코트와 많은 믿음을 공유한다. 스미스는 도덕이 단지 법을 준수하는 외부적 행위가 아니라 우리의 내부적인 상황과 관련된다는 점(《논고》: 318, 357면), 천국과 지옥이 마음의 상태라는 점(329~330, 340면), 개인이 성스럽게 되는 것과 의로움을 인정받는 것이 함께 이루어져 한다는 점(325~329면), 도덕 법칙이 신의 임의적인 의지로부터 생겨날 수 없다는 점(366, 382, 396면), 그리고 우리가 신의 정신에 참여한다는 점(127~128, 380, 410면) 등에 모두 동의한다. 많은 논점에 관해 그는 위치코트보다 풍부한 설명을 제시한다. 하지만 몇 가지 문제에 대해서는 다소 다른 견해를 드러내기도 한다. 이 중 특히 두 가지, 즉 우리 자신을 완성하는 문제와 사랑과 법칙 사이의 관계에 대한 그의 언급은 상세히 검토할 필요가 있다.

스미스는 〈마태오의 복음서〉 5장 48절에 등장하는, 신이 완전하신 것같이 너희도 완전한 사람이 되라는 명령을 있는 그대로 받아들인다. 그는 만일 세속적인 향락만이 삶의 전부라면 인생은 살 만한 가치가 없을 것이라고 주장한다. 우리 삶의 핵심은 "신의 삶과 같은 삶을 사는 것이며" 따라서 "문자 그대로" 성스럽게 되는 것이다. 우리는 "정서와 의지 그리고 목적에서 신과 하나가 되도록 만드는" 영혼의 최고 능력을 발휘함으로써 이렇게 될 수 있다(407면). 신과 같은 지식을 얻는다고 해도 우리는 신처럼 될 수 없다. 오히려 "진정한 거룩함, 올바름, 복종의 정신 등이 우리의 모든 행위를 관통해 드러날 때 … 우리는 거의 신과 같이 상승한다"(408면).

이런 스미스의 생각에서 놀라운 것은 완전성을 도덕적 완전성과 동일시한다는 점보다는 오히려 의지를 강조한다는 사실이다. 스미스는 도덕적 지식을 얻기가 그리 어렵지 않다고 생각한다. 우리는 본유적으로 신이 부여한 진리의 관념을 지니는데 여기에는 도덕적 진리가 포함된다. 이들은 육체 때문에 생겨난 욕망에 압도되지 않는 한 바로 명확하게 드러난다(13면). 심지어 무지한 사람조차도 신과 하나가 되려는 본능적 열망을 느끼는데 이는 바로 그들이 희미하게나마 이런 관념을 의식한다는 증거이다(49~50면). 더욱 선하게 행위하는 방향으로 나아가기 원하기만 하면 우리는 더 많은 것을 인식할 것이다. 그리고 바로 이것이 스미스가 우리는 사고보다 행위를 통해 신에 관해 더욱 많은 것을 배울 수 있다고 말하면서 의미한 바이다(2, 4면). 진리와 선은 "모두 같은 뿌리에서 나와 성장하며 서로 안에 깃든다". 따라서 우리가 현재보다 더욱 선하게 되지 못하도록 가로막는 것은 무지가 아니라 노력의 부족이다. "우리에게는 무엇을 행해야 하는지 알기 위한 수단보다는 오히려 아는 바를 행하는 의지가 필요하다"(15면). 하지만 더 선해지고자 하는 의지는 우리가 스스로를 어떤 특별한 방식으로 돌보도록 이끌지 않는다. 우리는 당연히 자신을 사랑하지만 다른 사람과 신을 더욱 사랑해야 한다는 점 또한 명백하다(387~391면). 이런 통찰에 걸맞게 행위하기 위해 우리는 충분히 자신의 욕구를 변화시킬 수 있다(405~406면 참조). 스미스가 보기에 자신의 완전성을 추구하는 일은 다른 사람을 사랑하고 이에 따라 행위하는 범위를 넓히려는 노력 외의 다른 어떤 것이 아니다(157면). 의지는 이성에게서 지향할 바를 배워야 하지만 스미스는 마땅한 삶의 방식대로 살기 위해서 형이상학과 자연학 지식이 필요하다는 데카르트식의 언급은 하지 않는다.

주의주의에 반대하면서 신이 본질적으로 사랑의 존재라고 믿는 스미스는 바로 이 때문에 결과주의적인 도덕적 견해로 나아간다. 신이 다른 어떤 존재에게라도 복종한다는 생각은 어리석기 짝이 없지만 그렇다고 해서 신이 "법을 벗어난, 어떤 법도 없는 존재는 아니다". "말하자면 신과 인간 사이에는 어떤 교제와 공동체가" 존재하기 때문에 그 관계에 적용되는 어떤 법이 있어야만 한다.[9] 신은 자신이 생각한 근거를 따른다. 그리고 어떤 존재의 선을 근거로 삼아 그 존재를 실현한다. 신의 목적은 세계의 여러 존재들에게 선을 실현하는 것임에 틀림없다. 그리고 신이 우리의 정신에 각인한 자연법은 신과 같게 행위하라고 말한다. 자연법은 신의 본성이 우리의 영혼에 복사된 듯이 그것을 "모방하는" 것일 뿐이다. 어떻게 자연법이 다른 무언가를 말할 수 있겠는가? (154~156면).[10] 우리의 정신에 각인된 법은 단지 선의 법칙에 그치지 않는다. 그것은 두려움 때문에 따르지 않을 수 없는 법이 아니다. 그런 종류의 법은 — 그로티우스와 홉스가 핵심적이라고 여겼던 것인데 — 단지 겉으로 법에 따르는 행위만을 초래할 뿐이다. 하지만 특히 그리스도가 등장한 후, 이는 우리가 살아가는 방식의 일부가 아니다(318면). 스미스는 "우리의 마음이 신의 진정한 사랑의 정신에 따라 신에게 봉사하고 신의 의지와 일치하게 작용하도록 강제하는 데는 어떤 법도 필요하지 않다"고 말한

---

9) 스미스는 이런 주장을 정당화하기 위해 키케로의 *De Legibus*를 인용한다.

10) 신은 세계를 넘치는 사랑으로 창조했다. "신이 아닌 다른 무언가에서 종결되는 신의 모든 창조와 작용은 오직 신 자신의 전능한 사랑과 선이 자유롭게 유출된 것일 뿐이다."(《논고》: 140면)

다. 신이 선하다는 점을 파악한 사람은 신의 의지 때문이 아니라 신이 원하는 바가 완전하기 때문에 — 즉 신이 행하거나 실현하는 바가 선하다는 바로 그 사실 때문에 — 신에게 복종한다(365~366면).

신의 정의로움을 간단히 논의하면서 스미스는 이렇게 신이 선을 행한다는 사실을 강조함으로써 매우 급진적으로 보일 수밖에 없는 결론을 이끌어 낸다. 그는 정의가 올바름을 유지하는 것과 선을 실현하는 것 모두를 의미한다고 말한다. 올바름을 유지하기 위해서는 처벌을 가하는 일이 필요하기도 하지만 결코 처벌 자체를 위한 처벌을 가해서는 안 된다. 처벌은 오직 범죄자를 교화하거나 다른 사람의 범죄를 예방하기 위해서 시행되어야 한다. 그렇지 않은 경우 처벌은 정당화될 수 없다. 스미스는 어떤 선한 사람이 백 명으로 구성된, 격리된 한 공동체를 다스리는 경우를 상상해 보라고 말한다. 그런데 그 백 명 중 한 사람이 살인자로 밝혀졌다. 그는 지금 크게 뉘우치고 있다. 그가 상습범이 되거나 나쁜 선례를 남길 위험성은 없다. 이 경우 명백히 통치자는 형평성을 고려해 "회개하는 이 가련한 범죄자"를 용서하지 않겠는가? 통치자로서 그는 할 수 있는 한 피해자를 보호하려 했을 것이며 따라서 살인자의 생명을 구한다고 해서 큰 사회적 손실이 발생하지 않는다면 기꺼이 그렇게 하려 할 것이다. 바로 다음 문단에서 스미스는 "정의는 선함의 정의이므로", 오직 선한 목적을 증진하는 것 이외의 다른 어떤 목적을 지니지 않는다고 주장한다(151~153면). 그는 형평성을 유지하는 것과 선을 행하는 것이 항상 일치할 수 있는지는 의문시하지 않는다.

만일 전능한 동시에 우리를 사랑하는 신적인 존재가 실제로 우주를 창조했다면 이 둘 사이의 상충을 염려할 필요는 없을 것이다. 하지만 법을 준수해야 하는 적절한 동기로서 사랑을 지나치게 강조함으로써 문제가 발생하는데, 스미스도 이런 사실을 어느 정도 간파한다. 신은 왜 어떤 외부적인 법을 제일 앞에 내세우는가? 스미스는 이 문제를 접하고 약간 당황하는 듯하다. 그리고 신은 왜 실정법을 ― 즉 자신의 영원한 본성이 아니라 자유의지로부터 생겨난 법을 ― 만드는지 물음으로써 이 문제를 제기한다. 스미스는 바울로가 그것은 우리의 죄 때문이라고 말한다는 점을 지적하면서 곧바로 "바울로는 이를 통해 다른 모든 법과 더불어 특히 **도덕**법칙을 이야기한다"고 덧붙인다. 그렇다면 스미스의 물음은 사실상 신을 경배하라는 명령에 관한 것이 아니다. 그것은 자신이 도덕법칙 또는 자연법의 "외부적인 공표"라고 부른 바와 관련되는데, 앞서 살펴보았듯이 도덕법칙이나 자연법은 본질상 외부적인 제재를 필요로 하지 않는 내부적인 법이다. 그렇다면 왜 이런 내부적인 법이 처벌의 두려움 때문에 유지되는 외부적인 유형의 법으로 변화해야 했는가?

이에 대한 대답은 내부적인 법을 위반하는 일을 막기 위해 이런 "신의 명령"이 등장했다는 것이다. 외부적인 법이 어떻게 이를 막을 수 있는지 설명은 제시되지 않는다. 하지만 스미스의 언급은 이를 다소 암시한다. "도덕법칙은 외부적으로 공표됨으로써 일종의 정치적 목적을 띠게 된다." 스미스는 그 근거로 바울로가 〈디모테오에게 보낸 첫째 편지〉 1장 9절에서[11] 언급한 바를 든다. 도덕법칙은 올

---

11) 〔옮긴이주〕 〈디모테오에게 보낸 첫째 편지〉 1장 9절과 10절은 다음과 같다.
    "여기서 알아야 할 것은 율법이 올바른 사람들을 위해서 제정된 것이 아니라
    는 것입니다. 하느님의 율법을 어기는 자와 순종하지 않는 자, 불경건한 자
    와 하느님을 떠난 죄인, 신성을 모독하는 자와 거룩한 것을 속되게 하는

바른 사람들이 아니라 이런 법칙을 필요로 하는, 올바르지 못한 사람들을 위해 공표된다(158~159면). 선한 사람의 삶은 사랑의 "달콤한 명령" 아래 놓이게 된다(413, 395면). 도덕법칙은 오직 덜 달콤한 명령을 필요로 하는 다른 사람들을—어쩌면 이들이 마음 안의 본유 관념이 흐려진 "대다수의 일반적인 사람"일지도 모르지만(15면)—위한 것이다. 스미스의 주장에서 이렇게 서로 다른 두 종류의 사람 중 누가 지배하고 누가 지배를 받아야 하는지 아니면 올바르지 않은 사람도 오직 처벌의 두려움 때문에 법에 복종할 때 생기는 일종의 노예 상태에서 벗어날 수 있는지 등의 의문은 제기되지 않는 듯이 보인다. 위치코트와 마찬가지로 스미스는 종교와 도덕을 동일시함으로써 칼뱅의 두 나라를 넘어설 수 있게 된다. 하지만 법이 오직 올바르지 못한 사람에게만 필요하다는 생각은 그가 케임브리지 플라톤주의의 흐름 안에 속한다는 사실을 드러낸다. 그는 어쩌면 서로 다른 두 도덕이 존재해야 한다고, 즉 소수를 위한 사랑의 도덕과 다수를 위한 법과 의무의 도덕이 존재해야 한다고 생각하는 듯하다.

자, 아비나 어미를 죽인 자와 사람을 죽인 자, 음행하는 자와 남색하는 자, 인신매매를 하는 자와 거짓말을 하는 자, 위증하는 자와 그 밖에 건전한 교설에 어긋나는 짓을 하는 자들을 다스리기 위해서 율법이 있는 것입니다."

3. 모어: 사랑의 공리들

모어(Henry More, 1614~1687)는 17세기에 도덕철학에 관한 체계적인 저술을 출판했던, 위치코트를 중심으로 한 모임의 구성원이었다.[12] 그가 1666년에 출판한 《윤리학 편람》(*Encheiridion Ethicum*)은 1690년 《덕에 관한 논고》(*An Account of Virtue*)라는 제목으로 영역되었는데 이 책은 어떤 측면에서 절충적인 동시에 다소 기묘한 주장을 드러내기도 한다. 하지만 이 책은 위치코트와 스미스의 견해가 철학적 형태를 취할 때 초래하는 결과를 분명하게 제시한다. 모어는 이들이 제기한 문제를 모두 다루지는 않으며 — 예를 들면 모어는 주의주의를 거부하지만 이를 거부하거나 지지하는 논증을 상세히 밝히지는 않는다 — 《윤리학 편람》은 우리의 기대만큼 명확하게 서술되지도 않았다. 하지만 여기에 등장하는 핵심적인 주장은 매우 직설적이며 도덕 및 신과 우리의 관계를 중심에 놓고 사랑과 이성을 강조한다는 점에서 분명히 케임브리지 플라톤주의자들을 따르고 있다.

위치코트는 "우리는 수학에서와 같은 확실성을 도덕에서 발견한다"고 선언했는데(Patrides: 330면, no. 298) 이런 태도를 이어받아 모어는 무려 23개에 이르는 "도덕적 공리들 또는 원리들(*noemas*)"을 제시하면서, 위치코트를 떠올리게 하는 어투로 "이들을 한번 듣기만 하면 바로 이들에 동의하게 될 것"이라고 말한다.[13] 이 원리들은 자

---

12) 도덕에 관한 커드워스의 저술은 1731년에 이르러서야 출판되었다.

13) 모어는 "원리"(*noema*)라는 용어를 "정신 또는 지성"을 의미하는 그리스어 "누스"(*nous*)에서 따왔다고 말한다. 〔이하 옮긴이의 첨가〕 모어는 *noema*를 단순히 확실한 원리의 의미로만 사용한다. 이를 노에마로 음역하면 후설

명하며 마치 수학에서 사용되는 "부정할 수 없는 최초의 공리"들처럼 도덕적 추론에서 사용될 수 있다(《편람》: 27, 20면). 14) 모어가 이들을 도입한 까닭은 유감스럽게도 "도덕적 감각의(*boniform*) 15) 능력"을 갖추지 못한 사람에게도 도덕이 이 원리를 통해 명백하게 드러나며 구속력을 지닌다는 점을 보이기 위해서이다. 그리고 모어는 이 도덕적 감각 능력을 간략히 설명하면서 저술을 시작한다.

　이 능력이 정확하게 무엇을 의미하는지는 그의 책이 끝날 때까지도 분명하게 드러나지 않으므로 이는 다소 신비로운 능력으로 남는다. 하지만 여기에는 최소한 최고선을 통찰하고 그것을 사랑하는 능력이 포함된다. 그리고 이는 우리로 하여금 "신을 열망하게" 만드는 능력이다. 이는 우리의 정신 또는 영혼이 지닌 최고의 능력으로서 이를 통해 우리는 "선 자체인" 신을 닮게 된다(《편람》: 6, 106면). 우리는 모두 이 능력이 있지만 우리 중 일부는 이를 거부하면서 다른 어떤 능력보다도 우월한 이런 능력이 존재한다는 사실을 부정하기도 한다. 도덕적 원리들은 바로 이런 상위의 능력을 알지 못하고 오직 가장 강력한 정념에 따라서만 행위하는 사람에게 중요한 역할을 한다(20면). 때로는 이런 사람이 다수를 차지하는 것으로 보이기도

(Husserl)의 현상학에 등장하는 기본 개념인 노에마와 혼동할 우려가 있으므로 이 장에서 모어의 용어 노에마를 "원리"로 번역했다.

14) 모어는 원리들의 증명에 대한 복잡하고 혼란스러운 견해를 *Patrides*: 214〜217면에 인용된 저술 《무신론에 대한 해독제》(*Antidote against Atheism*)에서 드러낸다.

15) 〔옮긴이주〕*boniform*은 지금은 거의 사용되지 않는 고어로서 "도덕적 탁월성에 대해 민감하게 반응하는"(*sensitive or responsive to moral excellence*)이라는 의미를 지닌다. 따라서 이를 "도덕적 감각의"로 번역했다.

한다.

도덕적 원리들은 도덕적으로 둔감한 사람에게 보내는 경고 이상의 의미를 지니고 있음을 드러낸다. 이들은 각각의 그리고 모든 덕들 아래에 놓인 이성적인 실천 원리들이기도 한 것이다. 모어는 우리가 정념을 지니기 때문에 덕이 필요하다고 생각한다. 정념 자체는 본성의 일부이므로 신이 부여한 선한 것이다. 정념은 우리가 본능적인 방식으로 선을 추구하도록 이끈다. 하지만 정념은 맹목적이며 오직 행위자 자신의 선에만 초점을 맞추기 때문에 반드시 이성에 의해서 통제되어야 한다. 바로 여기서 도덕적 원리가 필요하다는 사실이 드러난다(1장. XII).

모어는 자신의 저술 4장에서 도덕적 원리에 관해 논의하는데 이 원리는 두 부류로 나뉜다. 첫 번째 부류는(원리 I∼XII) 선과 관련되며 나머지는(원리 XIV∼XXIII) 선의 분배와 관련된다. 원리 I은 선이 모든 생명체에게 "쾌적하며, 즐겁고, 적절한" 것이라고 말한다. 그리고 원리 II와 III에서는 어떤 존재가 다른 존재보다 우월하므로 이들 각각에게 선은 양적이나 질적으로 서로 다를 수 있다는 주장이 등장한다. 이들 원리는 또한 우리의 정신이 최선의 것을 추구하는 데 전적으로 헌신하도록 만들며 최대의 열의를 가지고 최대의 선을 추구하도록 하는 성실함이라는 덕의 기초를 제공한다. 원리 V는 단지 작은 것보다 큰 것을 선호해서가 아니라 덜 탁월한 것보다 더욱 탁월한 것을 선호하기 때문에 선을 선택하라고 가르친다. 일곱 번째 원리에서는 선과 악 사이의 불균형이 등장한다. 즉, 상당한 분량의 악을 겪는 편보다는 그에 상응하는 선을 포기하는 편이 더 낫다. 원리 IX는 "비중이 크고 오래 지속되는" 하위의 선과 범위가 좁은 상위의 선 사이에 일종의 교환 조건이 성립함을 암시한다. 원리 X와 XI는 여러 가능성을 인정하면서 선의 추구와 악의 회피가 시대의 영향을 받아서는 안 된다는 점을 지적한다. 이 두 원리는 이런 실천적 사려의 논리적 근거를 명확하게 보여 준다. 원리 XII는 정념에 흔들리지 않는 평온한 정신이 욕구에 휘말린 정신보다 더 나은 판단을 내린다고 말함으로써 덕에 대한 일종의 '증명'을 제시한다. 마침내 원리 XIII에 이르러 우리가 최대의 열의와 더불어 최대의 선을 추구해야 한다는 점이 요구된다.

정의(正義)에 기초한 원리 XIV는 모어가 황금률을 자기 방식으로 표현한 것으로 다음과 같다. 만일 상대방이 당신에게 어떤 선을 행하기를 원한다면 유사한 상황에서 당신도 상대방에게 그것과 동일한 선을 행해야 한다. 원리 XVI에는 선을 악으로 되갚지 말고 선으로 되갚으라는 언급이 등장한다. 원리 XVII~XIX는 사람이 삶을 잘 살아가기 위한 수단을 지니는 것은 선한 일이므로 이런 수단을 많이 가진 사람일수록 더욱 선하다고 말한다. 더욱이 많은 사람이 가난하게 사는 것보다 한 사람이 사치스럽게 사는 것을 막는 일이 더욱 바람직하다. 복종과 관련된 두 가지 원리가 등장하는데 "특별한 사정이 없다면" 통치자에게 복종해야 하며, 또한 인간보다는 신에게 복종해야 한다. 마지막으로 우리는 사람들에게 빚진 것을 되돌려 주어야 하며 이 때문에 문제를 일으켜서는 안 된다. 하지만 사악한 행위를 저지를 경우 사람들이 권리를 박탈당할 수도 있다는 점을 명심해야 한다.

모어는 이런 공리 사이에 어떤 긴장 관계라도 일어날 수 있다는 생각을 전혀 하지 않으며 이들의 수를 줄이려고 하지도 않는다. 이에 더해 그는 우리가 충분한 덕을 지니면 완벽하게 행복하리라고 굳게 믿는다. 그는 분명히 도덕은 전적으로 선을 추구하는 문제이며, 이렇게 선을 추구하는 과정에서 궁극적인 대립이나 부조화는 일어날 수 없다고 생각한다. 그가 왜 이렇게 생각하는지 알기 위해서는 그와 다른 케임브리지 플라톤주의자 사이의 관계를 살펴보아야 한다.

모어는 플라톤뿐만 아니라 아리스토텔레스에게도 기꺼이 의지하지만 덕이 중용이라는 견해와 우리를 덕으로 인도하기 위해 필요한 바는 오직 선한 또는 현명한 사람의 통찰뿐이라는 생각은 모두 거부한다. 그는 그로티우스가 중용 이론을 거부하면서 제시한 것과 매우 유사해 보이는 논증을 제시한다(146~154면). 하지만 모어는 덕을 지니는 것은 최고선이기 때문에 덕은 일종의 극단이라고 ─ 즉 "인류가 누릴 수 있는 최대의 축복"이라고(149~150면) ─ 주장함으로써 그로티우스에 반대하는 입장을 취한다. 그리고 그는 무엇이 덕을 갖춘 행위자의 통찰을 대신할 수 있는지 설명하면서 그로티우스로부터 더욱 멀어진다.

모어는 덕이 추구하고 선택해야 하는 바는 중용이 아니라 옳음이라고 말한다. 그렇다면 이 옳음은 어떻게 규정되는가? 이 물음에 답하면서 아리스토텔레스는 순환 논증에 빠지는 듯하다. 그는 올바른 이성에 따르라고 말한다. 이렇게 하기 위해 무엇이 필요한지 물으면 그는 실천적 사려가 필요하다고 말하는데 이는 결국 우리가 이성적이어야 한다고 다시 한 번 말하는 것에 지나지 않는다. 따라서 아리스토텔레스는 실제로 우리의 행위를 인도하는 데 실패하고 만다. "따라서 우선 필요한 것은 … 이 올바른 이성의 양식과 기준이 무엇인지 탐구하고 발견하는 일이다." 우리는 어떤 원리를 사용해야 하

는가?(155~158면). 이 원리가 바로 도덕적 감각의 능력이라 밝혀진
다 해도 그리 놀랄 만한 일이 아닌데 이제 이 능력은 모든 선에 대한
지적인 사랑과 동일시된다. 바로 이것이 우리 안에 있는 신성함이기
때문에 "이는 나머지 모든 규칙이나 기준보다 우선해야만 한다. …
영혼의 도덕적 감각 능력에 속하는 이 가장 단순하면서도 신성한 감
각과 느낌이 곧 규칙이고 경계이므로 이성은 이에 따라 자신을 검토
하고 시인한다". 이 사랑은 단순하고 평범한 관념이지만 "덕과 선행
의 모든 형태와 양식이 — 정의, 절제 그리고 용기 등을 포함해 — 이
로부터 등장한다"(156~158면). 도덕적 감각의 능력이 제대로 작용
하면 우리는 원리에 호소할 필요가 없다. 왜냐하면 이 둘은 동일한
근거를 포함하기 때문이다.

　따라서 모어는 완전히 결과주의적인 윤리를 제시한다. 그는 기꺼
이 자연법에 대해 언급하려 하며 심지어 그 안에 포함된, 권리에 관
한 그로티우스적인 설명까지도 제시하려 한다(112~114면). 하지만
그는 명백히 얼마나 선을 산출하는 경향을 띠는지에 따라 자연법을
설명하려 한다. 그에 따르면 신의 이성은 "본성상 인류 전체의 행복
을 증진하는 법칙을" 우리에게 명령했다(15면). 그리고 우리는 도덕
적 감각의 능력으로부터 도출된, 또는 이 능력에 의해서 구성된 최
고의 규칙에서 모든 사람이 도덕적 결정을 내릴 때 사용하는 원리를
발견한다. 덕 외의 것들의 가치를 고려하며, 모어는 우리가 이웃에
대한 사랑과 인류에 대한 선의로 가득 차 있는 한 사소한 지혜나 강
력한 예전의 기억 등은 그리 중요하지 않은 것으로 제쳐 놓아도 된다
고 생각한다. "왜냐하면 선하고 완전한 사람은 책에 적어 놓지 않으
면 잊어버리는 계율의 목록이 아니라 그의 정신 안에 생생하게 각인

된, 사물에 대한 진지하고 진정한 감각에 의해서 움직이기 때문이다." 우리는 정신의 진정성을 추구해야 하며 이것이 최선이다. 그리고 이렇게 하기 위한 규칙들은 모든 사람이 충분히 따를 수 있을 정도로 평범하다(161~164면).

따라서 사랑은 법칙의 근원이다. 이 법칙은 우리가 지닌 신성함인 도덕적 감각의 능력이 표현된 것이다. 이런 법칙에 따라 살면서 우리 자신 또한 신성함으로 다가간다. 이것이 바로 플라톤이 덕은 신성하다고, "그리고 신 자신과 얼마나 결합해 그를 닮는가에" 달려 있다고 말할 때 의미한 바이다(118~119면). 몇 년 후 컴벌랜드는 환원주의자가 되었지만 모어는 그렇지 않았다. 그는 자명한 공리들에 대한 지적인 통찰 또는 이런 공리들을 명확하게 인식하지 못하더라도 그와 동일한 방향으로 인도하는 도덕적 능력에만 의지하여 자신의 간명한 결과주의의 근거를 제시하는데, 여기에는 모든 도덕과 우리의 행복에 관한 설명까지도 포함된다. 자명한 공리들과 우수한 도덕적 능력은 사랑하라는 가르침에서 서로 만나게 된다.

4. 커드워스: 윤리학을 위한 형이상학

커드워스의 저술 《우주의 진정한 지적 체계》(*The True Intellectual System of the Universe*, 1678)를 읽은 독자들은 항상 그의 논증이 그 자체로 난해한 데다가 수많은 인용문 아래 깊숙이 숨겨져 있어 거의 이해할 수 없다는 불평을 늘어놓는다. 그의 사후에 출판된 《영원불변하는 도덕에 관한 논고》(*Treatise concerning Eternal and Immutable*

Morality, 1731) 는 그 또한 더욱 밀도 높은 글을 쓸 수 있었음을 드러
낸다. 우리는 우선 그가 위대한 형이상학적 저술에서 언급한 바를
잠시 살펴본 후, 그의 핵심적인 도덕 이론이 지니는 중요성을 이해
하기 위해 그가 죽은 지 한참이 지나 출판된 《자유의지에 관한 논
고》(*Treatise oh Free Will*, 1731) 도 검토하려 한다.

  커드워스가 전반적으로 위치코트나 스미스와 동일한 지향점을 지
닌다는 사실은 1647년 그가 하원 의회의 초청을 받아 했던 유명한
설교에서 분명히 드러난다. 우리 삶의 도덕적 특성은 — "원하든 원
하지 않든 반드시 행해야만 하는 바는" — 다른 무엇보다도 중요하다
(Patrides: 96~98, 123면). 이기적인 사랑에서 눈을 돌려 마치 신과
같이 모든 것의 선을 사랑하는 사람은 이런 사랑 안에서 천국을 발견
하며 따라서 더 이상 아무것도 원하지 않는다(Patrides: 111면). 그
는 사랑의 법칙에 의해서 움직이는데 자유롭게 이에 따른다. 왜냐하
면 이 법칙에 따르면서 그가 설령 "가장 강한 구속력을 지니는, 피할
수 없는 필연성" 아래 놓인다 할지라도 "어떤 제한이나 굴종"도 전혀
느끼지 않기 때문이다(Patrides: 99면). 그는 어떤 구속도 받지 않고
제 마음대로 사랑의 법칙에 따른다(Patrides: 124~125면). 여기서
교리상의 차이는 중요하지 않다. 사랑의 명령에 따르는 것은 신을
더욱 많이 인식하는 유일한 방법이다. 우리의 중요한 임무는 지성이
아니라 의지 또는 마음을 완전하게 하는 것이다(Patrides: 98~99,
108~110, 126~127면). 이런 자기 개혁은 신에 이르는 길이며, 우
리를 "신의 형상을 분담한 존재"로 만든다(Patrides: 101, 116~117
면). 지적인 측면에서 서로 다른 의견을 보인다 할지라도 "비단 같이
부드러운 사랑의 매듭"이 우리 모두를 한데 묶어 주는 한 의견의 불

일치는 중요하지 않다(Patrides: 119~120면).

　케임브리지 플라톤주의의 동료 학자들과 마찬가지로 커드워스는 우리가 의지와 사랑 그리고 자신의 삶을 개혁함으로써 신을 더욱 잘 인식할 때 신의 정신을 직접 알게 된다고 생각한다. 그가 《우주의 진정한 지적 체계》를 쓴 목적 또한 어떻게 이런 일이 일어나는지 설명하는 형이상학을 명시하기 위함이다. 무엇보다도 무신론의 위험성에서 벗어나야 한다. 그는 가장 위험한 형태의 근대적 무신론이 홉스와 "에피쿠로스주의자들" 전반이 내세운 일종의 유물론을 통해서 구체화되었다고 생각한다. 그는 또한 데카르트주의에 포함된 기회원인론적인 요소에도 — 즉 오직 신만이 매순간 권능을 발휘해 사물을 존재하게 하고 자신의 계획에 따라 작용하게 함으로써 세계 자체와 세계에서 명확하게 드러나는 활동을 유지한다는 생각에도 — 반대한다. 커드워스는 물체는 사고할 수 없으며 따라서 사고를 드러내는 어떤 일도 할 수 없다는 점을 데카르트에 힘입어 분명히 알 수 있다고 말한다. 그런데 세계의 대부분은 마치 어떤 지적인 행위자가 설계한 듯이 보이므로 세계 안에는 단지 물체 이상의 무언가가 작용한다는 사실을 깨닫는다. 하지만 신이 모든 작용을 행한다고 말할 필요는 없다. 자연이 그 자체로 신은 아니다. 그러나 의식은 없어도 마치 지성을 지닌 듯이 작용하며 자연의 사물에게 영향을 미치는, 커드워스가 "조형적 본성"(plastic nature)이라고 부른 것은 분명 존재한다. 이 본성은 신의 대리인으로서 질서를 유지하는 일을 담당한다 (《체계》: 680~681면). 동물의 생식이나 벌이 "꿀을 모으는 일"이 좋은 예이다(155면 이하). 조형적 본성은 이런 소우주에서와 마찬가지로 대우주에서도 자신의 역할을 충분히 행함으로써, "모든 것을 적재적소에 배치하고 이들이 함께 하나의 조화를 이루도록 만든다"
(167면). 16)

  무신론과 기계론적인 유물론을 지지하는 중요한 주장 중 하나는
우리의 모든 관념이 감각을 통한 경험에서 생겨난다는 믿음이다. 17)
커드워스는 관념이 "사물에 종속되지 않는다"는 (679면) 자신의 주장
을 지지하기 위해 위의 믿음에 반대하는 많은 논증을 제시한다. "세
계보다 상위에 놓이는" 정신이 반드시 존재해야 하는데 이 정신 안에
는 모든 사물의 본질, 이들의 필연적인 연결 그리고 영원불변하는 모
든 진리에 대한 사고가 포함된다 (736~737면). 이 정신은 당연히 신
의 정신이며, 신의 관념을 직접 접하지 않는 한 어느 누구도 이를 다
른 사람이 이해할 수 있는 방식으로 생각하거나 말할 수 없으리라고
주장함으로써 커드워스는 자신의 이론을 플라톤식으로 만든다. 경
험이 어떤 두 사람에게 동일한 생각이나 동일한 믿음을 각인한다 할

---

16) 커드워스의 저술에는 음악을 사용한 은유가 자주 등장한다. 대표적인 예로
   는 Patrides: 118, 124면 참조.

17) 예를 들면 《체계》 III. ii 참조. Lovejoy(1908)는 이 대목에서 커드워스가 칸
   트 인식론 체계의 중요한 내용들을 제시한다고 주장한다. Lovejoy는 1733
   년 괴팅겐대학의 교수였던 모스하임(J. L. Mosheim)이 《우주의 진정한 지
   적 체계》를 라틴어로 번역, 출판했음을 지적하면서 칸트가 이 책을 구해 읽
   었을 수도 있다고 주장한다. 이 책은 재판은 1773년에 출판되었는데 Warda
   가 작성한 칸트의 소장 도서 목록에는 이 재판이 포함되어 있다[Warda
   (1922): 47면]. 커드워스가 일종의 선험론을 충분히 전개했다는 사실을 인
   정하지 않은 채 칸트가 자신의 견해를 혁명적으로 여겼다는 사실은 "커드워
   스의 시대에 등장한 철학적 발견과 여러 경향이 철저히 무시되었거나 아니
   면 망각되었음을 드러내는 많은 예 중 하나일 뿐"이라고 Lovejoy는 말한다
   (271면). 하지만 Lovejoy는 케임브리지 플라톤주의자들의 도덕 이론에 관
   해서는 논의하지 않는다. 칸트와 케임브리지 플라톤주의자들에 대한 더욱
   풍부한 논의는 Cassirer(1953) 참조.

지라도 이는 순전히 우연일 뿐이다. 하지만 모든 창조된 정신이 신의 정신 안에서 똑같은 관념 또는 진리를 관조할 때 "이들 모두는 결코 침묵하지 않는, 영원한 지혜의 유일하고 동일한 목소리를 다함께 듣는 셈이 된다"(《도덕》: 257~258면). 신의 정신은 결코 경험주의자들이 말하는 우리의 정신이 작용하는 방식대로 작용할 수 없다. 사실 그들은 인간의 사고에 관해서도 잘못 생각하고 있다. 신의 정신이 원형이며 우리의 정신은 단지 그것의 모사에 지나지 않는다 할지라도 우리는 생각할 때에 신의 사고를 공유한다(《체계》: 734, 848면).

그렇다면 우리의 사고를 흐리게 하여 우리의 정신과 신의 정신 사이를 가로막는 정념과 욕구를 기꺼이 억누르고 사랑 안에서 살아갈 때 도덕에 관해 무엇을 배울 수 있는가? 이에 대한 대답의 핵심은—이는 커드워스가 출판한 저술에서 상당히 길고 명확하게 논의된 유일한 부분이기도 한데—신의 정신 안에는 신의 창조 활동을 인도하는 특별한 도덕적 관념들이 있으며 이것이 우리를 인도해야만 한다는 것이다.[18] 따라서 주의주의는 잘못된 이론이다.

커드워스는 신의 전능함을 기꺼이 받아들이지만 이 전능함이 주의주의를 당연히 포함한다고 생각한 데카르트를 비판하며 그의 주장을 단호히 거부한다. 신이 오직 자기모순적이지 않은 것만을 행할 수 있다고 말하더라도 이것이 신의 권능을 제한하지는 않는다. 신의 지혜는 신의 의지와 마찬가지로 당연히 신의 일부이므로 신의 지혜가 신의 의지를 제한한다고 해도 신은 여전히 자신의 외부에 놓인 어

---

18) 나는 영국 국립도서관(British Library)에 소장된 커드워스의 필사본을 아직 검토하지 못했는데 여기에는 커드워스의 견해를 훨씬 더 폭넓게 파악할 수 있는 여러 자료가 포함되어 있다고 한다.

떤 것에 의해서도 강요받지 않는다(《체계》: 646~647면; 《도덕》 I. III. 7: 34~35면). 이 점을 더욱 적극적으로 드러내기 위해 커드워스는 본질과 개념에 관한 고찰을 시도한다. 수아레스와 마찬가지로 그도 본질은 영원불변한다고 주장한다. 어떤 본질에 붙여진 이름을 바꿀 수 있더라도 그렇게 함으로써 본질 자체가 바뀌지는 않는다. 그렇다면 무언가를 현재의 모습과 상태로 만드는 것은 바로 그것의 본질이다. 그리고 본질이 결코 바뀔 수 없는 것이라면 신조차도 본질을 바꿀 수 없다. 따라서 신은 오직 자신의 의지만으로는 본질적으로 선한 무언가를 본질적으로 선하지 않은 무언가로 만들 수 없다. 신은 무언가를 존재하거나 존재하지 않게 할 수 있다. 하지만 만일 무언가가 본성상 선하다면 신은 그것을 창조하면서 필연적으로 선한 것으로 창조해야 한다. 신은 세 개의 각을 지니지 않는 삼각형을 만들 수 없듯이 선이라는 본질을 부여하지 않고는 선한 무언가를 만들 수 없다. 따라서 커드워스는 의지만으로는 선한 것을 선하게 만들 수 없다고 결론짓는다(《도덕》 I. II. 1~3: 13~20면).

《리바이어던》 46장에서 홉스는 자신의 언어와 지식 이론을 사용해 커드워스가 여기서 제시하는 것과 같은 유형의 이론을 공격한다. 홉스가 보기에 고대의 이론과 유사한 이런 견해는 도덕과 관련해서도 적지 않은 문제점을 드러낸다. 이 견해에 집착하는 사람들은 "자신들이 좋아하는 바를 선한 규칙으로, 싫어하는 바를 악한 규칙으로 만들 수 있다"―그런데 홉스의 관점에서 이는 명백한 재앙이다(《리바이어던》 XLVI. 11). 커드워스는 이런 홉스의 견해를 분명히 알고 있었으며 이 견해가 자신의 플라톤주의를 위협한다고 생각했다.[19] 그는 도덕적 용어들이 "단지 의미 없는 명칭 또는 오직 **의도되**

거나 **명령될** 뿐인 명칭에 지나지 않을" 가능성을 잠시 언급한다(《도덕》I. II. 1: 14면). 하지만 그는 이럴 위험성에 직접 대응하는 듯한 그 어떤 논증도 제시하지 않는다. 그가 왜 그런 논증을 제시하지 않았는지는 검토할 만한 가치가 있다.

커드워스는 홉스와 데카르트가 도덕적 용어들이 무의미하다고 생각하지 않았음을 지적한다. 신의 존재를 부정하는 무신론자와 마찬가지로 이들도 도덕적 용어를 유의미한 듯이 사용했다. 하지만 커드워스의 이론에 따르면 이들이 그렇게 하기 위해서는 정신 안에 관념을 지녀야만 한다. 그리고 만일 명석한 사고를 전개한다면 이들은 신의 정신 안에 있는 바가 자신의 정신 안에도 있다고 생각해야 한다. 따라서 이들은 신이 "명령하는" 관념이 신이 생각하는 "선함"의 관념과 서로 동일하지 않다는 점을 깨달아야 한다. 물론 이것이 이 두 관념이 서로 다르다는 점을 증명하는 논증은 아니다. 하지만 만일 커드워스의 의미 이론이 옳다면 이 논증은 커드워스가 반대자들의 오류를 지적하는 데 사용할 수 있는 유일한 근거인 듯이 보인다. 그리고 만일 신의 정신을 파악할 수 있는 유일한 방법이 사랑의 정신으로 신의 계율에 따르는 것이라는 그의 생각이 옳다면 무신론자와 홉스주의자들에게는 사랑의 정신이 없다는 그의 비난은 단지 중상과 비방에 그치지 않게 된다. 이는 그들이 도덕적 용어들을 다루면서 오류를 범한 이유를 설명하는 역할을 한다.

유물론에 반대하면서 커드워스는 조형적 본성 이론을 내세우는데

---

19) 커드워스는 《영원불변하는 도덕에 관한 논고》 대부분을 자신의 신플라톤적인 사고와 의미 이론을 설명하고 경험주의를 공격하는 데 할애한다.

이 이론은 기회원인론을 거부하고 자연에서 드러나는 설계의 증거들이 오직 물체로부터는 생겨날 수 없다고 보는 데에 기초한다. 도덕적 개념의 환원 불가능성을 옹호한 그의 목적은 홉스적이든 아니면 데카르트적이든 간에 주의주의를 반박하려는 것이다. 이를 위해 그는 도덕과 연관된 특수한 논증이 아니라 본질 및 의미에 관한 지극히 일반적인 논증으로 눈을 돌린다. 케임브리지의 다른 동료들은 이런 종류의 논증을 사용하지 않는다. 하지만 커드워스가 다른 동료들, 예를 들면 스미스나 모어가 주의주의를 거부하면서 채택했던 견해에 만족하지 못했다는 점은 명백하며, 이러한 불만족에는 충분한 이유도 있었다. 위치코트에게서도 은연중에 드러나는 이들의 견해는 매우 단순히 표현될 수 있다. 즉, 신에 대한 관념 자체가 바로 완전한 존재에 관한 관념이라는 것이다. 이는 심지어 무신론자들도 분명히 동의할 바이다.[20] 이로부터 신은 전적으로 선하다는 사실이 도출된다. 그러므로 신은 악한 것은 결코 행할 수 없고 항상 선에 따라 행위해야 한다. 신은 본성상 선하므로 선을 행하는 데에 어떤 외부적인 것에 의해서도 제한받지 않는다. 하지만 신의 규칙이 임의적이 아니라는 사실은 명백하다. 모어와 그 후 등장한 컴벌랜드의 경우에서 지적했듯이 이런 견해는 공리주의 윤리학의 단초로, 즉 신은 필연적으로 선 일반을 사랑하며 가능한 한 많은 선을 산출하기 위해 행위하므로 우리 또한 이와 유사하게 행위해야 한다는 결과주의적인 견해로 이어진다. 앞서 지적했듯이 스미스는 이보다 한 걸음 더 나아간 결과를 제시한다. 그에 따르면 처벌은 보복이어서는 안 되며

---

20) 모어의 《무신론에 대한 해독제》, Patrides: 217면 이하 참조.

범죄를 억제하거나 범죄자를 교정하기 위한 것이어야 한다. 커드워스는 이런 결론에 대해 우리가 기대하지도 못했던 반박을 제기한다.

그는 우리 모두가 보복적 처벌이 "자연 안에 실제로 존재하는 것"이라는 인식을 공유한다고 말한다. 시민사회에서 시행되는 처벌은 부분적으로는 분명히 범죄를 막고 억제하기 위한 것이다. 하지만 "처벌에 그 외의 의미가 없다는 말은 사실이 아니다". 처벌은 "이성적 존재로서 우리에게 있는 형평성이라는 본성을 만족시킨다". 이는 어쩌면 현세에서, 그리고 내세에서는 더욱 확실하게 이루어지는 신의 처벌을 통해 훨씬 더 분명하게 드러난다.

> 이런 처벌은 사후의 지옥에서 이루어지므로 단지 미래와 관계있을 뿐이며 그 외의 처벌은 오직 영혼이 병든 자들을 치료하고 회복시키기 위한 치료 또는 의술로서만 계획되었다는 생각은 … 《성서》와 어긋날 뿐 아니라 처벌에 대한 건전한 근거를 제시하지도 못한다(*Free Will*: 3~4면).

결과주의는 신이 보복적 정의를 제대로 실현할 수 없다는, 결코 받아들일 수 없는 결론을 강요하기 때문에 반드시 거부되어야 한다. 하지만 결과주의를 받아들일 수 없다면, 신의 선함으로부터 시작한 논증으로는 주의주의를 거부할 만한 만족스러운 근거를 제공할 수 없다. 커드워스는 자신의 도덕적 관심 때문에 의미에 관한 논증과 형이상학으로 나아가지 않을 수 없다고 생각하는 듯이 보인다. [21]

---

21) 나는 뒤의 제 15장과 제 18장에서 순전히 결과주의적인 윤리학을 받아들이지 않음으로써 발생하는, 주의주의를 거부하는 문제에 대한 또 다른 반응들을 논의하려 한다.

《영원불변하는 도덕에 관한 논고》의 한 대목에서 커드워스는 신의 도덕적 본성이 그의 "본질적인 선함"이라고 말한다(37면). 하지만 다른 곳에서는 "선함과 자비 그리고 도덕"을 서로 구별한다(177면). 그리고 그는 선과 악의 본성을 언급할 때마다 정의와 불의의 영원불변하는 본성을 항상 강조한다. 마치 그는 선함과 정의라는 두 속성을 신의 도덕적 속성인 것처럼 간주하려는 듯하다. 그러나 그는 그렇게 간주하는 것을 주저한다. 어쩌면 이에 대한 설명을 제시할 수 있을지도 모른다. 도덕을 다룬 그의 저술이 이상할 정도로 불충분한 내용만을 포함한 이유도 그 설명을 통해 이해할 수 있을 것이다. 특히 그가 《우주의 진정한 지적 체계》에서 상당히 길게 형이상학적 이론을 다루었으면서도 그보다 도덕이 중요하다고 믿었다는 사실에 비추어 볼 때 이러한 불충분성은 분명 이상하다.

만일 커드워스가 신에게 두 가지 도덕적 속성이 있다는 점을 공언한다면 그는 그 둘 중 어떤 것이 우선하는가 하는 질문에 답해야 한다. 영원한 처벌에 관한 견해를 보면 그는 신의 보복이 자선 행위와 동일한 방식으로 선을 행하지는 않는다고 생각한다. 따라서 정의와 사랑은 서로 충돌할 수 있다.[22] 문제는 이러한 충돌을 커드워스의 조화로운 우주에 대한 이론이 받아들일 수 없다는 데에 그치지 않는다. 여기에는 정치적 의미도 담기게 된다. 청교도들은 《구약성서》에 등장하는 정의와 복수의 신을 강조했다. 만일 커드워스가 신의 도덕적 속성 중 정의를 우선했다면 그는 청교도 편에 가담하는 듯이

---

22) 개신교도였던 커드워스는 연옥에서 영혼이 정화된다는 견해를 거부했으리라 짐작된다.

보였을 것이다. 반면 사랑이 우선한다고 주장한다면, 실제로 그는 대게 이쪽을 택하는데, 영원한 처벌을 설명하는 데 심각한 어려움을 겪게 된다. 그러므로 어쩌면 침묵이 최선의 방법이었을 것이다.

5. 케임브리지 플라톤주의와 자유의지

처벌을 결과주의적으로 이해한 스미스에 반대하면서, 커드워스는 스미스의 자유의지에 대한 논의에 대해서도 잠시 언급한다. 케임브리지 플라톤주의자들에게 신과 인간의 관계는 매우 중요한 문제였기에 자유의지라는 복잡한 주제는 피할 수 없었다. 우리가 신의 작용을 그저 기계적으로 옮기는, 혹은 저항할 수 없는 명령에 무조건 따르는 노예 같은 행위자가 아니면서도 동시에 신의 절대적인 주권을 인정하고 전적으로 신에 의존한다는 사실을 어떻게 설명할 수 있는가? 위치코트는 자유의지 문제를 철학적으로 확장해 다루려는 시도를 전혀 하지 않았다. 이 문제에 관한 스미스의 지적은 철학적 해명보다는 이 문제를 대하는 태도 때문에 흥미롭다. 결국 오직 모어와 커드워스만이 이 문제의 철학적 어려움을 제대로 파악했다. 커드워스의 저술은 19세기에 이르러서야 출판되었다. 우리는 이 책을 통해 케임브리지 플라톤주의자 중 철학적으로 가장 예리했던 인물이 보여 준 어려운 과제, 즉 케임브리지 플라톤주의자들 모두가 주장한 인간의 신격화와 그들 중 어느 누구도 부정하지 않았던 신에 대한 적절한 순종을 어떻게 조화시킬 것인가의 문제를 발견할 수 있다.

 이 시기에 늘 그랬듯이 인간의 자유의지라는 문제는 신의 자유의지는 무엇이며 이에 속하지 않는 것은 무엇인가 하는 또 다른 문제로 이어진다. 우리의 자유는 우리를 신과 유사하게 만드는가 아니면 신과 다르게 만드는가? 스미스는 자유를 이성과 결합한다. 신이 자유로운 까닭은 "절대적 의지"에 따라 임의대로 자신을 즐겁게 만들도록 행위하기 때문이 아니다. 오히려 자신의 지성을 통해 드러난 스스로의 본성과 일치를 이루는 최선의 것만을 항상 원하기 때문이다. 그리고 이는 우리의 경우에도 마찬가지이다. 자유는 이성이므로 "자유로운 선택과 그것에 포함된 자기만족은 우리의 지성이 우리에게 제공하는 가장 쓸모 있는 것이다". 자유롭다는 것은 자발적으로 행위한다는 것이다. 이는 일반적인 상황뿐만 아니라 특정한 상황에서도 최선으로 여겨지는 바를 행하는 것이다. 무엇이 최선인지 명확하게 파악할 수 없을 때 우리는 일종의 무관심성을 드러내면서 머뭇거리고 무엇을 행해야 할지 결정을 보류한다. 신은 결코 이런 불행한 사태에 직면하지 않는다. 따라서 우리의 무관심성은 일종의 불완전성이다. 자유라는 완전성은 특정한 경우에 무엇이 최선인지 파악하는 보편적인 선에 의해서 이루어진다. 이는 전적으로 신이 이 세계에 부여한 선의 질서에 의해서 이루어진다(《논고》: 133~134면).

그런데 왜 우리는 지금까지 달리 생각해 왔는가? 스미스는 이것이 유대인들의 탓이라며 비난한다.[23] 그들이 지녔던 법적인 공의(公義)는 이제 《성서》가 가르친 내적인 공의로 대체되었다. 하지만 그들은 이 법적인 공의 때문에 지나치게 절대적인 자유의지의 존재를,

---

23) 어쩌면 니체(Nietzsche)는 자신이 스미스의 이론에 관해 아는 바에 비추어 영국의 도덕적 계보를 추정했는지도 모른다.

즉 자신의 권능을 통해 어떤 것이든 행하거나 행하지 않을 수 있는 자유의지를 믿을 수밖에 없었다. 그들에게 법이란 단지 이 권능이 발휘된 "대상"에 지나지 않았다. 복종은 최고의 미덕이었으며, 신은 자신의 의지를 드러내는 일 이외의 다른 아무것도 할 필요가 없었다(290면). 스미스는 선 또는 악에 대해서 그리고 자신의 선택이 선한지 혹은 악한지에 대해서 무관심할 수 있는 인간의 능력이 아담의 죄이후에 나타났다는 유대인들의 믿음을 증언한 인물로 마이모니데스 (Maimonides)를 든다(292~294면). 요컨대 아담의 타락은 "마치 거인과도 같은 자유의지가 등장함으로써〔인간〕스스로 천국에 맞서 대항할 수 있는" 원인을 제공해 은총이 없이도 살아갈 수 있도록 만들었다(296면). 신이 대가 때문이 아니라 오직 사랑 때문에 섬김을 받는다는 사실을 인식하기만 하면, 우리는 왜 이런 종류의 자유의지를 지닌다고 주장할 필요가 없으며 또 주장해서도 안 되는지 그 이유를 깨닫게 된다(303면 참조).

모어는 이 문제를 이렇게 단순하게 보지 않는다. 만일 본성상 항상 최선에 따라 행위하는 사람들이 있다면 이들은 진정 축복받은 이들이다. 하지만 이런 사람은 지극히 소수에 지나지 않는다. 모어는 다수의 나머지 사람들, 즉 선하기 위해 발버둥치는 사람들을 논의의 대상으로 삼는다. 우리가 올바른 선택을 할 경우 이를 우리의 공적으로 만들어 주는 자유의지가 존재하는가? 이에 대한 모어의 첫 번째 대답은 자유의지로 행해진 행위는 그저 자발적인 행위 또는 자의적인 행위의 일종이라는 것이다. 우리가 스스로 최선이라고 생각하는 바를 행할 때 우리는 자발적으로 행위한다고 말할 수 있다. 반면, 설령 무엇이 최선인지 알면서도 이를 행하거나 행하지 않을 수도 있다면 우리는 자유의지에 따라 행위하는 것이다. 오직 어떤 외부의 강요나 우리 자신의 무지만이 우리의 행위를 비자발적으로 만든다. 하지만 우리에게서 자유의지를 빼앗는 것은 무엇인지, 모어의 견해에서는 그리 분명히 드러나지 않는다. 더욱이 모어는 진정으로 정직한 사람은 비천하고 사악한 일을 행한다는 선택을 할 수 없다고 주장하기 때문에 문제가 발생한다(*Encheridion*: 176~177면). 이에 따르면 정직한 사람은 자발적으로 행위할 수는 있지만 자유롭게 행위할 수는 없는 듯이 보인다. 그리고 모어는 "비열한 것과 관련된 행위를 하지 않을 수 있는 능력"은 일종의 완전성이라고 말하면서도 결국 자유의지는 그저 "악을 행하지 않을 수 있는 능력"이라고 정의한다(179~180면). 아우구스티누스는 타락한 이후로 우리는 오직 죄만을 자유롭게 선택할 수 있다고 말했는데 루터도 이를 받아들였다. 이와는 달리 모어는 ― 우리의 본성이 무척 나약해 얼마든지 악행을 선택할 수 있다 할지라도 ― 우리가 악에 저항할 경우에만 자유롭다고 경쾌한 어조로 말한다.

이런 균형 잡히지 않은 자유조차도 모어를 편안하게 내버려 두지 않는다. 이런 자유의 개념을 반박하는 논리 중 하나가 의지는 최대한의 선이라고 지각한 바를 필연적으로 따른다는 이론으로부터 제기된다.[24] 이는 물론 모어 자신의 기본 견해이다. 그리고 그는 죄가 무지로부터 생긴다는 사실이 여기에 함축되어 있다고 생각한다. 그렇다면 그의 설명에 따라 죄는 비자발적인 것이 된다. 하지만 과연

---

24) 또 다른 반박은 신의 예지로부터 제기된다. 모어는 아우구스티누스를 받아들여 신은 전능하기 때문에 자유로운 행위조차도 미리 알 수 있다고 확고하게 말함으로써 이 문제를 간단히 무시한다.

그런가? 여기서 모어는 갑자기 회의적인 태도를 보인다. 그는 "사람들 대다수는 자기 자신에 대해 거의 알지 못하며, 무엇이 궁극적인 선인지 결코 발견할 수 없다"고 한다(184~185면). 이것이 그들의 잘못이라면, 그들이 선에 대한 잠재적인 통찰력을 발전시키지 않기를 자신의 자유로써 바랐기 때문이다. 하지만 무엇이 선인지를 배우는 능력은 그 자체가 일종의 선물이므로 이를 장점이나 공적이라고 주장할 수는 없다. 또한 이런 능력이 없어서 덕을 갖춘 사람이 되지 못한다 할지라도 이것이 도덕적 결함은 아니다. 하지만 모어[25]는 다소 절망스럽게 다음과 같이 말한다. "누군가가 이 적절한 본성을 완전히 빼앗겼는지 그렇지 않은지는 나에게는 너무 어렵고 복잡한 문제이므로 이런 신비로운 섭리에 몰두하기보다는 차라리 이를 전적으로 무시하는 편을 택했다."(186면)

모어가 자유의지 문제에 대해 관심을 보인 까닭은 스미스의 견해 때문이다. 순전히 사랑으로부터 행위하므로 어떤 법칙도 필요하지 않은 사람은 또한 스스로 결코 비천하게 행위할 수 없는 사람이기도 하다. 이러한 이들은 유대인들이 주장한 종류의 자유의지는 필요하지 않다. 아니면, 모어의 표현에 따르면, 이들에게 자유의지가 있다고 말하지 않아야 할 것이다. 하지만 스미스와는 달리 모어는 이 축복받은 소수의 사람들이 칭찬할 만한다고 말하기를 꺼린다. 이들은 선이라는 신의 질서와 너무나도 밀접하게 연결되어 사실상 스스로 행위할 능력은 없는 것이 아닌가? 오직 불완전한 사람만이 비난받거

---

25) 〔옮긴이주〕 원문에는 스미스(Smith)로 표기되었지만 내용상 모어(More)임이 명백하므로 바로잡았다.

나 어쩌면 법칙과 제재의 지배를 받기 위해 자유를 필요로 하는 것이 아닌가? 모어는 이 문제를 제대로 파악하지만 해결책을 제시하지는 않는다.

커드워스는 "보상과 처벌에 의지하는 신의 정의로운 보복"이 정당한 영역을 확보하기 위해 강력한 형태의 자유의지가 필요하다고 생각한다(Free Will: 78면). 어떤 종류의 자유는 아무런 문제도 일으키지 않는다. 누군가에게 돈을 받으면서 저 동전이 아니라 이 동전을 집는 경우처럼 어떤 쪽을 선택하더라도 선악에 전혀 아무런 차이도 일어나지 않는다. 신 또한 이런 권능을 소유한다. 신은 항상 최선을 위해 행위하지만 세계의 대부분은 그 자체로 보면 이런 최선과 무관하다 — 예를 들면 별의 개수가 홀수인지 짝수인지 아니면 최후의 심판이 이루어지는 정확한 날짜가 언제인지 등이 이런 경우이다(14~17, 52~54면). 하지만 이런 종류에 속하는 무관심성의 자유는 칭찬과 비난의 대상이 되지 않는다. 우리는 더 악하다고 분명히 인식하는 어떤 행위를 선택할 경우에만 비난받게 된다. 그리고 바로 여기서 문제가 발생한다(19면).

"일반적인 심리학"은 이 문제에 대한 대답을 제공하지 못한다. 이런 심리학은 의지가 언제나 선악 판단에 대한 지식에 따르는 것으로 여기는데, 이 경우 의지는 자유롭지 않고 강제된다. 혹은 의지가 특정한 대상에 대한 지식을 규정한다고 보기도 한다. 그렇다면 의지는 맹목적으로 작용하는 셈이 되며, 자유란 "단지 모든 인간 행위에 … 작용하는 일종의 비합리성 또는 광기"에 머물고 만다. 지식과 무관한 맹목적 의지는 덕과 악덕을 성립 불가능하게 만들며 따라서 칭찬과 비난 또한 불가능해진다(23면). 그렇다면 자유를 허용하고, 모든 도덕적 악행을 유일한 행위자인 신의 탓으로 돌리지 않기 위해 어떤 심리학이 필요한가?

이에 대한 커드워스의 대답은 완전히 명확하지는 않지만 시사하는 바가 상당히 크다. 즉, 그는 정신의 능력을 의지와 지성으로 나눈 것이 잘못이라고 주장한다. 무언가를 인식하고 선택하는 개인은 하나의 동일한 전체이다(23~25면). 영혼은 수많은 능력을 지니며 다양한 단계별 활동을 한다. 영혼은 자신을 형성하는 본성, 즉 기본적인 생명 작용의 원천을 전혀 스스로 통제할 수 없다. 우리는 욕구를 직접 통제할 수 없다. 양심은 우리가 원하든 원하지 않든 간에 스스로 모습을 드러내며 때로 의지와 결합해 욕구를 통제한다(30~31면). 하지만 우리를 지배하는 원리는 이들 중 어떤 것도 아니며 지성이 홀로 그런 역할을 담당하지도 않는다. 그는 우리가 지닌 통제의 원리 또는 자기 통제 능력을 지칭하며 "헤게모니콘"(hegemonicon)[26]이라는 스토아학파의 용어를 사용한다. 그는 헤게모니콘은 "자기 자신을, 즉 자신의 모든 배려와 관심, 힘과 능력을 파악해, 말하자면 자신에 대한 고찰과 숙고를 통해 자신을 다소 강화해 … 스스로 드러내는 영혼"이라고 말한다. 헤게모니콘은 자신을 증진하기도 하고 손상하기도 하지만 어쨌든 이를 통해 우리는 현재 우리의 모습으로 존재하게 된다(36~37면).

---

26) 〔옮긴이주〕 이 용어는 '행위를 다스리는 원리'를 의미하는 라틴어인데 스토아학자들은 이를 '인간의 영혼 중 인간을 지배하고 통제하는 부분'이라는 의미로 사용했으며 이것이 인간 신체 중 어디에 위치하는지를 중요한 논의 주제로 여겼다. 더욱 상세한 논의는 A. A. Long(2005), "Stoic Psychology" in *The Cambridge History of Hellenistic Philosophy*, ed. K. Algra and Others, Cambridge University Press: 568~571면 참조.

이런 반성적인 헤게모니콘은 어떻게 작동하는가? 헤게모니콘은 특히 인간 세계에서, 틀을 형성하는 본성이 순전한 물질세계에서 행하는 바대로 작용한다. 또한 신 아래 있으면서도 신과는 무관하게 작용하는, 그러한 질서의 원천이 된다. 또한 이는 우리가 명확한 선과 악에 무관심하지 않도록 만든다. 그리고 이를 통해 우리는 행위하기에 앞서 주의 깊게 고찰하게 된다. 서두름은 비난의 원천을 제공한다. 우리는 언제든지 선택을 미루고 다시 생각할 수 있다.[27] 우리에게 자신을 지배하는 이런 능력이 있다는 점을 전제한다면 우리가 항상 "앞선 필연적인 원인들"에 의해서 결정되지는 않는다는 점을 인정하게 된다(38면). 따라서 양심과 정념이 서로 대립하는 경우 지성이 어느 한쪽을 결정하는 역할을 하지는 못한다. "이 문제는 전적으로 헤게모니콘 또는 우리 자신을 지배하는 능력에 의존하며, 이 능력이 크던 작던 간에 자신의 힘과 정력을 스스로 발휘함으로써 정념과 같은 하위의 정서에 저항하게 된다. … 이는 한 차례의 전투가 아니라 … 대체로 오래 지속되고 계속 이어지는 전쟁과 같은 것이다." 신은 이 전투의 승패에 따라 우리를 칭찬하거나 비난한다(42~43면).

커드워스는 우리와 같은 복합적인 존재는 이런 지배 능력을 필수적 속성으로 지닌다고 주장한다. 이런 능력이 없다면 우리의 다양한

---

27) 따라서 《인간지성론》 재판에 등장하는, 자유의지에 관한 로크의 견해는 커드워스의 이런 견해와 크게 유사하다. 여기서 로크는 분리된, 개별적 능력이 아니라 정신의 능력 전반에 관해 언급한다. 로크는 커드워스의 딸이며 철학자이기도 한 매섬(Damaris Masham)의 집에 살았기 때문에 커드워스가 남긴 수고(手稿)들을 볼 수 있었다. 하지만 나는 자유의지 문제와 관련해서 커드워스가 로크에게 영향을 미쳤다는 명확한 증거는 알지 못한다.

측면이 함께 제대로 작용해 의미 있는 행위를 낳지 못할 것이다. 신은 우리를 창조하는 과정에서 자유로운 존재로 창조하지 않을 수 없었다. 따라서 신은 우리에게 잘못을 범하고 죄를 저지를 능력을 부여해야만 했다. 이것이 신의 권능을 손상하지는 않는데 그 까닭은 신이 창조한 바는 자신도 소유하지 못한 자유를 — 즉 덜 선한 듯이 보이는 행위를 선택할 자유를 — 가진 존재가 아니라 자신과는 다르지만 스스로 행위하는 존재이기 때문이다. 신은 풍부한 창조력을 수유하므로 모든 가능한 종류의 존재, 심지어 스스로 행위하는 존재까지도 창조할 수 있다. 그리고 자신의 창조를 통해 신은 자신이 만든 세계에 끊임없이 개입하지 않고도 세계가 조화로운 전체를 이루도록 하였다(77~78면).

그렇다면 우리 자신을 지배하는 능력을 사용하도록 또는 사용하지 않도록 만드는 것은 무엇인가? 헤게모니콘은 우리가 양심에 따를지 정념에 따를지 어떻게 반성적으로 결정하는가? 헤게모니콘은 어떤 원리에 따라 자신 앞에 놓인 행위를 수용하거나 거부하는가? 커드워스는 자유로운 선택이 선에 의한 결정과 동일하지 않다고 주장한다. 그리고 이들 중 어떤 것도 우연적인 결정 또는 순전한 우연과 동일하지 않다. 우리는 "주사위를 던지듯이" 우연에 몸을 맡김으로써 우리 자신을 비천한 존재로 만들어서는 안 된다. 하지만 이런 견해를 거부할 경우의 대안에 대해서, 스스로 행위하는 행위자를 어떻게 이해해야 하는지, 커드워스는 아무 설명도 하지 않는다.

제11장

신에 이르는 길
Ⅱ. 스피노자와 말브랑슈

처베리의 허버트와 케임브리지 플라톤주의자들은 도덕이 다른 무엇
보다도 완전성을 추구하도록 요구한다고 주장했다. 하지만 이들은
완전성을 추구하는 데서 드러나는 어려움을 서로 다르게 이해했다.
허버트는 완전성을 높이기 위해서 우리가 도덕적 지식을 늘려야 한
다고 생각했다. 반면 플라톤주의자들은 덕을 가로막는 것은 무지가
아니라 결단력의 부족이라고 보았다. 이들에 따르면 우리는 의지를
강건하게 해 유혹을 물리치고 모두가 아는 바대로 우리에게 마땅한
삶을 살아야 한다. 데카르트 또한 의지의 강건함을 기르는 것이 덕
에 이르는 길이라는 견해를 드러냈다. 하지만 그는 자신의 견해가
차선의 도덕이라고, 즉 임시방편으로 필요한 것이라고 생각했다.
왜냐하면 올바르게 행위한다는 사실을 분명히 인식하지 못하는 상
황에서도 우리는 행위할 수밖에 없기 때문이다. 만일 지금 바로 지
식의 나무에서 열매를 딸 수 있다면, 지성의 명석 판명한 지각에 의

해서 인도되는 의지는 필연적으로 ― 어떤 갈등도 겪지 않고 ― 올바른 유형의 행위를 선택한다.

데카르트가 자신의 도덕을 잠정적인 기준으로 여길 수 있었던 까닭은 연구를 통해 언젠가는 확실하게 행위를 인도하기에 충분한 진리를 발견할 수 있을 것이라고 낙관적으로 생각했기 때문이다. 하지만 스피노자(Benedict Spinoza, 1632~1677)와 말브랑슈(Nicholas Malebranche, 1638~1715)는 이런 낙관적인 기대를 공유하지 않았다. 완전성이 우리의 목표라는 점을 인정하면서도, 이들은 우리가 신이 아는 바를 모두 알 경우에만 이런 지각에 도달할 수 있는데 이는 명백히 불가능한 일이라고 주장했다. 더욱이 이들은, 각각 서로 전혀 다른 이유에서이기는 하지만, 데카르트가 생각한 강력한 자유의지의 개념을 거부했다. 결과적으로 이들은 우리에게 필요한 지식을 모두 얻을 수는 없는 상황에서 삶을 합리적으로 인도하는 방법에 어떻게 이를 수 있는지 새로운 설명을 제시해야만 했다.

스피노자와 말브랑슈는 모두 정신과 육체를 이원적으로 파악하는 데카르트주의를 받아들였으며, 경험주의를 거부하고 명석 판명한 관념이 지식의 기초라고 주장한다. 이들은 신이 부여한 세계의 질서가 인간 행위와도 관련된다는 데카르트의 확고한 믿음을 각각 나름의 방식대로 공유한다. 이 때문에, 데카르트와 마찬가지로, 자기 자신의 선을 추구하는 일과 전체의 선을 위해 행위하는 일 사이에 궁극적인 충돌은 일어나지 않는다고 주장한다. 따라서 이들이 도덕과 관련해서 발생한다고 생각한 어려움은 그로티우스가 생각한 어려움과는 전혀 다르다. 그리고, 그로티우스주의자뿐만 아니라 데카르트와도 달리, 이들은 신과 우리 사이의 관계를 파악하는 것을 도덕적 삶의 핵심적인 부분으로 여긴다.

스피노자는 유대인 가문 출신이지만 유대인 사회에서 파문당했다. 말브랑슈는 가톨릭 사제였지만 가톨릭의 금서 목록에 오른 책을 썼다. 이들의 견해는 정통에서 벗어났지만 이들은 모두 지극히 종교적이었다. 두 사람은 기독교가 진리를 포함하지만 《성서》는 평범한 사람도 이 진리를 이해할 수 있도록 이를 의인화해 가르친다고 주장했다. 오직 이성을 통해서만 이런 이야기 안에서 의심의 여지없이 확고한 진리를 발견할 수 있다. 그렇다면 이렇게 진리를 다시 쓸 경우 《성서》와 신학의 내용 중 얼마만큼이 계속 유지될 것인가? 이 점에 관해 이들은 다른 의견을 보였다. 하지만 두 사람은 이 진리를 순전히 이성적으로 파악함으로써 덕과 행복, 사회적 평화의 확고한 기초를 마련할 수 있다는 점에 동의했다. 케임브리지 플라톤주의자들과 마찬가지로 이들은 오직 신에 이르는 길을 발견함으로써 이런 목표에도 도달할 수 있다고 생각했다.

1. 스피노자: 목적이 없는 세계의 윤리학

스피노자는 세계가 이미 결정된 전체이며 이 안에서 일어나는 모든 사건과 행위는 그보다 선행하는 상황이 낳는 필연적인 결과라고 주장한다.[1] 어떤 것도 현재와 다른 모습으로 존재할 수 없으며, 어떤

---

1) 스피노자의 《에티카》를 인용할 경우 원전에 등장하는 부, 정리 등을 표시했으며 한 대목을 길게 인용할 경우에만 Curley의 영어 번역본 면수를 함께 표시했다. 스피노자의 윤리학에 관한 더 상세한 설명은 Curley(1988) 및

것도 자신이 발생해 지금까지 존재해 온 방식과 다른 방식으로 발생하거나 존재할 수 없다. 과거가 원인이 되어 현재의 세계가 존재하는 것과 마찬가지로 미래는 현재 상태에 의해서 완전히 결정되는, 현재 상태가 초래한 필연적인 결과이다. 스피노자의 형이상학에서는 신에 속하든 아니면 인간에 속하든 간에 데카르트가 생각한 것과 같은 자유의지는 전혀 허용되지 않는다.

　스피노자는 홉스에 못지않은 결정론자이지만 홉스처럼 유물론적 원자론자는 아니다. 그는 실체를 사고라는 속성의 측면에서 본 것이 정신, 연장성이라는 속성의 측면에서 본 것이 물체라고 주장한다. 그리고 이들 둘 모두가 실체의 궁극적인 속성으로서 실재하며, 모든 것은 이 두 속성을 지닌다고 생각한다. 즉, 그에 따르면 돌덩이와 동물도 사고하며 인간뿐만 아니라 신도 연장성을 지닌다. 더욱이 실체는 궁극적으로 다수가 아니다. 오직 하나의 무한한 실체만이 존재한다. 하지만 우리는 사고와 연장성이라는 두 속성의 측면에서 실체가 유한한 양태들로 분화하는 것을 인식한다. 즉, 연장성을 지닌 것으로서의 실체는 운동을 하는데 이 운동은 일정하지 않다. 우리가 물체라고 부르는 바는 연장성의 영역이며 운동과 더욱 밀접하게 관련되는데, 주변을 둘러싼 나머지 영역과 더불어 이런 관련성을 다소 지속적인 형태로 유지한다. 이렇게 구성된 물체 또한 사고하므로 물체는 자신과 관련한 관념들과 병행하게 된다. 이렇게 연장성을 지니는 동시에 사고하는 실재의 무리가 다른 무언가의 원인이 될 때 우리

Garrett의 "Spinoza's Ethical Theory" in Garrett (1996) : 267~314면 참조. 또 스피노자의 《지성개선론》(*Tractatus de Intellectus Emendatione*)를 인용할 때는 Wernham이 편집한 *Political Works*의 면수를 따라 인용했다.

는 이들 각각을 개체로 여긴다(《에티카》 II. D7).

스피노자는 세계를 구성하는 유일한 실체를 "신" 또는 "자연"이라고 부른다. 연장성을 지닌 존재로서 신은 모든 공간에 존재하며 공간을 가득 채운다. 사고하는 존재로서 신은 세계의 모든 필연성과 복잡성을 파악하는 무한한 지식을 지니며, 심지어 우리의 정신을 구성하는 불완전하고 단편적인 사고들까지도 적절한 방식으로 포함한다. 이런 스피노자의 신은 무한할 뿐만 아니라 영원하며, 모든 것의 원인이며, 모든 것을 인식한다. 신은 능동적이며, 모든 본질뿐만 아니라 모든 현존까지도 만들어 낸다(I. P25). 이는 주의주의자들의 생각과 같다. 하지만 스피노자는 이들과 완전히 동일한 견해를 보이지는 않는다. 그는 신이 오직 자기 자신에 의해서 지배되고 움직이며 자신의 외부에 있는 어떤 것의 영향도 결코 받지 않는다는 점에서 자유롭다고, 즉 자유롭다는 말이 지닐 수 있는 유일한 의미에서 자유롭다고 주장한다. 하지만 신은 자신의 능동성에 의해 본질과 현존을 모두 만들어 내도록 결정되어 있으므로 "신은 어떤 것도 의지의 자유를 통해 산출하지 않는다"(I. P32, C1). 따라서 기하학의 공리로부터 정리들이 도출되듯이, 세계는 신의 본성으로부터 필연적으로 도출된다. 스피노자는 이 점을 예시하기 위해 자신의 체계를 기하학적 방식으로 제시한다.

스피노자가 생각한 신이 전통적인 유대교나 기독교에서 신을 생각한 방식과 다르다는 점은 명백하다. 가장 놀라운 차이점은 스피노자의 신이 그 어떤 목적을 위해서도 작용하지 않는다는 점이다. 스피노자는 마치 데카르트처럼 그저 우리가 신의 목적을 알 수 없다고 말하는 수준에 그치지 않는다. 오히려 그는 신 또는 자연으로서의 세계가 어떤 가치나 목적도 지니지 않을 경우에만 신을 완전하게 표현한다고 주장한다. 세계는 논리적으로 통합된 전체이지만 에피쿠로스가 주장한 원자의 소용돌이처럼 어떤 의미나 중심도 지니지 않는다. 신이 창조한 세계는 우리가 "선과 악, 공적과 죄, 칭찬과 비난, 질서와 혼란, 아름다움과 추함이라고" 부르는 바를 전혀 포함하지 않는다(I, app. : 440면). 푸펜도르프는 최초에 신의 의지가 자유로운 활동을 통해 인과적으로 결정된 물리적 세계에 기본적인 규범적 속성들을 부여했다고 설명했다. 스피노자는 이런 속성들이 신이 아니라 우리로부터 필연적으로 등장한다고 생각한다. 왜냐하면 이 속성들은 불완전하고, 불명확하고, 유한하기 때문이다. 우리가 가치를 평가하기 위해 도입한 개념들은 우리의 무지, 혼동 그리고 욕구에 근거할 뿐이다.

우리가 분리된 사물 또는 정신으로 지각하는, 비교적 서로 구별되는 실재 또는 양태의 본성을 이해하면 가치 평가적 개념에 대한 근원적인 설명이 가능하다. 스피노자는 이런 실재 각각의 본질은 바로 자신을 다른 것과 구별되어 분리된 존재로 유지하려는 노력이라고 주장한다. 이런 자기보존 욕구를 스피노자는 코나투스(conatus)라고 부르는데 가장 단순한 개체에서 가장 복잡한 개체에 이르기까지 모든 존재가 이런 욕구를 지닌다(III. P7~8). 순전히 정신적인 노력이라는 측면에서 볼 때 코나투스는 "의지"로 불린다. 정신과 육체라는 양 측면에서 보는 것이 더욱 적절한데, 이때 코나투스는 충동이 된다. 이런 노력을 반드시 의식할 필요는 없지만, 우리는 이를 의식할 때에 "욕구"라고 부른다(III. P9, S). 욕구는 또한 우리가 목적을 갖도록 이끌며 우리는 이런 목적을 의식한다. 그리고 목적은 우리의 모든 사고가 지닌 특징이 된다.

　우리는 욕구를 의식하지만 욕구의 원인이 무엇인지는 알지 못하기 때문에 스스로 자유의지가 있다고 믿게 되며, 이로 인해 자신이 칭찬과 비난을 받을 자격이 있다고 생각한다. 또한 이런 욕구 때문에 모든 것을 그것이 지닌 목적이라는 측면에서 생각한다. 무언가가 자신에게 유용할 때 우리는 그것을 선이라고 부른다. 더 나아가 자연의 무언가가 우리에게 유용하다는 사실을 발견할 때마다 누군가가 그것을 자유롭게 우리를 위해 만들었다고 상상한다. 그리고 자연이 일으키는 수많은 해악이 우리를 괴롭힐 때 신의 목적은 숨겨져 있으므로 그것을 모두 알 수는 없다고 가정함으로써 악을 해명하려 한다. 스피노자는 신이 지붕 위의 돌을 굴러 떨어지게 함으로써 누군가를 죽이려는 계획을 세웠다고 믿는 사람들을 비웃는다. 왜냐하면 그들은 우연을 달리 설명할 길이 없다고 생각하기 때문이다. 그리고 일반적으로 스피노자는 악의 근거를 합리화하는 행위를, 오류에 의해 강화된 욕구 때문에 자신에게 유의미한 방식으로 신과 자연을 파악하려고 노력함을 드러내는 징후 중의 하나로 여긴다(I, app. : 441〜444면).

　스피노자는 다행스럽게도 우리가 범하는 모든 오류가 해롭지는 않다고 생각한다. 선과 악이 사물 자체의 속성이 아님은 분명하지만 우리는 이 세계를 자기보존에 도움이 되거나 방해가 된다는 측면에서 파악하지 않을 수 없다. 무엇이 우리를 보존해 주는지는 오직 신만이 완벽하게 알 수 있지만, 우리는 스피노자가 인간의 전형으로 사용될 수 있다고 생각한 관념을 형성한 후 이를 자기보존의 노력을 인도하는 데 활용하기도 한다. 이 전형은 우리의 자기보존에 가장 도움이 되는 방식으로 인간의 특성을 드러낸다. 이런 전형을 상상할 수밖에 없다는 점이 우리의 사고방식이 지닌 결함을 드러낸다 할지라도, 이를 통해서 우리는 완전성의 관념 또한 상상하게 된다. 우리는 다소 모호하게 서로 유사한 것의 집합에 대한 명확하지 않은 관념을 형성함으로써 완전성의 관념을 얻는다. 모든 것을 우리의 목적이라는 측면에서 파악함으로써 이 집합의 어떤 구성원이 다른 구성원보다 그 목적에 더 완벽하게 들어맞으며 따라서 더욱 선하다고 생각한다. 또한 이런 것들을 완전하다고 부르는 반면 이런 특징을 지니지 못한 것들을 불완전하다고 비난한다. 만일 인류를 하나의 집합으로 본다면 그 구성원이 위의 전형에 얼마나 가까운가에 따라 더 완전하다거나 덜 완전하다고 말할 수 있다(IV, pref. : 545면).

　스피노자는 "선"이라는 용어를 단지 유용하다고 우리가 상상하는 바를 지시하는 데에 사용하지 않고 "우리가 스스로 형성한 인간 본성의 전형에 더욱 가깝게 다가가는 수단이 된다고 확실히 인식하는 바"를 지시하는 데 사용한다(IV, pref. : 545면; D1). 비록 이런 전형은 부분적이고 불완전한 지식으로부터 도출된 것이지만 여기에 다가가려는 노력이 확고한 목표가 됨으로써, 우리는 성공적인 삶을 영위할 수 있다는 최선의 희망을 품게 된다. 물론 의지의 활동을 통해 우리 자신을 이 전형에 부합하도록 만들 수는 없다. 스스로를 보존하려는 욕구로 인해, 오직 개별적으로 분리된 존재로서의 자신을 계속 유지하는 데 가장 큰 도움이 된다고 확신할 때에만 우리는 이 전형에 부합하려 할 뿐이다. 윤리학을 다룬 스피노자의 책은 이 사실을 논증하려는 노력에 지나지 않는다.

　선과 완전성의 발전된 개념은 모든 사람에게 동일하게 유용한데 그 까닭은 모든 사람이 동등하게 자기보존을 위해 노력하기 때문이다. 법에 대한 개념은 다른 근원에서 다른 역할을 위해 생겨난다. 이 개념이 등장한 까닭은 우리가 모두 동등하게 유한하기 때문이 아니라 우리 중 일부가 다른 사람보다 훨씬 더 많은 것을 이해하기 때문이다. 대부분의 사람은 신이 어떤 목적을 위해 행위하지 않으며 모든 사건이 이미 결정되어 있다는 사실을 깨닫지 못한다. 따라서 사람들은 신이 인간 세계의 군주처럼 법을 제정하고 여러 규정과 조례를 발표한 후 이에 따르지 않는 사람에게는 처벌의 위협을 가함으로써 법과 규정을 뒷받침한다고 생각한다(《지성개선론》 IV: 77~79면). 이런 상상적인 도식에 포함된 진실은 단 한 가지뿐이다. 즉, 어떤 행위는 우리에게 필연적으로 손해를, 다른 어떤 행위는 이익을 초래한다는 사실이다. 이런 필연성을 이해하지 못하기 때문에 우리는 명령과 제재 사이의 우연적인 연결을 일종의 확고한 결합으로 여기게 된다. 신이 아담에게 선악과를 먹으면 반드시 죽음에 이르리라고 말했을 때 아담은 이 말이 선악과를 먹는 행위가 논리적 필연으로서 죽음이라는 결과를 낳는다는 사실을 의미한다고 — 올바르게 — 생각했어야만 했다. 하지만 유감스럽게도 그는 이 말을 오해했다. 아담은 신이 자신에게 선악과를 먹지 말라고 명령하며 만일 먹는다면 죽음으로 처벌하겠다는 말을 한다고 생각했다. 십계명의 핵심이 일련의 명령이라고 생각할 때에도 이와 동일한 오해를 범하는 것이다. 사실 십계명은 그것을 부정할 경우 반드시 모순을 범하게 되는 종류의 진리들을 포함한다. 모세(Moses)를 비롯한 다른 모든 입법자들은 이를 이해하지 못한 채 십계명을 위협을 통해서 정당화되는 일련의 명령이라고 여겼다.[2] 스피노자는 "우리는 오직 신이 내린

법칙의 원인을 모르는 한에서만 그것을 명령 또는 법령으로 여긴다"
고 말하면서(《지성개선론》 주석: 249면), 본질적으로 현실 정치와
관련된 법도 이와 마찬가지라고 주장한다.

　스피노자의 견해에 따르면 두 종류의 법이 존재한다. 그중 하나는
모든 것이 공유하는 공통의 본성에 따라 필연적으로 이루어지는 행
위와 일치하는 규칙, 즉 이들의 본성으로부터 논리적으로 도출되는
규칙이다. 다른 하나는 인간의 의지로부터 도출된 규칙이다. 개인
의 의지의 작용은 자연의 일부로서 결정되어 있으며 따라서 사건에
대한 설명에서 중요한 역할을 한다. 이렇게 의지가 원인이 된 법들
은 사람들이 따를 수도 따르지 않을 수도 있는, 인간의 명령으로 이
해된다. 왜냐하면 이런 법은 우리의 일상적인 능력 이상의 것을 요
구하지 않기 때문이다. 그렇다면 우리는 법을 오직 이런 의미로만
적절하게 한정하여 "인간이 어떤 목적을 위해 자기 자신이나 다른 사
람들을 규제하기 위해 만든 삶의 규칙"이라고 정의해야 한다. 그리
고 정치가들이 만드는 법이 바로 이런 유형에 속한다. 이런 법이 중
요한 까닭은 대다수의 평범한 사람들이 무지하기 때문인데 스피노
자는 이들에게 매우 높은 수준의 의견을 기대할 수 없다고 생각한
다. "법의 진정한 목적은 오직 소수에게만 명확하게 드러난다. 대부
분의 사람은 실제로 이를 파악할 능력이 없다."(《지성개선론》 IV:
69면) 이들에게는 처벌로 위협하거나 보상을 제공함으로써 복종을
강요하는 법을 통해 유용한 행위를 일종의 의무로 부과해야만 한다.

　자연법 학자들과 마찬가지로 스피노자는 법의 필연성과 의무를

---

　2)《지성개선론》: 77~79면과 Letter 19 to Blijenbergh in *Works*: 356면 참조.

서로 결합한다. 하지만 자연법 학자들과는 달리 그는 우리가 반드시 **행해야만 하는** 무언가가 존재한다는 생각 자체가 잘못이라고 생각한다. 그는 우리가 반드시 행해야만 한다고 지금 생각하는 행위들에 대해 명석하고 판명한 지식을 얻게 된다면 이런 개념 자체를 사용할 필요가 아주 없어진다고 주장한다. 이는 곧 명석하고 판명한 지식을 지닌 사람에게는 의무가 성립하지 않는다는 말이다. 이런 지식을 지니게 되면 처음에는 법으로 여겨졌던 바가 "더 이상 명령이 아니게 되며, 이를 명령이 아닌 영원한 진리로 받아들이게 된다. 이는 또한 복종이 바로 사랑으로 바뀌게 됨을 의미하는데 이런 사랑은 해로부터 필연적으로 빛이 나오듯이 진정한 진리로부터 필연적으로 도출되는 사랑이다"(《지성개선론》, 주석: 249면). 〈디모테오에게 보낸 첫째 편지〉 1장 9절을 직접 인용하지는 않지만, 스피노자는 케임브리지 플라톤주의자들과 마찬가지로 충분한 이해에 이르지 못한 사람은 제재의 두려움 때문에 법에 복종하는 노예와 같다고 믿는다. 더욱 깊은 이해에 이른 사람은 사랑으로부터 행위하며, 이들이 따르는 모든 법은 모든 것을 규정하는 필연성을 이해함으로써 스스로 부과한 법이 된다(《지성개선론》 IV: 69∼71면). 앞으로 보게 되듯이 이들은 신의 의지에 따르는 경우에도 자유롭다. 왜냐하면 신의 의지가 곧 이들의 의지가 되기 때문이다. 그렇다면 스피노자의 체계를 채택한 사람은 지식을 늘리기 위해 부단히 노력할 것이다. 이들은 지식을 얼마나 늘리는가에 비례해 자기규율의 범위도 넓혀 갈 것이며, 다른 이의 명령이 아닌 자신의 명석한 지식에 따라 행위하게 될 것이다.

2. 지혜와 좋은 삶

데카르트적 의지는 행위자가 자신의 고유한 자유를 드러낼 수 있도록 특정 유형의 행위를 계속하게 하는데, 스피노자는 이를 현명한 개인이라는 도식으로 대체하면서 독자들 스스로 데카르트의 의지와 현명한 개인을 비교할 수 있도록 유도하는 방식의 설명을 제시한다. 그렇다면 현명한 사람의 지혜란 무엇인가? 스피노자는 이 지혜가 신 또는 자연에 대한 직관적인 지식이라고 생각한다.[3] 신 또는 자연을 직관적으로 인식한다는 것은 감각 경험을 완전히 넘어서는 방식으로 인식하는 것이다. 또한 직관적 지식은 일련의 전제들에 기초한 주의 깊은 연역도 넘어선다. 직관적 지식을 지닌다는 말은 수많은 명제들 사이의 필연적 연결을 오직 하나의 정신적 시각으로 파악한다는 의미다. 우리는 비교적 간단한 수학적 증명을 완전히 파악했을 때에 명제들 간의 연결에 대한 이러한 지식을 지니게 된다. 사실 그 이유는 우리가 모든 것에서 이런 종류의 직관적 지식을 추구하기 위해 필요한 증거들을 가지고 있기 때문이다(《에티카》 I, app. : 441면). 신은 세계 전체의 모든 것을 한데 묶는 연결들을 모두 직관적으로 파악할 수 있다. 인간은 그런 완전한 통찰에 이를 수는 없지만, 사건이나 사물이 각자의 선행조건 및 결과와 필연적으로 연결되어 있음을 점점 더 파악함으로써 이에 가까이 다가갈 수는 있다. 이런 필연성을 더욱 완전하게 이해할수록 그리고 자신이 이 필연성과 얼마나 밀접한 관계를 이루는지 더 명석하고 판명하게 파악할수록 우

---

3) 스피노자의 인식론은 《에티카》 2부에서 전개된다.

리는 더욱 현명해진다.

완전성이 더욱 증가하는 각 단계마다 우리의 기쁨과 덕 또한 증가한다. 기쁨과 덕은 항상 함께 나아가며, 더 정확히 말하면 결코 분리될 수 없다. 스피노자는 지복(至福)이란 "오직 신을 직관적으로 인식하는 데서 생겨나는 정신의 만족일 뿐이다. 그리고 지성을 완전하게 한다는 것은 오직 신과 신의 속성 그리고 신의 행위를 파악하는 것일 뿐인데 이들은 신의 필연적인 본성으로부터 도출된다"고 말한다(IV, app. IV). 그리고 만일 지혜가 우리 스스로 원하는 바를 우리에게 제공한다면, 지혜는 당연히 덕도 제공할 것이다. "신에 대한 인식이 정신의 최고선이다. 정신이 누리는 최고의 덕 또한 신을 인식하는 것이다."(IV. P28) 데카르트는 행복과 덕이 서로 관련되기는 하지만 분명히 구별된다고 생각한 반면 스피노자는 이들이 동일한 정신적 상태로 구성된다고 본다. 그는 "지복은 덕에 대한 보상이 아니라 덕 자체이다. 우리는 정욕을 억제하기 때문에 지복을 누리는 것이 아니라 이와 반대로 지복을 누리기 때문에 정욕을 억제할 수 있다"고 말한다(V. P42).

스피노자의 이론에서 행복과 덕은 능동성과 힘의 개념에 의해서 서로 결합된다. 그는 어떤 실재의 행위를 외부의 다른 존재를 언급하지 않은 채 오직 실재 자신을 통해 이해할 수 있는 한, 그 실재는 능동적이라고 주장한다. 따라서 상대방이 나를 떠밀어 내 몸이 움직였다면 나는 수동적이다. 반면 오직 나의 욕구와 의지를 통해서 내 몸의 움직임을 설명할 수 있는 한에서 나는 능동적이다. 만일 나의 욕구와 결정의 원인이 된 내 사고 작용을 내가 권위에 의지해 받아들인 관습적 믿음을 통해서만 설명할 수 있다면 나는 비교적 수동적인 편에 속한다. 반면 내가 심사숙고를 거쳐 명석 판명한 결론에 이르렀기 때문에 지금처럼 사고하고 행위하게 되었다면 나는 훨씬 더 능동적이다. 신 또는 자연만이 순전히 능동적일 수 있다. 왜냐하면 오직 신 또는 자연만이 전적으로 자기 자신을 통해 설명될 수 있기 때문이다.

모든 것은 필연적으로 자기 자신을 보존하려고 노력하므로 이들의 소멸 또는 죽음은 이들 외부에 놓인 무언가를 통해서 설명되어야만 한다. 따라서 수동성은 힘의 부족이며, 능동성은 바로 힘이다. 사고라는 측면에서 인간을 구성하는 관념들의 명석함과 판명함이 성장한다는 것은 육체적인 측면에서는 건강함과 강력한 힘이 증가함을 의미한다. 이들은 모두 개인의 행위를 오직 개인 자신을 통해서 더욱 충분히 설명할 수 있도록 만든다. 또한 이들은 개인이 — 자신의 존재를 유지하기 위해 — 행할 수 있는 바의 최대 범위를 측정하는 기준이기도 하므로 힘 또는 능동성이 증가하는 각 단계마다 기쁨도 증가한다.

스피노자는 덕(*virtue*)이라는 용어의 라틴어 어원에 근거해 덕이란 "인간의 힘 자체로서, 오직 자신의 존재를 보존하려는 각 개인의 노력을 통해서만 … 정의된다"고 말한다(IV. P20). 우리는 자신과 주변 상황을 적절하게 파악하고 이로부터 행위를 결정할 경우에만 덕에 따라 행위하게 된다. 따라서 덕이 있는 삶은 이성적인 삶이다. 그리고 이성은 오직 자신을 증가시키려 할 뿐이므로 스피노자는 "우리는 오직 실제로 인식에 도움이 되는 것 또는 인식을 방해할 수 있는 것만을 확실한 선 또는 악이라고 인식한다"는 결론을 내린다(IV. P27).

우리가 능동적인 경우에 한해, 자기보존을 향한 본질적인 관심 때문에 우리는 항상 자신의 이익을 추구한다(IV. P24). 이는 마치 홉스의 독자들이 이해했던 홉스의 주장, 즉 인간은 이기적이라는 인식과 유사한 듯 보인다. 하지만 이 둘의 견해는 서로 크게 다르다. 이는 "덕을 추구하는 사람의 최고선은 모든 사람에게 공통되며 또한 모든 사람이 동등하게 그것을 누릴 수 있다"(IV. P36)는 스피노자의 주장에서 잘 드러난다. 신을 인식하는 것이 최고선이라면 한 개인이 그런 인식을 지닌다고 해서 다른 사람이 이를 공유하는 데 결코 방해가 되지는 않는다. 우리는 이런 진정한 최고선을 놓고 서로 경쟁할 필요가 없으며, 설령 모든 사람이 이런 인식에 도달한다 해도 결코 다툼이 일어나지 않을 것이다.

권리에 관한 스피노자의 견해는 이런 주장과 부합한다. 사회를 벗어나면 권리는 힘과 동일시되며 모든 존재는 자신의 힘으로 얻을 수 있는 모든 것을 가질 권리가 있다(《지성개선론》 XVI: 125~127면). 이 때문에 다툼이 일어난다는 점은 충분히 이해된다. 하지만 우리의 진정한 선이 어디에 놓여 있는지 모든 사람이 이해한다면 "어느 누구도 다른 누구에게 해를 입히지 않으면서" 우리 모두가 자신의 자연권을 소유하고 행사할 수 있을 것이다(《에티카》 IV. P36, S2). 그로티우스주의자들이 흔히 일어나리라고 생각했던, 그런 종류의 다툼이 발생하는 까닭은 오직 무지와 오류 그리고 정념 때문이다.

스피노자는 도덕을 "우리가 이성의 인도에 따르는 삶을 살아감으로써 우리 안에 생기는, 선을 행하려는 욕구"로 정의하면서 자신의 도덕적 견해는 본질상 모두를 위한 것이라고 주장한다(《에티카》 IV. P36, S1). 이는 육체의 감수성과 건강함을 증가시키는 데 유용할 뿐만 아니라 정신의 능력도 증가시킨다(Ⅳ. P38~39). 육체의 힘이 증가하면 정신과 육체 모두 기쁨의 상태에 머물게 된다. 따라서 기쁨은 선이며, 그와 반대되는 슬픔은 선이 아니다. 육체의 어떤 부분이 다른 부분보다 자신이 선호하는 방식으로 더 크게 영향을 받을 때 생겨나는 쾌락은 선할 수도 악할 수도 있다. 쾌락은 우리의 지식 추구를 방해하기도 하지만 우리가 육체를 적절히 잘 돌보도록 만들기도 한다. 현명한 사람은 음식과 "음악, 운동, 연극 등 이런 종류에 속하는 다른 것들"을 절제하면서 즐긴다. 많은 감정이 선할 수 있지만 중요한 점은 지나쳐서는 안 된다는 것이다. 또한 현명한 사람은 우울함에 빠지지 않으며 증오 및 이와 같은 종류에 속하는 질투, 조롱, 분노, 복수심 등을 피하려 한다. 자기비하나 후회 등과 마찬가지로 동정도 그 자체로 악하다. 왜냐하면 이들은 모두 슬픔의 일종이고 이런저런 방식으로 우리 자신의 나약함을 (따라서 덕의 부족을) 드러내기 때문이다(Ⅳ. P50, 53, 54). 따라서 현명한 사람은 기독교의 가르침과는 반대로 이런 감정을 피하려 한다. 합리적인 사람은 자신의 힘을 정확하게 평가해 자부심을 느끼기도 하지만 교만에 빠지는 일은 피한다(Ⅳ. P52).

《에티카》에는 행위의 법칙이나 규칙이 등장하지 않으며 — 이들의 형식 자체가 오해를 일으킬 수 있으므로 — 현명한 사람이 어떤 종류의 행위를 수행하는지도 말해 주지 않는다. 행위 자체는 도덕적 속성을 지니는 기본 요소가 아니다. 그 자체만으로 고려할 때 행위는 단지 물리적 운동에 지나지 않으며 물리적 결과를 낳을 뿐이다. 행위에 도덕적 중요성을 부여하는 것은 행위자로 하여금 그런 행위를 하도록 만드는 조건이다. "정념의(즉 부적절한 지식으로부터 생겨난 정념의) 영향을 받아 결정된 어떤 행위이든, 이와 똑같은 행위가 정념의 영향 없이 오직 이성에 의해서만 결정될 수도 있다." 어떤 종류의 행위가 선한지 아니면 악한지는 행위 자체나 그것이 초래하는 결과가 아니라 행위자 안에 있는 행위의 원인에 따라 좌우된다(IV. P59, S).

스피노자는 현명한 사람이 선과 악에 관한 사고로부터 어떤 영향을 받는지 설명하며 이것으로 행위의 규칙을 대신한다. 예를 들면 현명한 사람은 선과 악이 자신에게 언제 일어나는지에 관심을 보이지 않으며 작은 선보다는 더 큰 선을, 더 큰 악보다는 작은 악을 항상 선호한다. 그가 선을 추구하는 까닭은 그것이 선하기 때문이며 결코 악을 피하기 위해서가 아니다(이런 점에서 그는 단지 처벌의 두려움 때문에 법을 준수하는 사람과는 다르다). 그는 주저하지 않고 위험을 피한다. 하지만 그는 죽음에 대해 깊이 생각하지 않는다. 오히려 그는 자신이 추구하는 선들에 대해, 물론 주로 신에 대해 깊이 생각한다(IV. P62~67).

스피노자는 신에 대한 지식이 증가함으로써 우리의 자유 — 더 이상 정념에 좌우되지 않는 대신 명석하게 파악된 근거에 따라 행위할 때 등장하는 자유 — 또한 증가한다고 주장한다. 우리의 정서는 혼동된 관념을 포함할 경우 정념이 된다. 만일 정념에 포함된 관념을 명석하고 판명하게 만들 수 있다면 정서와 정념을 모두 변형할 수 있다. 우리는 현존할 수도 그렇지 않을 수도 있는, 즉 우리에게 도움이 될 수도 손해가 될 수도 있는 사건들의 상태를 드러내는 관념에 더 이상 흔들리지 않게 된다. 모든 일이 필연적으로 일어나는 것임을 파악함으로써 우리는 모든 일을 평온하게 받아들인다. 우리의 지식이 증가하고 내적인 삶이 능동적인 삶으로 크게 변화함으로써 우리의 자유 또한 이와 더불어 증가한다. 스피노자는 완전한 자유에 이르는 일이 쉽게 가능하다고 생각하지 않으며 우리가 누리는 자유의 수준을 크게 높이는 일 또한 몹시 어렵다고 여긴다. 하지만 이것이야말로 추구할 만한 가치를 지닌 유일한 일이다.

3. 스피노자가 생각한 사회

데카르트의 잠정 도덕은 근본적인 평등주의로 나아가는 길을 열었다. 왜냐하면 그는 우리 모두가 동등하게 자유의지를 지니며 동등하게 도덕적 결정을 내릴 수 있다고 주장하기 때문이다. 스피노자는 이를 부정하므로 그의 지적인 완성주의는 원리상 도덕적 엘리트주의로 나아가지 않을 수 없다. 그의 견해에 따르면 진리를 제대로 파악할 수 있는, 즉 최소한 스피노자가 더 완전히 인식한 바의 흔적이라도 이해할 수 있는 사람조차도 소수에 지나지 않는다. 이들이 대중을 위해 법을 제정하거나 아니면 대중에게 마땅히 행해야 할 바를 알게 하기 위해 간단한 이야기를 만들어 들려주어야 한다. 하지만 인간 사회의 중요성을 설명하면서 스피노자는 이런 엘리트주의를 다소 변형한다.

　인간 사회에 관한 그의 근본적인 주장은 자연 안의 어떤 개체도 "이성의 인도에 따라서 살아가는 인간보다 인간에게 이롭지 않다"는 점이다(《에티카》 IV. P35, C1). 서로 돕는 일이 왜 필요한지 보이기 위해 자연법 학자들이 제시한 모든 세속적인 근거에 더해, 스피노자는 또 다른 근거를 덧붙인다. 이성의 인도에 따르는 사람들은 각자의 덕이 성장하도록 서로 도울 수 있다. 왜냐하면 덕을 갖춘 행위자는 자신이 사랑하는 바를 다른 사람도 사랑하는 모습을 보면서 자신의 덕을 확인하기 때문이다. 따라서 현명한 사람은 덕을 갖춘 사람과의 교제가 선한 것임을 깨달으며, 오직 이런 사실에 근거해 사교적인 삶을 선택하는 일이 이성적임을 발견한다(IV. P36). 더욱이 현명한 사람은 무지한 사람들로부터 도움 받는 일을 그리 달갑게 여기지는 않지만 이런 도움을 항상 피할 수만은 없다. 설령 무지한 사람이 베푸는 도움이라 할지라도 인간이 베푸는 도움보다 더 나은 도움은 없다(IV. P70, S). 따라서 현명한 사람은 다른 현명한 행위자뿐만이 아니라 무지한 사람과도 함께 사는 편을 선택할 것이다. 그런데이런 일은 정부가 존재할 경우에만 가능하다. 사회가 구성되기 이전에는 무지한 사람과 현명한 사람이 동일한 자연권을 지닌다. 대부분의 사람은 무지한 쪽에 속하므로 이들의 권리, 즉 이들의 권력은 서로 충돌하기 마련이다. 따라서 사회를 형성하기 위해 모두가 동등하게 모든 것에 대한 자신의 권리를 포기하고 지배를 받아들이는 쪽을택해야 한다. 스피노자는 이러한 일이 이루어지는 방식을《에티카》에서는 간략히 논의하지만 다른 저술들에서는 상당히 길게 설명한다(IV. P37, S2).[4] 현명한 사람은 사회 안에서 모두를 위해 제정된법 아래 살아가므로 혼자 살 때보다도 더욱 큰 자유를 누린다(IV. P73). 그러므로 무지한 사람들을 포함하는 사회조차도 덕을 증진하

---

4) 여기서 스피노자는 자연 상태에서는 그 무엇도 죄가 아니며, 공적이나 죄악과 마찬가지로 정의와 불의는 오직 사회가 수용한 관습에서 생겨난다고 주장한다.

는 데 도움이 되며 이를 통해서 사회는 우리가 선하다고 인식하는 것 중의 하나임이 밝혀진다.

자연법 학자들은 사회가 정당화되는 까닭이 모두의 욕구를 동등하게 만족시키기 때문이라고 생각했다. 이들은 사람들이 추구하거나 행하려는 바가 제한되는 부담을 안더라도 자신들의 목적을 추구할 수 있도록 허용하는 사회적 질서의 가치를 이해하기 위해 반드시 덕을 갖출 필요까지는 없다고 보았다. 반면 스피노자는 사회와 사회가 부과하는 강제를 정당화하는 것은 오직 현명하고 덕을 갖춘 사람들이 지니는 욕구뿐이라고 여긴다. 언뜻 보기에 스피노자의 견해는 우리가 사회적 삶을 오직 그 자체로 원한다고 생각하는 그로티우스의 견해와 다른 듯하다. 스피노자는 홉스와 마찬가지로 사회가 단지 도구적인 가치만을 지닌다고 여기는 듯이 보인다. 하지만 그의 저술을 통틀어 가장 주목할 만한 한 대목에서 스피노자는 위와 같은 견해가 왜 지나치게 단순한 해석에 그치는지, 그 이유를 명시한다.

인간은 … 자신의 존재를 보존하기 위해 모든 사람이 모든 점에서 일치하는 것, 즉 모든 사람의 정신과 육체가 마치 하나의 정신과 하나의 육체를 구성하는 것처럼 하나가 되어, 모든 사람이 함께 자신들의 존재를 보존하기 위해 최대한 노력하고, 모든 사람이 함께 모두에게 공통된 이익을 추구하는 일보다 더 가치 있는 어떤 것도 바랄 수 없다(IV. P18, S).

서로 다른 자유의지는 환원 불가능하다는 점에 초점을 맞춘 데카르트의 자아는 확고한 선택을 통해 사랑의 공동체를 구성할 것을 추구해야만 한다. 스피노자의 자아는 지식이 증가함으로써 근본적으로 변화한다. 현명한 개인이 보존하려고 하는 자아는 무지한 개인의 자아와 근본적으로 다르다. 궁극적인 단계에 이르면 스피노자가 생각한 자아들은 서로 아무런 차이도 없게 된다. 보편적인 공동체를 구성하려는 스피노자의 특별한 열망은 우리가 사실상 하나의 육체와 하나의 정신에 ─ 즉 신에 ─ 속한 일부분이라는 그의 이론, 그리고 우리에게 진정으로 이익이 되는 바는 오직 덕 또는 지혜 안에서 발견된다는 그의 믿음을 반영한다. 만일 스피노자가 논증을 통해 우리에게 보이려고 했던 것을 우리 모두 직관적으로 인식한다면 우리는 결국 하나의 정신을 이루게 될 것이다. 신에 이르는 스피노자의 길은 우리가 자연에 완전히 흡수되어 자연과 하나가 되는 것을 의식적으로 자각하는 길이다. 5) 설령 불가능할지 몰라도 만일 우리가 현명한 사람의 자유에 완전히 도달한다면 우리는 신과 같이 될 것이며, 선도 악도 인식하지 않을 것이다. 6)

왜 스피노자가 곧바로, 그리고 그 후 오랫동안 지속적으로, 반종교적인 무신론자라는 평가를 받았는지는 쉽게 이해된다. 그가 죽은 후 백여 년 동안 계속 그의 저술들이 읽혔지만 그 이유는 주로 반박

---

5) 《에티카》 전반을 통해 스피노자는 개인의 정신을 단지 그 개인의 물리적 영역을 구성하는 육체의 여러 부분과 연관된 관념들의 집합으로 여긴다. 하지만 그는 육체를 이루는 부분들이 모두 흩어져 사라진 후에도 (즉 죽음 후에도) 계속 유지되는, 정신과 유사한 무언가가 존재할지도 모른다고 생각한다. 나는 스피노자가 이런 종류의 사후 불멸성을 허용함으로써 광범위하고 일관된 자신의 자연주의를 파기하려 했다고는 생각하지 않는다. 하지만 내가 그의 불멸성 이론을 충분히 확실하게 이해하지 못했다는 점은 밝혀둔다.
6) 스피노자는 "만일 인간이 자유롭게 태어났다면 인간은 자유로운 한 선과 악의 개념을 형성하지 않을 것"이라는 점을 지적한다(《에티카》 IV. P67).

을 위해서였다. 그의 저술을 더욱 적극적으로 활용하려 한 사람들도 그것을 당시에 이미 확립되었던 종교에 대항하기 위한 전쟁에서 은밀한 지적인 무기로 주로 사용했다.[7] 현재 그는 높은 평가를 받으며 많은 연구의 대상이 되지만 사실 그는 그 이후 등장한 도덕철학에 거의 어떤 영향도 미치지 못했다. 뒤이어 등장하는 말브랑슈는 스피노자와 거의 정반대되는 운명을 겪었다.

4. 말브랑슈: 악과 신의 일반 의지

스피노자는 이 세계 안에 진정으로 분리된 실재들이 존재한다는 것을 드러내는 그 어떤 현상도 무지와 착각에서 비롯된 오류라고 생각했다. 특수한 양태들이 아무리 서로 독립된 듯이 보인다 할지라도 모든 것은 엄격한 필연성을 바탕으로 다른 모든 것들과 연결된다. 이와는 대조적으로 말브랑슈는 모든 것을 분리해 생각하려 했던 근대의 위대한 철학자였다.[8] 그는 우리가 이 세계를 하나의 개념이 아닌 두 개의 개념을 사용해 이해할 경우 이 두 개념이 드러내는 바를 결합하는 필연성을 발견할 수 없다고 주장한다. 사물들을 서로 결합하는 필연성이 존재하지 않는 상황에서 말브랑슈는 완전한 우연성만을 파악할 뿐이다. 오직 신의 작용을 통해서만 규칙성과 연결이

---

7) Moreau, in Garrett, 특히 408~421면 참조.
8) 말브랑슈의 분리주의는 우리가 분리해 생각할 수 있는 모든 것은 서로 분리되어 현존할 수 있다는 데카르트의 원리에 뿌리를 둔다. 하지만 말브랑슈와 달리 데카르트는 이 원리로부터 다소 극단적 주장을 이끌어 내지는 않는다.

등장한다. 그는 우리가 얼마나 철저하게 그리고 완벽하게 신에 의존하는지 알기 위해서 바로 이 점을 깨달아야 한다고 주장한다.

인과성에 관한 말브랑슈의 이론은 "기회원인론"(occasionalism)으로 불리는데 이 이론은 이 점을 드러내는, 가장 잘 알려진 예이다. 어떤 두 사건 사이를 연결하는 논리적 필연성을 전혀 발견할 수 없는 상황에서, 인과성을 이해하기 위해 원인과 결과 사이의 필연적인 연결이 필요하다 할지라도, 말브랑슈는 우리가 경험하는 세계에 어떤 인과적 필연성이라도 성립한다는 주장을 거부한다.[9] 오직 신만이 한 사건 후에 다른 사건이 뒤따르도록 만든다. 앞의 사건은 뒤에 일어난 사건의 원인이 아니라 오직 뒤에 일어난 사건을 만들어 내려는 신의 작용이 드러나는 기회일 뿐이다(《진리》 VI. II. iii: 450면). 이와 마찬가지로 세계 또한 이 순간에서 다음 순간에로 필연적으로 지속되면서 현존하지 않는다. 신이 매 순간 세계를 재창조한다. 그리고 우리는 우리에게 드러나는 물리적 대상의 세계를 감각을 통해 인식하지 않는다. 우리는 설령 그런 세계가 현존하지 않을지라도 현재 우리가 지니는 것과 같은 감각 경험을 지닐 수 있을 것이다. 오직 신의 존재에 대한 믿음만이 우리 자신의 육체를 포함한 외부적 대상이 현존한다는 사실을 보증해 준다.

말브랑슈가 허용하는 유일하게 진정한 필연적 연결은 무언가를 일어나게 하려는 신의 의도와 실제로 그 일이 일어나는 것 사이의 연

---

9) 또한 말브랑슈는 우리가 영혼이나 정신을 직접 경험할 수 없고 이들에 대한 명확한 관념도 지닐 수 없으며(《도덕》 I. V. xvi~xviii), 신을 경험할 수도 없다고 주장한다. "우리 안에서 드러나는 신의 작용은 감각적 요소가 전혀 없다."(I. V. xviii; I. X. vi)

결뿐이다. 따라서 오직 신만이 진정으로 능동적인 힘을 소유할 뿐 어떤 피조물도 이런 힘을 소유하지 않는다. 우리는 우리의 육체가 무언가를 행하도록 결정해 육체를 움직이도록 만들 수 없다. 우리의 결정은 단지 신이 우리가 원하는 대로 우리의 육체를 움직이도록 만드는 기회를 제공할 뿐이다. 기회원인론이 초래하는 이런 결과를 형이상학적으로 강조하려는 말브랑슈의 시도는 그가 자신이 추구하는 목적, 즉 로마 가톨릭이 내세우는 기독교를 공공연히 옹호하기 위해 자신의 철학을 사용하는 데서 잘 드러난다(《자연》, *notice*: 110면; I. i: 113면). 이는 또한 신의 권능을 설명하면서 신을 "정의롭지 못하고, 잔인하고, 기묘하게" 만들어 버리는 사람들에 맞서 "인간이 신을 사랑할 수 있도록 만들며 신의 행위가 지혜롭다는 점을 정당화하려는" 그의 기획 중 핵심 부분에 해당한다(*letter*: 107면). 신을 기묘하게 만들어 버리는 철학자가 누구인지 일일이 이름을 밝히지는 않지만, 아마 주의주의자들을 지칭하는 듯이 보인다. 말브랑슈는 이들에 맞서 변신론(*theodicy*)을, 즉 인간의 무지나 우리가 신을 이해하지 못한다는 사실에 호소하지 않고 악의 문제를 해결하려는 이론을 발전시키고자 목표를 세운다. 그는 오히려 신과 신의 창조를, 심지어 악까지도 포함해 도덕적으로 이해 가능한 것으로 만들려 한다. 하지만 오직 신만이 능동적으로 작용할 수 있다는 그의 주장은 신이 작용하는 방식을 인간에 대해 적용해 합리적으로 정당화하기는 몹시 어렵다는 문제를 불러일으킨다.

이 문제는 두 측면을 지닌다. 첫 번째 측면은 최소한 《성서》의 〈욥기〉 시대 이래로 종교 사상가들이 직면해 온 것이기도 하다. 말하자면 해는 정의로운 사람뿐만 아니라 정의롭지 못한 사람 위에도 똑같이 떠오르며, 우박은 착한 사람의 곡식도 망친다. 즉, "사람은 얼마나 많은 죄를 지었는지에 따라 벌을 받지 않는다"(《형이상학》 XII. xi: 293~295면). 정의롭고 전능한 신이 어떻게 이런 일을 허용할 수 있는가? 두 번째 측면은 말브랑슈의 기회원인론과 관련해 특히 민감하게 드러나는 주제이다. 이 이론에 따르면 일어나는 모든 일은 신의 의지에 따라 일어남에 틀림없다. 그렇다면 자연적 사건에 대응하는 인간의 행위를 정당화할 수 있는 여지가 어떻게 존재할 수 있는가? 신의 법칙은 내가 지붕 아래를 걸어갈 때 기와 한 장이 떨어지도록 만든다. 그 기와에 맞지 않도록 피하는 일이 어떻게 허용되는가? 그렇게 피하면서 나는 신의 의지를 방해하는 것이 아닌가?

　말브랑슈는 하나의 기본 원리에 의지해 이 두 문제를 모두 해결하려 한다. 그 원리는 바로 신이 오직 일반 법칙에 따라 작용한다는 것이다.[10] 신은 피조물들의 상호 관계가 이런 법칙을 드러내는 방식이 되기를 원한다(《자연》 I. xix: 118~119면). 하지만 신은 자신이 정한 몇몇 법칙이 연합해 작용함으로써 발생하는 모든 각각의 결과를 원하는 것이 아니다). 신은 기와가 내 머리 위로 떨어지도록 만든 인과법칙 전체 그 자체를 원한다. 즉, 신은 기와가 떨어지는 일 또는 내가 그 아래 참을성 있게 서 있는 일만을 원하지는 않는다. 도덕적 영역에서 신의 일반 의지는 항상 정의롭고 선하다. 신은 사악한 사람이 처벌받고 공적을 세운 사람이 보상받기 원한다. 하지만 신은 특별히 욥이 고통 받기를 원하지는 않는다. 욥이 고통 받은 까닭은

---

10) 말브랑슈는 이런 법칙들이 신의 "일반 의지"로부터 생긴다고 말한다. "일반 의지"라는 문구의 근원에 관해서는 《자연과 은총에 관한 논문》(*Treatise on Nature and Grace*): 3~14면에 실린 Riley의 서문 참조.

이 경우 신의 일반 법칙들이 그런 결과를 동반했기 때문이다. 하지만 이런 특수한 경우는 결코 신의 의지가 다루는 직접적인 대상이 아니다. 11) 따라서 자연적, 도덕적 악은 단지 신의 일반 의지가 작용하는 방식 때문에 발생한 특수한 경우라고 설명할 수 있다. 그렇다면 오직 신만이 작용할지라도 특수한 악들이 발생할 수 있으며 자연의 흐름을 바꾸는 인간의 행위를 정당화할 수도 있다. 12)

악의 문제에 대한 자신의 해결책을 정당화하기 위해 말브랑슈는 신의 의지를 두 구성 요소로 분리한다. 신은 모든 가능세계 중에 가장 완전한 세계가 현존하기를 원한다. 만약 신이 오직 그 완전한 세계만을 원했더라면 특수한 악이 발생하는 일을 막기 위해 자신의 무한한 권능을 통해 끊임없이 세계에 관여할 수 있었을 것이다. 하지만 신은 또한 자신이 가장 간결한 방식으로 작용한 결과로 얻어지는 완전성의 총계만을 창조하고자 원한다(《자연》I. xiii: 116면). 여기서 단순성이 요구되는 까닭은 신이 매 순간 창조하려 드는 것은 적절하지 않기 때문이다. 오직 일반 법칙에 따른 작용만이 신에게 어울리는 일이다(I. xxxviii: 126~127면). 그리고 말브랑슈는 다음과 같

---

11) 하지만 예수 그리스도는 특수한 의지를 지니며 따라서 어떤 사람은 구원하지만 다른 사람은 구원하지 않을 수도 있다. 《자연》II. xiv~xviii: 1430~1434면.

12) 말브랑슈는 기적에 대해 일관된 태도를 보이지 않는다. 때로 그는 기적이 일어난다는 사실을 부정한다. 하지만 다른 대목에서는 기적이 일어나기는 하지만 이는 우리에게 알려지지 않은 법칙들의 결과일 뿐이라고 말한다. 또 다른 대목에서는 신조차도 어떤 특수한 상황에서는 특수한 의지를 지닐 수 있다는 점을 허용한다. 다시 한 번 《자연과 은총에 관한 논문》에 대한 Riley의 서문 및 Riley (1986) 참조. 나는 이들로부터 큰 도움을 받았다.

이 경고한다. "따라서 신이 가능한 한 가장 완전한 작품을 만들 것을 절대적으로 원했다고 생각해서는 안 된다. 오히려 신은 자신에게 가장 가치 있는 방식과 관련하여 가장 완전한 작품을 만들려 했다."그리고 가장 가치 있는 방식은 곧 가장 단순한 방식이다(《형이상학》 IX. x: 213면).[13]

다음 절에서 나는 도대체 왜 신이 이 세계를 창조했는가에 대한 말 브랑슈의 설명을 살펴보려 한다. 악에 대한 설명에서와 마찬가지로 여기에서도 신의 이성적 의지 안에서 단순성의 원리가 최대 완전성의 원리에 선행한다는 점은 매우 중요하다(《자연》 I. xiv: 116~117 면;《도덕》 I. I. xxi~xxii 참조). 안셀무스와 스코투스는 왜 루시퍼의 타락이 그 자신의 잘못인지 설명하면서 실천 원리들 사이에 등급이 존재한다는 사실에 호소했다. 즉, 루시퍼는 자신에게 최고선으로 보이는 것이라면 무엇이든 추구하도록 강제되지 않았다. 그는 자신이 정당하게 추구할 자격이 없는 선을 추구하는 대신 정의롭게 행위하는 쪽을 선택할 수도 있었다(앞의 제2장 3절 참조). 루터는 신이 우리 인간이 보기에 선을 추구하고 악을 피한 결과라고 여기는 것과 전혀 무관한 원리들을 통해 우리를 다스린다는 자신의 믿음을 당연시했으며 따라서 신의 원리가 인간적인 의미에서 이성적임을 보이기 위한 노력을 하지 않았다. 말브랑슈는 신의 의지작용과 그것이 우리에게 지니는 의미가 다르다는 일종의 이중성을 명확히 제시한다. 말브랑슈는 수아레스보다 훨씬 폭넓게 행위 원리들 사이에 등급

---

13) 이 주장은 여러 차례 반복해서 등장하는데 이것이 《자연》의 핵심 주제이기도 하다. 또한 《진리》 II. I. VII. iii: 118~119면 참조.

이 존재한다는 생각을 도덕에 관한 철학적 논의에 도입한다. 이는 악이 존재하더라도 우리가 신의 의지를 도덕적으로 파악할 수 있음을 보이기 위한 것이었다. 우리가 신의 의지를 파악할 수 있는 까닭은 단순성을 맨 앞에 놓음으로써 신이 우리에게도 구속력이 있는 것이라고 여겨지는 이성적인 요구들을 따르기 때문이다(《도덕》I. I. xiv). 이들은 말브랑슈의 이른바 질서가 요구하는 것이기도 하다.

5. 질서, 덕 그리고 행복

우리가 행위를 어떻게 인도해야 하는가에 대한 지식은 우리가 직접 신의 정신에 접근함으로써 얻을 수 있다. 우리의 정신과 육체 사이의 관계는 단지 우연적일 뿐이다. 우리의 정신과 신의 정신 사이의 관계가 본질적이다. 이런 관계가 없이는 어떤 관념도 가질 수 없다. 말브랑슈는 우리가 감각 경험으로부터 관념을 이끌어 낸다는 경험주의적 견해와 본유 관념 이론을 모두 거부한다. [14] 우리는 신의 관념을 의식함으로써 관념을 갖게 되는데, 이때 얻는 것은 즉 신의 정신 안에 있는 것이라 지각되는 관념이다. 만일 그렇지 않다면 자신과 다른 사람이 동일한 관념을 지닌다는 사실을 어느 누구도 확신할 수 없으리라고 말브랑슈는 생각한다. 나의 감각과 느낌은 사적이며

---

14) 말브랑슈는 이 두 이론이 모두 불경스럽다고 생각한다. 사물이 목적론적인 본성을 지닌다고 생각하는 아리스토텔레스주의와 마찬가지로 본유주의는 우리를 신과 전혀 무관하게 만든다. 경험주의는 단순한 사물 또는 감각이 스스로 관념을 만들어 낼 능력을 지닌다는 점을 전제한다.

오직 나만이 지각할 수 있는 반면 사고와 진리는 모두에게 공통된다. 이 사실은 우리 모두가 사고와 진리를 신의 정신 안에서 파악한다고 전제할 경우에만 설명될 수 있다. 우리가 항상 — 사실 그리 자주 — 관념들을 명석하고 판명하게 파악하지는 않는다. 하지만 관념들에 주의를 기울일 때 우리는 몇몇 관념을 이런 방식으로 파악할 수 있으며, 이렇게 함으로써 우리는 자신이 진리를 파악한다는 사실을 인식한다(《진리》, Elucidation 10).

신의 정신 안에 있는 관념들은 서로 두 종류의 관계를 맺는데 그중 하나는 크기의 관계이며 다른 하나는 완전성의 관계이다. 크기의 관계는 정확히 수량화 가능하다. 모든 엄밀한 과학적 지식의 근거에는 이들이 놓여 있다. 완전성의 관계는 수량화할 수는 없지만 명확하게 순서를 매길 수 있다. 인간은 동물보다 더욱 완전하며, 동물은 바위보다 더욱 완전하다. 정의(正義)는 부유함보다 더욱 완전하며, 행복한 존재는 그저 그런 존재나 불행한 존재보다 더욱 완전하다. 말브랑슈는 관념들의 영원한 순서상의 등급을 질서(Order)라고 부른다. 신은 가장 단순한 법칙에 따라서 작용하는데 바로 질서가 그것을 요구하기 때문이다(《자연》, I. xliii: 129면). 신의 형상인 우리 또한 질서에 따라 행위해야만 한다(《도덕》, I. I. vi). 질서는 도덕의 기초이기도 하다. 질서가 요구하는 행위는 우리의 의무가 되며, "불변하는 질서에 대한 습관적이고, 자유롭고, 우월한 사랑으로써" 행위할 때 우리는 덕을 갖추게 된다(《도덕》, I. III. xx). 덕이라고 불리는 다른 모든 것은 바로 여기에 이르는 데 도움을 주는 요소일 뿐이다.

우리가 사랑해야만 하는 질서는 신의 불변적 이성의 일부이므로 덕은 어디서나 동일하다. 각 사람이 사는 지역의 관습과 전통이 아무리 다를지라도 이성은 모든 사람에게 동일한 도덕을 가르친다 (《도덕》, I. II. vii). 그러므로 질서에 대한 사랑을 "덕의 어머니이며, 보편적이고 기본적인 덕"으로 만든다는 점에서 이성은 기독교와 전혀 대립하지 않으며, 말브랑슈는 자신이 단지 그리스도가 말한 사랑의 법칙을 명확히 하는 것일 뿐이라고 생각한다(I. I. xix; I. III. i~ii). 그는 사랑의 법칙이 요구하는 바를 아우구스티누스의 방식으로 해석한다. 신은 모든 것을 사랑받을 만한 가치에 비례해 사랑하며 우리 또한 마찬가지이다. 가장 완전한 존재로서의 신은 다른 모든 것보다도 더욱 사랑받는다. 그리고 우리 행복의 진정한 근원으로서 오직 신만이 "하나 되는 사랑"과 더불어 사랑받아야 한다. 우리가 저지르는 가장 근본적인 오류는 인간이 우리를 위한 선의 근원이 될 수 있다는 생각이다. 이는 일종의 불경건함이다. 만일 이런 생각을 받아들인다면 우리가 신보다는 인간에 의존한다는 생각 또한 받아들이지 않을 수 없다. 말브랑슈는 자신의 기회원인론적인 형이상학을 통해서 왜 이런 생각이 심각하고 큰 영향을 미치는 오류인지 보였다고 생각한다. 타인은 결코 어떤 선의 원인도 될 수 없다. 우리의 선은 오직 신으로부터 온다. 따라서 우리는 다른 사람들과 하나 됨을 추구해서는 안 된다. 우리가 다른 이들을 향해 느껴야 하는 사랑은 오직 자애와 존경으로서의 사랑인데 이들은 타인을 존중하고 돕도록 이끈다(I. III). 말브랑슈는 이러한 종류의 사랑이 중요하지만 신에 대한 사랑만큼 중요하지는 않다고 생각하는데 이는 그가 다른 사람에 대한 의무를 설명하는 과정에서 잘 드러난다(뒤의 7절 참조).

말브랑슈는 질서에 대한 사랑을 언급하는 내용 중 대부분에서 이런 사랑을 우리의 지배적 습관으로 만드는 방법에 관해 논의한다.

이런 방법을 가로막는 중요한 요소는 바로 우리의 자기애이다. 우리는 필연적으로 다른 무엇보다도 우리 자신의 행복을 원하고 추구한다. 행복은 쾌락과 고통의 부재로 구성된다. "우리를 현재 진정으로 행복하게 만드는 것은 현재의 쾌락이며, 불행하게 만드는 것은 고통이다."(《도덕》 II. IV. vi; II. XIV. i; 《자연》 II. xxx: 150면) 다른 무엇보다도 자기 자신을 사랑한다는 점은 우리나 신이나 마찬가지이다. 하지만 신은 모든 측면에서 완전하며 또한 신의 자기애는 필연적으로 질서에 따르므로 오직 신의 자기애만이 유일하게 정당하다. 반면에 설령 신이 덕을 갖춘 기독교도들뿐만 아니라 이교도와 죄인들에 이르기까지 우리 모두에게 행복에 대한 사랑뿐만 아니라 완전성에 대한 사랑까지 부여했다 할지라도, 우리의 자기애는 정당하지 않은 동시에 무제한적이다(《도덕》 I. III. xiv; I. IV. vii~viii, xiv). 만일 자기애가 질서에 대한 사랑 아래에 놓인다면 우리의 자기애도 적절할 수 있을지 모른다. 하지만 "현재 우리가 처한 상황에서는 우리의 행복과 완전성이 상충하는 일이 자주 일어난다"(II. IV. viii).

덕과 행복의 상충이라는 주제는 도덕철학 자체만큼이나 오래된 것이지만 말브랑슈는 이에 대해 주목할 만한 독창적인 견해를 제시한다. 일반적으로 철학자들은 덕과 행복이 표면적으로는 우리에게 서로 다른 것을 요구하는 듯이 보일지라도 결국 가장 진정한 행복은 덕이거나 덕을 통해서 실현된다고 말해 왔다. 하지만 말브랑슈의 근본적인 믿음은 행복이 전혀 도덕의 핵심이 아니라는 것이다. 질서에 대한 사랑으로서의 덕은 단지 개념상으로만 행복과 구별되는 것이 아니다. 덕은 심지어 기회원인을 동원하더라도 행복과 인과적으로 연결되지 않는다. 덕의 일차적인 역할은 행복의 산출과는 전혀 다른 목적을 추구하는 방식으로 우리의 행위를 인도하는 것이다.

말브랑슈의 이런 태도는 왜 신이 세계를 창조했는가에 대한 그의 견해로부터 도출된다. 가장 사랑받을 만한 존재이기 때문에 다른 무엇보다도 자신을 사랑하는 일이 올바르게 정당화되는 신은 아무것도 필요로 하지 않는다. 따라서 신은 오직 자신의 영광을 드러내기 위해 행위한다. 오직 신 자신만이 이런 영광을 가치 있게 표현할 수 있다. 하지만 유한한 세계는 그럴 수 없다. 그러므로 말브랑슈는 "세계의 구현은 신의 주요한 계획에서 최우선적이며 가장 중요한 것"이라고 주장한다. 신은 신 자신이 인간으로 현현한 예수 그리스도를 세계가 필요로 하도록 하기 위해, 그리고 세계가 지속되려면 하나의 진정한 교회가 필요함을 드러내기 위해 세계를 창조했다.[15) 오직 예수를 통한 신의 현현만이 유한한 세계를 신 자신처럼 무한히 사랑받는 것으로 만들 수 있다. 말브랑슈는 이렇게 신에 의해 구원된 세계가 "태초의 동일한 세계보다" 더욱 가치 있다고 말한다. 따라서 타락은 창조의 필수적인 부분이다. 왜냐하면 만일 타락이 없다면 구현과 구원이 불필요할 것이기 때문이다(《형이상학》IX. v~vi: 203~205면; 《자연》I. i~iii).

그렇다면 신의 목적은 가장 완전한 세계를 창조하는 것이다. 왜냐하면 그런 세계가 신의 영광을 질서가 요구하는 방식, 즉 가장 단순한 방식으로 가장 잘 표현하기 때문이다. 신은 우리가 스스로 덕을

---

15) "오직 자신의 영광을 위해 행위하는 존재 그리고 오직 자신 안에서만 그런 영광을 발견하는 존재로서 신은 세계를 창조하면서 자신의 교회를 설립하는 것 이외의 다른 어떤 계획도 지닐 수 없었다."《자연》I. i. 또한《도덕》II. IX. viii 참조.

갖추어 신을 드러내는 일을 목적으로 삼는 세계에서 가치 있는 위치를 차지할 것을 요구한다. 우리는 신과 하나 되지 않고서는 우리가 가장 원하는 바에 ― 지속적인 쾌락에 ― 이를 수 없다. 신은 이에 이를 수 있는 유일한 방법을 제시했다. 질서가 요구하는 바는 다른 모든 목표에 선행한다. 그리고 이것의 핵심은 창조주를 적절하게 표현하려면 과연 어떤 세계가 존재해야만 하는지 드러내는 것이다. 이런 질서에 따르는 한 우리는 신과 같이 되며 행복을 누릴 자격을 얻는다.16) 말브랑슈는 "신은 공정하므로 덕에 반드시 보상한다"고 주장한다(《도덕》 I. I. xix; II. XIV. iv;《자연》 III. xxvii 참조). 따라서 오직 그런 보상을 받을 자격을 얻음으로써 우리의 목적 또한 성취할 수 있다는 희망은 합리적이다(《도덕》 II. IV. viii). 덕과 행복 사이의 유일한 연결은 바로 도덕적 연결뿐이다.

6. 공적의 획득

따라서 공적의 획득은 우리에게 매우 중요하다. 말브랑슈는 이를 위해 무엇이 요구되는지에 대해 상당히 엄격한 견해를 제시한다. 허영심에서 질서에 따르거나 동료들보다 뛰어나려는 야망을 드러내는 일, 심지어 타고난 동정심을 보이는 일조차도 충분하지 않다. 오직 질서를 지적으로 파악했기 때문에 이를 진심으로 사랑하는 경우에

---

16) 또한 말브랑슈는 신이 우리를 자신과 같이 되는 덕을 갖추는 정도에 비례해 사랑할 것이라고 말한다(《도덕》 I. I. xiv).

만 우리는 덕을 갖추게 된다. 질서에 대한 신의 사랑이 그렇듯이 질서를 순전히 이성적으로 사랑하는 것만이 공적의 유일한 원리이다(《도덕》 I. II. i; I. IV. xvi). "우리는 이성을 통해 진정으로 선한 것을 사랑할 때 언제나 공적을 쌓는다. 하지만 … 그것을 단지 본능적으로 사랑할 때는 결코 공적을 쌓을 수 없다."(《자연》 III. xxix: 187면)

우리가 질서를 인식함으로써 기본적인 도덕적 지식을 얻는 것과 마찬가지로 신의 관념들이 지닌 크기의 관계들을 인식함으로써 우리는 과학의 기초를 얻는다. 사변적 진리와 실천적 진리를 구별함으로써 말브랑슈는 이전에 푸펜도르프가 물리적 실재와 도덕적 실재를 구별했을 때만큼이나 날카롭게 사실과 가치를 분리한다(《도덕》 I. I. vii). 푸펜도르프는 신이 인간의 자유로운 행위를 인도하기 위해 도덕적 실재들을 부과했다고 말한다. 말브랑슈가 제시한, 질서에 관한 실천적 진리들도 이와 동일한 역할을 수행한다. 사변적 진리와는 달리 실천적 진리는 우리를 행위하도록 만든다(《형이상학》 VIII. xiii). 진리에 따라서 행위하는 것과 진리를 인식하는 것은 서로 구별되므로 말브랑슈는 이 둘이 어떻게 연결되는가 하는 질문을 제기한다.

말브랑슈는 "의지의 본성적인 운동을 결정하고 습관을 일깨우는 원리는 오직 두 가지, 빛과 감정(la lumière et le sentiment)이다"라고 말한다. 최선의 경우 질서에 관한 우리의 지식으로부터 생겨난 빛이 우리를 바로 그렇게 행위하도록 움직인다. 이런 최선의 경우는 타락 이전의 아담에게서 잘 드러난다. 타락한 이후 아담은 육체적 욕구가 증가해 정신을 압도하였으며 따라서 그의 후손인 우리 또한 질서에 관한 순수한 지식에 의해서 쉽사리 움직이지 않는다(《형이상학》

XII. xiv: 297면; IV. xviii: 97면 참조). 지금 우리는 질서를 인식할 수 있으면서도 그것에 따라 움직이지 않는다. 그러므로 감정이 우리를 움직여 도덕적으로 행위하도록 만드는 역할을 담당한다. 감정 또한 질서가 명령하는 바를 인식하는 방법이 될 수 있다. 신은 지성뿐만 아니라 쾌락과 고통을 통해서도 자신이 사랑하는 질서에 관해 우리에게 끊임없이 알려 준다(《도덕》 I. V. xix). 데카르트와 마찬가지로 말브랑슈도 육체의 쾌락 및 고통이 육체에 도움이 되고 손해가 되는 것이 무엇인지 충고한다고 생각한다. 이에 더해 우리가 질서를 위반할 때 이를 경고하는 또 다른 고통, 그리고 다소 모호하기는 하지만 질서에 따를 때 이를 알려 주는 또 다른 쾌락도 존재한다. 쾌락은 우리가 항상 필연적으로 추구하는 바이므로 우리는 직접 실천적 지식에 의해서 움직이지 않을 때조차도 권고의 성격을 지니는 이런 감정들에 따라 움직일 수 있다.

말브랑슈는 우리의 나약함을 이중적으로 설명한다. 현재 우리는 죄인의 상태이므로 질서를 관조하면서 어떤 쾌락도 느낄 수 없다. "질서, 즉 신의 법칙은 두렵고, 위협적이고, 냉혹한 법칙이다. 두려움과 공포에 떨지 않고서는 어느 누구도 그것을 관조할 수 없다." (《도덕》 I. I. xxii) 심지어 아담조차도 질서에 따라 살아갈 용기가 필요했지만 이런 용기를 항상 지니지는 못했을 것이다. [17] 특히 우리의 욕구는 질서를 파악하는 눈을 가린다. 죄악에 빠진 본성 때문에 우리는 질서에 따를 때보다 자신의 욕구를 만족시킬 때에 더 큰 쾌락을 느끼고 따라서 그릇된 선택을 한다. 고통스럽게 질서에 따르는

---

17) Alquié(1974) : 357면 참조.

것에 대해 느끼는 두려움, 그리고 선을 지각하는 데 실패했다는 사실이 낳는 복합적인 결과를 상쇄하기 위해 말브랑슈는 신의 은총에 의지한다. 신은 그리스도를 통해 몇몇 사람이 자신의 두려움을 넘어서기에 충분한 쾌락을 질서를 관조하는 데에서 느끼도록 만들었다. 일반적으로 쾌락은 공적에 대한 보상으로 주어지지만(《자연》 III. xxvii: 186면) 이 경우에 쾌락은 공적에 앞서며 오히려 공적을 쌓는 일을 가능하게 만든다. 타락한 존재가 도덕적 진리를 통찰하고 이를 자신의 강력한 동기로 삼도록 하기 위해서는 특히 신의 작용이 필요하다. 18)

감정은 우리를 잘못 인도하는 경향이 있다. 지금 우리의 본성은 죄에 빠져 있으므로 "정념의 비밀스러운 영감"으로부터 등장하는, 우리를 격려하는 은총의 권고를 쉽사리 듣지 못한다(《도덕》 I. V. xx). 하지만 자유의지를 통해 우리는 자신의 감정을 매우 주의 깊게 검토할 수 있으며 따라서 감정이 우리를 잘못 인도하는 일을 막게 된다. 말브랑슈가 생각하는 자유의지의 핵심적인 작용은 선택을 미루는 일 — 즉 우리를 행위하지 않을 수 있도록 만드는 일이다. 이런 주장은 이전에 데카르트가, 이후에 로크가 주장한 바와 유사하다. 19)

---

18) 이런 권고적 감정이 필요할 때 아직 덕을 갖추지 못했기 때문에, 우리는 이런 감정을 지닐 자격이 없다. 이에 말브랑슈는 이를 일종의 선행적 은총으로 여기며, 그의 그리스도론은 이 선행적 은총에 큰 중요성을 부여한다.

19) Poppi(1988), in Schmitt et al. : 659면에는 폼포나치(Pomponazzi)가 의지의 자유는 행위자 자신의 선이 위태로운 경우에조차도 선택을 미루는 능력에서 가장 기본적으로 드러난다고 주장했다는 내용이 등장한다. 나는 앞의 제9장 1절에서 행위를 미루는 의지의 작용이 자유와 연결된다는 뒤 베르(du Vair)의 언급을 지적했다. 또한 제8장 2절, 각주 14 참조.

하지만 말브랑슈의 견해는 이들 둘 모두와 크게 다르다. 이들은 의지를 단지 동의하거나 동의하지 않는 능력으로 본다. 반면 말브랑슈는 의지를 신으로부터 온다고 여기며 이를 신과 우리가 공유하는, 선 일반에 대한 우리의 사랑과 동일시한다(《진리》 I. I. ii). 따라서 의지는 스스로 고유한 명령을 내릴 수 있다. 지성이 완전히 명석 판명하지 않은 관념들에 동의하지 않을 능력을 지니듯이 의지 또한 어떤 욕구의 만족이 적은 선을 낳을 것으로 예상되면 그런 욕구에 동의하지 않을 능력을 지닌다. 신은 오직 일반 의지에 따라 행위하는 반면 우리는 오직 특수한 의지에 따라 행위한다. 욕구는 어떤 특별한 대상 또는 행위를 추구한다. 무언가를 원할 때 우리는 그것을 수용하기도 하고 거부하기도 한다. 따라서 무언가를 원한다는 것은 말브랑슈의 표현대로 "어떤 동기에 동의하는 것이다".[20]

말브랑슈가 생각한 의지는 오직 선을 일반적으로 사랑할 뿐이기 때문에 비록 그 과정이 모호할지라도 반드시 지성의 인도를 받아야 한다. 의지는 지성이 불확실하게라도 완전성을 지각하지 않는 한 어떤 선택도 할 수 없다. 따라서 우리를 욕구가 완전히 지배하는 상태에서 벗어나게 하는 것은 데카르트가 생각한, 무지에 직면해서도 확고함을 드러내는 태도가 결코 아니다. 행위를 미룰 수 있는 까닭은 육체와 연결되어 등장하는 욕구 외에도, 비록 항상 매우 혼란스러운 상태를 보이기는 하지만, 누구나 신과 하나 되려는 욕구 또한 지니기 때문이다. 이 욕구를 통해 우리는 어떤 피조물과 하나 됨으로써

---

20) 《자연과 은총에 관한 논문》에 대한 Riley의 서문, 59면 주 221에서 재인용. Riley는 이를 말브랑슈의 *Réflexions sur la prémotion physique*에서 인용했다고 밝힌다.

얻는 쾌락이 아무리 크다 할지라도 이것이 가능한 최대한의 쾌락은 아니라는 점을 어렴풋하게나마 깨닫는다. 따라서 우리는 피조물과 하나 되어 얻는 쾌락의 추구에 반드시 동의하도록 강요받지 않는다. 우리는 더 큰 선을 산출하는 다른 것들의 관념에 — 이상적으로는 물론 신의 관념에 — 주목할 수 있으며 의지는 바로 이들에 대해 동의하게 된다.

질서에 대한 명확한 지식에 이르지 못했을 때 또는 이런 지식이 우리를 행위하도록 하지 못할 때에 우리는 질서가 요구하는 바를 알려주는, 은총이 부여한 즐거운 감정에 우선 의지할 수 있다. 우리는 이런 감정이 무엇에 관한 것인지 확실히 알기 전까지 결정을 미루는 습관을 들일 수 있으며 이렇게 함으로써 질서에 대한 사랑의 한 형태를 드러낸다. 우리의 부족한 도덕적 의식을 치료할 수 있는 또 다른 방법은 인간의 몸으로 태어난 그리스도를 통해서 드러나는 신의 섭리이다. 그리스도의 삶과 교리는 지성이 가장 부족한 사람조차도 신에 이르는 길을 명확히 파악할 수 있도록 한다. 물론 이들에게는 교리를 제대로 해석하는 일이 필요하지만 이들이 오류 없는 교회의 가르침을 받아들인다면 이들은 철학이 제공하는 합리적 지식만큼이나 적절한 도덕적 가르침을 신앙을 통해 확실하게 깨닫게 될 것이다.

7. 말브랑슈의 도덕

말브랑슈의 형이상학은 우리가 전적으로 신에게 의존한다는 점을 드러내려는 의도로 마련되었다(《도덕》 II. I. vi~viii 참조). 그는 이런 형이상학을 복종의 도덕과 연결하는데 이는 그리 놀라운 일이 아니다. 우리가 우리 자신의 선이 아니듯이 우리는 또한 우리 자신의 법칙이 아니다(II. XIV. iv). 그는 "신에게 복종하는 것보다 더 위대한 것은 없다"고 말하면서 이런 복종은 "비천하지도 않고 노예가 되는 것도 아니"라고 강력하게 주장한다(I. II. i). 신이 왜 세계를 창조했는지에 대한 그의 견해에 따라 그의 도덕 또한 내세의 중요성을 크게 부각한다. 그는 이 점을 의무에 관한 이론을 통해 가장 완전하게 제시한다.

말브랑슈는 설령 질서에 대한 가장 완전한 사랑으로부터 행위하더라도 이 사실이 우리가 올바르게 행위한다는 점, 또는 의무를 다한다는 점을 보증해 주지는 않는다고 생각한다. 오직 질서가 객관적으로 요구하는 바를 인식하고 이런 지식을 우리의 행위 근거로 삼을 경우에만 그 행위는 모든 측면에서 올바르다(II. I. i~ii). 우리가 행위할 때마다 항상 이런 문제들을 생각할 수는 없으므로 몇몇 의무의 규칙을 배워 두는 편이 바람직하다. 말브랑슈는 규칙들을 신에 대한, 이웃에 대한 그리고 자기 자신에 대한 의무라는 다소 평범한 범주로 분류한다. 단지 소수의 규칙만을 언급한 탓이기도 하지만 그의 도식은 대체로 우리의 행위를 구체적으로 인도하는 데에 큰 도움을 주지 못하는 듯이 보인다. 어쨌든 그의 규칙 중 많은 것은 태도 및 감정과 — 예를 들면 동료에 대한 존중, 신의 대리인인 성직자와 정치가에 대한 존경과 예우 등과 — 관련되지만 어떤 행위도 구체적으로는 제시하지 않는다. 스스로와의 관계나 사회적 지위의 측면에서 서로 다른 계급에 속하는 다양한 사람을 균형 있게 적절한 정도로 존경하고 예우를 표시하는 문제는 너무나 복잡하므로 이에 대한 규칙은 쉽게 언급할 수 없다(II. VII. xiv). 하지만 말브랑슈가 이런 경우와 관련해서 객관적으로 올바른 행위가 존재하지 않는다고 주장하는 것은 아니다. 그가 암시하는 바는 오직 질서에 대한 통찰이 — 스스로의 통찰이, 어쩌면 권위자의 통찰이 더욱 적절할지도 모르지만 — 우리를 인도할 수 있다는 점이다(II. VIII. xv).

신에 대한 의무는 우리가 신의 지혜, 권능 그리고 사랑에 대해 마땅히 지녀야만 하는 생각과 감정으로 구성된다(I. V. vi). 이들 전체를 통해 말브랑슈가 거듭 강조하는 바는 우리의 생각과 사랑을 오직 신에게로 향하려 하는 욕구가 지속적인 쾌락의 유일한 근원이라는 점이다(II. II~IV). 이런 저런 형식의 공식적인 예배가 적절한 까닭은 우리가 사회를 이루고 살기 때문인데 이때 등장하는 다양한 형식은 우리가 사는 지역의 관습과 전통에 속하는 문제라고 말브랑슈는 생각한다. 신이 원하는 바는 가능한 한 신과 같이 되려는 우리의 영혼이다.

다른 사람에 대한 우리의 의무 모두를 지배하는 것은 오직 하나의 통찰이다. 우리는 두 사회에, 즉 잠시 머무는 지상의 사회와 신의 정신에 관여함으로써 들어가게 되는 영원한 사회에 속한다(II. VI. ii~iii). 우리는 질서를 통해서 전자보다 후자의 사회가 훨씬 더 중요하다는 점을 명확히 알게 된다. 따라서 우리는 후자의 사회와 관련되는 의무를 세속적 삶과 관련되는 의무보다 비할 수 없이 높은 것으로 여겨야 한다(II. VII. xv~xvi). 그러므로 우리가 다른 모든 사람에게 가져야 하는 자비심을 드러내는 행위를 하는 데 특히 주의를 기울여야 한다. 말브랑슈는 본질적으로 우리가 타인을 세속적인 선이 아니라 영원한 선에 이르도록 도와야 한다고 가르친다. 전자는 "엄격하게 말하면 진정한 선이 아니다"(II. VII. iii). 다른 사람들이 죄를 저지르도록 만드는 어떤 것도 제공하지 않도록 특히 주의를 기울여야 한다. 우리 때문에 다른 이들의 욕구가 크게 타락하게 되면 우리는 그들을 모욕한 셈이 되며 그렇지는 않더라도 최소한 그들에게 고통을 주게 된다. 설령 우리가 영생을 누리지 못하거나 다른 사람들을 기독교도로 만들지는 못한다 할지라도 그들에게 즐거움을 누리도록 돕는 일은 충분히 허용될 듯하다. 하지만 "내 친구의 욕구에 따라 그를 돕는다면 친구를 잃고 그와 더불어 나 자신도 잃고 만다". 이웃에게 자선을 베풀거나 아픈 사람을 방문할 때도 "모든 것을 우리 이웃의 구원과 관련해 생각해야 한다"(II. VIII. xiii~xv). 우리 자신에 대한 의무는 자신의 완전성을 추구해 행복을 누리기에 합당한 수준에 이르는 것이다(II. XIV). 이와 마찬가지로 우리는 단지 다른 이들 스스로가 현재 원하는 행복을 돕는 정도에 그쳐서는 안 된다. 우리는 그들이 완전성에 이르도록 도와야 한다.

"지금 우리가 지상에 사는 까닭은 천상에 이르기 위해서이다."(II. VIII. viii) 따라서 금욕적 쾌락주의는 — 즉 쾌락을 절제할 뿐만 아니라 염두에 두지 않음으로써 쾌락에 이를 수 있다는 주장은 — 말브랑슈가 제시한, 우리 자신과 다른 사람에 대한 의무의 핵심을 이루는 견해이다(II. XIV. v~vi). 말브랑슈의 의무 이론은 신이 세계를 창조한 목적에 관한 그의 설명과 완전히 일치한다. 우리가 바라지 않을 수 없는 행복을 목표로 삼는 일은 올바르지 않다. 우리의 목표는 오직 우리 자신과 다른 사람들이 행복을 누릴 가치를 지니도록 만드는 것이다.

현재 말브랑슈의 윤리학을 중요시하는 사람은 거의 없다. 하지만 그가 살았을 당시에는 상당한 영향을 미쳤다. 21) 벨은 그를 매우 높이 평가하고 그의 몇몇 견해를 받아들여 활용했다. 흄은 말브랑슈를 도덕에 관해 추상적인 이성주의적 이론을 전개한 최초의 인물로서, "커드워스, 클라크(Clarke) 등이 그 뒤를 따랐다"고 생각했다. 22) 나는 지금까지 그가 제시한 이성주의 윤리학이 도덕의 구조와 역할에 관한 수많은 깊이 있고 독창적인 생각을 포함하며, 순수하게 이성적인 동기의 가능성뿐만 아니라 덕과 행복 사이의 관계에 대해서도 중요한 질문들을 제기한다는 점을 보이고자 했다. 그의 윤리학은 변신론을 전개하려는 그의 선구적 시도의 일부이므로, 결국 그의 윤리학에는 현재 우리가 더 이상 진지하게 받아들이지 않는 형이상학이 포함된다. 내가 앞서 지적했듯이 스피노자의 저술이 널리 알려진 까닭은 그것이 강력한 적대감을 불러일으켰기 때문이다. 설령 자연주의로 나아가는 스피노자의 접근 방식이 그를 현대적 접근 방식과 더욱 어울리도록 만든 반면 말브랑슈는 결코 그렇지 못했다 할지라도 근대 도덕철학의 발전을 실제로 주도했다는 측면에서 말브랑슈의 윤리적 사고는 스피노자보다 훨씬 더 큰 영향을 미쳤다.

---

21) 말브랑슈가 영국 사상사에서 차지하는 중요성에 관해 McCracken(1983)의 탁월한 연구 참조.

22) 흄, 《도덕 원리에 관한 탐구》: 197면 n. 1.
   커드워스가 말브랑슈를 자주 인용했다는 사실은 그가 말브랑슈의 저술을 잘 알았음을 보여 준다. 말브랑슈의 가톨릭주의만 제외하면 말브랑슈의 플라톤주의와 커드워스 사이에는 상당한 유사점도 발견되리라 여겨진다. 말브랑슈에 관해 상당히 길게 논의한 19세기 저술로는 Martineau(1891) : 159~246면을 들 수 있다.

제12장

라이프니츠: 반혁명적인 완성주의

라이프니츠(Leibniz, 1646~1716)는 자신이 비판한 학자들에게도 항상 관대했으며, 그들의 견해가 아무리 잘못되었더라도 거의 모든 견해는 되살릴 수 있는 어떤 진리를 포함한다고 생각했다. 하지만 그는 자신에 앞서 등장했던 17세기의 위대한 선구자들과 동료들의 이론을 모두 거부했다. 데카르트, 홉스, 가상디, 로크, 스피노자, 말브랑슈, 그로티우스, 푸펜도르프, 벨(Bayle) — 이들이 자신의 사상을 형성하는 데 얼마나 큰 역할을 했든 간에 라이프니츠는 결국 이들 모두가 심각한 오류를 범했다고 여긴다. 반면 비록 자주 모호한 용어로 표현하기는 하지만 그는 고대와 중세 사상가들을 높이 평가하면서 호의를 보인다. 라이프니츠의 이런 두 태도는 자기 자신의 이론에 대해 언급하는 유명한 한 대목에서 잘 결합되어 드러난다. 《신인간지성론》(*New Essays on Human Understanding*)에서 그의 입장을 대변하는 인물은 다음과 같이 말한다. "이 체계는 플라톤과 데

모크리토스를, 아리스토텔레스와 데카르트를, 스콜라철학자들과 근대 철학자들을, 신학 및 도덕을 이성과 결합한다. 명백히 이 체계는 모든 체계 중 최선이며 따라서 지금까지 어느 누가 제시한 것보다도 더 발전된 체계이다."(《신인간지성론》: 71면)[1] 자신의 저술을 근대 이전 철학자들과 연관 지으면서 라이프니츠는 절충적이지도 과거를 그리워하지도 않는 태도를 보였다. 윌슨(Catherine Wilson)이 적절히 표현했듯이 그는 반혁명적이었다.[2] 그는 당시의 최신 과학, 가장 참신한 정치적 정책, 종교 논쟁 등이 모두 고대와 중세 사상을 깊이 있게 구체적으로 통찰함으로써만 — 또는 이것이 겸손한 평가인지는 모르겠지만 오직 자신을 통해서만 — 제대로 이해되고 해결될 수 있다고 주장했다. 이를 통해 그는 근대성의 창시자들이 내다 버렸던 낡은 주춧돌을 복구했다.

라이프니츠가 수많은 분야에서 대단한 업적을 남겼음은 널리 인정되는 바이지만 그가 도덕 사상의 발전에 중요한 기여를 했다는 점

---

1) 이런 비교는 라이프니츠의 저술에서 그리 드문 일이 아니다. *Papers*, ed. Loemker: 578면 참조. 여기서 라이프니츠는 자신의 예정조화설, 즉 신이 각각의 영혼이 지닌 혼란스러운 지각과 다른 영혼이 지닌 혼란스러운 지각이 서로 조화를 이루도록 만든다고 봄으로써 설명을 시도하는 이론이 "에피쿠로스와 플라톤, 즉 가장 위대한 유물론자와 가장 위대한 관념론자의 가정에서 각각 장점을 취해 결합한 것"이라고 말한다. 스콜라철학에 대한 라이프니츠의 호의적인 태도에 관하여 《형이상학 논고》 11 참조. 라이프니츠의 저술인 《형이상학 논고》(*Discourse on Metaphysics*), 《동역학 시론》(*Specimen Dynamicum*), 《모나드론》(*Monadology*) 그리고 《자연과 은총의 원리》(*Principles of Nature and Grace*)는 *Papers*, ed. Loemker에 따라 인용 출처를 표시했다.

2) Wilson(1990): 145면. 윌슨은 진정 과거를 그리워하는 태도를 보이는 커드워스와 라이프니츠를 대비함으로써 자신의 주장을 더욱 분명히 제시한다.

을 첫손에 꼽는 경우는 거의 찾아보기 어렵다. 3) 하지만 그는 이 책의 전개 과정에서 결코 무시되어서는 안 될 인물인데 그 까닭은 그 자신과 그의 추종자였던 볼프(Christian Wolff)가 칸트에게 미친 영향 때문만은 아니다. 라이프니츠는 신을 도덕의 핵심적인 요소로 유지하면서도 주의주의가 어떻게 무너질 수 있는지 드러내기 위해 상당히 복잡한 철학 이론을 제시했다. 이 문제와 관련해 이후의 사상가들이 받아들인 것은 컴벌랜드나 말브랑슈의 해결책이 아니라 오히려 라이프니츠의 해결책이었다. 나는 17세기 초반의 도덕철학에서 이 문제가 얼마나 중요했는지 보이려고 노력했다. 그리고 이 문제는 18세기에도 여전히 결정적인 문제로 남아 있었다. 주의주의에 반대하면서 라이프니츠의 이론을 받아들일 수 없다고 생각한 철학자들은 도덕을 재구성해야 하는 중요한 문제에 직면하게 되었다.

라이프니츠는 윤리학 또는 정치학의 기초만을 다룬 독립된 포괄적인 저술을 쓰지는 않았지만 이 문제에 관해 평생 동안 계속 성찰했다. 그는 매우 젊은 시절부터 법률의 개혁과 더불어 이를 생각하기 시작해 1671년 말 이전에 정의의 개념에 관한 성숙한 결론에 도달했는데 이때 그의 나이는 25세에 불과했다. 4) 하지만 그의 최종적인

---

3) 하지만 그의 정치 및 도덕 사상은 계속 주목받고 연구되었다. 선구적인 저술에 속하는 Grua(1953, 1956) 및 Sève(1989); Riley(1996) 등을 참조. Riley는 저술의 제목이 암시하는 바보다 훨씬 폭넓게 라이프니츠의 정치, 도덕 사상을 다루며 많은 새로운 필사본 자료에 근거해 명확한 주장을 이끌어 낸다. 나는 특히 Sève의 탁월한 연구로부터 큰 도움을 받았다.
4) Mulvaney(1968): 54~55면, 71면 참조. 《신인간지성론》: 71면에서 라이프니츠는 자신이 도덕에 먼저 관심을 가졌으며 이 때문에 형이상학에도 관심을 갖게 되었다고 말한다.

형이상학적 견해가 완성되기까지는 무척 오랜 시간이 걸렸다. 라이
프니츠는 유럽이 종교 문제로 분열되는 쓰라린 사태를 극복하는 데
큰 관심을 보였으며 이 때문에 모든 당사자가 함께 받아들일 수 있는
도덕과 종교 체계를 구성하는 일을 지상 명령으로 생각하게 되었다.
설령 도덕과 종교에 관한 그의 견해가 루터나 칼뱅보다는 아우구스
티누스나 아퀴나스와 유사한 경향을 드러낸다 할지라도 이는 그가
안전하게 낡은 생각을 답습하려는 목표를 지녔기 때문이 아니라 이
전에 등장했던 어떤 갈등보다도 더욱 깊고 위험한 갈등을 해소하기
위해 새로운 방법을 전개하려 했기 때문이다.

1. 최선의 가능세계

푸펜도르프가 '선'과 '존재'라는 용어가 서로 같은 의미를 지닌다는
점을 부정했다는 사실은 라이프니츠가 18세기에 등장한 새로운 사
상에 반대하면서 근거로 삼은 기본적인 논점 하나를 구체화한다. 데
카르트는 물리적 세계를 순전히 기계론적인 측면에서만 파악함으로
써 목적인을 찾으려는 시도를 명백히 포기하고 오직 신의 임의적인
의지에 의존해 도덕을 설명한다. 선하다는 것은 단지 욕구의 대상임
을 의미할 뿐이라는 홉스의 주장은 운동하는 물체로 이루어진 가치
중립적인 세계를 전제한다. 푸펜도르프가 생각하는 도덕적 실재란
서로 돕기도 하고 위험에 빠뜨리기도 하지만 가치의 측면에서 서로
구별되지 않은 속성을 지닌 물리적 대상들만으로 이루어진 집단에
우연히 부과된 것일 뿐이다. 스피노자는 우리가 사용하는 규범적 용

어들을 기껏해야 유용한 허구로, 최악의 경우에는 일종의 혼동으로 여기면서 이들이 우리의 삶에서 어떤 역할을 담당하는 까닭은 우리의 지식이 제한적이기 때문이라고 생각한다. 말브랑슈의 물리적 세계는 쾌락 및 고통을 낳는 기회원인의 근원으로 작용하지만 그 자체로는 어떤 종류의 가치도 지니지 않는다. 라이프니츠는 당시의 새로운 과학에서 기계론적 세계관이 차지하는 중요성을 당연히 알고 있었다. 그러나 위와 같은 철학적 견해를 모두 거부하면서 우리가 물체라고 지각하는 것의 현존과 성향이 가치에 대한 고려와 무관할 수 있다는 것 자체를 부정하였다. 라이프니츠는 우리가 운동 법칙까지 이해하고자 한다면 동력인뿐만 아니라 목적인에 함께 호소해야만 한다고 생각한다(《원리》, §11, 15; *Papers*: 640~641면; 《시론》: 442면 참조).

목적을 다시 도입하고 존재와 가치를 다시 통합하려는 시도의 배후에 놓인 형이상학은 모나드(*monad*)의 지각과 관련된 라이프니츠의 예정조화설을 통해서 선명하게 드러난다. 이 이론이 낳은 결과 중 하나는 세계의 조화를 정확하게 정치와 도덕의 핵심에 놓는다는 점이다. 그로티우스는 독실한 기독교도로서 신의 세계 안에 궁극적인 조화가 존재한다는 점을 믿었는지도 모르지만 인간 사이의 관계를 설명하면서 이를 도입하지는 않는다. 라이프니츠는 결코 인간관계를 도외시하지 않는다. 따라서 그로티우스의 문제의식은 라이프니츠의 이론에서는 발 디딜 틈을 마련하지 못한다.

주의주의의 붕괴는 라이프니츠에게 우주의 질서가 이성적이며 따라서 우주의 질서에는 모두에게 동일하게 적용되는 규범적인 주장이 포함된다는 사실을 증명하도록 이끄는 결정적인 계기가 된다. [5]

라이프니츠가 보기에 데카르트는 스스로의 극단적 주의주의가 낳은 충격적인 결과, 즉 신의 의지는 우리 인간의 관점에서는 순전히 임의적으로 보일 수밖에 없으며 우리에게 명확히 이성적이고 정의롭게 보이는 것조차도 오직 신이 우리의 정신을 이와는 다른 방식으로 생각할 수 없도록 만들었기 때문에 그렇게 보일 뿐이라는 견해를 완화하려는 시도를 하지 않는다. 홉스 또한 신의 권위는 오직 신의 권능에 의존하며 우리가 신의 속성으로 여기는 도덕적 용어들이 사실은 신의 영광을 높이기 위한 부수적인 표현에 지나지 않는다고 주장하는 점에서 데카르트 못지않게 충격적이다. 푸펜도르프가 제시한 주의주의는 다소 덜 극단적이기는 하지만, 뒤의 4절과 5절에서 지적하듯이 이 정도의 완화로 라이프니츠를 진정시키지는 못했다. 폭군, 전제정치, 제멋대로 행하는 변덕, 인간을 단숨에 밟아 죽일 수

---

5) 나는 라이프니츠에 관해 설명하면서 《변신론》(Theodicy)에 크게 의존했는데 그 까닭은 두 가지이다. 《변신론》은 라이프니츠가 생전에 출판한, 자신의 견해를 체계적으로 드러낸 가장 중요한 저서이다. 또한 가장 폭넓게 읽힌 저술이며, 칸트도 이를 읽었음이 거의 확실하다. 1744년에 Gottsched는 전체에 걸쳐 주석을 단 《변신론》의 새 독일어 번역본을 출판했으며 칸트는 이를 손쉽게 접할 수 있었다. Gottsched의 편집본에는 라이프니츠의 "자연과 은총의 원리", "자연 및 실체의 교통에 관한 새로운 체계"(A New System of the Nature and the Communication of Substance) 그리고 새로운 체계에 관한 첫째, 둘째, 셋째 설명도 함께 수록되었다. 《변신론》의 이전 독일어 번역은 1720년, 1726년 그리고 1735년에 출판되었다(반면 《신인간지성론》의 독일어 번역은 1765년에 이르러서야 출판되었다). 따라서 《변신론》을 통해 우리는 칸트가 직접 읽었던 《모나드론》 등의 저술을 넘어서서 라이프니츠의 견해에 관해 무엇을 알았는지 파악할 수 있으며 또한 라이프니츠가 논쟁을 전개하기 위해 논의했던 이전 철학자들로부터 칸트가 무엇을 배웠는지도 파악할 수 있다. Gottsched의 번역을 재편집한 Horstmann의 편집본에 실린 편집자 후기, 543, 553면 참조.

있는 '지렁이' 같은 존재로 여김(《변신론》: 58면, 237면, 402~403면) — 라이프니츠는 항상 이러한 관념을 주의주의에서 생각하는 신과 결부시킨다. 그는 우리가 결코 이런 지위를 받아들여서는 안 된다고 설득하기 위해 이런 용어들을 사용하는 것이다.

라이프니츠의 논점은 주의주의가 신과 우리가 하나의 도덕적 공동체에 속해야 한다는 기본 진리를 허용하지 않는다는 것이다. 그는 거듭해서 주의주의자들은 신이 선하다는 주장조차도 불가능하게 만든다고 논증한다. "만일 신이 지금과는 전혀 다른 무언가를 행하더라도 여전히 잘 행한 것이 된다면 신이 지금 행하는 바를 칭찬할 근거가 과연 무엇인가?"[6] 그리고 만일 신을 선하다고 생각할 수 없다면 우리는 신을 "사랑하기에 부적절하며 사랑받을 만한 가치가 없는 존재"로 여겨야만 한다(《변신론》: 236~237, 127면). 라이프니츠는 이런 사태가 두려운 까닭은 만일 진지한 종교적 믿음이 사라지면 도덕적, 사회적 질서도 더불어 사라지고 오직 야만적인 폭력만이 남게 되기 때문이라고 주장한다.[7] 하지만 그의 근본 목표는 우리가 신을 단지 "상상적인 형이상학적 존재"가 아니라 "명확한 실체로, 하나의

---

6) 《형이상학 논고》 2 참조. 이는 라이프니츠의 전형적인 논증이다. 《변신론》 176절: 236면부터 주의주의에 관해 상당히 길게 논의하면서 그는 아퀴나스와 개신교 호교론자 대부분이 자신과 같은 입장에 속하며, 심지어 칼뱅조차도 이 문제에 온건한 관점을 취한다는 점을 보이기 위해 노력한다.

7) 《신인간지성론》 IV. xvi. 4: 462~463면에 등장하는 다소 자극적인 논의 참조. 여기서 라이프니츠는 신의 섭리와 미래의 처벌을 두려워하지 않고 "야만적인 정념의 고삐를 풀어 제멋대로 방치하는" 태도를 바탕으로 "다른 사람들을 다스리는 높은 지위에 속한 사람들의 마음을 점점 훔쳐 내려는" 사람들은 "유럽을 위협하는 전체적인 혁명에 모든 것을 쏟아 부으려 한다"고 말한다. 그는 이어 맹렬한 종교적 논쟁과 불관용의 태도를 강력하게 비난한다.

신격으로, 하나의 정신으로" 생각하도록 만들어(*Papers*: 158면), 신과 더불어 인격체로서의 우리가 사랑과 신뢰의 도덕적 관계를 유지하도록 하려는 것이다.

　라이프니츠의 악명 높은 '낙관주의', 즉 이 세계가 모든 가능세계들 중 최선의 것이라는 그의 주장은 그가 주의주의를 도덕적으로 거부했다는 사실과 밀접하게 관련된다. 그는 주의주의자들이 말하는 무관심성의 자유를 단호히 거부한다. 신이 어떠한 근거도 없이 행위한다는 주장은 결코 참일 수 없다. 만일 신이 그렇게 행했다면 왜 근거가 없는 행위를 선택했는지에 대한 근거가 다시 필요하며 아니면 신의 모든 선택이 임의적인 것이 되고 말기 때문이다. 따라서 어떤 사건의 상태가 지닌 선은 항상 신이 그것을 선택하거나 실현하는 근거로 작용해야 한다. 선은 비교 가능하므로 더욱 큰 선은 더욱 큰 행위 근거를 제공한다. 신은 결코 오류를 범하지 않으므로 신은 항상 최선인 것에 따라 행위해야만 한다(《변신론》: 128면 참조). 주의주의자들에 반대하면서 라이프니츠는 신이 바로 이 세계를 창조한 근거가 존재하며, 우리는 그것이 무엇인지 안다고 주장한다. 신이 이 세계를 창조한 까닭은 이것이 최선의 가능세계이기 때문이다(《원리》, §7~8 참조). 더욱이 데카르트의 주장과는 달리, 다양한 가능성은 신의 어떤 선택과도 무관하게 이미 고정되어 있다. 라이프니츠는 "신의 의지가 자신의 지성 안에 관념들을 형성하는가?"라는 질문을 던지면서 이에 대해 그렇다고 답한다면 이는 우리가 파악하는 지성과 의지의 개념을 완전히 뒤엎게 되리라고 주장한다(《변신론》: 428면). 신은 가능성을 만들어 내지도 변형하지도 않는다. 신은 단지 그중에서 선택할 뿐이다.

이 세계가 최선의 가능세계라는 주장과 이 주장의 기저에 놓인 논증은 라이프니츠의 윤리학에서 수많은 결과를 낳는다. 그중에서도 특히 세계를 잘 균형 잡힌 유기체처럼 여겨야 하며, 이 안에서 모든 이가 자신의 임무를 부여받고 이를 수행함으로써 최대선에 기여한다는 아퀴나스적 결론은 매우 중요하다. 이런 세계는 신이 군주로서 통치하는 은총의 나라이다. 이 나라는 신이 건축한 자연의 나라 위에 굳건히 서 있다(《원리》, 15). 라이프니츠는 다음과 같이 말한다.

> 자신의 의무를 다함으로써, 즉 이성에 따름으로써 우리는 최상의 이성이 부여한 질서를 실현한다. 우리는 모든 의도가 공동선을 향하도록 해야 한다. … 이렇게 하는 데 성공하든 그렇지 않든 간에 우리는 신의 의지에 복종하고 신이 최선을 원한다는 사실을 인식함으로써 결과에 만족해야 한다. … 너의 의무를 다하고 만족하라. … 너는 선한 주인에 따라야 하기 때문이다(《변신론》: 51~52면, 55면; 154면 참조). [8]

말하자면 신은 세계의 일부를 우리에게 넘겨주었다. 따라서 우리는 마치 작은 신처럼 이 소우주를 다스리게 된다. [9] 하지만 설령 우리가 잘못 다스리더라도 신은 "이런 소우주에서 발생한 모든 오류가 자신의 대우주를 더욱 위대하게 장식하는 데 기여하도록 만든다" (《변신론》: 216면). 스피노자의 현자는 각 사물이 현재와 달리 존재할 수 없음을 깨닫고 그 안에서 만족을 발견한다. 라이프니츠는 오

---

8) 또한 《형이상학 논고》 4 참조.
9) 《모나드론》 83 참조. "정신들은 또한 신 자체의 모사이기도 하다. … 각각의 정신은 자신의 영역 안에서는 하나의 작은 신과 같다."

히려 현자가 만족하는 까닭은 "사물들이 현재보다 더 좋게 존재할 수 없음을 깨닫기 때문"이라고 말한다(*Textes* II. 572).

라이프니츠가 자신의 낙관주의를 이해하는 방식에는 기묘한 양면성이 존재한다.[10] 때로 그는 우리가 특정한 유형의 사건에서, 예를 들면 질병과 같은 사건에서 명백한 악도 유용하다는 사실을 (질병은 건강의 중요성을 강조하는 역할을 하므로) 발견할 수 있다고 주장한다(《변신론》: 130면). 이런 측면에서 그는 모든 것이 최선을 위해서 필요하다는 점에 대한 경험적인 증거를 제시하는 듯이 보인다(예를 들면 414~415면 참조). 반면 이 세계가 최선의 가능세계라는 점은 사실상 전적으로 경험과 무관하다는 주장도 등장한다(128면). 이런 주장이 초래하는 결과는 어떤 것이, 예를 들면 수많은 죄인을 처벌해 영원한 고통을 받게 하는 일이 우리가 보기에 아무리 끔찍하다 할지라도 이보다 덜 끔찍한 세계는 결코 상상할 수 없다는 것이다(126, 134면). "**의지**는 그에 포함된 선에 비례해 무언가를 행하는 성향을 지니는데" 신은 절대적인 "선행하는 의지"를 지님에 틀림없으므로 오직 선만을 실현한다. 하지만 신은 세계 전체를 창조해야 하므로 어떤 가능한 구성 요소가 지닌 선은 단지 그것을 창조하는 조건부의 근거일 뿐이다. 이와는 대조적으로 "후행하는 신의 의지는 선행하는 모든 의지들 사이의 대립으로부터 도출되는데" 특정한 물체에 작용하는 모든 힘으로부터 복합적인 기계론적 운동을 이끌어 낸다(136~137면). 따라서 어떤 특정한 사물 또는 사건이 단지 최선의

---

10) 내가 라이프니츠의 낙관주의를 이런 방식으로 해석한 것은 Mark Larrimore 의 저술을 읽고 그와 대화를 나눈 결과이므로 그에게 깊이 감사한다.

가능세계 중 일부라는 이유로 그것이 선하다는 결론을 이끌어 내어서는 안 된다. 11) 우리가 내릴 수 있는 결론은 오직 일어나는 모든 일은 필연적으로 일어나는데 그 까닭은 그것이 전체적으로 볼 때 최선인 세계의 필연적인 부분이기 때문이라는 것이다.

말브랑슈는 신이 오직 일반 의지를 통해서만 행위하므로 악을 허용하기는 하지만 원하지는 않는다고 주장하지만, 라이프니츠는 이 주장에서 암시된 것처럼 신이 개별적인 것에 무관심한 것이 결코 아니라고 답한다. 무언가 원할 때 우리는 "어떤 의미에서" 그것과 필연적으로 연결된 모든 것을 원한다. 하지만 오직 무언가가 낳는 필연적인 결과를 고려하여 그것을 원하지는 않는다(254면). 신은 이 세계의 구체적인 요소들을 원하는데 "이들이 행하는 바뿐만 아니라 이들이 무엇인지도 고려해" 그렇게 한다. 이들이 선을 낳지 않을 수도 있지만 이들을 포함하는 전체의 측면에서 보면 이들은 필수적인 부분들이다(257면). 라이프니츠는 자신의 핵심적인 견해를 특별히 의미심장한 다음의 문장으로 표현한다. "신은 근거가 없이는 아무것도 행할 수 없다. … 이로부터 신이 개별적인 사건이 아니라 몇몇 일반적인 진리 또는 의지의 결과로 등장하는 바를 원한다는 사실이 도출된다."(256면)

---

11) 이로부터 "이 세계가 모든 가능세계들 중 최선인데, 이 세계 안에 존재하는 모든 것은 일종의 필요악이다"라는 브래들리(F. H. Bradley)의 경구가 등장한다.

2. 자유, 그리고 이성에 의한 결정

이런 세계 안에 과연 우리가 어떤 행위를 하면서 그와 다르게는 행위하지 않아야 하는 근거가 존재하는가? 아무것이든 행하거나 또는 아무것도 행하지 않는 것이 나의 행위를 가능한 최선의 행위 유형이라고 엄밀하게 증명하는가? 라이프니츠는 이 세계가 최선의 가능세계라는 점을 논증하면서 "모든 것을 계발이라는 측면에서 고려하고자" 했기에(《변신론》: 71면) 사람들을 스스로와 세계를 발전시키는 방향으로 움직이도록 만들 수 있는 어떤 논점이 자신의 시도에서 존재할 수 있는지 모색해야 했다.12)

어떤 측면에서 보면 이 문제에 대해 라이프니츠가 제시한 해결책

---

12) 라이프니츠는 이른바 "게으름의 논증"은 고대에 등장한 난제라고 말한다[키케로, 《운명에 관해》, 28~30에 등장하는 논의 참조. 이는 키케로가 크리시포스(Chrysippus)에 대답하는 성격을 지닌다]. 하지만 라이프니츠가 활동했을 당시 그에 앞서 이 문제를 상당히 길게 논의한 두 학자가 있었다. 가상디는 에피쿠로스주의를 옹호하면서, 니콜은 신의 은총이 행하는 작용에 관한 복잡한 견해를 옹호하면서 각각 이를 논의했다. 이들 둘에 대해서는 다음 장에서 살펴보려 한다. [이하 옮긴이의 첨가] "게으름의 논증"은 운명론을 비판하기 위해 마련된 것으로서 만일 운명론이 참이라면 아무 일도 할 필요나 근거가 없어지게 된다는 점을 보이려는 논증이다. 위에서 인용된 대목에서 키케로는 다음과 같이 말한다. "만일 당신이 이 병에서 회복되도록 운명 지어져 있다면 의사를 부르든 부르지 않든 간에 당신은 회복될 것이다. 마찬가지로 당신이 이 병에서 회복되지 못하도록 운명 지어져 있다면 의사를 부르든 부르지 않든 간에 당신은 회복되지 못할 것이다. 회복되든 되지 않든 간에 그것이 당신의 운명이다. 따라서 의사를 부를 아무런 이유가 없다." 따라서 아무 일도 하지 않는 게으름이 오히려 올바른 삶의 방식이 된다는 것이다. 이 논증에 관한 더욱 상세한 설명 및 비판은 앤서니 케니, 《고대철학》, 김성호 옮김(서광사, 2008): 319~321면 참조.

은 아우구스티누스가 어떻게 자유의지가 신의 예지와 양립할 수 있는가 하는 질문에 대답한 내용만큼이나 예리하지 못하다. 아우구스티누스는 우리가 자유롭게 행할 바를 신이 미리 안다고 말한다. 라이프니츠도 정확하게 이런 견해를 채택하면서 최선의 세계는 오직 이런 세계를 실현하는 데 필요한 원인들, 예를 들어 현재 우리의 행위와 같은 원인들을 통해서 실현될 수 있다고 덧붙인다. 만일 가능한 최선의 어떤 결과가 확실하게 발생한다면 그것의 필연적인 원인 — 어떤 경우 이 원인은 자유로운 행위이기도 한데 — 또한 반드시 발생해야 하는데, 신은 이들을 포함하는 세계를 창조할 것을 선택함으로써 모든 것을 미리 안다는 것이다(《변신론》: 57면, 152~153면, 161면; *LCCorr*: 56면)[13] 하지만 이런 해결책은 도덕과 관련해서 문제를 해결하기보다는 오히려 더 많은 문제를 일으키는 듯이 보인다. 이 해결책은 우리의 일부는 거대한 기계의 부품으로 만들고 나머지 부분은 우리 자신이 전혀 관여할 수 없는, 선행하는 선택에 의해서 전적으로 명령에 따라 행위를 하는 존재로 만드는 듯하다. 물론 라이프니츠는 이런 문제점을 완화하기 위해 물체는 모나드로서의 영혼이 지니는 혼란스러운 지각인데 신이 영혼의 지각을 조정한다는 자신의 이론이 기계론을 정신적인 것으로 만든다고 주장한다. 하지만 그는 바로 이 이론이 "인간의 영혼을 일종의 **정신적인 자동 기계로**" 만든다는 점을 인정한다(《변신론》: 151면). 그리고 이는 다소간 혼란스러운 지각을 지니는 단순한 존재가 아니라 능동적인 행위자로

---

13) 라이프니츠의 견해와 립시우스의 견해가 유사하다는 점은 매우 놀라운 일이다. 앞의 제9장 1절 참조.

서 우리 자신이 지니는 자유와 지성에 관한 문제를 여전히 남긴다. 이에 대한 라이프니츠의 대답에는 우리 자신뿐만 아니라 신도 포함되는데 이는 그리 놀라운 일이 아니다.

신은 최선을 선택하는 데 결코 실패할 수 없다. 그렇지 않다고 주장한다면 이는 신의 의지는 무관심하다는 주의주의자의 생각을 받아들임으로써 신이 폭군과 같다는 불경스러운 견해에 이르고 말 것이다. 하지만 신은 자유롭다. 신은 외부의 힘에 의해 강요되거나 내부의 정념에 의해 방해받지 않고 오직 자신의 성향에 따라 스스로 기꺼이 선에 이끌린다(《변신론》: 386면). 더 나아가 서로 다른 종류의 필연성이 존재한다는 사실을 깨닫게 되면 우리는 신의 선택 안에서 자유와 필연성이 양립 가능하다는 점을 이해하게 된다. 또한 우리가 필연적으로 그렇게 하듯이 우리에게 최선으로 보이는 바를 추구하는 우리의 선택 안에도 이런 양립 가능성이 성립함을 알게 된다.

여러 종류의 필연성 중 하나는 라이프니츠가 "외부의 진리들"이라고 부른바, 즉 이를 부정하면 모순이 발생하는 진리들에서 잘 드러난다. 예를 들면 기하학의 법칙들은 사물의 본질로부터 등장하는 절대적인 필연성을 지닌다. 다른 종류의 필연성은 최선을 선택하는 신의 선택으로부터, 따라서 오직 완전한 세계에서 사물들 사이의 상호관계로부터 등장한다. 라이프니츠는 이를 "도덕적 필연성"이라고 부르는데 여기서 "도덕적"이라는 형용사는 당시의 용법에 따라 이 필연성이 의지로부터 등장함을 암시한다. 도덕적으로 필연적인 것에 반대되는 바를 상상할 수는 있지만 그렇다고 해서 도덕적으로 필연적인 것이 단지 임의적인 것은 아니다. 예를 들면 자연학의 법칙은 임의적이지도, 절대적으로 필연적이지도 않다. 어쩌면 신은 우리가 스스로 발견하는 법칙들을 통해서 정확하게 예시되지 않는 물리적 세계를 선택했는지도 모른다. 하지만 신은 행위할 때와 마찬가지로 어떤 근거에서 이런 세계를 선택했다. 이 물리적 세계는 은총의 나라와 가장 잘 조화를 이루는데 은총의 나라 또한 신이 창조한 도덕적 세계이다(《변신론》: 61면, 334면, 387면). 어떤 행위가 도덕적으로 필연적이 되려면 행위자가 목표로 삼는 선에 이르는 데에 그 선이 반드시 필요해야 한다. 반면 임의적 행위는 아무런 근거 없이 행해진 것에 지나지 않는다. 라이프니츠는 도덕적 필연성으로부터 행위하면서 "실제로 어떤 선택을 할 때 우리는 가언적 필연성에 따라 선택하지 않을 수 없다"는 점을 지적한다(《변신론》: 203면; *LCCorr*: 56~57면). 우리는 도덕적으로 필연적인 것을 행하지 않는 일이 어떤 것인지 어느 정도는 이해할 수 있다. 도덕적으로 필연적인 행위를 왜 해야만 하는지 또한 알 수 있다. [14)]

행위의 자유는 도덕적 필연성의 영역 안에 존재한다. 신은 항상 자유롭게 행위하지만 우리는 자유롭게 행위하기도 하고 그렇지 않기도 하다. 이런 차이를 만드는 것은 우리를 행위하도록 이끄는 선에 대한 우리의 의식이 얼마나 폭넓고 명료한가이다. 하지만 라이프니츠는 "성향에 의해서든 아니면 이성에 의해서든 간에 선과 악에 대해 우리가 이전에 지녔던 표상으로부터 영향을 받지 않는 선택이란" 결코 존재할 수 없다고 말한다(《변신론》: 406면). 선에 대한 고려에 따라 움직이지 않는 의지는 제멋대로, 임의적으로 또는 설명할 수

---

14) Adams(1994), 1장은 우연성에 관한 라이프니츠의 견해가 얼마나 복잡한지를 보여 주는 탁월한 논의인데 나는 여기서 이 문제를 다루지는 않으려 한다. 또한 Mondadori(1989) 참조.

없는 방식으로 선택하는 의지일 것이다(416면). 설령 신과 달리 우리가 선에 대한 명석 판명한 지식에 의해서뿐만 아니라 낮은 의식 수준의 지각에 의해서도 움직인다 할지라도, 신의 의지에서와 마찬가지로 인간의 의지에서도 절대적인 무관심이란 결코 존재할 수 없다(406~407; 303면). 따라서 우리가 항상 선에 관한 지식 또는 믿음에 의해서 움직인다는 라이프니츠의 주장은 이 세계가 최선의 가능세계라는 주장과 마찬가지로 경험과 무관하다. 15) 우리가 지각한 선은 우리를 움직이는데, 지각된 바에 포함된 선의 총량에 비례해 우리를 움직인다. 만일 우리가 어떤 지각된 선에 이르려는 행위를 하기에 충분할 정도의 욕구를 지니지 않는다면 그 까닭은 현재 우리의 의식 수준 아래에서 선에 대한 다른 어떤 지각이 작용해 현재의 지각을 압도하기 때문이다(418면). 16)

라이프니츠는 선택의 자유를 설명하기 위해 의지의 능력을 분리

---

15) 이와 더불어 더욱 잘 행하기 위해 열심히 노력하는 사람들은 구원에 필요한 신의 은총을 받게 된다는 주장 또한 경험과 무관하다. 《변신론》: 175~176면 참조. 여기서 라이프니츠가 우리에게 선한 행위 근거로 여겨지는 바에 따라 우리가 필연적으로 움직인다는 사실이 오직 용어의 의미로부터만 도출된다고 생각하지 않았다는 점은 지적할 필요가 있다. 우리가 필연적으로 그렇게 움직이는 까닭은 바로 충족이유율 때문이며, 현대적인 용어로 표현하면 분석적 진리가 아닌 종합적 진리 때문이라고 말할 수 있다.

16) 《변신론》: 159면의 다음과 같은 언급 참조. "영혼이 완전성과 판명한 사고를 지니는 한 신은 육체를 영혼에 적응시켜 육체가 영혼의 명령에 따르지 않을 수 없도록 미리 배열한다. 반면에 영혼이 불완전해 혼란스러운 지각을 지니는 한 신은 영혼을 육체에 적응시킨다. 이 경우 영혼은 육체의 표상으로부터 생겨난 정념들에 의해서 좌우된다." 각각의 경우 모두 동기와 선의 표상 사이에 어떤 내적인 관계가 성립하지만 전자의 경우에는 명석한 지식이 동기의 원인이 되는 반면 후자의 경우에는 혼란스러운 정서가 동기의 원인이 된다.

하려 하지는 않는다. 자유는 정도의 문제이다. 우리가 명석 판명한 지각을 통해서 선의 방향으로 움직일수록 우리는 더욱 자발적이고, 능동적이고, 자유롭게 된다. 모호하고 혼란스러운 지각 때문에 정념이 발생한다(《신인간지성론》: 210면). 17) 앞서 지적했듯이 의지는 완전성을 증가시키는 방향으로 나아가려는 지속적인 경향일 뿐이다(《신인간지성론》: 183면 참조). 또한 우리는 의지를 비교를 포함하는 욕구로 여길 수도 있다. 완전성은 동일한 기준을 통해서 엄밀하게 측정, 비교할 수 있는 개념이므로 의지작용이란 작은 완전성보다 큰 완전성을 추구하는 일일 뿐이다. 주의주의자들은 의지작용의 개념을 조명하려 했지만 라이프니츠가 보기에 이 개념 자체는 전혀 무의미하다. 의지를 지성과 감각이 제공한 근거들 사이에서 어떤 결정을 내리는 "유일하게 능동적인 최고의" 존재로 개념화하려면 "자신에게 제공된 바를 파악하는 또 다른 지성이 (의지 자체 안에) 존재한다는 점"에 동의해야만 한다. 18) 이보다는 영혼 전체가 근거를 이해하고 성향을 감지해 "자신의 능동적인 힘을 변형하는 주도적인 표상에 따라 결정을 내린다"고 말하는 편이 더 낫다(《변신론》: 421면).

---

17) 라이프니츠는 모든 모나드들이 자신 안에 모든 지각의 근원을 포함한다고 생각한다. 따라서 모든 모나드들은 항상 자발적으로 행위하며 이런 의미에서 자유롭다. 여기서 그는 어떤 모나드가 다른 모나드보다 더욱 자발적이기 때문에 더욱 자유롭다는 주장의 의미를 분명히 밝히려 한다.

18) 의지 개념에 대한 이와 다소 유사한 반박에 관해서는 《변신론》: 151면에 등장하는 다음 대목을 참조. "엄밀하게 말하자면 우리는 행위하기를 원할 뿐이며 행위하기를 원하기를 원하지 않을 수는 없다. 만일 그렇지 않다면 우리는 행위하기를 원하는 의지를 지니기를 원한다는 식으로 말하게 될 것이며 이런 반복이 무한히 이어질 것이다." 또한 《신인간지성론》: 182면 참조.

선과 악의 표상이 항상 우리를 움직이는데 선과 악은 세 부류로, 즉 형이상학적, 물리적, 도덕적 부류로 나뉜다. 형이상학적 선은 완전성 또는 적극적인 실재로서, 모든 존재들은 형이상학적 선의 측면에서 이러저러한 등급을 부여받는데 신이 최고 등급에 해당한다(《모나드론》 40). 완전성은 스피노자의 생각과는 달리 우리의 유한성 때문에 생겨난 단지 혼란스러운 관념이 결코 아니다. 이는 복잡한 전체가 지니는 객관적인 속성이다(라이프니츠는 가장 단순한 듯이 보이는 실재 안에도 부분 안에 다시 부분이 존재하는 구조가 무한히 계속된다고 생각했음을 기억해야 한다). 이렇게 결합된 부분들이 다양하면 할수록 이들은 더욱 조화롭고 단순하게 결합되며 전체의 실재성 또는 완전성도 더욱 커지게 된다.[19] 신은 가장 큰 실재성을 지니며 또한 가장 완전한 존재이기도 한데 그 까닭은 신의 지성이 모든 모나드들과 그들 안의 모든 지각, 그들 사이의 모든 연결을 완전히 명확하게 파악하기 때문이다. 모든 피조물은 필연적으로 신보다 덜 완전하다. 덜 완전하다는 것은 실재성이 떨어진다는 점을 의미하므로 형이상학적인 악은 일종의 결핍이다(《변신론》: 219면). 따라서 아우구스티누스가 주장했듯이 악은 신이 창조하지 않은 무언가이다. 악은 가장 완전한 세계를 창조하려는 신의 시도가 낳은 피할 수 없는 부산

---

19) 따라서 라이프니츠는 《모나드론》 58에서 "이를 통해 우리는 가능한 최고의 질서와 더불어 가능한 최대의 다양성을 얻는다. 바꾸어 말하면 … 가능한 가장 큰 완전성을 얻게 된다"고 말한다. William Mann은 여기서 라이프니츠가 두 요소가 결합해 하나의 결과를 낳을 경우 이와 유사한 결과를 낳는 다른 모든 경우와의 비교 가능성에 호소한다는 점을 나에게 지적해 주었다. 하지만 라이프니츠가 완전성을 "존재의 상승"과 연결함으로써 이와는 명백히 다른 설명을 제시하는 대목도 찾아볼 수 있다(Papers: 426면).

물에 지나지 않는다.

물리적 선 또는 완전성은 감각적인 창조에 적합한 종류의 선이다. 물리적 선은 쾌락으로 이루어지는데 쾌락이란 "우리 혹은 다른 어떤 것 안에서 완전성 또는 탁월성을 느끼는 것이다"(Papers: 425면). 쾌락은 로크적인 단순 관념이 아니다. 그 어떤 것을 의식할 때와 마찬가지로 완전성을 의식하면서도 우리는 세계 안의 모든 것을, 심지어 신까지도 더욱 명확하게 의식하기도 하고 덜 명확하게 의식하기도 한다(Papers: 579면). 쾌락은 우리의 지각만큼이나 복잡하다. 우리가 명석 판명한 지각을 더 많이 접할수록 더 큰 쾌락을 경험한다. 또한 이런 지각이 계속 될수록 쾌락도 더 오래 지속된다. 동물들도 쾌락을 느낄 수 있지만 오직 자기의식적이고 이성적인 존재만이 쾌락이 영속하는 상태로서의 행복을 누릴 수 있다(《변신론》: 280~281면; Papers: 425면). "행복과 개인들 사이의 관계는 완전성과 존재들 사이의 관계와 같다"고(Papers: 327면) 말하면서 라이프니츠가 의미한 바는 존재들에게 그들의 선을 부여하는 바, 즉 형이상학적 선에 대한 우리의 의식이 증가함으로써 우리가 적절하게 누릴 수 있는 선 — 물리적 선 — 또한 증가한다는 점이다. 우리는 세계의 완전성을 서로 다른 여러 시기에 관조할 수 있으므로 주어진 어떤 순간에 쾌락을 느끼지 않는다 할지라도 행복을 영속적으로 누릴 수 있다.[20]

그렇다면 세 번째 종류의 선과 악, 즉 도덕적 선과 악은 과연 무엇인가? 라이프니츠는 "도덕적 악은 그릇된 선택을 의미한다"고 말하면서 이를 죄와 동일시한다(《변신론》: 416, 411면). 앞서 살펴보았

---

[20] 행복에 관한 라이프니츠의 견해에 대해서는 Heinekamp(1989) 참조.

듯이 그릇된 선택이란 완전성의 정도가 낮은 혼란스러운 지각에 대해 의지가 잘못된 반응을 보이는 것에 지나지 않는다. 도덕은 이 세계에 새로운 종류의 선과 악을 도입하지 않는다. 라이프니츠는 "도덕적 악이 그렇게 중대한 악인 까닭은 그것이 물리적인 악, 즉 고통과 불행의 원인이기 때문이라는 점을 다시 한 번 잘 고려할 필요가 있다"고 단언한다(《변신론》: 138면). 자연법 학자들과는 달리 라이프니츠는 죄를 신의 의지에 복종하지 않는 것으로 정의하지 않는다. 죄를 지을 때 신에게 복종하지 않는다고 스스로 생각한다 할지라도 우리는 더욱 명석한 지각을 지닐 때보다 덜한 완전성을 — 따라서 덜한 쾌락을 — 초래하는 일이 바로 죄라고 얼마든지 생각할 수 있다.

따라서 라이프니츠는 형이상학적 선 또는 완전성이 가장 기본이라고 생각한다. "모든 것을 포함하는 형이상학적 선은 때로 물리적 악이나 도덕적 악이 필요하다는 점에 동의하기도 한다."(《변신론》: 258면) 이런 사실을 통해서 신이 다른 모든 것보다 탁월한 덕의 가치를 제대로 평가하지 않는다는 점이 드러난다고 불평할 필요는 없다. 라이프니츠는 덕이 피조물 중 가장 고귀한 것이지만 유일하게 선한 피조물은 아니라고 말한다. 신은 가능한 모든 것 안에 포함된 선에 이끌리므로 만일 신의 최종 결정이 각각의 것을 분리해서 생각했을 때보다 덕의 정도가 덜한 것을 포함한다면 그 까닭은 세계 전체로 볼 때 덜한 덕과 결합된 다른 가치들의 총계가 더 많은 덕과 결합된 다른 가치들의 총계보다 더 크기 때문이다(198면). 또한 이렇게 실현된 형이상학적 선이 바로 현재 존재하는 세계라는 점을 기억해야 한다. 왜냐하면 신은 최선의 가능세계를 선택하기 때문이다. 물리적 필연성은 — 즉 신이 창조하기로 선택한 물리적 세계를 지배하는 법칙들은 — "도덕적 필연성 또는 최선의 것을 창조하는 신의 선택을 기초로 삼아 성립한다"(74면). 따라서 이들 모두의 아래에 놓인 형이상학적 완전성은 신의 최종 목적에 의해서 규정된다. 존재의 정도는 완전성의 정도이며 따라서 선의 정도이다. 라이프니츠의 반혁명주의는 근대과학의 형이상학적 기초를, 그리고 당연히 근대 주의주의 도덕의 기초를 넘어선다.

3. 사랑, 정의 그리고 완전성

그렇다면 라이프니츠가 이토록 주의 깊게 계획된 세계에 어울린다고 생각하는 도덕은 과연 무엇인가? 그것은 사랑을 중심에 둔 도덕, 즉 법칙과 의무가 점차 사라져 매우 작은 역할만을 담당하는 도덕이다. 이는 또한 우리의 내면적 심리가 주도하는 도덕이기도 하다. 우리는 완전성을 증가시키기 위해 행위해야만 하므로 도덕은 그렇게 하기 위해 우리가 행해야 할 바를 말해 주기만 하면 된다. 라이프니츠가 완전성 추구로부터 도출된 도덕심리학의 중심에 자기애 또는 자기이익을 놓는다는 점은 어쩌면 놀라운 일일지도 모른다. 비록 젊은 시절에 홉스를 높이 평가했다 할지라도 그는 홉스주의자가 아니다. 컴벌랜드와 유사하지만 그보다 훨씬 더 명확하게 라이프니츠는 어떻게 지식이 오직 우리 자신에 대한 편협하고 이기적인 관심에서 등장한 자기애를 모든 사람에 대한, 마치 신과 같은 폭넓은 관심으로 변형할 수 있는지 보이기 위해 사랑 일반에 관한 설명을 제시한다. 우리의 주된 임무가 우리가 지닌 지식을 완전하게 함으로써 스스로를 완전하게 하는 것인 까닭은 오직 지식만이 이런 변화를 일으킬 수 있기 때문이다(*Papers*: 219면 참조). 라이프니츠의 도덕에 따르면 우리가 행하는 모든 것은 결국 자기완성을 목표로 삼는다.

라이프니츠는 무언가를 사랑하기 위해서는 그것의 완전성에서 쾌락을 얻을 수 있어야 한다고 주장한다. 앞서 살펴보았듯이 쾌락 자체가 바로 완전성을 느끼는 것이다. 사랑은 특정한 대상을 그것의 근원과 연결한다. 우리는 자신을 사랑할 수 있으며 우리의 완전성에서 쾌락을 느낀다. 또한 우리는 다른 사람을 사랑할 수 있으며 그들의 완전성에서도 쾌락을 느낀다. 우리의 사랑의 특성은 우리가 느끼는 쾌락이 아니라 쾌락을 주는 대상에서 드러난다. 라이프니츠는 "우리가 자기애를 잘 이해하는지 잘못 이해하는지에 따라, 자기애는 모든 도덕적 덕과 악덕을 만들어 낸다. 그리고 사람들은 이익이 없으면 결코 행위하지 않는다는 말이 사실이라 할지라도 부패하고 얄팍한 이익뿐만 아니라 정직하고 지속적인 이익도 있다는 말 또한 분명히 참이다."(*Textes* II. 575) 우리는 매우 큰 완전성을 계속 지각할 수 있는 한에서만 지속적으로 쾌락을 얻는다. 이로부터 도출되는 결론은 명백하다. 신은 가장 완전하며 가장 행복한 존재이고, "참되고 순수한 사랑은 사랑받는 존재의 완전성과 지복이 계속 쾌락을 일으키는 상태이므로" 우리는 다른 무엇보다도 신을 사랑하는 경우에 자기이익을 극대화할 수 있다(《원리》 16). [21]

---

21) 모나드가 지닌 지각은 미리 결정된 방식으로 항상 변화한다. 따라서 우리가 느끼는 쾌락과 고통은 지각의 완전성이 변화하는 데 따라 좌우된다. 그리고 현세에서 우리가 바랄 수 있는 최선은 신을 관조하는 상태가 아니라 지각의 완전성을 계속 높여 나가는 것이다. 이에 관해서는 《원리》 18 참조.

위의 인용문에서 "참되고 순수한 사랑"이라는 문구는 매우 중요하다. 라이프니츠는 사랑에 관한 설명을 특히 당시에 뜨거운 논쟁의 대상이 되었던 신학적 주장, 즉 우리는 지극히 순수하게 신을 사랑할 수 있으므로 신의 의지에 따라 우리에게 저주와 천벌이 내린다면 그것조차도 사랑해야 한다는 주장에 맞서 그것을 논파하는 데 사용한다. 라이프니츠는 거듭해서 이 주장을 대신하기 위한 자신의 이론을 제시한다(예를 들면 *Papers*: 420~421면, 424면). 그는 이 주장을 주의주의라는 변화무쌍한 논적이 내세우는 또 다른 형태의 주장이라고 본 듯하다. 그가 반대하는 주의주의자들의 "순수한 사랑"이란 그 어떤 필연적 대상으로부터의 진정한 사랑도 배제한 채 단지 그런 대상을 향한 임의적인 선택만을 남겨둘 뿐이다. 이에 맞서기 위해 라이프니츠는 쾌락과 완전성의 관념을 한데 결합함으로써 데카르트로부터는 은연중에, 말브랑슈로부터는 명확하게 멀어진다. 사랑을 하면서 우리는 항상 어떤 이익을 얻으며, 항상 우리 자신의 쾌락을 추구한다. 하지만 우리는 자신이 지닌 완전성의 총계가 증가한다는 사실을 의식하지 못하고서는 결코 우리의 쾌락이 증가한다고 일관되게 생각할 수 없는데 완전성의 증가는 결국 신을 알고 사랑함을 의미한다(《신인간지성론》: 500면). 그리고 우리는 신을 사랑하는 한 다른 사람들도 사랑하게 된다. 신은 무엇보다도 여러 존재가 완전성을 지니는 한에서만 그들을 사랑한다. 그런데 비록 우리 각각이 필연적으로 서로 다른 수준의 완전성을 지닐 수밖에 없다 할지라도 인간은 다른 어떤 존재보다도 더욱 큰 완전성을 지닌다. 우리는 신을 인식하는 한 신이 생각하듯이 생각한다. 그러므로 우리는 신이 사랑하듯이 사랑하며 따라서 다른 모든 존재보다도 사람을 더욱 사랑한다. 그리고 이들을 사랑한다는 것은 이들의 완전성과 행복이 실현되기를 추구함을 의미한다. 간단히 말해서 만일 우리가 다른 무엇보다도 신을 사랑한다면 우리는 이웃을 자신과 같이 사랑해야 한다.[22] 더욱이 우리는 오직 이렇게 사랑하는 상황에서만 스스로의 행복 또한 추구할 수 있다. 이 점을 라이프니츠는 다음과 같이 요약한다. "결국 우리가 자신의 형제를 사랑하지 않고는 신을 사랑할 수 없으며, 자비를 베풀지 않고서는 지혜를 소유할 수 없으며, 다른 사람이 선에 이르도록 돕지 않고서는 우리 자신의 선에도 이를 수 없다는 말은 지극히 참이다."(*Textes* II. 581) 바로 여기서 예정조화설의 도덕적 결론이 드러난다. 덕과 행복을 개념상 구별하려 했던 말브랑슈의 시도는 조화 개념에 의해서 퇴색되고 만다. 자기 자신의 행복을 추구하는 일과 다른 사람의 행복을 추구하는 일 사이에는 궁극적으로 어떤 상충도 일어나지 않는다.

이에 기초해 라이프니츠는 정의(正義)에 관한 정교한 이론을 제시하는데 이 이론은 상당히 충격적이고 매우 독창적인 정의(定義)로부터 출발한다.[23] 초기에 쓴 어떤 글에서 라이프니츠는 그로티우스의 비판에 맞서 아리스토텔레스의 정의 개념을 옹호하면서 정의를 다른 사람에 대한 선의와 증오라는 정서 사이의 중용으로 정의한다(*Papers*: 75면). 그는 사상적으로 성숙한 이후에도 정의가 일종의 애정이라는 초기의 주장을 유지하지만 애정이 무엇인지에 대해 새

---

22) *Philosophische Schriften*, ed. Gerhardt, VII. 74~77에는 이런 주장이 잘 요약되어 등장한다. 이곳을 비롯한 다른 대목에서 라이프니츠가 이런 논점을 신과의 우정이라는 아퀴나스적인 용어로 표현하는 점은 매우 흥미롭다.
23) 라이프니츠의 정의 개념에 관한 더욱 상세한 설명은 Riley(1996) 참조.

로운 설명을 제시한다. 그의 새로운 정의에 따르면 정의란 현명한 이들의 자비이다. 완전하게 현명한 사람은 존재 각각의 완전성과 각 개인의 공적이 무엇인지 모두 안다. 그는 자신의 사랑을 통해 가장 많은 것을 누릴 자격이 있는 사람에게 가장 많은 것을 베푼다. 자연법 학자들은 사랑과 정의가 상반된다고 본 듯하지만 사실은 그렇지 않다. 정의는 사랑의 완성이다.

라이프니츠는 정의를 로마법의 세 원리와 연결함으로써 정의에 대한 설명을 전개한다. 그는 오직 유스티니아누스(Justinian) 법전 중 《학설휘찬》(學說彙纂, *Digest*) I. I. 10에 수록된 형태로 전해지는 울피아누스(Ulpian) 24) 의 《법령집》(*Rules*) 에서 세 원리를 인용한다. "정의는 각자에게 법적으로 자신의 몫을 부여하는 영속적이고 오류를 범하지 않는 성향이다. §1. 법의 원리는 다음과 같다. 올바르게 살 것. 아무에게도 해를 입히지 말 것. 모든 사람에게 각자의 몫을 줄 것."25) 이들 원리는 거의 상식에 속했으며, 자연법 학자들을 비롯한 다른 모든 사람들도 정의 문제에 관한 자신들의 견해를 체계화하는 수단으로 활용했다. 하지만 라이프니츠는 몇 가지 점에서 자

---

24) 〔옮긴이주〕 울피아누스(?~228)는 로마제국 시대의 법학자로 그의 저술은 동로마제국 황제 유스티니아누스의 법전 중 《학설휘찬》(2, 3세기 로마 법학자들의 법 이론을 모아서 편집한 부분)에서 전체 내용의 35% 정도를 차지한다. 그는 창의적인 법 사상가는 아니었지만 당시의 이론을 정리하고 해석하는 데 탁월한 능력을 발휘한 인물로 평가받는다.

25) Justinian, ed. Monro: 5면. 이 세 원리는 유스티니아누스 법전 중 《법학제요》(*Institutes*) 의 첫머리 I. I. 3에서도 다소 변형되어 다시 언급된다. "법의 명령은 다음과 같다. 명예롭게 살아라. 아무에게도 해를 입히지 마라. 모든 사람에게 각자의 몫을 주어라." Birks and McCleod: 37면.

연법 학자들과는 다른 태도를 보인다.

첫 번째 등급의 정의는 로마법의 격률 중 "아무에게도 해를 입히지 말 것"에 대응된다. 이런 정의에는 엄격한 권리가 포함되는데 이런 권리의 침해는 사회 안에서 법적인 제재를 가하거나 사회 밖에서 전쟁을 일으키는 근거를 제공한다. 라이프니츠는 두 번째 등급의 정의를 "모든 사람에게 각자의 몫을 주라"는 격률과 연결한다. 이런 정의는 형평성 또는 좁은 의미에서의 자비와 관련된다 — 어려운 상황에 처한 다른 사람에게 구호품을 주어야 하지만 그렇게 하지 않는다고 해서 이것이 법적인 제재를 가하는 근거가 되지는 않는다. 라이프니츠는 이런 두 등급의 정의가 각각 그로티우스의 완전한 권리와 불완전한 권리에 대응된다고 명확히 말한다(*Writings*, ed. Riley: 172면). 현세에서의 선은 모두 이 두 등급의 영역 안에 포섭된다. 첫 번째 등급의 정의는 평화의 유지에 주목하며, 두 번째 등급의 정의는 우리 각자가 타인의 복지에서 발견하는 행복을 증가시키는 일에 주목한다. 라이프니츠는 세 번째 등급의 정의를 경건함이라고 부르면서 이를 "올바르게(즉 경건하게) 살라"는 로마법의 세 번째 격률과 연결한다 — 여기에는 물론 해석상의 이견이 있을 수 있지만 라이프니츠가 이렇게 말한 이유 중의 하나는 설령 충분히 폭넓게 자비를 베푸는 일이 명백히 현세에서의 희생을 요구한다 할지라도 많은 사람이 실제로 그렇게 하기 위해서는 섭리와 영혼 불멸성에 대한 확고한 믿음이 필요하기 때문이다. 바로 이런 관점에서 보편적 정의는 모든 덕과 의무를 포함하게 되며 심지어 우리 자신에게 해를 입혀서는 안 된다는 점까지 요구하게 된다. 우리는 신에 이르기까지 다른 모든 것에 대해서뿐만 아니라 우리 자신에 대해서도 의무를 지며, 우리가 행해야 할 바를 행할 수 있는 능력을 유지하는 것은 "세계 전체에 이익이 된다"(*Writings*: 172~173면).

　자연법 학자들은 완전한 의무와 불완전한 의무의 원리 사이에 단순한 등급의 차이를 넘어서는 명백한 차이가 있다고 생각했다. 반면 라이프니츠가 보기에 이 차이는 오직 등급의 차이일 뿐이다. 도덕적 측면에서 볼 때 첫 번째 수준에 속하는 가장 엄격한 의무와 마지막 수준에 속하는 경건함의 의무 사이에는 일종의 연속성이 존재한다. 모든 의무는 손해를 막고 이익을 산출하기 위한 것이므로 오직 이들의 총계만이 문제가 된다. 나아가 자연법 학자들에 반대하면서 라이프니츠는 자연법 또한 순전히 도구적 기능을 하기 때문에 권위를 얻게 된다고 주장한다. 그는 "자연법은 자연스럽게 구성된 사회를 유지하고 신장하기 위한 것"이라고 말할 뿐(*Papers*: 428면), 자연법의 부여자나 제재, 공포 등에 대해서는 전혀 언급하지 않는다. 26)

　따라서 라이프니츠는 거의 완전한 결과주의를 채택한다. 우리가 무엇을 행해야만 하는지 결정하는 방법을 제시하는 데 가장 가까운 접근 방식을 논의하면서 그는 우리가 신의 의지를 결코 상세히 알 수는 없지만 우리는 "〔신의〕 의지가 이러리라고 가정하고 그에 따라 행위하면서 … 전체의 복지에 기여하는 데 전력을 기울여야 하며", 특히 우리가 가장 직접 영향을 미치는 이들의 완전성에 기여해야 한다고 말한다(《형이상학 논고》4). 우리가 주로 영향을 미치는 대상은 바로 사람인데 그들의 복지가 바로 그들의 행복이다.

---

26) 의무에 관한 라이프니츠의 견해에 관해서는 뒤의 4절 및 5절에서 논의하려 한다.

라이프니츠가 결과주의를 적용하지 않는 명백한 예외가 하나 있는데 — 이것이 유일한 예외인지는 확실하지 않지만 — 이는 처벌의 문제와 관련된다. 처벌을 다루면서 그는 더 이상의 어떤 목적에도 도움이 되지 않는 일종의 징벌적 또는 보복적 정의를 허용하면서 다음과 같이 말한다. "이런 정의는 무언가를 증진하지도 않으며 무언가를 보여 주는 예도 아니고 심지어 악을 바로잡는 것도 아니다. 이 정의는 오직 사물의 본성에 적합하다는 점에 기초하며, 악행을 속죄하는 데서 생겨나는 일종의 만족감을 요구한다."(《변신론》: 161면) 나는 앞서 지옥으로 떨어진 사람들에 대한 영원한 처벌을 정당화하는 문제와 관련해 주의주의에 대응하기 위해서 신을 오직 자비롭기만 한 존재로 보는 것을 걱정하는 커드워스의 우려를 지적했다. 라이프니츠는 이 문제에 대한 커드워스의 견해를 몰랐던 듯이 보이지만 그와 같은 관심을 드러낸다. "지옥에 떨어진 사람을 악에서 멀어지게 하는 데 더 이상 도움이 되지 않는데도 왜 그들이 계속 고통 받아야 하는가"를 — 또 구원받은 사람이 덕을 유지하는 데 더 이상 필요하지 않으면서도 왜 그들이 계속 쾌락을 누려야 하는가를 — 설명해 주는 것은 바로 "사물의 적합성이라는 원리"이다(162면).[27]

설령 라이프니츠가 전반적으로 명백히 결과주의를 채택한다 할지

---

27) 또한 《변신론》: 200면 참조. 《변신론》: 418면에서 라이프니츠는 도덕적으로 필연적인 진리와 적합성의 진리를 동일시하면서 이들 모두를 모순율에 기초한 절대적으로 필연적인 진리와 대비한다. 하지만 만일 사물의 적합성이 오직 자신이 산출하는 선에 따라 좌우된다면 라이프니츠는 순전한 보복적 정의를 어떻게 정당화할 수 있는지 제대로 설명하지 못한 셈이 된다. 다른 대목에서 그는 처벌이 전체의 선을 위해 항상 유용하다고 여기는 듯이 보인다. Textes II. 579, "지복", 6 참조.

라도 그의 주장은 컴벌랜드나 공리주의의 결과주의와는 다르다. 그가 생각하는 선은 현명한 사람이 실현하려고 노력하는 선이다. 우리의 첫 번째 임무는 가능한 한 현명하게 되는 것이다. 이렇게 되지 않는 한 우리는 무엇을 행해야 할지 알지도 못하며 또 행해야 할 바를 하도록 이끌려 실제로 그런 행위를 하더라도 충분한 쾌락을 얻지 못한다. 스토아학파가 생각한 현자와 마찬가지로 라이프니츠의 현명한 사람은 세계 전체를 계산에 넣는다. 전체적으로 모든 것이 최선을 유지하는 상태와 양립할 수 있는 쾌락을 통해서만 단지 행위에 대한 조건부 근거를 제시하는 수준을 넘어설 수 있다.

심지어 신조차도 자신이 선택하려는 세계의 각 부분이 원래 소유한 선들의 총계를 계산함으로써 어떤 세계를 실현할 것인지 결정할 수는 없다. 라이프니츠의 세계에서 모든 것은 오직 다른 모든 것과의 관계를 통해서만 실제로 존재하게 된다. 따라서 모든 부분 각각이 지닌 완전성 또는 선의 총계를 늘리는 일은 그런 부분을 필수적인 구성 요소로 삼는 전체가 담당하는 역할이다. 컴벌랜드의 신은 독립적인 선들을 더함으로써 전체 선의 총계를 우연적으로 늘리려는 관점을 선택하는 신이다. 반면 라이프니츠의 신은 전체를 고려한 선택을 해야만 한다(《변신론》: 128면). 라이프니츠는 결과주의자이기에 앞서 공동체주의자이다. 그리고 그는 이들 두 이론을 모두 택하기 때문에 완성주의자가 된다.

4. 푸펜도르프 비판: 법칙과 의지

주의주의는 근대 도덕철학에서 새로운 관념들이 등장하는 데 큰 자극이 되었다. 컴벌랜드가 제시한, 새로운 형태의 양적 결과주의는 주의주의에 대응하기 위한 시도였는데 라이프니츠가 제시한 완전성 증가의 원리 또한 이와 유사한 시도이다. 나는 앞 장에서 직관주의와 칸트적인 형식주의의 몇몇 측면 또한 주지주의에 반대하기 위한 시도로서 등장했음을 주장했다. 커드워스, 컴벌랜드, 샤프츠버리, 클라크, 볼프, 프라이스를 비롯해 다른 많은 학자들이 주의주의를 거부하는 이유를 설명했지만 이들 중 어느 누구도 주의주의자들과 직접 논쟁을 벌이지는 않았다. 예를 들면 데카르트의 《성찰》에 대한 《반박과 대답》이나 라이프니츠와 클라크의 서신에서 드러나는, 형이상학과 인식론을 둘러싼 논쟁에 비견할 만한, 도덕에 관한 주의주의자와 반주의주의자의 의견 교환은 이루어지지 않았다. 이 주제가 도덕철학에서 차지하는 중요성에 비추어 볼 때 본격적 논쟁이 없었음은 상당히 유감스러운 일이다. 하지만 우리는 이에 가장 근접한 경우에 접하게 되는데 이것이 큰 중요성을 지님은 당연하다. 이는 바로 바르베이락이 《한 무명 학자의 판단》(*Jugement d'un anonyme*)이라는 저술을 통해 푸펜도르프에 대한 라이프니츠의 비판에 답한 경우이다.

반주의주의자가 비판의 대상으로 삼기에 푸펜도르프보다 더 적절한 학자는 상상할 수 없을 듯하다. 설령 홉스가 더욱 강력한 사상가였다 할지라도 그는 푸펜도르프만큼 많은 추종자를 얻지 못했으며, 또한 그는 주의주의가 신과 인간 사이에 설정한 것과 같은 도덕적 격차를 그리 선명하게 드러내지 못했다. 라이프니츠는 원래 푸펜도르프에 관한 논의에 뛰어들 생각이 없었다. 1706년 그는 친구의 부탁으로 푸펜도르프에 대한 자신의 견해를 그저 글로 남겼을 뿐이다. 그의 언급은 매우 비판적이었으며 결국 이것이 출판되자 바르베이락은 논쟁에 뛰어들게 되었다. 하지만 이때 라이프니츠는 이미 세상을 떠난 뒤였다. 바르베이락은 푸펜도르프의 《자연법에 따른 인간과 시민의 의무에 관해》를 자신이 프랑스어로 번역한 책의 4판(1718)을 준비하며 방금 언급한 라이프니츠의 저술, 즉 《푸펜도르프주의자들에 대한 경고》를[28] 프랑스어로 번역했다. 이 과정에서 그는 라이프니츠의 저술을 20여 개의 절로 나누고 항목마다 자신의 대답을 덧붙였다. 이 저술에서 라이프니츠는 자연법 이론을 이전의 어떤 학자보다도 더욱 강력하게 비판하는 관점을 충분히 전개했다. 바르베이락은 당시 생존 학자 중 근대 자연법 이론의 역사와 그 이론이 채택할 수 있는 선택지에 대해 가장 잘 아는 인물이었다. [29]

---

28) 라이프니츠는 푸펜도르프의 저술을 읽는 독자들에게 세심한 주의가 필요하다는 점을 경고하며, 그렇게 하지 않으면 독자들은 그의 위험한 원리들을 순식간에 받아들이게 되리라고 말한다.

29) 푸펜도르프에 대한 라이프니츠의 비판이 출판된 상세한 내력에 관해서는 Bobbio(1947) 참조. 여기에는 바르베이락의 다양한 대답에 대한 분석도 등장한다. 나는 이 논문의 중요성을 알려 주었을 뿐만 아니라 이 주제를 다룬 자신의 귀중한 논문까지 보내 준 Fiammetta Palladini 박사께 감사한다. 그녀는 라이프니츠-바르베이락 논쟁의 이후 전개 과정에 관한 또 다른 자료도 내게 보내 주었다. 1721년 브랑슈(Balthasar Branchu)라는 젊은 학자는 로마법에 관한 자신의 견해를 출판했는데 그는 여기에 바르베이락의 공격에 맞서 라이프니츠를 옹호하는 글을 덧붙였다. 1734년 바르베이락은 푸펜도르프 저술의 번역을 새로 출간하면서 서문을 통해 브랑슈가 자신이 쓴 책을 한 권 보냈으며 그의 비판에서 많은 것을 배울 수 있으리라 기대되어 기뻤

라이프니츠와 바르베이락 사이의 논쟁에서 특별히 의견 대립의 근거가 되며 표면적으로도 분명히 드러나는 주제는 바로 신이 어떤 방식으로 도덕에 포함되어 도덕의 구속을 받는가 하는 문제이다. 주의주의에 반대하는 사람들은 신도 반드시 도덕에 포함되어 도덕의 구속을 받아야 하며 이런 방식을 통해서만 도덕을 제대로 이해할 수 있다는 점에 동의한다. 물론 이들은 신이 도덕에 포함되는 방법 자체에 관해서는 상당한 의견의 차이를 보이며, 이런 차이는 신과 인간 사이의 적절한 도덕적 관계가 무엇인가에 대한 견해 차이로 직접 이어진다.

앞서 살펴보았듯이 주의주의자들은 오직 신이 명령했기 때문에 신의 명령에 겸손하게 순종하고 복종하는 것이 우리가 취해야 하는 유일한 적절한 태도라고 주장한다. 신은 완전성의 측면에서 우리와 무한히 멀리 떨어져 있으므로 궁극적으로 파악될 수 없는 존재이다. 우리는 신의 명령이 규정한 질서를 지켜야 하는 피지배자들이며 명령을 어기면 제재가 뒤따른다. 반주의주의자들은 이런 도식 전체를 거부한다. 그들은 신을 자비롭고 공정할 뿐만 아니라 우리를 사랑하는 아버지라고 여긴다. 신과 우리는 도덕에 관해 동일한 언어로 생각한다. 신은 우리가 노력이 보답받는 세계에 살고 있다는 것과 현세가 아니더라도 죽은 후 내세에서 보상과 처벌이 이루어진다는 것을 보증한다.

다고 밝힌다. 하지만 브랑슈는 푸펜도르프도 자신도 제대로 이해하지 못하고 ─ "수준 낮은 판단을" 내린 정도에 그치기 때문에 ─ 자신의 견해를 수정할 필요는 전혀 없었다고 말한다. Meylan(1937) : 131면, 주 2에도 이와 같은 지적이 등장한다.

라이프니츠와 바르베이락 사이의 의견 교환을 통해 우리는 이전에 살펴보았던 어떤 경우보다 더욱 완전하게 주의주의에 반대하는 논의에 접하게 된다. 이는 또한 주의주의의 옹호자들이 내세웠던 주의주의의 중요한 강점이 무엇인지 선명하게 드러낸다. 라이프니츠는 푸펜도르프의 견해에 대한 수많은 반박을 제기하는데, 바르베이락의 지적대로 이들 중 일부는 라이프니츠가 푸펜도르프의 저술을 주의 깊게 읽지 않았기 때문에 등장하기도 하고 별로 중요하지 않은 지엽적인 문제를 다루기도 한다.[30] 나는 이 '논쟁'의 핵심에 해당하는 두 가지 개념적인 문제를 집중적으로 다루려 한다.[31] 둘 중 하나는 신의 의지와 도덕 사이의 관계이며, 다른 하나는 도덕적 정당화 및 이것과 도덕적 동기 사이의 관계이다.[32]

---

[30] 푸펜도르프에 대한 라이프니츠의 비판에서 가장 중요한 핵심은 푸펜도르프의 자연법이 오직 "외적인" 행위에만 관여하며 내적인 삶은 전혀 다루지 않는다는 점이다. 바르베이락이 지적하듯이 푸펜도르프는 실제로 자연법이 "대부분" 오직 다른 사람들이 관찰할 수 있는 우리의 행위와 관련된다고 언급한다. 그 까닭은 자연법이 주로 집행 가능한 권리와 관련되기 때문인데 이런 권리가 우리의 내적인 삶에 이르기는 쉽지 않다. 하지만 바르베이락은 푸펜도르프가 많은 대목에서 동기의 중요성을 강조하고 우리 자신의 성격을 개선해야 한다고 주장했음을 지적한다. 앞서 내가 지적했듯이 라이프니츠는 도덕을 우선 적절한 동기가 되는 정서를 지닌 후 무엇보다 자기완성을 추구하는 문제로 여긴다. 여기서 배후에 놓인 논점이 무엇이든 바르베이락은 여러 주장과 그것에 대한 반박을 제시하는 수준을 넘어서려 하지 않는다.

[31] 바르베이락은 주의주의에 대한 공격을 쓴 저자가 누구인지 모르는 체한다. 첫머리에 자신의 대답 전반에 관해 비교적 길게 언급한 후 그는 일관되게 라이프니츠를 "무명의 저술가"로, 푸펜도르프를 "저자" 또는 "우리의 저자"로 지칭한다. Meylan(1937): 109면에 따르면 바르베이락은 베를린에서 라이프니츠를 만났으며 그를 "학문의 공화국에서 탁월한 다른 인물들을 몹시 질투하는 사람"으로 여겼다고 한다.

[32] 아래에서 《한 무명 학자의 판단》을 인용할 경우 나는 주의주의에 대한 라이

푸펜도르프는 신이 자신의 의지가 내린 결정에 따라 도덕적 실재들을 창조한다고 주장했는데, 라이프니츠는 명백하게 이것이 바로 그가 자연법을 다루면서 범한 가장 큰 오류라고 생각한다. 이 주장에 반대하면서 라이프니츠는 자신이 다른 곳에서 이미 사용했던 논증을 — 즉 주의주의자는 신이 정의롭기 때문에 찬미의 대상이 된다는 사실을 전혀 무의미하게 만들어 버린다는 논증을 — 다시 언급한다. 여기서 라이프니츠는 스스로 무어(G. E. Moore)를 추종한다고 믿는 20세기의 언어철학자들이 중요하게 생각할 만한 논점을 형성하지는 않는다. 또한 그는 주의주의가 단지 "신은 정의롭다"는 문장을 공허하게 만드는 잘못을 범할 뿐이라고 생각하지도 않는다. 그의 논점은 오히려 신보다 상위의 존재가 없다 할지라도 우리는 여전히 신을 정의롭다고 생각할 수 있다는 것이다. 즉, 우리는 누군가에게 법칙을 부과하고 제재를 가하는 상위의 존재를 가정하지 않고도 그가 정의롭고 법칙을 잘 지킨다고 충분히 생각할 수 있다. 그런데 주의주의자는 정의가 상위의 존재를 반드시 필요로 한다고 생각한다. 따라서 주의주의는 정의의 개념을 잘못 파악하고 있다. 이런 생각은 도덕적으로 끔찍한 결과를 낳으며, 라이프니츠 자신의 견해가 이에 대한 유일한 대안이다(L: 465~467면; *Writings*: 71~72면 참조).

라이프니츠는 여기에 새로운 비판을 더한다. 주의주의자는 명령을 내림으로써 의무를 부과하는 상위의 존재가 자신의 명령을 강요

프니츠의 비판을 L로, 바르베이락의 대답을 B로 표시했다. 라이프니츠를 인용하면서 Riley가 편집한 《정치적 저술들》(*Political Writings*)의 페이지도 함께 밝혔다. 라이프니츠의 라틴어 저술에 대한 바르베이락과 Riley의 번역이 다소 다른 경우도 자주 등장한다.

할 수 있는 권능뿐만 아니라 "이런 권능을 정당화하는 정당한 근거"도 지녀야 한다는 사실을 인정한다. 만일 우리를 구속하는 법칙이 오직 권위를 지닌 상위의 존재로부터 등장하는데 상위의 존재가 지닌 권위는 오직 우리를 구속하는 법칙에서 도출되는 근거들에 의해서 보장될 수 있다면 "여기서 일종의 악순환이 등장하는데, 이는 이보다 더 명백할 수는 없을 정도의 악순환이다". 또한 라이프니츠는 만일 상위의 존재가 부여하는 명령의 근거들이 존재한다면 어떤 행위를 도덕적으로 필연적인 것으로 만들기 위해 왜 제재가 필요한지를 알 수 없다고 주장한다. 제재는 두려움을 불러일으킬지는 몰라도 어떤 행위를 더욱 정당하게 만들지도 않으며 제재 때문에 위협받는 사람들의 성격을 개선하지도 않는다(L: 484~488면; *Writings*: 73~75면 참조).

　바르베이락은 라이프니츠의 첫 번째 비판을 두 절에 걸쳐 다룬다. 두 절 모두에서 그는 언뜻 보기에는 신이 찬미되는 까닭은 정의롭기 때문이라는 전제를 거부하는 듯도 하고 인정하는 듯도 하지만 라이프니츠의 견해를 받아들이는 입장을 취한다. 바르베이락은 신의 정의와 인간의 정의는 유사하지만 이들 사이에는 큰 차이가 있다고 말한다. 우리는 그가 바로 신과 인간이 완전히 동일한 의미에서 정의롭다는 라이프니츠의 가정을 거부하고, 신이 찬미되는 까닭은 정의롭기 때문이 아니라 자비롭기 때문이라는 푸펜도르프의 주장을 지지하는 논점을 형성하기 기대할지도 모른다. 하지만 놀랍게도 그는 그렇게 하지 않으며 대신 다음과 같이 말한다. "신은 본성상 정의롭다. 신은 정의롭지 않은 방식으로는 행위할 수도 행위하기를 바랄 수도 없다. 이는 신이 지닌 행복한 잠재성이며 영광스러운 필연성으로서 오직 신의 무한한 완전성으로부터 등장한다.")33) 바르베이락은 사람은 신과 명백히 다르므로 정의롭게 되기 위해서는 "어떤 외부의 원리에 의해서" 부과된 의무를 필요로 한다고 덧붙인다(B: 459면). 하지만 그는 설령 신보다 상위의 존재는 없음이 당연하다 할지라도 신은 정의롭다고 여겨질 수 있으며, 신도 어떤 필연성의 지배를 받는다는 점을 인정하는 듯이 보인다.

이런 사실은 현재 논의 중인 문제에 대한 두 번째 언급에서 더욱 분명히 드러난다. 바르베이락은 푸펜도르프가 항상 신을 "주권자로서 정의로우며", "자신의 무한한 완전성과 일치하는 정의의 규칙들에 따르는 신성불가침의 존재로" 묘사한다고 주장한다. 푸펜도르프는 모든 법칙이 "의지로부터 유출된다고 생각하지 않으며, 상위의 존재가 지닌 임의적 의지로부터 유출된다고는 더더욱 생각하지 않는다". 너무나도 당연한 말이지만 신은 독립적이다. 그리고 어느 누구도 신에게 대항할 권리를 지닐 수 없다. 하지만 푸펜도르프는 현재 신을 위한 법칙이 아니라 "의존적인 존재들"을 위한 법칙을 다루고 있다. 의지에 의해서 산출된 법칙은 오직 이런 의존적인 존재들에게만 적합하다 — 설령 그렇더라도 우리에게 적용되는 법칙을 창조하는 의지는 결코 **임의적인** 의지가 아니다. 바르베이락은 다음과 같이 말한다. "신이 만일 인간의 본성에 기초한 정의의 규칙들이 아닌 다른 규칙들을 규정한다면 신은 자신의 완전성을 모독하고 자기

---

33) 바르베이락은 컴벌랜드의 저술을 프랑스어로 번역한 원고를 1733년에 이르러서야 출판했다. 하지만 그가 라이프니츠에 대한 대답을 썼을 당시 컴벌랜드의 저술을 이미 읽었음에 틀림없다고 확신할 수 있다. 위의 대목을 보면 그는 명백한 컴벌랜드주의자인 듯하다.

자신을 기만하게 될 것이다."(B: 468면)

　라이프니츠가 제기한 악순환의 문제에 대한 바르베이락의 대답은 신이 필연적으로 정의롭다는 자신의 주장에 의존한다. 신은 "정의를 동반하는 근거들에 기초한" 명령을 내릴 권리를 지닌다. 바르베이락은 신이 선한 근거에서 명령을 내린다면 설령 제재를 고려하지 않더라도 우리는 명령에 따를 의무를 지게 되므로 라이프니츠의 비판은 푸펜도르프에게 적용되지 않는다고 주장한다. 하지만 흥미롭게도 바르베이락은 푸펜도르프가 신에게 명령할 권리를 부여하는 것과 "신을 **효과적으로 명령할** 위치에 놓는" 것 사이의 구별이 지니는 중요성을 충분히 명확하게 드러내지 못했음을 인정한다. 그러나 바르베이락은 푸펜도르프가 이 점을 강조하는 데 실패한 것은 단지 "사소한 실수"에 지나지 않는다고 생각한다(B: 489~491면).

　바르베이락 자신 또한 신이 따르는 법칙의 본성과 그런 법칙 아래서 신이 따라야 하는 필연성 그리고 어떻게 신의 완전성이 그런 법칙으로 형성되는지 등을 제대로 설명하지 못하기 때문에 그가 마치 주의주의를 포기하는 쪽으로 양보하는 듯이 보이기도 한다. 이렇게 양보함으로써 바르베이락은 정의가 자체의 본성상 상위적 존재의 의지에 따를 것을 요구한다는 주장, 이와 더불어 도덕적 필연성이 오직 상위적 존재의 명령에 근거하는 제재로부터 등장한다는 주장을 버리게 된다. 이제 이런 방식으로 파악된 도덕적 필연성은 오직 창조된 존재들과 관련된다. 바르베이락을 이렇게 양보하도록 이끈 근거는 매우 명백하다. 라이프니츠는 푸펜도르프를 데카르트식의 극단적인 주의주의와 연결 지으려 한다(L: 466면; *Writings*: 72면). 하지만 바르베이락은 이에 대해서는 아무런 반응도 보이지 않는다. 대신에 그는 푸펜도르프가 자연법의 조항들이 사물의 본성에 기초한다고 생각했음을 강조한다. 일단 이런 본성을 지닌 사물들을 창조하고 난 후에 신이 "이런 본성에 위배되는 어떤 것이라도 명령한다면 신은 자기 자신을 배반하게 된다"(B: 461, 468면 참조). 바르베이락은 전통적인 주의주의자들처럼 오직 신의 절대적인 권능만을, 즉 어떤 본성이든 자신을 기쁘게만 하면 그런 본성을 지닌 존재를 마음대로 창조하는 권능만을 언급하지 않는다. 그는 신을 임의성과 연결하려는 어떤 시도로부터도 명백히 벗어나기 원한다(B: 477면). 신과 인간 사이의 관계에 대해 도덕적으로 유지될 수 없는 견해를 강요하는 주지주의에 대항하려는 강한 도덕적 저항은 바로 여기서 결정적인 승리를 거두는 듯이 보인다.

5. 푸펜도르프 비판: 정당화와 동기

물론 우리는 아직 라이프니츠와 바르베이락 사이의 논쟁 전체를 검토하지 않았다. 이제 바르베이락은 라이프니츠의 견해에 대한 자신의 반박을 전개한다. 그의 반박은 도덕적 행위의 정당화와 동기 사이의 관계에 집중된다. 여기에는 바르베이락 자신에게조차 당혹스러울 만한 내용도 상당히 포함되지만 그의 반박은 궁극적으로 라이프니츠가 이해한 도덕에 대한 도전이라는 성격을 지닌다. 따라서 이는 순전히 인식론적이거나 형이상학적인 믿음이라기보다는 도덕적 신념이 도덕철학에 대한 논쟁을 규정하는 또 다른 방식을 드러낸다.

바르베이락은 라이프니츠가 신이 도덕에 반드시 필요하다는 점을 보일 수 없다고 주장함으로써 자신의 논점을 제시한다. 푸펜도르프가 "정의는 순전히 임의적인 신의 의지작용에 의존한다"는 극단적인 생각을 피한 반면 라이프니츠는 "정의는 신의 의지와는 전적으로 무관하다"는 또 다른 사악하고 극단적인 생각을 피하지 못한다. 따라서 라이프니츠는 덕을 종교와 무관한 것으로 여기는 덫에 빠지며, 심지어 무신론자조차도 의무를 받아들일 수 있다고 믿는 벨(Pierre Bayle)과 같은 인물들과 동일한 부류에 속한다(B: 480면). 여기서 바르베이락은 라이프니츠가 생각한 신, 즉 세계의 조화를 보증하는 존재로서의 신이 방식은 다를지라도 주의주의자들의 신과 마찬가지로 도덕에서 핵심적인 위치를 차지한다는 사실을 파악하지 못하거나 아니면 이에 동의하지 않는다. 궁극적으로 이 주제를 통해 바르베이락은 도덕적 정당화와 동기에 대한 라이프니츠의 이해가 잘못되었으며, 바로 이 때문에 그의 견해는 도덕적으로 부적합하다는 주장에 이르게 된다.

라이프니츠의 이론에 대한 바르베이락의 반격은 의무 개념에 초점을 맞춘다. 라이프니츠의 의무 이론은 기본적으로 매우 단순하다. 라이프니츠는 의무가 오직 도덕적 필연성일 뿐이라고 말한다(《변신론》: 387, 386면). 또한 도덕적 필연성은 "현명한 사람들에게 선을 행하도록 강요하는 필연성"(《변신론》: 395, 390면)이며, 신의 목적이든 아니면 현명한 사람의 목적이든 간에 목적에 도달하기 위한 수단으로 요구되는 행위에 부과되는 필연성이다. 법칙에 대한 설명과 마찬가지로 의무에 대한 라이프니츠의 정의 또한 행위자를 어떤 방식으로 행위하도록 만들기 위해서는 법칙을 부여하고 제재를 가하는 상위의 존재가 필요하다는 전제를 그가 거부한다는 점을 암시한다. 라이프니츠는 이 문제에 관해 로크가 완전히 잘못 생각했다고 말한다. 로크는 "도덕적 선과 악이 신이 만들어 낸 선과 악이라고 ― 즉 신이 우리를 신의 의지에 따르도록 유도하기 위해 우리에게 부과한 것이라고" 생각했다. 하지만 의무를 구성하는 데는 어떤 우연적인 제재도 필요하지 않다. 우리가 선 또는 악으로 지각하는 바를 신은 최선의 가능세계를 창조하는 과정에서 다양한 행위들과 연결하는데 이런 선 또는 악은 이미 선을 행하고 악을 피하라는 의무를 필연적인 것으로서 우리에게 부과한다. 따라서 라이프니츠는 부분적으로 컴벌랜드에 동의하는 셈이 된다. 라이프니츠는 보상과 처벌이 실제로 자연스럽게 이루어지므로 이를 통해 신이 우리에게 자신의 의지를 알리며, 신이 명령하는 바대로 행위할 의무를 부과한다는 점에 동의한다. 34) 하지만 그는 신이 우리에게 자신의 의지를 말한 것이 의무에 대한 우리의 인식으로 전환될 필요가 있다는 컴벌랜드의 주장은 받아들이지 않는다. 라이프니츠는 지식을 통해서 우리에게 의무가 부과된다고 생각한다.

선한 사람이 도덕적으로 필연적인 행위를 하지 않는 일은 불가능하다는 라이프니츠의 언급을 우리는 곧이곧대로 받아들여야 한다. 주목할 만한 한 대목에서 그는 다음과 같이 말한다. "권리는 일종의 도덕적 가능성이며, 의무는 도덕적 필연성이다. 나는 도덕적이라는 말을 선한 사람에게 '자연스러운'이라는 말과 같은 의미로 이해한다. 왜냐하면 … 우리는 선한 도덕에 반대되는 행위를 하는 일은 불가능

---

34) 로크는 《인간지성론》 II. xxviii. 4~6에서 컴벌랜드를 공격하는데 라이프니츠는 《신인간지성론》: 250~251면에서 이에 대한 자신의 견해를 드러낸다.

한 것으로 믿어야 하기 때문이다."(*Writings*: 170~171면) 선한 사람은 지혜를 지니며, 따라서 최선이 무엇인지 파악한다. 최선이 무엇인지 명확하게 파악하기 때문에 그는 그것에 의해서 움직이지 않을 수 없다. 그는 필연적으로 최선에 의해서 움직이거나 또는, 달리 표현하면, 그렇게 해야만 하며 그렇게 할 의무를 지닌다. 어떤 단편에서 라이프니츠는 의무 논리(*deontic logic*)[35]의 기초를 제시한다. 즉, 의무인 행위는 필연적이며, 허용되는 행위는 가능하며, 부정한 행위는 불가능하다(*Textes* I. 605).[36] 행위자가 행위자로서 자신의 행위가 차지하는 규범적 지위에 대해 지니는 견해는 행위에 대한 자신의 평가를 드러낼 뿐만 아니라 자신이 행하는 바에 대한 설명까지도 제시한다.[37] 행위를 정당화하기 위해서는 행위에 대한 충분한 근거가 필요하며, 행위에 대한 충분한 근거는 왜 그 행위를 하는지 설명해 준다. 정당화란 그저 완전성에 대한 진정한 믿음에 의존하는 설

---

35)〔옮긴이주〕의무 논리란 양상 논리의 일종으로 행위를 개체 변수로, 도덕적 개념들을 술어로 기호화한 후 논리적 계산을 통해 도덕적 추론을 진행하려는 시도로서, 1951년 von Wright가 *Mind*(vol. 60)에 "Deontic Logic"이라는 논문을 발표한 후 활발하게 논의되기 시작했다. OB(*obligatory*, 의무적인), PE(*permissible*, 허용 가능한), FO 또는 IM(*forbidden* 또는 *impermissible*, 금지된 또는 허용 불가능한)이라는 세 개념을 기본 술어로 채택하며, p를 어떤 행위라고 할 때 PEp ↔ ~OB~p, IMp ↔ OB~p 등의 정식을 기본 규칙으로 삼는다.

36) 또한 Sève(1989): 108~122면과 여기서 인용한 대목 참조.

37) 라이프니츠는 더 선한 것을 알면서도 더 악한 것을 행한다는 오비디우스(Ovidius)의 유명한 문구를 다음과 같이 설명한다. 이는 도덕적 선이 ─ 선한 사람이 목표로 삼는 바가 ─ "쾌락을 주는 선", 즉 순간적으로 선하게 여겨지는 정념에 의해서 압도되는 경우이다. 하지만 우리 안에 두 종류의 의지가 존재하지는 않으며 단지 혼합된 지각들만이 존재한다(《변신론》: 220면).

명일 뿐이다. 따라서 정당화와 동기는 서로 분리될 수 없다.

의무에 대한 이런 설명을 전제할 때 바르베이락이 이런 설명에서는 신이 도덕에서 배제된다고 비판한 까닭을 쉽게 알 수 있다. 그는 라이프니츠의 생각에 따르면 의무와 그것에 대한 우리의 의식이 "사물의 본성"으로부터 직접 등장한다고 말한다. 만일 그렇다면 무신론자들조차도 우리에게 의무를 부과하는 관계를 알아챌 것이다. 그리고 만일 라이프니츠의 언급대로 이런 관계가 "산술이나 기하학의 원리와 마찬가지로 … 사물들의 불변하는 본성에 기초한다면"(L: 466면; *Writings*: 71면 참조) 이는 설령 신이 존재하지 않는 경우에도 그대로 성립할 것이다. 38) 푸펜도르프는 그로티우스가 전개했던 이와 같은 주장에 반대했으며 바르베이락 또한 라이프니츠의 견해에 대해 이와 유사한 불평을 늘어놓는다. 하지만 바르베이락은 다른 무엇보다도 라이프니츠의 도덕적 견해를 가능하게 만드는 가정 자체, 즉 행위의 모든 근거, 따라서 모든 동기가 오직 한 종류의 고려로부터 등장한다는 가정을 더욱 강력하게 비판한다. 바르베이락이 보기에 이 가정은 명백한 거짓이다. 그는 우리가 도덕법칙을 행위의 근거로 고려하게 되는데 이 법칙이 우리의 어떤 욕구와 결합하는가에 따라 서로 다른 많은 종류의 근거가 등장하며 이들은 서로 공약 불가능하다고 주장한다. 그리고 그는 라이프니츠가 이 점을 완전히 무시한다

---

38) 물론 라이프니츠가 도덕의 영원한 진리들을 산술이나 기하학의 진리들에 비유한 것은 경솔한 일이었다. 전자는 최선을 선택하는 신의 행위에 의존하는 반면 후자는 모든 가능세계에 적용되는 것으로 가정된다. 하지만 바르베이락은 이런 "판단"을 누가 썼는지 모르는 체하기 때문에 이 구별을 심각하게 고려하지는 않는다.

고 생각한다.

　라이프니츠는 바르베이락이 매우 쉽게 이런 반박을 제기하도록 만든다. 라이프니츠는 푸펜도르프가 자연법이 적용되는 영역을 오직 현세로 제한했기 때문에 정의롭게 행위할 동기를 설명할 수 없다고 말한다. 이어서 라이프니츠는 ─ 정의로운 사람들이 보상받는 내세의 존재를 인정하지 않으면서 ─ 누군가에게 "자신이 존중하는 사람들과 나라와 정의를 위해 부와 명예, 자신의 존재 자체를 희생하라. 하지만 다른 사람이 모두 사라진 경우에는 오직 자신만을 생각하고 부와 명예를 누리며 살아도 좋다"고 말하는 것은 순전히 어리석은 일에 지나지 않는다고 주장한다(L: 441~443면; *Writings*: 67~68면 참조).

　이에 대해 바르베이락은 푸펜도르프가 자연법의 영역을 결코 현세로만 제한하지 않았다고 대답하면서 라이프니츠는 "**의무**의 본성과 고유한 힘(*la force propre*)에 대해 정확하지도 않고 잘 연결되지도 않은 관념을 지닐 뿐"이라는 비판을 계속한다. 푸펜도르프와 달리 라이프니츠는 "법칙이 모든 합리적인 사람의 마음에 깊은 영향을 미쳐야 한다는 명확한 사실"을 파악하지 못한다. 반면 푸펜도르프는 도덕이 진정한 희생을 요구한다는 사실을 이해하고, 우리가 사후에 이루어지는 보상과 처벌에 관심을 갖지 않고도 오직 의무를 생각함으로써 행위할 수 있다고 주장한다. 라이프니츠는 바로 이 점을 깨닫지 못하기 때문에 "정직함과 유용함을 매우 탁월하게 구별했던" 고대의 이교도들과 일치하는 주장을 펼 수 없다. 그리고 바르베이락은 이들의 도덕이 라이프니츠의 도덕보다 훨씬 순수하고 고귀하다고 덧붙인다(B: 444~445면). 바르베이락은 이 점을 후에 다시 다룬다. 의무와 책무에 관한 언급을 유용성에 관한 언급으로 환원하는 것은 잘못이다. 우리는 다른 사람에게 영향을 미치지 않는 한 우리 자신의 이익을 무시하거나 심지어 자신의 손실을 감수할 수도 있지만 이와 유사하게 자신의 의무를 무시할 수는 없다(B: 472면).39) 바르베이락이 라이프니츠를 비판하는 까닭은 그의 의무 이론이 우리가 실제로 누군가를 칭찬하거나 비난할 때 구체적으로 드러나는 개념적인 틀과 조화를 이루지 못하므로 우리의 도덕을 그른 것으로 만든다고 생각하기 때문이다. 따라서 이 점에서는 주의주의가 라이프니츠의 이성주의보다 도덕적으로 우월하다.

여기서 라이프니츠는 자신의 견해를 과장해 말했거나 아니면 잘못 말한 듯이 보인다. 자기희생이 단지 어리석은 일에 지나지 않는다는 명백한 언급에도 불구하고 그는 우리 모두가 필연적으로 오직 이기적일 뿐이라고 생각하지는 않는다. "나는 사람들이 오직 이익이나 기대 또는 두려움이라는 동기에서가 아니더라도 덕이 있고, 감사하고, 정의롭기를 요구한다"는 《변신론》에서의 언급이 이런 사실을 잘 드러낸다. 하지만 이런 요구에 대한 그의 설명은 여전히 바르베이락이 반박할 여지를 남기는 듯하다. 라이프니츠는 사람들이 "선한 행위에서 발견되는 쾌락"을 동기로 삼아 덕을 갖추어야 한다고 말한다(《변신론》: 422, 417면). 그런데 이 말은 이기적인 행위의 동기와 정의로운 또는 의무적인 행위의 동기가 매우 중요한 측면에서 서로

---

39) 이런 논증과 그로티우스의 주장(앞의 제4장 7절) — (다른 사람을 고려하지 않고 오직 자신만을 고려할 경우) 자신의 몫보다 적은 것을 취하는 일은 결코 **불의가** 아니기 때문에 정의에 관한 아리스토텔레스의 견해는 잘못되었다는 생각 — 사이에는 강력한 유사성이 성립한다.

동일하다는 점을 의미한다. 즉, 두 경우 모두에서 우리는 가능한 최대한의 완전성이라고 여기는 바를 추구하며, 이에 성공하리라는 기대 때문에 쾌락을 느낀다. 이와 관련해 이기적인 사람은 당장 눈앞의 것만을 추구하는 반면 자비로운 사람은 현명하다. 만일 그렇지 않다면 이들 사이에 아무 차이도 없을 것이다.

하지만 바르베이락은 도덕적 행위는 이와 다르다고 생각한다. 법칙을 의식하고 이에 따라 행위할 경우 우리는 우리 자신이나 다른 사람들이 얻을 선 또는 완전성의 총계가 증가한다는 점을 생각할 필요가 없다. 도덕적 요구는 ─ 곧 신의 명령은 ─ 우리에게 최선의 결과를 거둘 것을 요구하지 않는다. 바르베이락은 이 세계가 최선의 가능세계라고 주장하지 않는다. 또한 그는 도덕이 이런 전제를 필요로 한다고 생각하지도 않는다. 우리에게 어떻게 행위할지 요구하는 법칙이 존재한다는 점을 의식함으로써 행위할 때, 우리는 완전성을 증가시키려는 욕구가 아닌 다른 어떤 특별한 동기에서 행위함에 틀림없다. 도덕은 결과에 상관없이 법칙에 따를 것을 요구한다. 도덕적 행위의 정당화와 선 또는 완전성의 추구에 의존하는 정당화의 근본적 차이는 우리의 동기에 대한 입장에서의 근본적인 차이와 연결된다. 앞서 지적했듯이 (제 7장 5절) 푸펜도르프는 이와 같은 견해를 암시하는 가장 잠정적인 개요를 제시할 뿐이다. 이제 바르베이락은 푸펜도르프가 암시한 바를 발전시키려 한다.

라이프니츠와 바르베이락 사이의 차이는 다음과 같은 방식으로도 표현된다. 라이프니츠는 오직 한 종류의 동기만이 ─ 즉 완전성에 대한 인식에서 등장하는 동기만이 ─ 존재할 수 있다고 생각한다. 그는 모든 완전성이 서로 공약 가능하다고 생각하기 때문에 모든 실천적 정당화가 같은 종류의 것이어야 한다고 주장할 수밖에 없다. 그의 일반적 인식론과 형이상학의 일부에 해당하는 동기 이론은 도덕에 대한 그의 이해를 주도한다. 반면 바르베이락은 서로 다른 두 종류의 정당화를 구별해야 한다고 주장한다. 그중 한 종류는 어떤 행위가 우리의 목적에 대한 수단임을 드러낸다. 다른 한 종류는 어떤 행위가 신의 법칙과 일치함을 드러낸다. 이런 두 종류의 정당화가 서로 공약 불가능하다는 점은 명백하므로 이들 각각에 대응할 수 있도록 하는 서로 다른 종류의 동기가 존재해야만 한다. 따라서 바르베이락의 경우에는 도덕에 대한 그의 이해가 동기 이론을 주도한다.

푸펜도르프와 마찬가지로 바르베이락은 의무가 지닌 고유한 힘에 대해 또는 "덕의 아름다움"에(B: 447면) 관한 의식이 어떻게 우리의 동기로 작용할 수 있는지에 대해 어떤 적극적인 설명도 하지 않는다. 하지만 그는 이성이 사물의 본성을 의식하는 것만으로부터는 어떠한 동기도 결코 등장할 수 없다고 일관되게 주장한다. 이성이란 결국 추론하는 우리 스스로일 뿐이다. 그리고 "어느 누구도 이런 저런 방식으로 행위해야 한다는 필수적 필연성을 자기 자신에게 스스로 부과할 수는 없다". 자신이 부과한 것은 또한 스스로 제거할 수도 있다. 필연성은 오직 내가 임의로 그것에서 벗어나는 일이 불가능할 경우에만 성립한다. 내가 어떤 것으로부터 마음대로 벗어날 수 있다면 "어떤 진정한 의무도" 성립하지 않을 것이다(B: 472~474면). 오직 다른 존재의 명령만이 필연성을 부과한다.

이에 대해 어쩌면 라이프니츠는 가능한 최대의 선 또는 완전성이라고 이성이 말하는 바를 (이것이 옳든 그르든 간에) 추구할 필연성에서 우리가 벗어날 수 없다고 대답할지도 모른다. 하지만 바르베이락의 논점은 오직 고유한 도덕적 개념과 관련될 뿐이다. 선을 선으로서 추구한다는 것은 어떤 행위가 의무이기 때문에 또는 그 행위가 우리에게 의무로 부과되기 때문에 수행하는 것과 같지 않다. 우리가 심지어 다른 사람의 선에서 쾌락을 느끼는 본성적인 성향을 지닌다할지라도, 도덕적으로 적절한 행위를 수행하는 데 필요한 동기는 결코 우리 자신의 쾌락일 수 없다(B: 478면). 즉, 의무라는 동기가 필요하다. 바르베이락은 여기서 바로 도덕의 핵심이 드러난다고 강력하게 주장한다. 본성적으로 "행복한 성향"을 지녔기에 손쉽고 즐겁게 자신의 의무를 행하는 사람을 우리는 칭찬할 만하다기보다는 운이 좋다고 생각한다. 또한 우리는 내부의 장애물을 극복하기 위해 분투하는, 또한 이에 성공한 사람을 "거의 아무런 노력을 하지 않고도 선한 의지를 갖춘 사람보다 명백히 훨씬 더 정의로우며 칭찬할 만하다"고 생각한다(B: 478~479면). 바르베이락은 "무명의 저술가는 항상 적합성과 의무를, 이익과 책무를 혼동한다"는 말로써 자신의 생각을 요약하면서(B: 482~483면) 푸펜도르프의 주의주의적 견해가 라이프니츠의 견해보다 훨씬 더 정확하게 도덕의 본질을 표현한다고 주장한다.

푸펜도르프는 신의 명령으로서의 도덕법칙을 제시하고 선에 이르기 위한 충고라기보다는 특히 명령에 따른다는 측면에서 법칙을 지켜야 한다고 생각하였다. 이로써 그는 결국 도덕의 요구가 타산적인 자기이익의 요구와 공약 불가능하며 자기이익보다 선행한다는 주장에 이르렀다. 따라서 설령 도덕이 타산적 근거에서 요구하는 바를 행하는 것이 가능하다 할지라도 완전한 도덕적 행위는 고유한 종류의 동기에서 촉발되어야만 한다. 라이프니츠에 대한 바르베이락의 다른 비판들이 다소 군더더기에 지나지 않는다 할지라도 위와 같은 점을 자신이 옹호하려 했던 주의주의적 관점의 핵심으로 삼았다는 점에서 그의 주장은 분명히 옳았다. 라이프니츠주의는 타산적 근거와 도덕적 근거의 공약 불가능성과 고유한 종류의 도덕적 동기가 필요하다는 점을 모두 부정했다. 라이프니츠의 견해는 최소한 일관성을 유지하기는 했다. 바르베이락의 견해도 끝까지 일관성을 유지했는지는 그리 명확하지 않다. 바르베이락은 푸펜도르프와 자신이 생각했던 방식대로 도덕이 전개되려면 어떤 주요 도식이 필요한지 파악해 냈다. 하지만 모든 논점을 통합하는 하나의 이론을 어떻게 구성해야 하는지 파악하지는 못하였다. 40)

---

40) 나는 1994년 베를린에서 열린 푸펜도르프 학회에서 라이프니츠와 바르베이락을 다룬 부분의 초고를 읽고 유익한 논의를 펼쳤던 여러 참석자들에게 감사한다. 원래의 논문에서 몇몇 중요한 오류를 지적한 긴 편지를 보내 준 Fiammetta Palladini 박사께 특별히 감사한다.

제 3 부

스스로 전개되는 세계를 향해

제13장

구원이 없는 도덕

지금까지 다루었던 많은 학자들은 도덕이 어떤 방식으로든 인간의 구원과 연결된다고 주장했다. 설령 이들이 도덕적으로 올바른 행위가 그 자체로 구원에 이른다거나 구원을 보장해 준다고 생각하지는 않았다 할지라도 최소한 그런 행위를 구원의 필요조건 또는 상징으로 여겼음은 분명하다. 우리는 구원의 은총을 받기 위해 올바르게 행위해야 하거나, 도덕적 선행을 통해 영원한 삶을 얻거나, 또는 신에게 선택받았다면 도덕적 선행을 통해 이를 드러내야 한다. 법과 관련된 저술들에서 이런 종교적 원리에 관한 언급을 자제했던 자연법 학자들조차도 마음 한 구석에서는 항상 구원을 생각했다. 이는 올바른 정신으로 불완전한 의무를 수행하는 데 헌신함으로써 큰 공적을 쌓을 수 있으며, 이 공적은 단지 '현세에서의 삶에만 국한되지 않는다는 푸펜도르프의 주장에서도 잘 드러난다(앞의 제7장 4절). 극단적인 반도덕주의자들은 만일 당신이 구원받았다면 당신이 행하

는 모든 일은 선하다고 여겨지며 따라서 도덕은 논점을 완전히 벗어
난 무의미한 것이 되고 만다고 주장할지 모르며 실제로 그렇게 주장
하기도 했다. [1] 하지만 이런 견해는 단지 비판과 거부의 대상으로만
철학적 관심을 끌었을 뿐이다. 진지한 종교적 믿음을 지닌 철학자들
은 도덕과 구원 사이에 어떤 연결점이 존재해야만 한다고 생각하는
성향을 보였다.

무신론자들이 이런 주제를 다루지 않았음은 당연한 일이다. 17세
기 전반 프랑스를 중심으로 활동했던 이른바 급진적 자유사상가들
은 다양한 이단적 관점을 제시했는데 여기에는 무신론적 도덕도 포
함된다. [2] 이들의 주장은 혁신적이고 대담하고 가끔은 우습기도 했
지만 이들은 자신의 견해를 철학적 논문이나 저술의 형태로 표현하
지 않았다. 홉스와 로크 모두 자신이 독실한 신앙인이라고 자처했지
만 우리를 구원하는 신앙으로 받아들일 수 있는 진리의 수는 최소화
되어야 한다고 주장하면서 도덕과 구원 사이의 관계에 대해서는 그
리 많은 언급을 하지 않았다. 도덕을 구원과 거의 또는 아무런 관계
가 없는 것으로 이해할 수 있는 가능성을 체계적으로 모색한 최초의
근대 사상가들은 종교가 없는 사람들이 아니었다. 이들은 이런저런
형태의 기독교를 받아들이면서도 어떻게 도덕을 구원에 이르는 길
의 일부가 아닌 것으로 이해할 수 있는가라는 질문을 던질 필요가 있
다고 생각했다.

---

1) 나는 제10장 각주 1에서 이 주제에 관한 연구로 Knox (1950)를 언급했다.
2) Adams에 수록된 원전 및 Spink (1960), Pintard (1943), d'Anger (1954) 등
   의 연구를 참조.

이 장에서 나는 기독교를 믿었던 인물들이 이런 질문에 접근했던 서로 다른 세 가지 방식을 다루려 한다. 가톨릭 성직자이며 에피쿠로스주의의 강력한 옹호자인 가상디, 얀센주의(*Jansenism*)를 정교하게 옹호했던 파스칼과 니콜, 학문적으로 가장 탁월했던 위그노(*Huguenot*)[3] 교도였으며 맹렬한 논쟁자였던 벨은 위의 질문을 다루면서 각각 서로 전혀 다른 근거를 내세웠다. 또한 이들 각각은 자신들의 저술이 도덕뿐만 아니라 종교를 정화하는 데도 도움이 되리라고 생각했다. 하지만 이후에 등장한 학자들은 자주 이들의 사상을 이들의 의도와는 다른 방식으로 사용하였다.

1. 가상디가 부활시킨 에피쿠로스주의

고대에 에피쿠로스의 반대자들은 그가 이른바 저속한 동물적 쾌락을 최고선으로 여겼으며 오직 그런 쾌락을 추구하는 삶을 살 것을 제안했다고 주장함으로써 그의 이름을 더럽혔다. 또한 그가 유물론을 내세우고 영혼 불멸성과 신의 섭리를 거부했다는 사실은 기독교도들에게 그의 견해를 받아들일 수 없는, 또 다른 강력한 이유를 제공했다. 하지만 교회나 스토아학파가 가르치는 바보다 다소 덜 엄격한 삶의 지침을 추구하려는 사람들은 르네상스 시대 고대의 원전들이 재발견된 이래 은밀하게 에피쿠로스에 관심을 가지고 그의 사상이

---

3) 〔옮긴이주〕 16세기 프랑스에서 종교개혁이 진행되는 동안 성장한 신교도들을 의미한다. 위그노라는 이름의 기원은 확실하지 않지만 16세기 중반부터 프랑스의 신교도를 지칭하는 용어로 폭넓게 사용되었다.

최소한의 도움은 된다고 생각하기 시작했다. 4) 에피쿠로스는 자신의 저술에서 데모크리토스의 원자론을 전개했는데 에피쿠로스의 추종자였던 루크레티우스(Lucretius)는5) 이를 훨씬 더 발전시켰다. 따라서 자연학의 영역에서 아리스토텔레스의 목적인 개념에 반대하려는 학자들에게 에피쿠로스주의는 무척 매력적으로 보였다. 17세기에 접어들어 에피쿠로스주의가 과연 기독교에 무해한가 하는 질문이 제기되었다. 그리고 가상디(Pierre Gassendi, 1592~1655)는 그 무해함을 논증하는 데 평생을 바쳤다. 6)

가상디는 가톨릭 가문에서 태어나 성직자가 되기 위한 교육을 받았지만 젊은 시절부터 새로운 과학에 관심이 있었다. 그가 처음 얻은 일자리는 정통 신학을 가르치는 것이었지만 그는 정통 신학에 대해 심한 거부감을 느꼈으며 선임자들의 지적 권위주의에도 염증을

---

4) 모어 자신은 독실한 가톨릭교도였지만 그가 《유토피아》(Utopia, 1516)에서 묘사하는 시민들은 에피쿠로스의 윤리에 따르는 삶을 살아간다. 이보다 거의 100년 전 이탈리아의 인문주의자 발라(Lorenzo Valla)는 에피쿠로스주의를 옹호하는 《쾌락에 관해》(De Voluptate)라는 저술을 출판하기도 했다.

5) 〔옮긴이주〕 정확한 생몰연도는 알려져 있지 않지만 주로 기원전 1세기에 활동한 로마의 철학자 겸 시인이다. 그의 저술 중 유일하게 현존하는 《사물의 본성에 관해》(De rerum natura)로 유명하다. 장편의 시로 구성된 이 저술은 그리스 철학자 에피쿠로스의 자연학을 가장 완벽하게 보존한 것으로 평가된다.

6) Sarasohn (1996)은 가상디의 윤리학을 다룬 가장 방대한 저술이다. 그녀는 가상디에게 영향을 미친 여러 조류, 홉스와의 관계, 로크가 가상디의 저술을 사용한 과정뿐만 아니라 가상디 자신의 도덕철학과 정치철학까지도 다룬다. 또한 Sarasohn (1982, 1985)도 참조. Jones (1989), 6장은 르네상스 시대의 에피쿠로스주의에 대해 유용한 개관을 제공하며, 7장은 가상디의 사상에 관한 훌륭한 요약이다. 하지만 Jones는 이전 저술 Jones (1981)에서와 마찬가지로 이 두 장에서도 도덕보다는 과학과 방법론에 초점을 맞춘다.

느꼈다. 정통 신학에 대한 대안으로 그는 에피쿠로스주의뿐만 아니라 피론의 회의주의에도 눈을 돌렸다. 1624년 출판된 첫 번째 저술은 아리스토텔레스주의에 대한 강력한 공격이었다.[7] 그는 이 저술을 모두 일곱 부분으로 구성하려는 야심찬 계획을 세우고 마지막 부분에서 에피쿠로스의 윤리학을 다루려 했지만 이 계획 중 단지 첫 부분만이 실현되었다.[8] 이 책이 어떤 긍정적인 결과라도 낳았다면 그것은 회의주의와 관련해서이다. 회의주의를 지지하는 가상디의 논증은 대부분 피론의 회의주의 이래 이미 익숙한 것들이다. 하지만 가상디는 모든 지식을 동일한 차원에서 공격하지는 않는다.

신앙에 관한 명제들이 지식이라고 불릴 수 있든 그렇지 않든 간에 가상디는 이런 명제들은 결코 다루지 않는다. 진정한 지식은 자명하고 직관적으로 확실한 원리들로부터 엄밀하게 연역되어야 한다는 아리스토텔레스의 견해가 그의 주된 공격 대상이다(Works, ed. Brush: 85~86면). 하지만 가상디는 감각 또한 신뢰할 수 없다는 점을 밝히고 회의주의가 자기 파괴적이라는 주장을 반박함으로써 전체적으로 아무것도 인식될 수 없다는 견해를 지지하는 듯이 보인다(102면 이하).

가상디는 철학이 "괴로움을 느끼지 않고" 사는 방법을 제시할 수

---

7) 〔옮긴이주〕 이 저술의 제목은 《아리스토텔레스에 반대하는 역설적 시도》(*Exercitationes paradoxicae adversus Aristoteleos*)였다.

8) 당시 교회는 이 첫 권을 몹시 못마땅하게 여겼으며 가상디에게도 이런 사실을 알리려 했다. 교회의 이런 불쾌감은 심각한 문제를 일으켰을 수도 있다. 1624년 교회는 아리스토텔레스의 주장들을 공개적으로 논박하려 한 세 명의 젊은이에게 사형에 처하겠다고 협박하기도 했다. Pintard(1943): 153면; Tack(1974): 119면 참조.

있다는 키케로의 약속을 보고 처음 철학에 이끌렸다고 말한다. 자신이 가르쳐야 했던 스콜라철학의 아리스토텔레스주의는 이런 약속을 지키지 못했다(18~19면). 하지만 그는 젊은 시절부터 에피쿠로스주의가 이를 지킬 수 있다고 생각했다. 그가 아리스토텔레스에 대한 비판으로 기획했던 저술의 일곱 번째 부분은 "에피쿠로스의 쾌락 이론"을 설명하는 내용이었다(25면). 하지만 이 계획은 수없이 연기되었고 가상디는 세상을 떠날 때쯤 이 부분을 출판할 준비가 되었다 생각했다. 그의 방대한 저술 《철학 총서》(Syntagma Philosophicum)는 사실상 그의 헌신적인 추종자들이 막대한 분량의 원고를 정리한 형태로 그의 사후에 출판되었다. 9)

  에피쿠로스를 비롯한 다른 고대 철학자들의 전통에 따라 가상디도 《철학 총서》를 세 가지 주요 부분으로, 즉 논리학 또는 규준학(Canonic), 자연학 그리고 윤리학으로 나눈다. 10) 가상디는 자연학에서 지리, 지구의 내용물, 식물, 다양한 동물, 동물과 인간의 심리 등에 관한 사실과 이론을 폭넓게 다룬다. 이 부분은 영혼의 불멸성에 반대하는 에피쿠로스의 주장을 반박해 불멸성을 옹호하는 것으로 마무리된다. 논리학을 다룬 부분은 현재 우리의 관심사와 더욱 밀접하게 관련된다. 여기서 가상디는 여전히 회의주의에 매력을 느

---

9) 이 책은 가상디가 오랫동안 에피쿠로스의 생애와 가르침을 연구한 결과이다. 그는 라에르티오스(Diogenes Laertius)의 책에 포함된 에피쿠로스의 저작을 주의 깊게 연구해 원전을 확립한 다음 이를 번역하고, 에피쿠로스의 특성을 옹호하는 전기를 제시한 후에 상세한 주석을 덧붙인다. 이 책은 당시의 고전 연구를 잘 보여 주는 이정표 중 하나이다.
10) 에피쿠로스에 관해서는 Diogenes Laertius X. 29~30 참조.

끼고 자신이 내린 결론 중 어떤 것에서도 결코 절대적인 확실성에 이르렀다고는 주장하지 않음에도 명백히 회의주의를 포기한다. 11) 그는 우리가 감각을 통해서 세계를 직접 파악할 수 있다고는 생각하지 않지만 경험을 통해 세계를 배우고 이성을 사용해 최소한 세계의 여러 측면에 대한 가장 그럴 듯한 지식을 얻을 수 있음을 보이기 위한 다소 온건한 계획의 기초를 마련한다. 그는 연역적 지식 모델을 아리스토텔레스의 것으로 여기면서 이를 거부한다. 그 대신에 감각이 우리에게 전달하는 내용을 존재하는 바로서의 세계가 우리에게 드러나는 방식을 발견하는 출발점으로 삼음으로써 우리의 감각을 충분히 신뢰할 수 있다고 주장한다.

가상디는 기본적으로 우리에게 드러나는 현상을 무엇이 가장 잘 설명해 주는지 질문을 던짐으로써 사실상 숨겨진 채 존재하는 바를 발견할 수 있다고 주장한다. 예를 들면 사람은 땀을 흘린다. 따라서 사람의 피부는 구멍이 없는 듯이 보이지만 사실은 작은 구멍이 많이 있음에 틀림없다. 그렇지 않다면 아무것도 피부를 통과할 수 없을 것이기 때문이다. 언젠가 사람들은 현미경을 통해서 피부의 구멍들을 실제로 볼 수 있을 것이다. 따라서 땀을 보는 경우처럼 경험이 우리에게 이런 계기를 제공하며 이성을 사용해 무엇이 숨어 있는지 생각하게 된다(*Works*: 326~335면). 12) 이와 마찬가지로 살아 있는 인간의 육체 안에는 영혼이 존재한다고 추론할 수 있는데 그 까닭은 사

---

11) 그는 지식의 기준과 순환 논증에 대한 피론적인 관심에 답하면서 몇몇 흥미로운 것들을 언급하기도 한다. 예를 들면 *Works*, ed. Brush: 345~348면 참조.
12) 이 예는 현미경에 대한 언급만 제외하면 이미 고대에도 등장했던 것이다.

람들이 행하는 바 중에는 오직 영혼으로부터 생겨났다고밖에는 볼수 없는 측면이 있기 때문이다. 또한 우리는 "감각이 지각하는 결과들 중에는 오직 신만이 창조할 수 있으며 따라서 이 세계에 신이 존재하지 않는다면 결코 관찰될 수 없는 것이, 예를 들면 우주의 거대한 질서와 같은 것이 있기 때문에" 이로부터 신이 존재한다고 추론하게 된다(336면). 13)

이런 방법은 계속 이어지는데 이는 가상디가 이탈리아의 파도바(Padua)에서 전해진 갈레노스의 과학을 잘 알고 있었음을 보여 준다. 진리를 발견하려면 주어와 술어를 연결하는 "중명사를 찾는 데" 주의를 기울여야 한다. 그런데 중명사는 대체로 우리가 이미 아는 것들 중에서 발견된다. 중명사는 "일종의 계기라고 말할 수 있다. 왜냐하면 이는 우리를 숨겨진 무언가에 대한 지식으로 인도하기 때문이다". 중명사는 주어의 분석을 통해서 발견되기도 하고 아니면 술어에서 시작되는 종합을 통해서 발견되기도 한다. 분석이나 분해를 통해서 중명사를 발견한 후에는 결합 또는 종합을 사용해 우리의 이론을 검증해 보아야 한다. 그리고 우리의 성패를 판단하는 데는 감각과 이성이 동원된다(367~371면).

이론적인 지식이 아니라 실천적인 기법이나 과학을 가르칠 경우에는 그것의 목표로부터 출발해야 하며 또한 그것을 분해해 얻게 되는 부분들을 설명함으로써 논의를 시작해야 한다. 윤리학을 가르치

---

13) 또한 Descartes, *Writings* II. 215에 등장하는, 데카르트에 대한 가상디의 "반박"도 참조. 여기서 가상디는 신이 현존한다는 사실에 대한 대표적인 이성적 증거는 바로 이 세계와 그 부분들에서 드러나는 질서와 조직이라고 주장한다.

는 경우와 관련해 가상디는 다음과 같이 말한다. "훌륭하고 고결한 도덕 또는 덕을 제시하기 위해서는 우선 무엇이 좋은 삶을 구성하는지, 그리고 이에 도달해 이를 유지하기 위한 적절한 수단이 무엇인지를 명확히 밝혀야 한다."(374면) 가상디는 윤리학을 제시하면서 자신의 방법을 구체적으로 언급하지는 않지만 그가 윤리학을 다룬 태도는 사실상 자신의 지침에 따른 것이라 할 수 있다.

도덕은 우리를 좋은 또는 행복한 삶으로 인도하는 실천적 학문이기 때문에 윤리학은 철학의 가장 중요한 부분이다(《논고》: 1~3면).[14] 행복한 삶이라는 우리의 목표에 이르는 길에 놓인 방해물은 특히 무엇이 행복을 구성하는지 모른다는 사실이다. 이를 모르기 때문에 우리는 덕이 있게 행위하는 방법도 알지 못한다. 따라서 가상디는 이러한 반드시 필요한 지식에 어떻게 하면 도달할 수 있는지 보려 한다. 모든 사람들이 쾌락을, 오직 쾌락만을 원한다는 사실은 관찰 가능하다. 몇몇 철학자들은 우리가 부나 건강 또는 다른 것들을 원한다고 주장하기도 했다. 하지만 사실상 이런 모든 것을 추구하도록 이끄는 것은 바로 쾌락을 향한 욕구이다. 왜냐하면 건강이나 강력한 힘, 아름다움 등을 원하는 까닭은 바로 이들이 쾌락을 주기 때문이다. 쾌락이 우리의 모든 목표와 욕구 중 한 부분을 차지한다는 점은 너무나 확고하므로 "우리에게는 쾌락을 거부할 자유가 없다"(88면). 명예를 오직 그 자체만으로 원할 경우조차도 우리는 쾌

---

14) 이렇게 윤리학의 중요성을 강조하면서도 가상디는 윤리학을 《철학 총서》 중 제일 마지막 부분에서 다른 주제들에 비하여 간략하게 다룬다. 나는 Bernier가 《철학 총서》를 여섯 권으로 요약한 판을 주로 사용했는데 여기서도 윤리학은 제일 마지막 권에 등장한다.

락을 추구한다. "정직함" 또는 "명예로움"(honestum)은 이를 지닌 사람을 영예롭게 하고 칭찬하도록 만든다. 우리는 설령 더 이상의 어떤 이익이 없다 할지라도 칭찬받으면 (최소한 훌륭한 사람들에게 칭찬받을 경우에는) 쾌락을 느낀다(94~97면). 따라서 우리가 오직 쾌락을 원하며 그 외의 다른 어떤 것도 쾌락만큼 원하지는 않는다는 사실은 최고선의 개념을 분석해 이것이 곧 쾌락임을 지적하는 데 중요한 요소가 된다. "따라서 이로부터 우리는 '선한'과 '쾌락을 주는'이라는 두 용어가 동일한 것에 대한 서로 다른 이름이라는 점을 추론할 수 있다."(91면) 에피쿠로스의 결론은 인간 행위에 관한 현상을 설명하는 최선의 것이다. 또한 이는 도덕적 회의주의에 대한 대답이기도 하다.

가상디가 제시한 에피쿠로스주의 도덕의 가장 기본적인 논점들은 에피쿠로스를 너무나도 충실히 따르므로 여기서 다른 설명을 덧붙일 필요는 없을 듯하다.[15] 가상디는 에피쿠로스의 이론을 기독교도들이 받아들일 수 있도록 만들려면 많은 노력이 필요하다는 점을 잘 알고 있었다. 이제 그가 이렇게 하기 위해 선택했던 몇몇 주제를 지적할 필요가 있다. 에피쿠로스가 관능적이고 방탕한 삶의 방식을 추천한다는 비판을 반박하는 데에 그가 큰 어려움을 겪었다는 사실은 그리 놀라운 일이 아니다. 그는 이것이 스토아학파로부터 등장한 악의적인 비판이라고 생각한다. 에피쿠로스는 개인적으로 스토아학파의 교사들보다 훨씬 더 호감이 가는 인물이었으며, 특히 그의 주

---

15) 나는 Tack(1974) : 216면, 주 389에서 제시된 주장, 즉 가상디가 에피쿠로스의 도덕적 입장을 심각하게 변형했다는 Rochot의 견해는(Rochot(1944) : 98~99면) 잘못이라는 주장에 동의한다.

장은 스토아학파의 주장과는 달리 사람들이 실제로 삶의 방식으로 채택할 수 있는 것이다. 따라서 그는 어쩌면 스토아학파의 가르침에 따랐을지도 모를 많은 사람을 자신의 추종자로 만들었다. 그를 반박하는 것이 불가능하게 되자 스토아학파는 질투심에 불타 그를 중상모략하는 쪽으로 방향을 바꾸었다. 가상디는 많은 분량을 할애해 에피쿠로스가 금욕적이고 검소한 삶을 추천했으며 그 자신이 바로 이런 삶의 전형을 보였다는 사실을 지적하는데 이는 지극히 정확한 지적이기도 하다(《논고》: 45면 이하). 에피쿠로스주의자는 쾌락이 고통과 뒤섞일 경우나 고통이 뒤따를 경우 쾌락을 추구하지 않는데 관능적인 쾌락은 대부분 이에 속한다. 그는 마음의 평정 및 고통이 없는 상태를 추구하며 물질적인 것을 거의 필요로 하지 않는다. 가상디는 쾌락을 제대로 이해하고 이런 쾌락을 개인적으로 추구하는 일은 우리를 일반적으로 명예롭고 올바르다고 칭찬받는 종류의 삶으로 이끈다는 사실을 보이려 한다. 스토아학파도 쾌락을 추구하지만 이들은 이를 장황한 전문 용어들을 동원해 숨기려 했다(82면 이하). 가상디는 논의를 시작하면서부터 "《성서》를 쓴 사람들이 언급하는 행복—오직 신에게 헌신함으로써 신이 부여한 기쁨—이나 더 이상 좋은 삶을 상상할 수 없는 최선의 삶에는 관심이 없다"고 분명히 밝힌다. 단지 "자연적인 쾌락"이 무엇인지, 현세의 인간 사회에서 합리적으로 기대할 수 있는 쾌락은 어떤 종류인지 묻고자 한다(6면). 가상디는 우리가 가능한 최대한의 행복을 추구해야 한다고 주장하지 않는다. 적절하게 절제된 쾌락의 향유가 완벽하게 받아들일 수 있는 궁극 목표이다.

이렇게 쾌락을 부활시키는 동시에 가상디는 자기애도 부활시키려

한다. 이런 노력은 경건함에 대한 그의 설명에서 가장 잘 드러난다. 자신의 쾌락과는 무관하게 신을 오직 그 자체로 사랑해야 한다고 주장하는 사람들이 있다. 어떤 사람은 이런 종류의 삶이 가능하다는 점을 보이려는 의도에서 "바로 자신이 이런 삶을 살아간다고 자랑하며 또 실제로 그렇게 믿는다. 나는 그러한 이들에 반대하지는 않지만 솔직히 그들이 부럽지 않다". 가상디는 이들이 그토록 비이기적인 삶을 살아간다 할지라도 이는 신의 직접적이고 초자연적인 은총 때문이라고 말한다. 그러면서 가상디는 이런 종류의 경건함이나 덕을 다루더라도 자연적인 한에서만, "즉 이것들에 따라 인간이 자기 자신을 존중하는 방식으로 행위를 수행하는 한에서만" 다루려 한다. 《성서》는 신이 우리에게 유익하기 때문에 신을 사랑해야 한다고 가르친다. 신은 우리의 죄를 용서해 주며, 부탁을 들어주며, 천국을 약속한다. 따라서 "신을 사랑하고 신을 영예롭게 했던 사람들은 영속적인 즐거움을 누린다는 생각과 더불어" 신을 사랑한다면 여기에 잘못은 없다(《논고》: 111~112면; 337~338면 참조). 만일 비이기적인 상태를 유지하는 데 초자연적인 은총이 반드시 필요하다면 그런 상태는 자연적인 것을 다루는 윤리학과는 무관한 것이 되고 만다. 그리고 우리가 고려하려는 것은 바로 자연적인 것이다.

모든 덕은 쾌락에 이르기 위한 수단으로 여겨지는데 이는 에피쿠로스 자신의 견해와도 일치한다. 예를 들어 정의에 관해 다루면서 가상디는 정의가 사회계약을 전제한다는 대목을 포함해[16] 주로 에피쿠로스의 원전에서 길게 인용한 부분만을 주된 논의의 대상으로

---

16) Diogenes Laertius X. 150~151.

삼는다. 하지만 가상디는 여기에 중요한 한 가지를 더함으로써 에피쿠로스를 넘어선다. 그는 로마 법학자들의 저술을 인용해 정의(正義)를 각자에게 자신의 권리를 부여하려는 일관되고 영속적인 의지로 정의(定義)한다. 그는 계속해서 우리가 좋아하는 대로 행동하거나, 무언가를 소유해 향유하고 유지할 자격을 부여하는, 개인에게 속하는 능력으로서의 권리에 대해 논의한다.

가상디는 이런 의미에서 권리가 "정의보다 오래된 듯이" 보인다고 말한다. 사람들에게 정의의 개념을 형성할 의지나 욕구가 부족했을 때조차도 정의로운 개인이 존중하는 권리가 여전히 존재했을 것이다. 가상디는 조금도 망설이지 않고 이러한 주장을 정의가 유용성으로부터 도출된다는 에피쿠로스의 원리와 연결하면서, 유용하다는 것은 곧 자연스러운 것이기 때문에 자연으로부터 권리를 이끌어 내는 일과 유용성으로부터 정의를 이끌어 내는 것은 서로 동일하다는 언급을 덧붙인다(《논고》: 308~312면, 24~26면). 하지만 그는 자연법과 유용성 사이의 관계에 관한 더욱 미묘한 논점에는 관심을 보이지 않으며 이와 마찬가지로 자신의 쾌락 또는 행복을 원하는 것과 모든 사람의 쾌락 또는 행복을 원하는 것 사이의 관계에 대해서도 그리 큰 관심을 보이지 않는다.

2. 자유의지와 파악할 수 없는 신

가상디가 직접 다룬 종교적 문제들을 살펴보는 일은 그의 목표를 더욱 잘 이해하는 데 도움이 된다. 자신의 저서 첫머리에서 가상디는 섭리를 부정한 에피쿠로스의 견해를 무시하면서 사후에 심판과 보상 및 처벌이 이루어진다고 주장한다(《논고》: 14면 이하). 그는 사람이 죽음에 이르면 육체와 연결되었던 영혼이 작용을 멈추며 이와 더불어 쾌락 및 고통도 사라진다고 주장한다. 하지만 "정신 또는 지성"까지 제거되지는 않는다. 그가 《철학 총서》의 마지막 부분에서 자연학을 다루면서 설명하듯이 원자론자의 입장에서도 영혼 불멸성을 허용할 수 있다. 하지만 기독교 사상가 대부분이 명확한 대답을 강요하는 문제에 대해 가상디는 결국 자신의 회의주의적 관점으로 되돌아간다. 이는 바로 자유의지에 대한 문제이다.

가상디는 도덕에 관한 설명 중 마지막 부분을 거의 이 문제를 다루는 데 바친다. 그 자신의 설명은 단순하다. 지성은 기껏해야 우리 앞에 놓인 선택지 중에 어떤 것이 선하고 어떤 것이 악한지만을 구별할 뿐이다. 의지는 지성이 제시하는 바 중 최선으로 보이는 것에 따라 행위하도록 우리를 움직인다. 만일 의지가 선으로 지각된 것을 순간적으로 선택한다면 의지는 무의식적으로 행위함이 명백하다. 자유롭다고 여겨지려면 의지의 선택은 "어떤 추론과 검토, 판단 또는 앞선 선택" 이후에 이루어져야만 한다(《논고》: 373~375면). 자유는 심사숙고와 더불어 모습을 드러내게 되는데 그 까닭은 지성이 어떤 행위 유형이 다른 행위 유형보다 결정적으로 더 낫다는 점을 파악하는 데 실패할 수도 있기 때문이다. 지성이 이렇게 무관심해지면 의지 또한 무관심하게 된다. 그리고 지성은 항상 자신 앞에 놓인 행위가 다른 행위보다 나은지 그렇지 않은지만을 고려할 수 있으므로 이런 지성의 판단은 "어떤 사물에 대해 고정된" 것이 아니며 오직 한 유형의 선만을 추구하는 일과 결부되지도 않는다. 그렇다면 우리는 지성이 제시한 행위로부터 주의를 돌려 다른 행위를 검토하게 되는데 (가상디는 무엇이 우리를 이렇게 하도록 움직이는지는 묻지 않는다) 그 행위에서도 어떤 명확한 우위가 발견되지 않는다면 의지 또한 무관심해진다. 따라서 의지의 자유는 곧 의지의 무관심성이다(379~382 면). 이런 주장들은 에피쿠로스에서도, 루크레티우스에서도 등장하지 않는다.

더 선한 것을 알면서도 더 악한 것을 행한다는 오비디우스(Ovid)의 유명한 문구를 염두에 두고 현실적 경험을 설명하기 위해 가상디는 정신의 의견이 어떻게 동요할 수 있는지에 관한 아리스토텔레스의 견해에 호소한다(383~389면).[17] 가상디는 "여기 지상에" 존재하는 우리의 나약함과 이로부터 등장하는 변덕스러움을 탄식한다. 이는 오직 내세에서만 치료될 수 있다고 말하면서 동시에 그는 초자연적인 문제를 다루면 안 된다고 급하게 덧붙인다(382~383면).

초자연적인 문제를 다루지 않겠다는 선언은 가상디의 윤리학에서 매우 중요하지만 그는 《논고》에서 그 이유를 설명하지는 않는다. 하지만 데카르트의 《성찰》에 대한 "반박"에서[18] 가상디는 초자연적

---

17) 이 점과 관련해 Bernier는 아무런 예고도 없이 자유의지에 관한 자신의 견해를 몇 페이지에 걸쳐 전개하는데 그의 견해는 가상디의 견해와 명백히 반대된다. Bernier 또한 의지가 지성이 제시하는 바를 무시할 수 있다고 생각하는데 그 까닭은 가상디가 키케로를 인용하면서 언급한 이유 때문이 아니라 의지 자체가 이중의 기준을 지니므로 우리는 무언가가 더욱 큰 선이라고 확실하게 믿을 때조차도 항상 행위를 멈출 수 있기 때문이다(《논고》: 389 ~391면). 가상디의 《철학 총서》에 이런 견해를 지지할 근거는 등장하지 않는다. 하지만 이런 견해 자체가 흥미롭다는 점은 분명하다. Bernier는 《논고》, III. III의 마지막 부분에서도 다시 한 번 자신의 견해를 상당히 길게 첨가한다.

인 것에 관한 논의를 허용할 경우 직면하지 않을 수 없는 문제에 대해 전혀 침묵하지 않는다. 그는 이런 문제에 대한 우리의 판단이 오류에 빠지는 까닭은 설령 어떤 관념들이 사실상 거짓이라고 하더라도 충분히 명석하게 주어지기만 하면 이에 동의하지 않을 수 없기 때문이라고 말한다. 신은 우리에게 더 나은 능력을 부여할 수도 있었다. 신은 우리에게 "결코 거짓에 동의하지 않도록 〔우리를〕 인도하는 능력을 부여할 수도 있었다". 또한 세계는 현재처럼 많은 부분이 불완전한 모습이 아니라, 모든 부분이 완전한 모습으로 더욱 탁월하게 창조될 수도 있었다. 이런 불완전성은 인간의 지성이 신의 의도대로 제대로 작용하지 못하기 때문에 발생한다. 설령 신이 우리가 전지하기를 바라지는 않았다는 점을 당연시하더라도 "신이 인간 스스로 결정하기를 원했던 몇 안 되는 문제와 관련해서조차도 왜 인간에게 불확실하고, 혼란스럽고, 부적절한 능력을 부여했는지는 여전히 의문의 여지를 남긴다". 신은 우리를 목적에 완벽하게 어울리는 지성을 지닌 존재로 창조하려 하지 않았는가, 아니면 그렇게 할 수 없었는가?(Descartes, *Writings* II. 214~218) 이는 마치 악의 문제를 제기하는 듯이 보이지만 가상디는 이를 통해 단지 우리가 처한 도덕적 상황을 신과 관련해 이해할 수 없다는 점을 암시할 뿐이다.

가상디가 데모크리토스의 기계론적 결정론을 접했을 경우에도 이와 동일한 논점이 등장한다. 그는 이렇게 철두철미한 결정론은 우리의 심사숙고를 쓸모없이 만드는 듯이 보인다고 말한다(《논고》: 399

---

18) 〔옮긴이주〕 가상디는 데카르트의 《성찰》에 대한 반박들 중 "다섯 번째 반박"을 제기했다.

면 이하). 그는 루크레티우스가 명백하게 제시한 에피쿠로스의 주장, 즉 공간 안에서 원자들이 운동하면서 발생하는, 설명 불가능한 이탈이 인과적 연쇄를 무너뜨리는데 이를 통해 인간의 자유를 설명할 수 있다는 주장을[19] 거부한다. 이런 이탈은 기껏해야 또 다른 결정된 행위일 뿐이며 따라서 아무것도 변화시키지 못한다. 에피쿠로스는 인간의 자유를 구출하려 시도했다는 점에서 칭찬받을 수 있을지 몰라도 이에 성공하지는 못했다(405~408면). 가상디가 할 수 있는 최선의 일은 자신이 아퀴나스의 주장으로 여기는 바를 채택하는 것이다. 즉, 운명을 관장하는 신은 필연적으로 작용하는 자유롭지 않은 원인과 독립적으로 작용하는 자유로운 원인을 모두 창조했다 (410면). 뒤이어 가상디는 이런 해결책과 더불어 발생하는 몇몇 문제를 논의한다. 신의 예지는 자유와 양립할 수 있는가? 예정은총은 어떻게 되는가? 신이 우리가 무엇을 행할지 이미 알거나 미리 결정해 놓았다면 우리의 심사숙고는 무슨 의미가 있는가? 가상디는 이들 중 어떤 질문에 대해서도 대답하지 않는다. 어떤 방식으로 접근하든 간에 이들에 답하는 것은 무척 어려운 일이다. 악의 문제와 관련해서 가상디는 주의주의적 태도를 취한다.[20] 즉 신은 파악할 수 없는 존재이며 우리의 능력을 넘어서는 신비라고 인정해야 한다는 것이다(414, 419면). 가상디는 신이 파악 불가능한 존재라는 사실이나 신의 도덕이 우리의 도덕과 같은지 다른지 인식할 수 없다는 사실 때

---

19) 루크레티우스, 《사물의 본성에 관해》 II. 243~262.

20) 이와 관련해서 나는 Margaret Osler, "Fortune, Fate, and Divination: Gassendi's Voluntarist Theology and Baptism of Epicureanism" in Osler(1991): 155~174면으로부터 큰 도움을 받았다.

문에 어려움을 겪지는 않는다. 자연학에 관한 저술에서 가상디는 신의 권능에는 어떤 한계도 없다는 주의주의적인 견해를 받아들인다. 그는 신이 사물의 본질을 얼마든지 바꿀 수 있다고 주장한다.[21] 그는 이런 주장을 도덕에 적용하는 데 아무 문제도 없다고 생각하는 듯이 보인다. 그는 홉스와 마찬가지로 도덕을 우리가 지상에서 살아가는 데 필요한 제도 정도로 여긴다. 그 너머의 영역은 이성을 통해서는 접근할 수 없다.

우리 인간은 유한하므로 자유로워야만 하며, 자유를 통해서 심사숙고와 책임에 의미를 부여할 수 있어야 한다. 신은 아마 우리를 심판할 것이다 — 하지만 신은 자신의 능력에 비해 우리를 다소 덜 완전하게 창조한 듯하며 우리는 신의 계획을 전부 이해하지는 못한다. 우리는 불완전하고 도덕적 능력에도 결함이 있지만 심지어 회의주의자에게도 우리가 일관된 도덕을 가진다는 사실을 충분히 보일 수 있다. 이런 사실은 경험을 통해서 주어지는 증거로부터 추론된다. 이 사실이 현세를 넘어서도 유지되는지는 잘 알 수 없지만 지금 이 세계에서는 충분히 통용된다. 그리고 이에 대해 더 이상 질문을 던질 필요가 없다.[22]

---

21) 이와 관련해 나는 Osler(1994), 2장, 특히 52~56면, 163면 이하로부터 큰 도움을 받았다.

22) Jones(1989), 8장에는 17세기 영국에서 에피쿠로스주의가 겪은 운명에 관한 설명이 등장하는데 여기에서는 1655년 찰톤(Walter Charleton)이 출판한 《에피쿠로스의 도덕》(*Epicurus's Morals*), 마찬가지로 1655년 스탠리(Thomas Stanley)가 출판한 영국 최초의 철학사인 《철학사》(*History of Philosophy*)에 포함된 에피쿠로스주의에 대한 설명 등이 언급된다. 스탠리의 《철학사》 1721년 판 첫머리에는 누가 썼는지 밝히지 않은, 간략하고 거

3. 도덕과 숨겨진 신

가상디는 샤롱과 몽테뉴를 크게 칭찬했으며 이들과 마찬가지로 신앙의 옹호자였지만 기본적으로 경험주의를 지지함으로써 이들이 내세운 더욱 일반적인 회의주의를 거부했다. 하지만 가상디 또한 이성이 감각적 증거들로부터 출발하고 이들의 도움을 받는다 할지라도 그리 멀리까지 나가지는 못한다고 생각했다. 인간의 능력을 이보다 훨씬 더 짙은 회의의 그림자로 덮어 버리고 인간보다는 종교에 몰두

의 쓸모없는 스탠리의 전기가 추가되었는데 여기에는 그가 철학사를 쓰면서 "박식한 가상디"의 예에 따랐다는 언급이 등장한다. 스탠리는 에피쿠로스를 약 100페이지에 걸쳐 다룬 반면 — 도덕철학의 진정한 창시자인 — 피타고라스는 80페이지, 플라톤은 60페이지, 아리스토텔레스는 40페이지 정도로 다룬다. 특히 에피쿠로스를 다루면서 그는 대부분 가상디와 같은 방식으로 에피쿠로스의 논점들을 상세히 설명한다. 하지만 그는 에피쿠로스가 영혼이 물질적이고 유한하며, 원자들의 이탈이 자유의지의 근원이며, 옳음과 정의로움을 동일하게 보았다고 주장한다. 찰튼의 책은 쉽게 읽히지만 독창적인 내용은 거의 없다. 프랑스에는 가상디 외에도 에피쿠로스주의를 선전하고 보급한 인물이 몇 명 더 있었는데 이 중 시인이며 평론가인 사라신(J. -Fr. Sarasin)이 대표적이다. 그가 1645~1646년에 쓴 "에피쿠로스의 도덕에 관한 논고"(Discours de morale sur Épicure)는 가상디의 초기 저술에도 영향을 미쳤다. 이 글은 에피쿠로스주의가 저속한 쾌락을 탐닉한다는 전통적인 견해를 거부하는 계기를 제공하며 에피쿠로스가 스토아학파도 칭찬할 만한 검소한 삶을 추천한다는 주장을 전개했다.

1717년 콜린스(Anthony Collins)는 에피쿠로스를 수많은 덕을 갖춘, 특히 우정을 중시한 위대한 자유사상가로 찬미했다. 그는 우리의 종교인 기독교는 진정한 우정을 나눌 능력을 위대한 덕으로 여기지 않으므로 우정이라는 덕을 지니기 위해 에피쿠로스를 존경하고 따르는 것은 무엇보다 중요한 일이라고 말한다(Collins(1717): 129~131면). 당시 에피쿠로스는 그의 검소한 삶이 기독교 도덕을 재평가하는 데 사용될 정도로 높은 지위를 차지했음이 명백하다.

한 사상가 한 사람이 등장하는데 그가 바로 파스칼(Blaise Pascal, 1623~1662)이었다.

아우구스티누스가 펠라기우스주의에 대한 강력하고 정교한 반박을 제시한 이후 인간이 어떤 형태로든 신이 내린 은총의 도움을 받지 않고 오직 도덕적으로 선하게 행위함으로써 구원에 이를 수 있다고 주장한 기독교 사상가는 거의 등장하지 않았다.[23] 루터와 칼뱅은 모두 이 문제에 관한 한 극단적인 아우구스티누스주의자로서 행위자가 어떤 도덕 체계를 아무리 헌신적으로 따른다 할지라도 도덕만으로는 결코 원죄의 더러운 흔적을 지울 수 없다고 주장했다. 도덕적으로 선한 특성이나 의지는 그 자체만으로는 결코 우리를 신의 현존을 향유하는 상태로 인도할 수조차 없다.[24] 따라서 신교도들도 오직 신만이 그리스도를 매개자로 삼아 우리를 정화하는 은총을 자유롭게 내릴 수 있다는 가르침을 강력하게 지지했다. 17세기에 접어들어 프랑스의 로마 가톨릭교도들 사이에서 이와 매우 유사한 견해를 내세운 중요한 집단이 등장했다. 이들은 네덜란드 출신의 성직자 얀센(Cornelius Jansen, 1585~1638)의 추종자들이었다. 얀센 주교가 쓴 《아우구스티누스》(Augustinus, 1640)는 신스콜라철학의 이론, 특히 모든 형태의 펠라기우스주의를 반박하는 방대한 저술이었다. 그를 추종한 프랑스인들은 강력한 집단을 형성하게 되는데 그 까닭은 바로 역사상 가장 탁월한 두 사람의 논쟁자 ─ 즉 파스칼과

---

23) 앞의 제2장 2절 참조.
24) 아우구스티누스는 만일 우리가 자유의지에 따른 도덕적 선만으로 충분히 구원받을 수 있다면 그리스도가 필요 없게 될 것인데 이런 일은 생각조차 할 수 없다고 주장했다.

니콜이 이 집단에 속해 있기 때문이었다. 25)

이 둘이 진정한 얀센주의자이든 그렇지 않든 간에 이들은 얀센과 그 추종자들에게 분명히 큰 영향을 미쳤다. 이들은 모두 구원에 필요한 것은 공적보다는 은총이며, 모든 사람들이 은총을 받지는 못한다는 — 상대적으로 소수만이 은총을 받을 수 있다는 — 아우구스티누스적인 견해를 전개했다. 따라서 이들은 모든 시대에 걸쳐 대부분의 사람이 아담의 원죄 때문에 타락한 상태로 살아간다고 믿었다. 이와 유사한 견해를 주장했던 루터와 칼뱅 또한 엄격한 도덕법칙의 적용과 죄인에 대한 제재를 거듭 강조하면서 사랑의 도덕은 도덕법칙의 적용을 받지 않는 선택된 — 즉 의로운 — 사람들을 위한 것으로 보았다. 파스칼과 니콜은 기독교에서 말하는 사랑이 구원받은 사람들의 특징이라는 점에는 동의했다. 하지만 파스칼은 선택받지 못한 사람들 사이에 적용되는 도덕에 대해 놀랄 만큼 독창적인 견해를 제시했으며 니콜은 이를 더욱 발전시켰다.

파스칼은 도덕이 구원과는 비교할 수 없을 정도로 중요성이 낮은 질서라고 생각하면서 자신의 저술 《팡세》(Pensées)를 통해 도덕과 구원이라는 서로 비교할 수 없는 두 요소 중에 도덕이 왜 그렇게 낮은 위치를 차지하는지 말하려 했다. 26) "더 낮은 것"을 아무리 더하

---

25) 얀센주의 운동 전반에 관한 훌륭한 설명으로는 Abercrombie(1936) 참조. 특히 이 책의 126~153면에는 얀센의 저서 《아우구스티누스》의 중요 내용에 대한 요약이 등장한다. 얀센주의자와 칼뱅주의자가 유사하다는 지적은 당시에도 있었다. 몇몇 위그노교도들은 얀센주의자가 사실은 비밀스러운 칼뱅주의자라고 생각했는데, 예수회도 이에 동의하면서 얀센주의자를 "가면을 쓴 칼뱅주의자"라고 공격했다(Rex(1965) : 52~53면 참조).

26) 나는 여기서 Baird(1975), 1장에 등장하는 견해에 따랐다. 나는 파스칼의

더라도 "더 높은 것"의 총량이나 가치에는 아무 변화도 일어나지 않는다. 어떤 수에 한 단위를 더하면 그 수는 더 커진다. 따라서 수의 단위는 동일한 질서에 속한다. 반면 선을 아무리 더하더라도 면은 커지지 않으며, 면을 아무리 더하더라도 부피 또한 커지지 않는다. 따라서 이들은 서로 다른 질서에 속한다. 이와 마찬가지로 지상의 능력을 아무리 더하더라도 정신의 가치는 커지지 않으며, 누군가의 영리함을 아무리 더하더라도 그의 사랑은 커지지 않는다. 따라서 "모든 육체와 모든 정신 그리고 이들이 낳은 모든 산물을 더하더라도 이는 가장 작은 순간적인 사랑만큼의 가치도 없다. 사랑은 무한한 최고의 질서에 속한다"(《팡세》308).

기독교는 사랑 외에는 아무것도 가르치지 않는다(207). 오직 신만이 이 사랑을 우리에게 허용할 수 있는데 신은 이를 많은 사람들이 누리도록 허용하지는 않는다. 신은 대체로 자신의 모습을 드러내지 않으므로 "인간은 어둠 속에 있다"(242, 427). 이성만을 통해서는 신을 발견할 수 없는데 설령 신을 발견하지 못하더라도 우리는 자신의 삶이 얼마나 비참한지 깨닫고 우리가 이런 삶보다는 더 위대한 무언가에 어울리는 존재임을 느낀다. 신은 드물게 모습을 드러내는데 오직 그럴 때만 우리는 신에게 헌신하려는 사랑으로 들뜨게 된다. 27)

《팡세》를 인용할 경우 《팡세》를 편집한 Lafuma가 붙인 번호를 표시했는데 이는 내가 사용한 Krailsheimer의 번역본에서 처음에 등장하는 번호이기도 하다. 나는 파스칼이 루시퍼의 타락에 관한 중세의 논의와 그리고 이로부터 등장한, 정의가 선에 우선한다는 생각을 접했는지 그렇지 않은지는 알지 못한다.

27) 로아네즈(Roannez)에게 보낸 네 번째 편지, *Oeuvres*: 267면 참조.

신이 이 세계에 모습을 거의 드러내지 않기에 "진정한 기독교인이 거의 없음에도 불구하고"(179) 인간들을 함께 살도록 만드는 것은 과연 무엇인가? 파스칼은 진정으로 기독교적인 도덕적 질서가 어떤 것이어야 하는지 몇 가지 제안을 한다. 우리는 사랑할 만한 가치가 없는 우리 자신을 사랑하지 말고 오직 신만을 사랑해야 하며 오직 신이 우리 안에 함께 있을 경우에만 스스로를 사랑해야 한다(564, 373). 우리는 자신을 거대한 전체의 구성원으로 보아야 한다. 이 전체의 각 부분은 자신의 존재를 의식하면서도 자신의 "개별 의지(*volonté particulière*)를 전체를 지배하는 최고 의지(*volonté première*) 아래에 놓아야 한다"(360, 368~374).[28] 설령 신의 존재를 증명함으로써 신의 존재를 확신한다 할지라도 단지 신에 대한 이성적 지식만으로는 결코 위와 같은 상황에 이를 수 없다(사실 파스칼은 신 존재 증명이 별 쓸모가 없다고 생각한다). 그는 "신을 인식하는 것과 사랑하는 것 사이에는 얼마나 먼 길이 놓여 있는가!"라고 탄식한다(377). 평범한 사람들은 논증을 통해서 증명되지 않더라도 신에 대한 믿음을 지니는데 그 까닭은 신이 믿음을 부여하기 때문이다(380). 하지만 "모든 사람들이 본성적으로 서로를 증오하는데"(210) 이런 현실에서 우리를 구해 사랑의 공동체로 이끌 인물은 거의 없는 상황에서 우리는 과연 무엇을 해야 하는가?

이에 대한 대답은 우리의 욕망과 관련된다. 모든 사람은 예외 없이 개인적인 행복을 원하며, 우리에게는 이것 외에 다른 어떤 동기

---

28) 이런 파스칼의 생각이 일반 의지의 개념으로 발전하기 때문에 중요하다는 지적은 Riley(1986): 14~26면 참조.

도 없다. 사실 신만이 인간의 유일한 선인데 우리는 이런 사실을 모른 채 우리를 금방 지치게 하는 것들에서 행복을 찾기 때문에 항상 싫증을 내고 새로운 오락거리를 발견하는 데 광분한다. 우리가 자주 싫증을 느끼며 끝없이 새로운 재미에 몰두한다는 사실은 우리의 비참함, 타락한 상황을 드러내는 징후이며 우리가 그릇된 목표를 추구한다는 점을 보여 줄 뿐이다(148, 132 이하). 하지만 이런 무익한 일들에서 당장 벗어날 수는 없다. "정신은 본성적으로 믿고 의지는 본성적으로 사랑하기 때문에 참된 믿음과 사랑의 대상이 없으면 이들은 필연적으로 잘못된 대상에 집착하기 마련이다."(661) 우리의 진정한 선으로 눈을 돌림으로서 우리는 무엇이든 우리의 선으로 만들 수 있다(397). 현실에서 출세한 사람들은 "성공을 위한 유일한 방법은 정직하고, 충실하고, 사려 깊게 보이는 것임을 안다. … 왜냐하면 사람들은 본성상 자신들에게 유용한 듯이 보이는 것만을 좋아하기 때문이다"(427). 진정한 선 또는 신의 명령에 대한 통찰이 아니라 우리의 욕망, 행복에 대한 잘못된 욕구를 통해서 우리가 도덕이라고 생각하는 바와 선하다고 여기는 바가 등장한다. 우리는 자신의 상상력에 의지해 살아가는데 이는 우리 안에 제 2의 본성을 확립하며, 선과 악 및 옳고 그름에 대한 기준을 제공하고, 이런 기준을 가치의 질서로 받아들이도록 이끈다. 하지만 이런 기준이 진정한 가치의 질서일 수는 없다(44). [29] 파스칼은 이 점을 매우 정확하게 다음과 같이

---

29) 파스칼은 우리가 속한 나라의 법이 유일하게 확립된 실정법이기 때문에 이를 준수해야 한다고 보는 몽테뉴의 견해에 반대한다. 파스칼은 오히려 사람들이 스스로 정당하다고 생각하기 때문에 법을 따른다고 주장한다. 그리고 이런 믿음은 아무리 잘못된 것이라 할지라도 계속 유지되어야 한다고 생각

표현한다. "우리는 인간의 욕망으로부터 정치와 윤리 그리고 정의에 관한 훌륭한 규칙들을 확립하고 발전시켜 왔다. 하지만 욕망의 뿌리에는 인간의 사악함만이 있을 뿐이며, 이런 사악한 재료로 규칙을 만들었다는 사실은 단지 감추어질 뿐이다. 인간의 사악함은 근절되지 않는다."(211) 훌륭한 규칙들을 통해 질서를 유지할 수 있을지 모른다. 하지만 이들이 우리를 구원하지는 못한다.

파스칼은 철학자들을 혐오한다. 이들 모두는 가엾게도 최고선을 규정하는 데 실패했고 인간 본성도 이해하지 못했다. 파스칼은 기독교적 통찰이라는 우월한 관점에서 철학자들을 비판할 뿐, 또 다른 철학적 관점을 만드는 일에 전혀 관심이 없다. 《팡세》에서 파스칼의 관심은 윤리 이론이 아니라 기독교의 호교론이므로 그는 윤리학에 관해서는 지극히 짧게 언급하는 데 그친다. 《시골 친구에게 보낸 편지》(*Provincial Letters*)에 등장하는, 예수회의 결의론(*casuistry*)에 대한 예리하고 강력한 공격에서 드러나는 파스칼의 도덕적 접근 방식은 호교론에서 사용된 접근 방식과 다르며 심지어 서로 모순되는 듯도 하다.30) 하지만 설령 그가 자신의 윤리학을 더욱 완전하고 일관된 형태로 정교하게 제시했다 할지라도 당시의 도덕적, 정치적 문제들에 관심이 있었던 철학자들이 그의 저술을 받아들이기는 상당히 어려웠을 듯하다. 그는 오직 로마 가톨릭의 기독교를 옹호하는 일에 전념했으므로 사랑이라는 구원의 선물을 받고 결과적으로 진

한다(《팡세》 60, 61, 66, 86).

30) Baird (1975) 5장에서는 공약 불가능한 가치의 질서라는 파스칼의 견해를 전제할 경우 일관된 도덕 이론을 구성하려는 그의 시도가 직면하는 몇몇 난점들이 논의된다.

정한 도덕을 누릴 수 있는 사람의 수에서 이교도뿐만 아니라 다른 종파에 속하는 모든 기독교도들까지 제외했다. 31) 사실 그는 남자든 여자든 간에 누군가가 가톨릭으로 개종할 희망이 전혀 없다고 생각해서는 안 된다고 말한다(427). 하지만 그는 현실 정치는 육신의 문제와 관련되며 가치와 중요성이 가장 낮은 질서에 속할 뿐인데도 인간의 상상력을 교묘하게 조종해 마치 더욱 높은 질서에 속하는 듯이 보이도록 가장하는, 순전히 권력과 관련되는 문제라고 생각한다. 32)

인간은 신과 적절하게 교제할 수 있는 존재이므로 위대할 수 있다. 하지만 대부분의 인간들은 원죄 때문에 비참한 상태에 머문다. 파스칼은 "인간은 생각하기 때문에 존엄하며" 잘 생각하는 것이 도덕의 기초라고 여기면서도 동시에 이성은 우리가 처한 진정한 상황을 밝힐 수 없다고 주장한다. 오직 신앙의 진리에 "무조건 복종함으로써만" 우리는 우리 자신을 인식할 수 있다(200, 131). 영원한 신앙의 진리와 관련하는 한 우리의 유일한 희망은 우리 스스로 무언가 할 수 있다는 희망을 완전히 버리는 것이다.

---

31) "우리는 오직 예수 그리스도를 통해서 신을 알게 된다. 그리스도라는 중개 자가 없이는 신과의 모든 교류가 끊어지고 만다. … 또한 신과의 교류가 없 이는 … 신의 존재를 절대적으로 증명하는 일이나 건전한 교리와 건전한 도 덕을 가르치는 일은 불가능하다."(《팡세》, 189) 그리스도를 인정하지 않는 사람은 어느 누구도 신을 제대로 인식할 수 없으므로(191), 자연법 이론의 기초는 무너지고 만다. 더욱이 오직 가톨릭교도만이 성찬식의 빵 안에 신이 숨어 있다는 사실을 이해한다(로아네즈에게 보낸 편지, *Oeuvres*: 267면). 그리고 교황이 유일한 참된 교회의 수장이라는 점을 받아들여야 한다(《팡 세》, 569).

32) 정치에 관한 파스칼의 견해를 잘 설명한 저술로는 Keohane(1980): 266∼ 282면 참조.

4. 니콜: 자기이익의 교묘함

니콜(Pierre Nicole, 1625~1695)은 인간이 처한 상황을 더욱 복잡하게 변화된 관점에서 본다. 니콜은 파스칼이 《시골 친구에게 보낸 편지》를 쓸 당시 배후에서 그의 연구를 도왔고, 당시 널리 사용되었던 교과서 《포르루아얄 논리학》(Port Royal Logic)을 아르노(Antoine Arnauld)와 함께 썼고, 많은 신학 저술과 얀센주의를 지지하는 글을 출판하기도 했는데 1671년부터는 "도덕에 관한 일련의 논문들"을 발표하기 시작했다. 이들은 당시 폭넓게 읽혔으며 18세기에 이르러서도 널리 알려져 있었다. [33]

니콜은 다소 편안하고 그리 격식을 차리지 않는 태도로 도덕과 정치에 관한 사고에서 사용되는 다양한 일반 원리를 제시한다. 그는 파스칼에 비해 인간적인 마음을 드러내며 인간이 처한 상황을 덜 절망적으로 본다. 그는 종교적인 삶을 유지하려는 사람들을 그의 독자로 계속 끌어들이기 위해 얀센주의의 가혹한 가르침을 완화하려고

---

33) 로크는 이들 중 세 편을 번역했는데 자신의 번역을 출판하지는 않았다. 니콜의 저술을 읽은 독자층에 관해서는 James의 상세하고 폭넓은 연구의 "결론" 부분 참조. 나는 이로부터 큰 도움을 받았다. Abercrombie(1936): 244~273면에는 니콜이 얀센주의를 지지하게 된 과정에 대한 설명이 등장한다. 또한 그는 도덕에 관한 니콜의 논문들이 "대중에게 매우 널리 읽혔지만 … 니콜이 도덕철학에 기여한 진정한 탁월성은 단 한 번도 제대로 인정받지 못했다"고 지적한다(275면). (이와 더불어 Abercrombie는 니콜이 《포르루아얄 논리학》을 저술하는 데 아무런 역할도 담당하지 않았다고 생각한다.) Marshall(1994): 180~186면에는 도덕에 관한 니콜의 견해와 니콜이 로크에게 미친 영향에 대한 훌륭한 설명이 등장한다. Raymond(1957) 또한 도움이 된다.

노력하기도 한다. 나는 그가 검토한 여러 주제 중에 오직 하나만을, 즉 신이 자신을 숨기고 오직 소수에게만 모습을 드러낸다는 관점이 초래하는 결과만을 집중적으로 다루려 한다.

왜 신은 이렇게 하는가? 니콜은 그 이유 중 하나가 신은 모든 발생하는 일의 실제 원인이지만 모든 이가 이를 알아 버리면 스스로 열심히 일하거나 생각하지 않게 될 것이기 때문이라고 설명한다. 더욱 중요한 이유로는 신이 스스로 행한 바에서 모습을 감춤으로써 오직 신을 인식하기에 합당한 사람들만 신을 인식하게 만든다는 점을 꼽을 수 있다. 만일 신이 항상 기적을 행하고 모든 사건을 공공연히 좌우했다면 모든 사람이 신이 존재한다는 사실을 인식했을 것이다. 하지만 만일 그렇다면 신앙생활을 위한 공간이 없어질 것이다. 오직 세속적인 이익 또는 신앙을 얻기 위해 분투할 경우에만 우리는 사려 깊고 겸손한 태도를 유지할 수 있다(*Oeuvres*: 161~163면). 신은 세계에 적응해 활동할 다양한 능력을 우리에게 부여했다. 우리는 이를 사용해야 하며 뒤로 물러 앉아 신이 기적을 일으켜 모든 것을 제공해 주기를 기대해서는 안 된다.[34] 그리고 일상적인 자연의 흐름은 우리를 위해 숨겨진 신의 섭리이다.

예를 들면 이로부터 기적을 통해 직접 영감을 불어넣음으로써 각 사람에게 도덕적 결함을 가르칠 수도 있었지만 신은 우리가 일상적인 방식, 즉 자기성찰을 통해 이를 스스로 발견하기 기대한다는 것

---

[34] 이런 논점은 또한 말브랑슈적이기도 하다. 이 원리는 어쩌면 로크가 본유 관념에 반대하면서 사용한 논증을 암시하는 듯도 하다. 이 논증은 신이 우리가 필요로 하는 모든 관념을 경험으로부터 얻도록 우리를 창조했기 때문에 본유 관념은 불필요한 여분에 불과하다는 식으로 진행된다.

을 이끌어 낼 수 있다(167면). 임종 시의 개종에 대한 의심 또한 동일한 원리로 설명할 수 있다. 신은 당연히 임종 직전까지 사악하게 살았던 사람도 구원할 수 있다. 하지만 이는 신이 은총을 내리는 일상적인 방식이 아니다(169면). 또한 우리는 우리를 도운 사람들에게 감사해야 한다. 물론 그들로 하여금 그렇게 하도록 만든 존재는 신이지만 신은 이 과정에서 자신을 드러내지 않으며 우리가 자신이 사용한 간접적 수단에 감사하기를 원하기 때문이다(238면). 니콜은 이보다 더 나아간, 다소 놀라운 결론도 도출한다.

모두가 알고 있듯이 기독교적인 사랑에는, 즉 자비심에 따라 행위하고 신을 숭배하기 위해서는 초자연적인 은총이 필요하다. 하지만 자비심에서 행하는 모든 일은 또한 노예가 느끼는 것과 같은, 비굴한 두려움의 형태를 띤 자기애(*amour-propre*)로부터 행해질 수도 있다. 서로 다른 동기에서 행해진 행위도 본질적으로 서로 동일하며, 자신의 행위든 다른 사람의 행위든 간에 그것이 자비심에서 행해졌는지 아니면 탐욕에서 행해졌는지 말할 수 없다. 니콜은 우리 자신의 욕구와 동기가 불투명하다는 사실이 일종의 축복이라고 말한다. 왜냐하면 우리가 구원받지 못했다는 사실을 실제로 알게 된다면 우리는 절망이라는 죄에 빠지게 될 것이고, 또한 구원받았다는 사실을 알게 된다면 교만해져서 길을 잃게 될 것이기 때문이다.[35] 은총과 관련해 누가 어떤 상태에 놓여 있는지 전혀 모르기 때문에 우리는 그

---

[35] 우리가 우리 자신을 제대로 알 수 없다는, 이와 유사한 견해가 《포르루아얄 논리학》에서 등장한다. 여기서 아르노와 니콜은 인간의 정신이 "일반적으로 나약하고 모호하며, 짙은 구름과 거짓된 빛으로 가득 차 있다"고 묘사한다. Rex(1965): 42면에서 재인용.

저 모두 똑같이 법칙의 명령을 따를 의무가 있다고 생각해야 한다. 무엇이 우리를 움직였는지 알고 싶다면 우선 법칙을 준수하면서 내세에서 이루어질 최후의 심판을 조용히 기다리는 수밖에 없다. 니콜은 "이 정도만으로도 신의 평화와 감각적으로 구별되지 않는 인간의 평화를 만들어 내기에 충분하다"고 말한다. 신은 자신을 드러내지 않으므로 고대의 철학자들이 추구했던 마음의 평정은 현재 우리가 누리는, 신이 부여한 평정과 동일한 가치를 지닌다(172~174면). 은총과 관련해 현재 우리가 어떤 상태에 있는지에 파스칼은 크게 걱정했을지도 모르지만 니콜은 굳이 이런 걱정을 할 필요가 없다는 근거를 제시한다.

주목할 만한 논문 "자비심과 자기애에 관해"(Of Charity and Self-Love)에서 니콜은 계몽된 자기애와 자비심은 사회적인 삶에서 유사한 결과를 일으키므로 이들 둘 사이의 경계선은 모호하다는 주장을 펴기까지 한다. 앞서 데카르트는 엘리자베스(Elizabeth) 공주에게 보낸 한 편지에서 다음과 같이 지적했다. 최소한 자신이 사는 "도덕이 타락하지 않은 시대에는 ― 신이 사물의 질서를 그렇게 확립했기 때문에 … 모든 사람이 오직 자신의 입장만으로 모든 것을 대하고 다른 사람에 대한 사랑을 지니지 않더라도, 자신의 능력이 닿는 한에서 여전히 다른 사람들을 위해 행위할 수 있을 것입니다"(*Writings* III. 273). [36] 니콜은 인간의 도덕이 근본부터 타락했다고 믿으면서도 이런 생각을 계속 발전시킨다. 자비심과 자기애는 그 자체만 놓

---

36) 푸펜도르프도 이와 유사한 생각을 드러낸다. 우리는 상호의존하기 때문에 인간은 자신을 사랑할수록 "다른 사람들이 자신을 사랑하도록 만드는 친절한 행위를 하는 데 더욱 많은 노력을 기울인다"(*DJN* II. III. 16: 213면).

고 보면 서로 전혀 다르지만 결국 완전히 동일한 결과를 낳으므로 "계몽된 자기애가 이끄는 길을 따라 걸었음을 폭로하는 것보다 자비심이 우리를 인도했다는 사실을 확인하는 것이 사실상 더 바람직하다고 말할 근거가 없다"(*Oeuvres*: 179면). 37) 따라서 니콜은 윤리학의 방법에 관한 홉스의 조언을 완전히 뒤집는다. 즉, 니콜은 "자신이 원하지 않는 바를 타인에게 행하지 말라"는 격언을 자기이익에 기초한 자연법이 요구하는 바를 발견하는 방법으로 추천하는 대신, 충분히 계몽된 자기이익을 고려함으로써 이를 자비심이 요구하는 바를 발견하는 데 사용할 것을 제안한다(179, 190면). 니콜의 논문 전체는 라 로슈푸코(La Rochefoucauld) 38)의 잠언, 즉 "이익은 모든 종류의 언어로 말을 하며, 모든 종류의 역할을, 심지어 불이익을 주는 역할까지도 담당한다"는39) 말을 확장한 것으로 해석할 수 있다.

우리는 본성이 타락했기 때문에 권력과 소유, 쾌락을 향한 무제한적인 욕구를 느낀다. 우리는 다른 모든 사람을 지배하려 한다. 하지만 모든 사람이 이런 욕구를 지닌다는 사실을 깨닫자마자 우리의 자기애는 이런 욕구를 완화하고 다른 사람들과 협력하도록 우리를 이끈다. 더욱이 인간의 고유한 욕구 중 가장 일반적인 것은 타인을 사

---

37) 이 논문을 인용하면서 내가 편집한 *Moral Philosophy from Montaigne to Kant*: 369~387면에 수록된 Elborg Forster의 번역을 사용했지만 Jourdain의 편집본 페이지를 표시했다.

38) 〔옮긴이주〕 라 로슈푸코(1613~1680)는 프랑스의 고전작가로 특히 역설적인 진실을 경구로 간결하게 표현하는 '잠언'이라는 문학 형식을 전개한 대표적인 인물이었다.

39) La Rochfoucauld(1678), *Maximes*, in *Oeuvres complètes*: 408면, no. 39 라 로슈푸코는 파스칼, 니콜과 더불어 얀센주의적 견해를 공유했다.

랑하려는 욕구이며, 우리는 "자기애만큼 큰 미움을 받는 것은 없다는 점"을 잘 알고 있다(185면). 따라서 우리는 다른 사람들에 대한 요구를 완화할 뿐만 아니라 이런 요구의 근원을 숨기려 한다. 우리는 다른 이들이 우리를 사랑하고 존경하도록 만드는 덕들을 소유한 모습을 보이려 한다. 예를 들면 자비심은 정의를 사랑하고 불의를 싫어하도록 만드는데 그 까닭은 신 자신이 정의롭기 때문이다. 계몽된 자기애 또한 이와 같은 결과를 낳는다. 이런 자기애는 다른 사람들의 소유물과 그들의 행위 영역을 존중하도록 만든다. 이는 또한 자화자찬하는 천박한 허영심에서 벗어나 어느 누구의 자존심도 해치지 않도록 겸손하게 행위하라고 가르친다(186~187면). 이를 통해 우리는 자신의 오류를 스스로 경계하고, 우리에 대한 질책을 정중하게 받아들이고, 비록 우리가 본성적으로 "다소 악의와 시기, 질투심을 지니지만" 다른 사람의 훌륭한 성품에 대한 칭찬을 아끼지 않게 된다(191~193면). 또한 자기애를 통해 우리는 모욕을 참으며, 은혜를 베푸는 사람에게 감사하고, 우리의 통치자에게 복종한다. 간단히 말하면 자기애를 통해서 기독교적인 덕을 완전히 모방할 수 있으므로 계몽된 자기애에 따라 삶을 사는 모든 사람은 "신을 기쁘게 하려는 목적과 의도를 거의 바꿀 필요가 없이 … 사람도 기쁘게 할 수 있을 것이다"(200면).40)

니콜은 계몽된 자기애가 어떻게 일상적인 삶의 태도와 도덕을 만

---

40) 중요한 프랑스 법학자인 도마(Jean Domat)는 니콜의 이론에 기초해 프랑스 법을 체계적으로 정리했다. 그의 저술 *Traité des lois*, 1689, IX. 3 참조. 또한 그에 관한 논의로는 James(1972): 151면 이하; Keohane(1980): 304~306면; Kelley(1990): 215면 이하 참조.

드는지 보일 뿐만 아니라 사회에서 이루어지는 상업적 거래를 설명하면서도 자기애에 호소한다. "무언가를 얻으려면 무언가를 주어야 한다. 이것이 사람들 사이에서 이루어지는 모든 거래의 근원이며 기초이다." 우리는 자기애 때문에 다른 사람이 원하고 필요로 하는 바의 세세한 부분까지 주의 깊게 살피게 되는데 — 예를 들어 호텔 사업을 보면 이 점이 잘 드러난다 — 이렇게 함으로써 돈을 벌 수 있기 때문이다. 이런 측면에서는 자비심보다도 탐욕이 오히려 더 높은 위치를 차지한다(397~398면). 따라서 "우리 삶에 필요한 모든 것은 자비심이 없이도 어떻게든 충족된다"(181면). 우리는 모두 자기 자신의 개인적인 목적을 추구할 뿐 다른 개인의 이익은 고려하지 않으며, 전체로서의 사회에 관여하지 않고 이를 그대로 내버려 둔다. 하지만 이렇게 하더라도 파스칼이 상상했던, 유기적인 사랑의 공동체와 유사한 것에 이르게 된다. 그리고 미약한 인간에 불과한 우리는 현실 사회와 사랑의 공동체 사이의 차이를 말하기 어렵다. 그렇다고 신을 배척해서는 안 된다. 타락한 인간이 지상에 은총의 질서를 창조할 수 없다면 신의 질서를 모방하지 않을 수 없다. 하지만 현재 우리가 그렇게 하고 있는지 반드시 인식할 필요는 없다.

5. 벨: 종교와 덕을 갖춘 무신론자

18세기에 등장한 진보 사상가들은 벨(Pierre Bayle, 1647~1706)을 종교의 속박에서 벗어나기 위해 스스로 분투했을 뿐만 아니라 다른 사람들도 그렇게 하도록 만들기 위해 노력한 최초의 인물로 여겼다.

그가 1679년에 처음 출판한 《역사 및 비판 사전》(*Historical and Critical Dictionary*)은 포함된 항목들의 방대함, 상세한 설명의 정확성 등도 놀랍지만 당시로서는 충격적이고 엄청난 물의를 일으킬 만한 주장을 수없이 전개함으로써 우리를 더욱 놀라게 만든다. 그는 통상 주요 항목에 덧붙인, 무척 길고 무미건조해 보이는 각주를 통해서 자신의 주장을 폈다. 이 저술이 놀라운 까닭은 기독교 신학이 답하지 못한 문제들에 대한 해결책을 제시하면서 마니교의 이원론과 같은, 다양한 반기독교적인 교리들을 등장시키기 때문만은 아니다. 그는 《성서》에 등장하는 다양한 인물을 최소한 당시의 감각으로는 난폭하고 무례하다고 여겨질 방식으로 다루었다. 다윗(David) 왕의 경우를 예로 들어보면 벨은 다윗이 "세계에서 가장 위대한 인물 중 한 사람이며 신 다음가는 인간으로서", 종교적 통치자의 전형이며 그리스도의 형상을 미리 드러내었다고 말한다. 하지만 각주에서는 다윗을 의지할 데 없는 사람들을 불법적인 폭력으로 급습한 사생아 출신의 호색가로서, 자신이 다스린 사람들을 거리낌 없이 배반하려 했으며, 가장 비열한 배신행위를 통해 왕국을 얻으려 했고, 자신을 돕는 사람들이 영혼을 상실하도록 만들면서도 전혀 가책을 느끼지 않았으며, 정의롭지 못한 전쟁을 일으킨 인물로 묘사한다. 벨은 《성서》에 등장하는 인물도 "도덕 관념의 측면에서" 재검토되어야 한다고 설명한다. 그렇게 하지 못하면 우리는 끝없는 불의의 길로 빠져들 뿐이다. 41) 그는 거듭해서 종교 사상들과 수많은 종교적 행

---

41) 《역사 및 비판 사전》, 다윗과 마니교 항목 참조. 169면 이하에 등장하는, "바울로파"(Paulicians) 항목에 대한 각주에서 벨은 악의 문제에 관한 논의를 계속한다. 그는 전능하고, 정의롭고, 자비로운 신이 어떻게 자신이 창조

위를 이성과 합리적인 도덕 기준에 비추어 재검토해 이들이 도덕적으로는 참담한 실패에 지나지 않음을 보인다. 따라서 사람들이 그를 강력한 무신론자로 여기는 까닭은 어렵지 않게 파악된다.

더욱이 《역사 및 비판 사전》을 출판할 당시 벨은 이미 무신론이 일부 상류층 인사들이 주장하는 것만큼 그렇게 사악한 이론은 아니라는 점을 상당히 자세하게 주장한 인물로 악명이 높았다. 그의 주장은 1682년에 출판된 《혜성에 대한 고찰》(*Thoughts on the Comet*)에 등장하는데 이 책의 목적은 당시 출몰했던 혜성을 신의 불쾌감을 암시하는 징후나 대규모 재앙이 닥칠 흉조로 여겨서는 안 된다는 점을 보이기 위함이었다. 벨이 말브랑슈적인 경향을 강력하게 보인다는 점은 여기서 명확하게 드러난다. 42) 벨은 신이 일반 법칙에 따라 작용할 뿐 자신을 드러내고 자신의 의지를 알리고자 기적을 통해 무언가를 전달하지는 않는다고 주장한다. 특히 벨은 신이 무신론자를 개종하기 위해 혜성을 보내는 일은 결코 하지 않는다고 말한다. 만일 혜성 때문에 무신론자가 개종한다면 그는 훌륭한 기독교도가 아니라 우상숭배자가 되고 말 것이다 ― 그리고 신이 불신의 죄를 근절하기 위해 우상숭배라는 더욱 무거운 죄를 허용한다고 보기는 어렵다(*Oeuvres* III. 70~71). 뒤이어 무신론에 관해 매우 복잡하게 뒤얽

한 세계 안에 악을 허용했는지는 도무지 이해할 수 없는 일이라고 말한다. 이는 라이프니츠로 하여금 《변신론》을 쓰도록 만든 언급 중 하나이다.

42) 벨이 말브랑슈의 이론을 받아들여 이용했지만 이후 벨의 태도가 변화한 과정에 대한 간략하면서도 훌륭한 설명은 Riley가 번역한 말브랑슈의 《자연과 은총에 관한 논문》: 81~91면에 실린 옮긴이 서문 참조. 벨의 원전을 인용할 경우 Labrousse가 편집해 여러 권으로 출판한 *Oeuvres diverses*의 페이지를 표시했다.

힌 지엽적인 언급을 한 후 벨은 드디어 자신의 주장 중 가장 충격적인 내용을 언급한다. [43]

벨은 무신론이 우리가 상상할 수 있는 가장 혐오스러운 상태라는 일반적인 믿음은 단지 선입견에 지나지 않는다고 말한다. 이런 선입견은 죽은 후 받을 처벌에 대한 두려움이 없다면 사람들이 무절제하고 관능적이며 사악한 삶을 살아가리라는 점을 전제한다. 하지만 사실상 경험에 비추어 보면 신이 존재한다는 믿음이 사악한 욕구를 전혀 통제하지 못한다는 점을 알게 된다(III. 86~87a). 벨의 논증에서 첫 단계는 사람들이 사실상 자신들이 공언한 원리에 따라 살지 못한다는 주장으로부터 출발한다. 오비디우스가 메데아(Medea)에게 전한 말, 즉 더 나은 것을 알면서도 더 나쁜 것을 추구한다는 말은 "계몽된 양심과 우리를 행위하게 만드는 특수한 도덕 판단 사이에는 차이가 있음을 완벽하게 드러낸다"(III. 87b). 벨은 양심이 명확한 도덕 원리를 제시한다는 사실을 조금도 의심하지 않는다. [44] 하지만 우리의 "규제되지 않는 욕구"가 항상 승리를 거둔다. 종교적 믿음도 이와 다를 바 없다. 인간의 번영과 불행을 주재하는 수많은 신들이 있다고 믿는 이교도들을 보라. 그들은 "상상할 수 있는 모든 죄"를 저지른다. 만일 사람들이 믿음에 따라 산다면 기적에 의해서 지지되고

---

43) "덕을 갖춘 무신론자라는 유명한 예는 혜성이 불행의 징조가 아니라는 명제에 대한 첫 번째 반박에 대한 네 번째 대답을 증명하는 내용 중 일곱 번째 증명에 대한 일곱 번째 증명에서 등장한다." Sandberg(1966): 28면.

44) 그는 이런 사실을 일찍이 1675년부터 가르쳤는데 이 점은 그의 철학 강의 계획서에서 잘 드러난다(*Oeuvres* IV. 259~260). 여기서 그는 인간이 타락했음에도 불구하고 몇몇 도덕 원리들이 여전히 우리에게 명확하게 드러나며, 양심은 우리에게 자연법의 원리들을 알려 준다고 말한다.

훌륭한 성직자들이 가르치는 무오류의 계시를 받은 기독교도들이 "가장 거대한 무질서라는 악덕 안에서" 살아간다는 사실을 도대체 어떻게 납득할 수 있는가(III. 88a)? 더욱이 자신의 종교가 가르치는 도덕을 과시하는 사람들이 신의 존재를 믿지 않는 일은 절대 일어날 수 없다. 하지만 벨은 이런 사실을 반증하는 수많은 예를 든다. 그중 하나는 십자군 전사들이 결코 은밀한 무신론자가 아니었지만 차마 입에 담기 어려운 죄악을 저질렀다는 것이다(III. 89b, 90a).

벨은 논의를 계속 이어간다. 무신론자와 우상숭배자들도 다른 모든 사람과 마찬가지로 자신의 정념과 습관에 따라 움직인다. 만일 우상숭배자의 욕구가 무신론자의 욕구보다 더욱 악하다면 그의 행위 또한 더욱 악할 것이다. 수많은 기독교도들이 포도주를 좋아하기 때문에 "거의 평생을 취한 채 지내는" 반면 무신론자들은 포도주를 좋아하지 않을 수도 있다. 그러므로 방탕은 믿음이 아니라 취향의 문제이다(III. 93a). 따라서 벨은 "무신론자들의 사회도 도덕과 공적인 활동의 측면에서는 이교도들의 사회와 완전히 유사하리라고" 생각한다. 물론 무신론자들도 법의 엄격한 시행을 필요로 하는데 이는 기독교도를 포함해 모든 사람이 필요로 하는 바이다(III. 103b). 대부분의 사람이 덕을 갖추었다 할지라도 그 까닭은 오직 사회적 압박 때문이다(III. 104~105). 무신론자들도 다른 모든 사람과 마찬가지로 공적인 명예와 불명예, 보상과 처벌을 민감하게 받아들인다. 따라서 무신론자들의 사회에서도 자신이 맺은 계약을 준수하고, 가난한 사람들을 돕고, 불의에 반대하며, 친구들에게 신의를 지키는 수많은 사람을 발견하게 될 것이다. 설령 이들이 영혼의 불멸성을 믿지 않는다 할지라도 이 사실이 위와 같은 그들의 행위에 아무런 변화

도 일으키지 않을 것이다(Ⅲ. 109~110). 45)

　위의 내용 모두는 종교의 지배를 무너뜨리려고 애쓰는 인물의 저술에 등장하는 것인 듯이 보인다. 하지만 그것이 벨의 목표는 아니다. 그는 독실한 위그노 교도였으며, 그의 공격 대상은 종교적 믿음 자체가 아니라 프랑스에서 위그노 교도들을 박해했던 로마 가톨릭 교회였다. 벨 자신 또한 잠시 동안 가톨릭으로 개종한 적도 있었지만 곧바로 위그노 쪽으로 되돌아왔으며 이 때문에 그는 평생 망명 생활을 해야만 했다. 《혜성에 대한 고찰》에서 그는 무신론자가 타락한 종교를 믿는 신자만큼 사악하지는 않다는 주장을 편다. 십자군 전사들은 무신론자보다 더욱 사악했는데 그 까닭은 바로 종교를 자신들의 가장 악한 범죄를 위한 구실로 삼았기 때문이다. 결국 가톨릭교회는 우상숭배와 미신의 교회가 되었으며 신을 믿지 않는 무신론자들이 행하는 바보다 훨씬 더 사악한 행위를 허용하는 지경에 이르렀다.

　이를 잘 보여 주는 대표적인 예가 종교적 박해이다. 1685년 낭트 칙령이 철폐된 이후46) 위그노 교도들은 가톨릭으로 개종하라는 강

---

45) Tuck(1993): 97~99면에는 16세기 베네치아 출신의 정치이론가 사르피(Paolo Sarpi)가 도덕성이 뛰어난 무신론자들의 공동체가 성립 가능하다고 주장했다는 언급이 등장한다.

46) 〔옮긴이주〕 낭트 칙령은 1598년 프랑스 국왕 앙리 4세가 낭트에서 발표한 것으로 프랑스 신교도인 위그노에게 광범위한 종교의 자유를 부여한 칙령이다. 이에 따라 위그노 교도들은 파리를 제외한 지역에서 공공예배를 볼 수 있게 되었으며, 완전한 시민권을 얻게 되었다. 하지만 이 칙령은 당시 교황 클레멘스 8세, 프랑스의 로마 가톨릭 성직자, 고등법원 등의 커다란 불만을 샀다. 이후 리슐리외 추기경은 낭트 칙령에서 정치에 관련된 조항들을 국가에 위험하다고 여겨 알레 칙령(1629)으로 여러 조항들을 무효로 만들었다.

력한 압박을 받게 되었다. 벨의 저술 중 가장 정열적이고 큰 영향력을 발휘한 저술은 이런 사태에 대한 직접적인 반응으로 등장했다. 개종을 강요하는 사람들은 "그러면 어서 나가서 길거리나 울타리 곁에 서 있는 사람들을 억지로라도 데려다가 내 집을 채우도록 하라"는 (〈루가의 복음서〉, 14장 23절) 그리스도의 말씀에 호소했다. 《예수 그리스도의 이 말씀에 대한 철학적 주석》(*Philosophical Commentary on These Words of Jesus Christ*)에서[47] 벨은 박해를 통해서는 신을 기쁘게 할 유일한 요소인 내적인 종교적 신앙심과 헌신을 결코 이끌어 낼 수 없음을 강력하게 지적한다(《주석》: 35~37면; II. 371~372a). 이런 주장 자체도 물론 중요하지만 그의 논증 중 현재 우리에게 가장 의미 있는 부분은 박해를 정당화하는 데 사용된 원전을 적절하게 해석하는 방법과 관련된다.

《예수 그리스도의 이 말씀에 대한 철학적 주석》의 첫머리에서 벨은 자신이 원전을 해석하는 데 사용한 방법이 완전히 새로운 것이라고 선언한다. 원전 비판, 문헌학, 역사 그리고 신비적 교리 등을 모두 제쳐 두고 그는 오직 하나의 원리에 기초한 해석을 시도하는데 그 원리는 "아무리 원문에 충실한 해석이라도 부정을 저지를 의무를 부과한다면 그것은 잘못된 해석"이라는 것이다(《주석》: 28면; II.

1685년 루이 14세는 낭트 칙령을 완전히 철폐함으로써 위그노 교도의 모든 종교적, 시민적 자유를 박탈했다. 그 후 몇 년 사이에 40만 명 이상의 위그노 교도들이 영국, 프로이센, 네덜란드, 미국 등지로 빠져나가 프랑스는 가장 근면한 상업 계층을 잃었으며 이는 프랑스 혁명의 계기가 되었다.

47) 나는 이 저서를 인용할 경우 Tannenbaum이 번역한 번역본의 페이지를 먼저 밝히고 그 다음에 *Oeuvres diverses*, vol. II 페이지를 표시했다.

367a). 뒤이어 그는 박해가 불법이고, 정의롭지 못하며, 사회의 모든 도덕적 질서를 파괴하는 것이라는 점을 다양한 방식으로 제시한다. 이들 중 그는 특히 박해를 가하는 자들의 원리가 일관성이 없음을 강조한다. 이들은 프랑스 국왕이 종파가 다른 국민들을 제거하는 일은 기꺼이 허용하면서도 국민들이 종파가 다른 국왕을 제거하는 일은 결코 허용하지 않는다(《주석》: 48면; II. 376a). 또한 이들은 자신들이 그르다고 여기는 종교를 박해하는 일은 허용하면서도 이교도 통치자들이 초기 기독교도들을 박해한 일은 허용하지 않는다. 이들은 오직 자신들의 종교를 위한 폭력만을 허용할 뿐 다른 어떤 종교의 폭력도 허용하지 않는다. 벨은 이런 교리들이 너무나도 혐오스러워서 어쩌면 지옥의 악마가 이러한 교리를 가지고 인간사를 조종하는 것이 아닌가 생각이 들 정도라고 언성을 높인다(《주석》: 47면; II. 375b). 그는 이것 외에도 다양한 논증을 제시하지만 여기서는 기본 원리에만 집중하려 한다.

벨은 《성서》의 의미를 판단하는 데 도덕적 기준을 사용한 자신의 방법이 혁명적인 의미를 함축한다는 사실을 명확히 알고 있다. 이는 "자연의 빛이 채택한 공리를 통해서 우리에게 무언가를 말하는 이성을 … 최고 법정으로 삼아 … 신학이 여왕이며 철학은 시녀일 뿐이라는 말이 두 번 다시 나오지 않게 만드는" 방법이다(《주석》: 29면; II. 368a). 이성은 형이상학과 도덕 모두에서 부정할 수 없는 원리를 알려 준다. 신은 자신이 글로 써서 전한 바의 의미를 우리 인간이 오류 없이 파악하도록 인도하기 위해 온 마음을 다해 이런 통찰을 우리에게 부여했음에 틀림없다 — 여기서 벨은 다시 한 번 말브랑슈적인 태도를 드러낸다. 이성의 검토를 거치지 않고서는 어떤 말이 신으로부터 나온 것인지 아니면 악마로부터 나온 것인지 결코 알 수 없다. 1624년 허버트 경도 이런 생각을 어려운 라틴어 저술을 통해 표현했으며, 위치코트도 벨이 이런 주장을 제기했을 무렵을 전후해 거의 30년에 걸쳐 비교적 소규모 청중 앞에서 이런 내용을 계속 강연하는 중이었다. 하지만 지칠 줄 모르는 정열과 논쟁을 마다하지 않는 명확한 태도로 이런 견해를 프랑스와 유럽 전역에 처음 전파한 인물은 벨이었다.

그렇다면 그는 종교의 왕관을 벗겨 내어 철학을 여왕으로 만들려하는가?[48] 전혀 그렇지 않다. 사실 그는 한 위그노 신학자가 처음제시한 《성서》 해석의 원리에 따르고 있다. 1682년 주리외(Pierre Jurieu)는 성찬식의 교리를 검토한 책을 출판했는데 여기서 그는 영성체로 사용되는 빵과 포도주를 실제로 그리스도의 살과 피로 여겨야 한다는 가톨릭의 견해에 반대하는 주장을 편다. 가톨릭의 교리는 "이것이 나의 살이다"라는 《성서》의 문구에 기초한다.[49] 하지만 주리외는 우리가 《성서》에 등장하는 몇몇 대목은 비유로 해석해야 한다는 사실을 알고 있다고 말한다. 어떤 대목이 불합리하거나 터무니없는 모순으로 가득 찬 내용을 포함한다면 이를 비유적으로 설명해야 한다. 그리고 아우구스티누스로부터 세 번째 규칙이 등장한다.

---

48) 이 문단 전체는 Rex(1965): 145~152면으로부터 큰 도움을 받았는데 이 부분은 Rex의 뛰어난 저술 중에서도 가장 탁월한 대목으로 생각된다.
49) 〔옮긴이주〕 〈요한의 복음서〉 6장 51절 참조. 원문은 다음과 같다. "나는 하늘에서 내려온 살아 있는 빵이다. 이 빵을 먹는 사람은 누구든지 영원히 살 것이다. 내가 줄 빵은 곧 나의 살이다. 세상은 그것으로 생명을 얻게 될 것이다."

"《성서》의 어떤 대목이 죄를 저지를 것을 명령하는 듯이 보인다면 이를 비유적으로 해석해야 한다."성찬식에 대한 가톨릭의 교리는 이 기준을 만족시키지 못하는 반면 신교의 교리는 그렇지 않다. 그리고 도덕이 요구하는 해석이 반드시 우선해야 한다.

따라서 관용을 옹호한 벨의 태도는 위그노의 교리에 의존한다고 할 수 있다. 이 교리는 무신론적도 아니고 사회에서 종교를 말살하기 위한 것도 아니다. 이 교리의 목표는 한 나라의 종교가 하나로 통일되어야 한다는, 강력한 전통으로 확립된 견해에 반대하면서 한 나라 안에서도 서로 다른 여러 종파가 허용되고 번성할 수 있어야 한다는 점을 보이려는 것이다. 전통적인 의미로 해석하여, 양심을 신의 의지가 우리에게 전하는 내적인 목소리로 여긴다고 하더라도 양심의 자유는 허용되어야 한다. 벨은 이 문구에 새로운 의미를 부여하기도 한다. 그는 지성이 완벽하게 명석하고 판명하다고 여기지 않는 관념에 대해 동의를 보류할 경우에 드러나는 확실성과 양심이 부여할 수 있는 확실성을 구별한다. 뒤이어 다음과 같이 말한다. "종교 문제에 적용되는 판단 규칙은 결코 지성이 아니라 전적으로 양심에 속한다. 바꾸어 말하면 신을 기쁘게 하는 바를 행하는 문제와 관련해 우리는 명석하고 판명한 관념에 따라서가 아니라 양심이 말하는 바에 따라 대상을 받아들여야 한다."50) 어떤 종교적 교리를 받아들여야 하는지 말해 주는 것은 도덕이어야 하며 어떤 도덕을 받아들여야 하는지를 종교적 교리가 결정해서는 안 된다.

벨은 이성이라는 자연의 빛이 기본 공리들을 명확하게 전달해 주

---

50) Sandberg(1966), *Nouvelles lettres critiques*, II. 334: 65면에서 재인용.

므로 어느 누구도 이를 회의하거나 부정할 수 없다고 주장한다. 이런 공리 중 하나는 우리가 자신의 양심에 따라 행위해야 한다는 것이다. 그렇지 않을 경우 종교적 주장에 대한 우리의 동의는 강요된, 실제가 아닌 것이 되고 만다. 따라서 신은 이런 동의를 받아들이지 않을 것이다. 그런데 사람들의 양심은 명백히 서로 다르다. 벨은 이로부터 제기되는 문제의 해결 방법을 제대로 제시할 수 없는 듯하다. 개종을 강요하는 사람의 양심이 다른 종파의 신도들을 박해하라고 말하는 상황을 가정해 보자. 이를 금지할 명백한 공리는 과연 무엇인가?《역사 및 비판 사전》에 덧붙인 "세 번째 해명"에서 벨은 신앙주의적인 견해를 제시한다. "기독교는 초자연적인 종교에 속한다. … 기독교를 구성하는 기본 요소는 우리에게 신비하게 보이는, 신이 지닌 최고의 권위이므로 이를 이해하려 해서는 안 되며 무한한 존재 앞에서 가장 겸손한 태도로 이를 믿어야 한다."(《사전》: 421면) 따라서 이성을 추구하는 이들이 신학자들과의 논쟁에서 항상 승리를 거두므로 신학자들은 항상 "초자연적인 빛으로 도피해야 할 것이다"고 말하면서(410면) 벨이 의미한 바는 종교를 포기해야 한다는 것이 아니다. 신앙주의적 회의주의는 종교적 회의주의로 보일지 몰라도 사실은 그렇지 않다는 점을 우리는 이미 확인했다. 설령 신앙주의적 회의주의가 도덕과 올바른 도덕적 삶의 가능성을 종교로부터 분리하려 한다 할지라도 이것이 결코 종교적 회의주의로 이어지지는 않는다.

파스칼은 그림을 제대로 감상하기 위해서는 너무 멀리 떨어져서 보아도, 너무 가까이 다가가서 보아도 안 된다고 말한다. 올바른 관점은 오직 하나뿐이다. "그림을 볼 때는 원근법의 규칙이 이 관점을 결정한다. 하지만 진리와 도덕에서는 이를 어떻게 결정할 수 있는가?"(《팡세》 21) 이에 대해 그 자신은 아무런 회의도 하지 않는다. 파스칼은 이렇게 말한다. "샤롱의 《지혜에 관해》에 등장하는, 신앙심이 없는 자들의 논증은 오직 신이 존재하지 않는다는 가정에 기초한다. 이들은 '그렇다면 피조물에서 기쁨을 누리자'고 말한다. 이는 차선책이다. 하지만 우리가 사랑해야 할 신이 존재한다면 이들은 결코 이런 결론에 이르지 못할 것이다."(《팡세》 618) 숨은 신은 창조와 무관한 듯이 **보일** 뿐이라 생각하는 사람들은 당연히 인간에 대한 사랑을 차선책으로 여길 것이다. 하지만 파스칼과 니콜 그리고 벨은 구원받지 못한 인간들이 나름대로 추구하는 선이 세계가 스스로 전개되어 가도록 만들기에 충분하다고 주장한다. 만일 우리가 스스로의 동기를 결코 알 수 없다면 그리고 동기를 개선하려는 우리의 노력에 어떤 경우에도 희망이 보이지 않는다면 완전성은 논의의 대상이될 수 없다. 그렇다면 도덕의 핵심은 우리 자신과 신을 조화시키거나 신에게 구원받는 방법을 드러내는 것이 아니다. 어쩌면 가상디의생각처럼 도덕의 핵심은 인간의 행복을 유지하고 증진하는 방법을가르치는 것일 수도 있다. 내세에서 이루어지는 심판이라는 관점이사라져 버린다면 인간이 현세에서 누리는 행복은 단순한 차선 이상의 것일지도 모른다.

제 14 장

덕의 회복

근대 도덕철학자들을 국가별로 분류한 최초의 철학사가인 스토이틀
린(Carl Friedrich Stäudlin)은 18세기에 영국 도덕철학자들이 프랑
스나 네덜란드의 철학자들보다 윤리학을 더욱 크게 발전시켰으며
이들은 독일에까지도 상당한 영향을 미쳤다고 주장했다. 처음에 나
는 그가 영국 도덕철학자들을 다루면서 현재 우리가 중요하다고 여
기는 인물들을 모았으리라고 기대했지만 그의 강조점은 우리와는
다르다 ― 그는 홉스를 두 페이지로 다룬 반면 아담 스미스를 열일곱
페이지에 걸쳐 설명한다.[1] 스토이틀린은 이들이 다룬 주제들이 더

---

[1] Stäudlin(1822): 774~775면. 그는 이 책을 쓸 당시 살아 있었던 벤담은 다
루지 않았다. 아담 스미스도 1756년에 쓴 *Letter to the Edinburgh Review*에
서 홉스에서 허치슨에 이르는 영국 도덕철학자들이 독창적인 사상을 전개함
으로써 프랑스나 독일 철학자들보다 윤리학에 훨씬 더 크게 기여했다고 주
장하면서 프랑스 철학자들은 자신의 저술을 쓰는 데 몰두했을 뿐이며 독일
철학자들은 일반적으로 낮은 수준에 머물렀을 따름이라고 평가한다(*Essays*:

욱 보편적이고 범국가적인 논쟁으로부터 등장했다는 사실을 제대로 지적했다. 이런 사실은 자주 간과되기도 했는데 그 까닭은 18세기 영국 철학자들은 주로 자신들만을 서로 인용하면서 논의를 전개하는 경향을 보였기 때문이다. 또 다른 이유로는 1897년 처음으로 출판된, 셀비-비기(Selby-Bigge)가 편집한 자료집 《영국 도덕철학자들》(British Moralists)을 통해서 대륙 철학자들보다 영국 철학자들의 저술을 훨씬 더 쉽게 접할 수 있었다는 점을 들 수 있다. 이를 비롯한 다른 여러 이유 때문에 영국 도덕철학자들은 근대 도덕철학에서 등장한 다른 어떤 집단보다도 더욱 상세한 연구의 대상이 되었다. 이 장과 뒤이은 몇 장에 걸쳐 영국을 중심으로 한 논쟁을 검토하면서 나는 포괄적인 논의를 시도하지는 않으려 한다. 나는 많은 사람들이 영국의 자유롭고 정치적으로 안정된 분위기를 부러워하는 상황에서 전개된 근대 초 유럽의 논쟁에서 몇몇 중요한 주제들이 어떻게 등장하게 되었는지를 보이려 한다.

250면, 243면). James Mackintosh 경이 쓴 *Dissertation on the Progress of Ethical Philosophy*(1830)는 더욱 폭넓은 영역을 다루지만 대부분 영국 철학자들에게만 주의를 기울인다. Blakey가 쓴 *History of Moral Science*(1833)는 영국 철학자들에 대해서 Stäudlin보다 포괄적으로 다루지만 대륙의 철학자들에 대해서는 지극히 취약하다. Whewell이 쓴 *Lectures on the History of Moral Philosophy in England*(1852)는 잉글랜드 출신이 아닌 철학자로는 오직 허치슨만을 다룬다.

1. 덕과 법칙

근대 도덕철학이 형성되는 시기에 걸쳐 덕과 덕들에 관한 탐구는 상당히 소홀했다는 말이 자주 들리곤 한다.[2] 그런데 흄과 칸트의 윤리학에서 덕이 중요하게 부각된다는 사실에 비추어 볼 때 이런 변화는 우리를 다소 혼란스럽게 한다. 이런 변화를 이해할 수 있는 유일한 방법은 몇몇 학자들이 어떤 특수한 형태를 띤 덕 중심의 윤리학을 계속 유지하면서 근대 초의 도덕철학에서 덕 윤리와 유사한 어떤 것도 등장하지 않음을 몹시 개탄했다고 가정하는 길뿐이다. 덕을 옹호한 학자들은 아리스토텔레스의 윤리학을 덕 중심의 이론의 전형 중 하나로 여겼다. 만일 그렇다면 엄격하게 말해서 아리스토텔레스의 도덕 이론이 도덕철학의 무대에서 사라졌다는 말은 부정확한 것이 되고 만다. 사실 루터는 아리스토텔레스의 《니코마코스 윤리학》이 세속적인 문제들과 관련해 어떻게 행위해야 하는지 알려 주는 훌륭한 충고를 포함한다고 생각했다. 그리고 유럽 전역에서 서로 다른 종파에 속하는 많은 교수들이 《니코마코스 윤리학》을 강의 교재로 삼고, 편집하고, 이에 대한 주석을 출판했는데 이런 일은 칸트의 시대까지도 계속되었다. 하지만 이 정도로는 부족할지도 모른다. 아리스토텔레스에 관한 다양한 저술이 근대 도덕철학의 특징적인 흐름

---

2) 예를 들면 Philippa Foot(1978), "Virtues and Vices" in *Virtues and Vices*, Oxford 참조; 또한 G. H. von Wright는 "형식 논리가 아리스토텔레스 이래 어떤 주목할 만한 발전도 이루지 못했다는, 칸트의 유명한 **언급**은 덕 윤리에 대해서도 충분히 적용될 수 있을 듯하다 — 최소한 이 사실도 똑같이 정당화할 수 있다"고 말한다. *The Varieties of Goodness*, London, 1963: 136면.

을 형성하는 데 별로 기여하지 못했다는 점에 아마 모든 사람이 동의할 것이다. 따라서 아리스토텔레스가 단지 덕 윤리의 전형을 제공했을 뿐 더 이상의 역할을 하지는 못했다는 덕 윤리 옹호자들의 불평은 충분히 수긍할 만하다.

덕에 대한 진지한 관심이 쇠퇴함을 한탄함과 동시에 왜 이런 일이 일어났는가에 대한 설명도 자주 등장한다. 근대 전반에 걸쳐 아리스토텔레스의 목적론은 거의 모든 영역에서 추방되었다. 따라서 아리스토텔레스 윤리학의 쇠퇴는 과학에서 목적론이 폐기되면서 뒤따라 등장한 결과라고 손쉽게 가정할 수 있다. 하지만 이는 잘못된 설명일지도 모른다. 자연학에서 목적론이 맞이한 운명과 무관하게, 17세기 사상가들은 도덕적 존재인 우리의 본성을 구성하는 다양한 성향, 감정, 능력 등의 핵심을 설명하고 더 나아가 세계 안에서 우리의 진정한 목표와 역할이 무엇인지 보이기 위해 기독교적인 목적론을 폭넓게 사용했다. 이런 형태의 목적론은 18세기까지도 이어졌으며 신의 목적을 알지 못하면 우리 자신의 행위를 규정할 방법 또한 인식할 수 없다는 믿음도 계속 유지되었다. "만일 나를 창조한 신의 목적을 전혀 알지 못한다면, 만일 그 목적이 신의 영광도 … 나 자신의 선도 아니라면 … 내가 지금 무엇을 해야 할지 어떻게 알 수 있겠는가?"[3] 로(Edmund Law)의 이런 질문은 상식적이었고 이에 대한 대답을 통해 목적론을 재확인할 수 있었다. 따라서 만일 덕 윤리가 목적론을 필요로 한다면 목적론을 제공하는 것은 문제가 되지 않았다.

하지만 기독교 자체는 덕 중심의 윤리에 심각한 도덕적 불안을 불

---

3) King(1739)을 번역한 Law의 번역본에 수록된 옮긴이 서문 viii면.

러일으켰다. 루터는 덕이 내적인 삶에 관여한다고 보는 아리스토텔레스 윤리학에 대해 강력한 비난을 퍼부었다. 리드(Thomas Reid)는 더욱 냉철한 태도로 덕 윤리와 기독교 윤리가 서로 대립된다는 점을 지적했다. "도덕을 체계화하는 방식은 시대에 따라 달랐다. 고대인들은 일반적으로 네 가지의 주된 덕, 즉 사려와 절제, 용기 그리고 정의에 따랐다. 반면 기독교 학자들은 세 가지의 주요 의무, 즉 신과 우리 자신 그리고 이웃에 대한 의무에 따랐는데 나는 이것이 더욱 적절하다고 생각한다."[4] 리드는 기독교가 덕 윤리가 아닌 의무의 윤리를 가르쳤으며, 의무를 법칙에 따르는 행위의 관점에서 이해했다고 믿었다. 로마 가톨릭의 가르침 중 몇몇 측면은 기독교 도덕에 대한 리드의 견해를 입증하는 오랜 역사가 있다. 앞서 2장 2절에서 언급했듯이 아퀴나스는 덕을 자연법 아래에 두었다. 더 나아가 일찍이 고해 성사라는 관행이 시작된 6세기부터 결의론이 크게 유행한 16, 17세기에 이르기까지 가톨릭 도덕철학자들은 특정한 행위가 죄인지 아닌지 판정하고, 죄라고 판정되면 그에 대한 적절한 처벌이 무엇인

---

4) Reid, *Active Powers*, V. II. 기독교와 이교도를 서로 대비해 언급한 경우는 리드 외에도 자주 발견된다. "많은 사람들이 이전의 훌륭한 저술들을 지나치게 신뢰하는 일은 **위험하**다고 지적해 왔다. 따라서 이들은 … 그런 저술들에 대해 덜 생각하는 것이 더욱 바람직하다고 … 여긴다. 이들은 덕이라는 단어가 다소 이교도적이라고 생각한다." *Miscellaneous Remains from the Commonplace Book of Richard Whately*, D. D., ed. E. J. Whately(1965), London: 239면. "덕 이론의 고전적 근원에 대해 기독교를 표방하는 비판자들이 의심스럽게 여겼음은 분명한 사실이다. 이들은 덕 이론이 지나치게 철학적인 반면 《성서》와는 부합하지 않는다고 신중하게 판단했다. 따라서 이들은 덕보다 의무와 명령에 관해 논의하는 편을 선호했다." Josef Pieper (1966), *The Four Cardinal Virtues*, Noter Dame: x면. 그리고 Pieper는 이런 태도가 지금까지도 명백히 유지된다고 지적한다.

지 밝히는 데 몰두했다. 만일 행위와 곤경의 윤리학이란 것이 있었다고 한다면 바로 이 시기의 윤리학이 그에 속할 것이다. 5)

바꾸어 말하면 덕에 대한 아리스토텔레스적인 접근을 거부한 까닭은 그런 접근 방식이 지닌 종교적, 도덕적 결함을 인식했기 때문이라고도 할 수 있다. 어쩌면 현재 우리와 같은 본성을 지닌 존재로서 기독교도들은 오직 법칙 중심의 도덕만을 생각했던 듯도 하다. 17세기와 18세기의 가장 일반적인 견해는 덕을 법칙이나 규칙 다음에 두는 것이었다. 로크는 이미 오래 전부터 일반화되었던 이런 견해를 명확하게 표현했다. "지금까지 우리의 마음 안에 덕과 악덕의 관념을 형성하면서 어떤 기준을 채택했든 간에 … 이런 관념들의 정확성 또는 애매함은 어떤 법칙이 규정하는 유형과 일치하는가 그렇지 않은가에 따라 결정된다."(《인간지성론》, II. xxviiii. 14 : 358면)6) 16세기 청교도 성직자였던 퍼킨스(William Perkins)도 이와 동일한 언급을 했다. "보편적인 정의는 모든 덕의 실행이다. 그런데 덕이란 한 사람이 법칙이 명령하는 바를 모두 준수함을 의미한다."7) 심지어 아리스토텔레스조차도 이런 견해에 따랐다고 보려는 시도가 17

---

5) Edmund L. Pincoffs(1986), *Quandries and Virtues*, Lawrence 특히 2장 참조. 결의론의 역사에 관해서는 Mahoney(1987) : 30~31면 및 1장 전체 그리고 Jonsen and Toulmin(1988) 참조.

6) *DJN*, I. IV. 6 : 59면에서 푸펜도르프는 덕을 우리 자신과 사회를 유지하는 행위를 하도록 우리를 이끄는 성향으로 정의한다. 그런데 이들은 자연법의 목적이기도 하므로 그의 견해와 로크의 견해 사이에는 큰 차이가 없다.

7) William Perkins, *Whole Treatise*, in Perkins, ed, Merrill, VI장 : 231면. Merrill은 이 논문이 언제 쓰였는지는 밝히지 않는다. 퍼킨스는 1602년 사망했다.

세기 초 케임브리지에서 학생들에게 《니코마코스 윤리학》을 강의한 한 교수의 강의록에서 드러난다. 그는 "이전에 우리는 덕에 관한 정의를 살펴보았는데 덕이란 법칙에 따라 살아가려는 영혼의 일관된 성향이다"라고 말했다.[8] 1785년에 이르러서도 페일리(William Paley)는 행복을 극대화하라는 신의 명령을 반영하는 규칙들에 따라 행위하는 습관이 바로 덕이라고 말했다(*Principles*, II. 7).

앞에서 완성주의자들은 이와는 다른 유형의 생각을 했음을 이미

---

8) Costello (1958) : 65~66면에서 재인용.

　　이런 시도를 보여 주는 18세기의 예는 수없이 많다. 디드로는 《백과전서》(*Encyclopédie*)에서 도덕은 "인간 행위와 그런 행위의 규칙이 되는 법칙 사이의 관계이다"라고 말한다. 그리고 "덕이 있는 사람은 자신의 의무에 따라 행위하는 습관을 지닌 사람"이라고 덧붙이는데 이는 그리 놀라운 일이 아니다. "도덕" 항목, 10. 1765 참조. 볼프(Christian Wolff)는 무언가를 언어적으로 이해하는 과정의 예를 들면서 다음과 같이 말한다. "내가 다음의 단어들, 즉 자연법에 따라 자신의 행위를 규정하는 성향이라는 말에 포함된 단어들이 덕과 관련된다고 생각한다면 — 나는 이들을 통해 덕을 이해한다." (*Ethics*, 316).

　　존슨(Samuel Johnson)은 또 다른 18세기의 예를 제시한다. 많은 글에서 그는 덕을 양극단 사이의 중용이라고 말하지만 이에 관한 견해를 명확히 밝히지는 않는다. 제닌스(Soame Jenyns)가 쓴 《악의 본성과 근원에 관한 자유로운 탐구》(*A Free Inquiry into the Nature and Origin of Evil*, 1757)에 대한 서평에서 존슨은 현재 '규칙 공리주의'라고 불리는 형태의 이론을 지지하는데 이때의 규칙을 신이 부여해 우리의 양심을 통해서 드러나는 자연법의 규칙이라고 생각하는 듯이 보인다. 그리고 그는 이것이 도덕의 핵심이라고 여긴다(Johnson: 371면). 1748년에 쓴 우화 "테너리프의 은둔자 시어도어의 환상"(The Vision of Theodore, the Hermit of Teneriffe)을 자신의 작품 중 최고라고 생각했으나, 그는 여기서 덕이나 덕들에 관해 언급하지는 않는다. 존슨은 이 우화에서 이성이 양심의 도움을 받아 우리를 인도하는데 양심은 종교가 보낸 특사이며, 습관은 거의 항상 나쁘며, 인간의 타고난 성향은 교정되지 않으면 어느 누구에게도 아무런 이익이 되지 않는다고 주장한다.

살펴보았다. 이들은 영혼 또는 정신을 적절하고 칭찬할 만한 상태로
이끄는 데 필요한 지식은 궁극적으로 도덕법칙에 대한 지식이 아니
라고 생각했다. 우리에게 필요한 것은 세계의 질서에 관한 또는 존
재들이 지니는 완전성의 등급에 관한 지식이다. 이들이 보기에 가장
중요한 도덕적 문제는 옳은 행위나 우리를 구속하는 법칙이 아니라
각 개인의 정신이 누릴 수 있는 최고의 상태와 관련된다. 완벽하게
덕을 갖춘 또는 현명한 개인은 이성적이고 객관적인 질서를 인식함
으로써 이것과 일치하는 정신을 지니는 개인이다. 이런 개인은 진정
선한 바를 원하며 진정 옳은 바를 행한다. 우리는 이런 완전성에 더
욱 가깝게 다가가려는 노력을 가장 먼저 해야 한다. 완성주의자들은
개인의 성격이 우선하고 옳은 행위는 부차적이라고 생각하는 반면
자연법 학자들은 옳은 행위가 우선하고 개인의 성격이 부차적이라
고 생각하는 듯하다. 여기에 몇몇 설명을 더하면 완성주의자들을 덕
윤리의 옹호자로, 자연법 학자들을 반대자로 분류하기에 충분한 듯
이 보인다.

　하지만 자연법 학자들도 개인의 특성을 무시하지는 않았다. 앞서
내가 보이려고 했듯이, 이들의 불완전한 의무에 대한 이론은 도덕적
삶의 한 영역에서는 동기의 중요성을 허용하고자 했던 그들의 노력
을 잘 드러낸다. 또한 특정한 사건들의 미묘한 차이를 파악하는 감
수성은 단지 규칙에 따르는 것만으로는 설명할 수 없다. 자연법 학
자들은 규칙이 불완전한 의무의 영역까지 지배한다는 생각을 거부
한다. 이들은 비록 아리스토텔레스의 지적인 통찰을 도덕적 감식 능
력으로 대체하지만, 불완전한 의무가 요구하는 바람직한 종류의 특
성을 지니는 것이 중요함을 명백히 강조한다. 이런 특성은 공적의

원천이며 심지어 신과 공유하는 것이기도 하다. 이와 같이 자연법 학자들이 오직 도덕의 한 부분에 대해서만 덕 이론과 유사한 접근방식을 허용한다면, 완성주의자들은 덕이면 충분하다고는 결코 말하지 않는다. 완성주의자들의 견해에 따르면 대부분의 사람은 오직 자신의 통찰에 따라서만 행위해도 좋을 수준의 충분한 완전성에 결코 도달할 수 없다. 서로 다른 이유를 들기는 하지만 완성주의자들과 자연법 학자들 모두는 대부분의 사람이 아리스토텔레스가 말하는 덕에 따르는 삶을 살아갈 수 없다고 결론짓는다. 즉, 대부분의 사람은 항상 다른 사람의 지시와 명령을 필요로 하며, 법칙에 의해서 인도될 뿐만 아니라 외부의 위협에 의해서 움직인다.

2. 유토피아에서의 덕

앞서 마키아벨리의 견해에 관해 논의하면서 나는 그가 사용한 비르투(virtú)라는 용어를 '덕'(virtue)이라는 단어로 번역할 수 없음을 지적했다. 하지만 마키아벨리의 정치적 견해는 묘하게 변형되면서, 관습적 의미에 더 가까운 덕에 초점을 맞춘 도덕 이론이 등장하는 데에 도움을 주었다. 1699년에 처음 출판된 샤프츠버리의 저술, 《덕 또는 공적에 관한 탐구》(Inquiry concerning Virtue or Merit)는 전통적으로 도덕에 관한 체계적 사고에 새로운 방향을 제시한 것으로 여겨져 왔는데 이런 생각에는 충분한 근거가 있다. 나는 샤프츠버리의 저술이 마키아벨리를 새롭게 해석하던 당시의 유행과 관련해서만 제대로 이해될 수 있다는 점을 논증하려 한다.

역사가들은 마키아벨리의 고전적인 공화주의가 어떻게 잉글랜드와 스코틀랜드에 전해졌으며, 17세기와 18세기 초의 어려운 시기에 영국 정치사상에서 어떤 역할을 담당했는지 드러내기 위해 노력해 왔다.[9] 17세기 중반에 활동한 가장 중요한 인물은 해링턴(James Harrington)인데 그가 1656년에 출판한 《오세아나》(*Oceana*)는 고전적인 공화정이 잉글랜드에서 실현된다면 어떤 모습이 될지 잉글랜드 역사와 지리의 특성을 고려하면서도 이상적인 형태로 묘사한 저술이다.

마키아벨리와 마찬가지로 해링턴도 나라의 안정과 지속뿐만 아니라 자유를 보장하는 형태의 정부를 추구했다. 해링턴은 사람이 아니라 법이 지배하는 정부의 구성을 목표로 삼았으며, 이에 이르는 비밀은 올바른 입법 절차를 마련하는 데 있다고 생각했다. 이를 위해 변화하는 세계에 어울리는 새로운 정책과 전략을 개발할 능력을 지닌 소수로 하여금 국가가 해야 할 바를 제안하게 한다. 또한 무엇이 공동선을 위한 것인지 생각할 줄 아는 다수로 하여금 이런 제안을 채택할 것인지 결정하게 한다. 이러한 과정의 결과로 정의롭고, 자유롭고, 계속 유지되는 국가에 이르게 된다.

국가의 지속을 보장하기 위해서는 두 가지 기본법이 필요하다. 그

---

9) 이에 관한 대표적인 연구로는 Baron(1955)와 Pocock(1975)을 들 수 있다. 또한 마키아벨리주의가 미국 역사에서 지니는 중요성에 관해서는 Robbins (1959); Bernard Bailyn(1967), *The Ideological Origins of the American Revolution*, Cambridge; Gordon S. Wood(1969), *The Creation of the American Republic, 1776~1787*, Chapel Hill 참조. 스코틀랜드 계몽주의에서 고전적인 공화주의가 지니는 중요성에 관해서는 Hont & Ignatieff (1983), 특히 Pocock과 Ignatieff의 논문 참조.

중 하나는 법을 제안하는 사람들을 포함한 모든 공직자가 돌아가면서 순환제로 공직을 담당해야 하며, 이들은 비밀 투표에 의해서 선출되어야 함을 규정한다. 다른 하나는 토지의 소유권을 규정한다. 입법자로 선출되어 공직을 담당한 이들에게는 삶을 영위할 정도의 물질적 기반이 제공되어야 한다. 이들은 전쟁과 정부에 대해 연구해야 하며 전적으로 국가에 헌신할 시간이 주어져야 한다. 따라서 이들에게는 재산을 제공해야 하는데, 국가를 위해 수행하는 역할을 지속하는 데 필요한 정도 이상의 재산을 주어서는 안 된다. 따라서 누구라도 자신의 재산을 늘리고 선거에 이겨서 고위직에 오를 수 있어야 하는 반면 토지를 과도하게 획득하는 일을 금지하는 엄격한 법이 시행되어야 한다. 해링턴은 이런 일반인들을 "균등한 토지 소유자"라고 부르면서 이들이 공화국의 진정한 기초라고 생각한다. 그는 국가란 "균등한 토지 소유자를 기초로 세워진다. 그리고 대지가 사람의 아들들에게 주어져야 하므로 토지의 균형이 바로 정의의 균형"이라고 말한다(*Oceana*: 322면). 하지만 삶을 영위하기 위해 사람이 반드시 자기 토지를 소유할 필요는 없다. 입법자들의 제안은 항상 시행에 앞서 일반 사람들의 승인을 거쳐야 하므로 토지가 없는 사람들도 적절한 생계를 보장받을 수 있다.

국가의 자연스러운 원리는 정의이다(203면). 그리고 해링턴은 공직의 순환제, 균등한 토지 소유, 법을 제안해 통치하는 임무와 이를 승인하는 임무의 분할 등이 모두 합쳐져 "정의의 균형"을 이룬다고 확신한다. 하지만 그는 정의 자체에 관해서는 거의 언급하지 않았다. 이로 인해 그의 저술을 현대판으로 새로 펴낸 편집자는 무척 상세한 색인을 작성하면서도 이에 정의라는 항목을 포함시킬 필요가 있다고 생각하지 않았다. 그러나 《오세아나》에는 정의에 관한 해링턴의 강력한 견해가 은연중에 드러난다. 이는 옳고 그름에 관한 더욱 일반적인 견해와 연결되는데 그는 옳고 그름에 대해서도 그리 자주 언급하지는 않는다.

해링턴은 영혼이 이성과 정념으로 나누어진다고 생각한다. 그는 이성과 정념 사이의 관계는 덕과 악덕 사이의 관계와 유사하다는, 언뜻 관습적인 것으로 보이는 견해를 제시한다.

> 한 인간에 대해 숙고할 경우 그의 의지에 의해서 생겨나는 정념은 무엇이든지 간에 악덕이며 죄의 굴레이다. 반면 한 인간에 대해 숙고할 경우 그의 의지에 의해서 생겨나 행위로 이어지는 이성은 무엇이든지 간에 덕이며 영혼의 자유이다(169면).

하지만 여기서 해링턴이 의미한 바는 관습적인 견해가 전혀 아니다. 그가 의미한 바는 이성적인 성향이 우리 각각을 지배한다면 이는 우리를 덕이 있다고 여겨지는 행위로 인도하는 반면, 정념이 우리를 지배한다면 우리는 악덕으로 여겨지는 것을 행하게 된다는 점이다. 그렇다면 행위의 옳고 그름은 법칙이나 결과에 의해서가 아니라 행위자의 내적인 상태에 의해서 결정된다. 개인의 행위에 대해 참인 바는 국가에 대해서도 마찬가지로 적용된다. 이성은 전체의 이익에 대한 관심과 동일시되는 반면 정념은 사적인 이익과 동일시된다. 그리고 오직 이성에 따라서 행해진 바만이 옳다고 여겨지는 것 또한 마찬가지이다(173, 280~281면).

정의에 관한 해링턴의 견해는 덕과 악덕의 본성에 관한 그의 주장을 확장함으로써 얻어진다. 그는 정의가 어떤 난해한 이론적인 문제도 제기하지 않는다고 생각한다. 정의에 이르는 절차는 간단하다. "가까이 있는 모든 사람이 개인적으로 이익을 차지하려 한다 할지라도, 모든 경우에서 보편적인 권리 또는 이익을 우위에 두고" 재화를 분배하려 한다면, 다음과 같은 평범한 시골 소녀들의 예만 살펴보아도 그 방법을 알 수 있다.

> 예를 들어 두 명의 시골 소녀가 아직 자르지 않은 케이크를 나누어 먹으려 한다고 가정해 보자. 이들 중 한 명이 다른 한 명에게 다음과 같이 말한다. "네가 케이크를 자르고 내가 먼저 선택하거나 내가 케이크를 자르고 네가 먼저 선택하기로 하자." … 이 평범한 소녀들의 예에 비추어 보면 위대한 철학자들이 논쟁해 왔던 바가 헛된 것이 되고 만다. 국가의 모든 난제도 오직 분배와 선택에 있음이 드러난다(172면).

해링턴의 관심은 서로 같은 몫을 받는 결과가 아니라 바로 분배의 절차에 있다. 이 절차는 케이크를 나누어 먹는 양쪽이 모두 기꺼이 받아들이는 방식으로 케이크가 분배되리라는 점을 보장해 준다. 각각의 소녀는 케이크를 자르는 쪽이나 먼저 선택하는 쪽을 기꺼이 택할 것이며 자신에게 어떤 결과가 돌아오든 간에 만족할 것이다. 위의 경우 결과적으로 두 소녀는 똑같은 분량의 케이크를 얻게 될 것인데 여기서 동등한 분배가 공정한 까닭은 두 소녀가 모두 받아들이는 절차의 결과이기 때문이다. 10)

---

10) 416면에서 해링턴은 자신의 예를 비웃는 비판자들에 맞서 이를 옹호하면서

그렇다면 분배와 선택은 해링턴이 적절한 정부의 구성 요소를 비유적으로 표현한 것이라 할 수 있다. "분배"란 하나의 선택지를 다른 선택지와 분리함으로써 공공 정책에서 최선의 것을 생각해 내려는 시도이다. 선택이란 제시된 정책 중 하나를 선택하는 투표에 해당한다. 해링턴은 어떤 집단에서든 해결책을 고안하고 장기적인 정책을 제시하는 데에 다른 이들보다 본성적으로 더 뛰어난 능력을 가진 사람들은 전체 중 약 3분의 1 정도라고 생각한다. 이들이 "자연적 상류 계급"을 형성하는데 이들의 임무는 사람들에게 조언하는 (명령하는 것이 아니라) 것이다. 나머지 3분의 2 또는 이들의 대표자도 국가의 이익을 위한 의견을 발표할 수 있다. 이들은 상류층의 조언 중 어떤 것을 받아들일지 선택한다. 각 임무를 서로 다른 집단이 수행하는 한, 각 집단은 공통의 권리와 공통의 이익이라는 측면에서 "마땅한 바"를 획득한다(172~174면). 11) 정의로운 정책 또는 그것의 실행은 모든 집단이 받아들이는 절차로부터 등장한다.

　　해링턴은 정의에 대해서도 그리 많은 언급을 하지 않았지만 국가의 시민이 되는 개인의 본성에 대해서는 더욱 적게 언급한다. 그는 일단 국가 체제가 자리 잡으면 공적 임무를 수행하는 사람이 누구인지와 무관하게 적절한 활동이 이루어지리라고 가정한다. 그는 시민

"이런 소녀 중 어느 누구라도 … 어떤 공직이라도 맡을 수 있다"고 말한다. 국가에서 공직을 마음대로 교환할 수는 없다. 중요한 것은 모든 사람이 받아들이는 절차를 마련하는 일이다.

11) 해링턴의 *The Prerogative of Popular Government*(1658), in *Works*: 416면 참조. 받아들여진 충고가 실행되는지 살펴보기 위한 행정 부서도 필요하다. 따라서 해링턴이 생각한 국가에는 군주정, 귀족정, 민주정의 요소가 모두 결합되어 있다.

의 정신이나 마음이 어떻게 되어야 하는지 묻지 않는다. 일단 사람들이 올바르게 조직을 구성하면 그들은 훌륭한 시민으로서의 덕도 얻는다. 사람들이 기꺼이 참여하는 것이 그 공화국이 공정한 절차에 의해서 세워졌다고 생각하기 때문인지 아니면 다른 어떤 종류의 사회에서보다 더 나은 삶을 영위하고 있다고 생각하기 때문인지는 문제가 되지 않는다.[12] 하지만 국가는 몇몇 덕을 필요로 하며, 이를 만들기도 한다.

용기와 지혜는 가장 필요한 덕인데 그 까닭은 국가가 군대와 의회에 크게 의존하기 때문이다. 이런 덕을 지닌 사람은 누구든지 "인간의 가장 완전한 본성에 도달한" 사람이다. 서로 다른 형태의 정부 아래에서 사람들이 어떤 모습을 보이든지 간에 국가는 "마치 쐐기를 박듯 시민들에게 무언가를 억지로 강요한다. 이를 견뎌내는 것 외에 다른 방법은 없다"(311면). 공동체의 정치 체제는 우리에게 덕을 강요하며, 우리는 국가의 기본적인 절차법이 효력을 발휘하는 한, 덕을 갖춘 상태를 유지해야 한다. 이런 생각은 덕이 무엇이며 어떻게 얻을 수 있는지에 대한 아리스토텔레스의 견해와는 거리가 멀다.

그렇다면 해링턴이 개인의 특성에 관해 거의 말한 바가 없다 할지라도 놀라운 일이 아니다. 그는 지배 계층을 위한 교육에 관해 논의하지만 플라톤처럼 자세히 언급하지는 않는다(298~310면). 그는 덕을 그 자체로서 논의하지 않는다. 전반적으로 그의 생각은 국가의 법과 정책을 만드는 기본 절차가 건전하다면 시민들 또한 당연히 건전하리라는 원리의 지배를 받는다. 이는 곳곳에서 확인된다.

---

12) Pocock(1975) : 389~390면 참조.

"우리에게 훌륭한 인물을 보내 주시면 그들이 훌륭한 법을 만들 것"이라는 말은 정치 선동가의 격률인데 … 이는 철저히 틀린 말이다. 반면 "우리에게 훌륭한 명령을 내려 주시면 이들이 우리를 훌륭한 사람으로 만들 것"이라는 말은 입법자의 격률인데 이는 정치학에서 가장 옳은 말이다. … 사람들이 잘못을 저지르는 까닭은 통치자 때문이다. 사람들이 나아갈 길을 의심하거나 방황한다면 이는 통치자가 사람들을 잘못 인도했기 때문이다. 그리고 사람들을 인도하는 일은 그들 자신이 지닌 어떤 덕보다도 정부의 덕에 의해서 이루어지는 것이 가장 적절하다(205면).

이와 마찬가지로 해링턴이 균등한 토지 소유법의 중요성을 강조하는 까닭 또한 오직 공정한 분배 자체를 추구하는 평등주의적 원리에 집착하기 때문만은 아니다. 이는 균등한 토지 분배가 국가의 통치를 유지하기 위한 핵심 절차의 유일한 기초라고 믿기 때문이다. 커다란 빈부 격차는 파벌을 만들어 "균형"을 — 즉 통치 조직이 적절하게 운영될 때 나타나는 균형을 — 위협한다. 공직의 순환제 또한 이와 동일한 생각에서 등장한다. 선거를 통해서 운영되는 이 장치는 조화와 안정을 위해 반드시 필요하다(230~231면 참조).

내부적으로 평등한 국가에서는 동요가 〔즉 사회적 불만이〕 일어날 내부 원인이 없으므로 동요와 같은 결과는 오직 외부 원인으로부터만 발생한다. 반면에 내부적으로 불평등한 국가에서는 평온함을 유지할 내부 원인이 없으므로 평온함과 같은 결과는 오직 오락에 탐닉함으로써만 얻어진다(274~275면). [13)]

---

13) Pocock(1975): 390면에는 "내부" 원인이 토지를 소유한 계층들 사이에서

대중의 "태도"가 (현대의 표현으로는 도덕이) 타락한다면 이것의 원인은 "균형 때문이며", 국가의 권력 또는 부의 구조가 타락했기 때문이다. 그런데 다행히 오세아나에 적절한 균형을 회복할 지도자가 등장하게 되면 "사람들의 태도는 더 이상 타락하지 않게 되며 이와는 정반대로 국가에 적합한 것으로 바뀐다"(202면). 14) 오세아나에 사는 사람들은 공동체에 의해서 규정되는 정치적 동물이다. 해링턴은 개인의 심리에 관한 논의는 전혀 필요하지 않다고 생각한다.

3. 해링턴이 생각한 시민 개념의 공허함

해링턴은 어쨌든 정치에만 관심을 보이므로 성가시게 시민들의 내적인 성향이나 특성까지 언급할 필요는 없다고 말할 사람이 있을지도 모른다. 만일 해링턴이 반공화주의적이면서 군주제에 대체로 찬성하는 홉스의 견해에 강력하게 반대하는 저술을 쓰지 않았다면 이런 견해는 더 큰 설득력이 있었을 것이다. 15) 홉스의 견해 중 해링턴

발생하는 원인이라는 지적이 등장한다. 따라서 하인과 이들의 불만은 "외부" 원인으로 분류된다.

14) 해링턴은 모든 변화가 곧 타락은 아니라고 주장한다. 어떤 변화는 발전이기도 하다. 하지만 이런 주장의 배후에는 구조가 변화할 때 또 그 때문에 "태도"가 변화한다는 믿음이 놓여있다.

15) 여기서 홉스가 국왕을 지지했는지 혹은 크롬웰(Cromwell)을 지지했는지는 문제가 되지 않는다. Pocock (1975) : 397면 이하에는 다양한 문제들이 제시되는데 특히 해링턴과 홉스 모두 반성직주의에 동의했거나 거의 그랬으리라는 점이 논의된다. 또한 해링턴의 *Works*에 대한 Pocock의 머리말 참조.

이 가장 못마땅하게 여기는 몇몇 결론은 홉스가 바로 개인의 심리에 관한 통찰을 통해 이끌어 낸 것이다. 해링턴은 자신이 추천하는 것과 같은 구조를 지닌 국가가 실현된다면 이 국가는 결코 내부적인 불화를 겪지 않을 것이며 외부의 적을 막아내기에 충분할 정도로 강력하리라고 생각한다. 하지만 그는 그러한 국가의 시민이 될 사람들의 개인적인 심리 상태가 고전적 공화국이 지속될 수 있는 여지를 준다는 것을 증명하려 하지 않는다. 만일 모든 사람이 지닌 동기에 관한 홉스의 견해가 옳다면 해링턴의 공화정은 곤란에 빠지고 만다.

앞서 살펴보았듯이 홉스는 사람들은 개인의 욕구 때문에 서로 경쟁 관계에 빠지지 않을 수 없으며, 이런 경쟁을 잘 조절하는 것이 국가의 피할 수 없는 임무라고 — 사실 국가 내부의 가장 중요한 임무라고 — 주장한다. 해링턴은 사회가 직면한 주요 문제에 대해 홉스가 보인 그로티우스적인 견해를 명확히 거부하지는 않지만, 이런 문제의 근원이 인간의 동기라는 홉스의 견해는 분명히 거부한다. 하지만 해링턴은 자신의 관점을 직접 주장하지는 않는다. 심지어 자주 홉스와 명백히 대립하면서도 질서의 문제와 관련해 왜 자신이 홉스와 다른 견해를 택하는지 제대로 설명하지 않는다. 그는 그저 자신의 견해를 거듭 밝히는 수준에서 만족한다. 따라서 고대 국가들이 번영한 까닭은 법 때문이 아니라 위대한 인물들 사이의 경쟁 때문이라는 홉스의 말을 인용한 후 해링턴은 이에 다음과 같이 답한다. "그런 위대한 경쟁은 위대한 덕이 없었다면 이루어지지 않았을 것이고, 위대한 덕은 최선의 교육이 없었다면 등장하지 않았을 것이고, 최선의 교육은 최선의 법이 없었다면 시행되지 않았을 것이다. 이와 마찬가지로 최선의 법은 다른 무엇보다도 오직 그들의 정책이 탁월했

기 때문에 제정되었다."(178면)

　홉스가 인간들 사이의 자연 상태라고 여긴 바를 해링턴은 사람들이 "타락했을" 때 드러내는 모습으로 생각한다. 타락한 사람은 권력과 부에 대한 무제한적 욕구를 지니며 자유와 엄격함보다는 사치와 정치적 예속 상태에 더욱 이끌리게 된다(202~203면 참조). 하지만 타락하지 않았다면 사람들은 자신에게 할당되는 바를 공정하게 분배된 몫으로 여기고 이에 만족한다. 이들은 무제한적인 부와 권력, 명예를 추구하지 않는다. 하지만 만일 홉스의 생각이 옳다면 질서가 잘 잡힌 시민사회에서도 사람들은 원초적인 무한적 욕구를 제거하지 못한다. 사람들은 정의로운 절차에 따른 공정한 분배에 만족하지 못한다. 이들은 오직 정치적인 안정이 자신의 번영을 위한 조건이기 때문에 정의와 국가에 관심을 가진다. 사람들은 자기 자신 이외에 다른 어느 누구의 지배도 받지 않을 때 오직 자신의 개인적 이익만을 추구한다. 《오세아나》가 묘사하는, 정부가 상비군을 유지하지 않고 시민들이 함께 모여 살면서 필요할 경우 자기규율에 따라 무장하는 광경을 — 여기서 해링턴은 마키아벨리 사상의 핵심적인 특징을 발전시키는데 — 홉스가 보았다면 그는 이를 이상적인 정부의 모습이라기보다는 만인에 대한 만인의 전쟁 상태가 일시적으로 진정된, 현실적으로 거의 불가능한 상태에 관한 기술로 여겼을 것임에 틀림없다.[16] 홉스의 견해에 따르면 고전적인 공화정이 불가능한 까닭은

---

16) 이후 등장한 해링턴주의자인 네빌(Neville)은 법을 강화할 필요성에 관해 논의하면서 국가의 일상적인 문제들을 더욱 '현실주의적인' 태도로 묘사한다. 하지만 그는 이상 국가를 묘사하기보다는 당시 잉글랜드를 분석 대상으로 삼는다. *Plato Redivivus*, ed. Robbins: 125면 참조.

사람들이 스스로를 그런 사회의 타락하지 않은 시민들에게 요구되는 바와 같이 이해할 수 없기 때문이다. 해링턴은 설령 "시민들이 죄인이더라도" 국가는 완벽할 수 있다고 생각한다(320면). 그는 오직 행위를 통제하는 소유권과 정부의 역학에만 의지한다. 그는 어떻게 시민들의 강력한 자기이익 추구를 완화시킴으로써 각자의 공정한 몫에 만족하도록, 그리고 그러한 몫을 제공하는 국가를 사랑하도록 할 수 있는지 설명하지 않는다. 해링턴의 이론에서 이런 설명이 부족하다는 사실은 그의 견해를 현실적인 인도자로 삼으려 하는 모든 사람들에게 중요한 결함으로 여겨질 듯하다.

4. 샤프츠버리의 정치학

해링턴은 법과 권리, 의무 등에 대해 자주 언급하지만 이런 개념들이 그의 사상에서 중요한 역할을 하지는 않는다. 이는 우연적인 일도 아니며 그가 이상적인 국가의 세부 사항을 기술하는 데 몰두하기 때문도 아니다. 이는 고전적인 공화주의적 관점의 특징이다. 포콕(Pocock)이 지적하듯이 이런 관점에서는 "'덕'이 권리라는 지위로 만족스럽게 환원되거나 법률적인 용어로 동화되지 않는다".[17] 17세기 말 자연법 사상에 반대하면서 정치에 큰 관심을 보였던 한 영국인이 등장하는데 그가 해링턴과 신해링턴주의로 눈을 돌린 것은 어쩌면 자연스러운 일인지도 모른다. 그리고 만일 충분한 철학적 소양을

---

17) Pocock(1985) : 41면.

갖추었더라면 그는 자연스럽게 해링턴의 체계에서 드러나는 약점을
— 즉 개인의 심리 상태에 대한 논의나 개인의 덕 이론이 등장하지
않는다는 점, 이 때문에 인간 본성의 유연성을 해링턴보다 덜 낙관
적으로 보면서 인간 본성의 현실적 상태를 더욱 비관적으로 여기는
사람은 그의 견해 전반을 충분히 비판할 수 있다는 점 등을 — 보완
하려 할 것이다. 여기서 내가 암시한 영국인은 바로 샤프츠버리 가
문의 3대 백작이다.

　해링턴이 《오세아나》를 출판한 지 40여 년이 흐른 후에 샤프츠버
리는 첫 번째 저술을 출판했다. 그동안 고전적인 공화주의자들은 많
은 문제에 직면했고 또 이에 대응하기 위한 다양한 이론을 제시했
다. 해링턴은 홉스와 마찬가지로 강력한 반성직주의의 태도를 유지
했고 따라서 공화주의적인 반성직주의는 지속되었다. 하지만 인간
의 타락이 새로운 형태를 띠면서 더욱 중요해졌다. 즉, 인간의 타락
은 토지를 소유하지 못하거나 토지가 잘못 분배되었기 때문이 아니
라 상업과 그것이 낳는 부 그리고 부를 가능하게 하는 복잡한 문화에
서 유래한다는 생각이 등장하게 되었다. 상업과 문화는 모두 공화정
의 체제 안에서 덕을 갖춘 시민이 지녀야 하는 엄격함을 위협하는 듯
이 보였다. 네빌의 저서 《부활한 플라톤》(*Plato Redivivus*)은 신해링
턴주의학파의 가장 유명한 결과물이었다. 18) 이 책에서 네빌은 해링
턴의 이론을 다양하게 변형하지만 그의 친구이자 스승인 해링턴과
마찬가지로 개인의 심리에 관해서는 어떤 언급도 하지 않으며, 여전
히 국가의 체계가 시민의 개인적 특성을 결정하는 본질적인 요소라

---

18) Pocock (1975) : 417면.

고 생각한다.

　이런 논의에서 샤프츠버리가 차지하는 위치를 파악하기 위해서는 잠시 그의 이론을 떠나 몇 가지 사실을 짚어 볼 필요가 있다. 샤프츠버리 가문의 초대 백작이었던 그의 할아버지는 왕정복고 시대[19] 이후의 정치에서 중요 인물 중 한 사람이었는데, 해링턴주의 원리의 주요 측면들을 포함해 재구성한 견해를 통해 당시의 여러 문제들을 다루고자 했다.[20] 그는 또한 로크의 후원자였으므로 로크가 손자 샤프츠버리의 가정교사 생활을 하기도 했다. 1690년대 젊은 샤프츠버리와 로크 사이의 관계는 여전히 돈독했지만 샤프츠버리는 점차 도덕과 종교에 대해 로크와는 다른 견해를 발전시켜 나갔다. 알다시피 로크는 도덕이 신의 의지에 근거하는데 반드시 처벌의 위협과 보상의 제안에 의해서 뒷받침되어야 한다고 생각했다. 샤프츠버리는 케임브리지 플라톤주의를 주도했는데 이에 속한 학자들은 주의주의에 강력하게 반대하면서 다른 사람에 대한 본성적인 사랑 때문에 우리는 본래부터 덕을 우리에게 즐거움을 주는 것으로 여기므로 어떤 제재도 필요하지 않다고 주장했다. 샤프츠버리가 최초로 출판한 저술은 케임브리지 플라톤주의의 지도자였던 위치코트의 설교집이었는데 이 책의 서문을 통해 샤프츠버리는 위치코트의 견해에서 사랑이 차지하는 중요성을 강조하면서 홉스를 공격했다.[21]

---

19) 〔옮긴이주〕 왕정복고 시대(the Restoration)는 영국에서 찰스 2세(Charles II)가 복위한 후 재위한 1660년부터 1685년까지를, 때로는 뒤이은 제임스 2세(James II)의 통치 시대까지 포함해 1688년까지를 의미한다.
20) 해링턴의 *Works*에 대한 Pocock의 머리말 129, 132~133면 참조.
21) Voitle(1984) : 119면에는 결국 샤프츠버리가 도덕에 관한 로크의 견해에 강

샤프츠버리는 몰스워스 자작(Viscount Molesworth)의 주변에 모였던, 정치적으로나 지적으로 활발한 활동을 펼쳤던 신사들과 친분을 나누었는데 이들은 해링턴 이후의 공화주의 또는 이른바 국가 중심 사상의 중심을 형성했다.[22] 샤프츠버리는 몰스워스를 높이 평가했는데 몰스워스는 당시 영국에 공화주의적인 정치 강령을 적용할 것을 강력하게 옹호했으므로 그와의 교제를 통해 샤프츠버리는 로크의 핵심 주장이었던 자연법 이론에 대한 반대 입장을 더욱 강화했다.[23] 이 시기의 정치와 관련해 샤프츠버리는 자신을 국가 중심 이

하게 반대하는 입장을 취하게 되었다는 지적이 등장한다. 그는 1709년 샤프츠버리가 젊은 친구에게 보낸 편지를 인용한다. "내게 먼저 강력한 일격을 가한 것은 로크였다(왜냐하면 홉스가 생각한, 인간의 특성과 정부에 관한 천박하고 비열한 원리들이 자신의 철학에서 독소를 제거했기 때문이다). 모든 기본 요소들에 일격을 가하고, 모든 질서와 덕을 세상 밖으로 내던지고, 이런 개념들 자체를 … **부자연스럽고** 우리의 정신에 기초하지 않은 것으로 만든 인물은 바로 로크였다." 샤프츠버리가 마음속으로 로크와 완전히 결별했음을 분명히 보여 주는 이보다 더 강력한 증거는 없을 듯하다. 이런 생각은 최소한 샤프츠버리가 《덕과 공적에 관한 탐구》를 썼던 시기 — 즉 1690년대 후반부터 구체화되기 시작했음에 틀림없다.

22) Robbins(1959), 4장, 특히 125면 이하 참조. 또한 Voitle(1984): 70~71면도 참조. 여기서 Voitle은 샤프츠버리가 휘그당원 중 구파 또는 지방 출신 인사들, 특히 해링턴과 네빌을 존경했던 인사들과 교제했으며 또한 그가 젊은 시절 모이얼(Walter Moyle)이나 대버넌트(Charles Davenant)를 알았으리라고 말한다. "이들 중 그와 가장 가까운 친구는 … 몰스워스와 … 톨런드였다." 이에 관한 더욱 상세한 내용은 Worden(1978): 28~29, 40면 이하 참조. 나는 Sullivan(1982)을 통해 Worden의 저술에 주의를 기울이게 되었다. 〔이하 옮긴이의 첨가〕 모이얼(1672~1721)은 고전적인 공화주의를 강력하게 지지했던 영국의 정치가 겸 저술가였으며, 대버넌트(1656~1714)는 중상주의를 지지했던 영국의 경제학자였다.

23) *Letters from the Right Honourable the late Earl of Shaftesbury to Robert Molesworth, Esq.* (1721), London에 수록된, 1709년 몰스워스에게 보낸

론의 지지자 또는 공화주의자라고 여겼는데 그의 전기를 쓴 학자들
은 그가 평생 이런 태도를 유지했다고 말한다. 24)

샤프츠버리가 독자적으로 출판한 최초의 저서 《덕 또는 공적에
관한 탐구》(*Inquiry concerning Virtue, or Merit*, 이하 《탐구》로 약칭)
는 1699년 톨런드(John Toland)가 편집하여 처음 출판되었다. 톨런
드는 몰스워스를 중심으로 한 모임의 구성원 또는 최소한 추종자였
는데, 국가 중심 사상에 동조했으며 다른 많은 일도 했지만 특히 해
링턴의 저술들을 편집했다. 샤프츠버리의 아들은 그에게 《탐구》를
출판할 권한이 없었다고 주장했는데 실제로 샤프츠버리는 후에 톨
런드의 편집본을 절판하기도 했다. 25) 하지만 《탐구》가 처음 출판
되었을 때에도 톨런드에게 출판 권한이 없었는지는 분명하지 않다.
몇몇 증거에 비추어 보면 샤프츠버리가 톨런드의 출판을 격려했던

편지에서 샤프츠버리는 "나는 당신을 개인적으로 알기 이전부터 당신을 마
음속으로 존경해 왔습니다"라고 말한다(*Letter*: 8, 26면). 그가 몰스워스를
높이 평가한 까닭은 몰스워스의 저술 *An Account Denmark*(1694)에서 드
러난, 당시 덴마크의 정치에 대한 지극히 공화주의적인 분석 때문이었다.
샤프츠버리는 이 책 때문에 몰스워스를 "공적인 문제에 관해 내게 신탁을 내
리는 인물로 여기게 되었다"고 말하며, 여러 편지에서 그를 사적인 문제에
대해서도 충고와 조언을 하는 인물로 여긴다. 또한 Worden(1978)의 머리
말: 40면; Voitle(1984): 118~121면 참조. 정치 저술가로서의 샤프츠버리
에 대한 해석은 Klein(1993) 참조. Klein은 샤프츠버리가 처음에는 해링턴
적인 성향에서 출발했지만 곧 이로부터 멀어졌다고 본다. Klein은 샤프츠버
리가 《탐구》 이후에 쓴 논문들을 해석의 근거로 삼았다고 말하지만(285면)
《탐구》는 여전히 샤프츠버리의 중요한 이론적 저술 중 하나이다.

24) Voitle(1984): 206, 236면. 17세기 말의 공화주의 사상과 활동에 관한 간
략하면서도 훌륭한 설명은 Goldsmith(1985): 4~21면 참조.

25) 《특징》(*Characteristics*), II. 273~274 및 I. 235에 수록된 《탐구》의 표지 참
조. 《탐구》에 대한 인용 표시는 Robertson이 편집한 《특징》 1권에 따랐다.

것으로 보인다. 이로부터 6년 후 샤프츠버리는 톨런드의 편집본을 바탕으로 프랑스어 번역을 시도했다고 주장했다.[26] 따라서 톨런드와 공화주의 모임이 샤프츠버리의 《탐구》가 자신들에게 유용한 무기를 제공했다고 더욱 긍정적으로 생각했을 가능성이 충분한 듯 보인다. 그리고 샤프츠버리의 철학 자체도 그 자신이 그렇게 생각했음을 또한 암시한다. 어떻게 그렇게 되는지 살펴보려면 다소 우회해 접근할 필요가 있다.

5. 정념의 다양성

《탐구》를 쓰면서 샤프츠버리는 다른 무엇보다도 정치를 염두에 두었다. 더불어 그는 도덕에 관한 회의주의에 답하고 특정 유형의 종교에 대항할 무기를 마련하려는 생각도 했다.[27] 이 두 가지 기획은 그의 정치적 관심과 연결되는데 이들 모두에 대한 그의 접근 방식은

---

26) Worden (1978) : 44면과 각주 192. Champion (1992) : 214면에는 샤프츠버리가 보인 더 복잡한 반응들이 소개된다. Champion은 샤프츠버리가 프랑스어 번역을 시도했다는 점을 인정하면서 동시에 그가 이전에 출판된 《탐구》를 모두 사서 없애 버리려 했다고 지적한다. 《탐구》에는 도덕에 관한 로크의 견해에 강력하게 반대하는 내용이 담겨 있는데 이 책이 출판되었을 당시 로크는 당연히 살아 있었으며 1699년까지도 건강을 유지했다. 앞의 각주 23에서 인용한, 샤프츠버리가 몰스워스에게 보낸 편지를 출판한 인물이 톨런드라는 점 또한 지적할 만하다.

27) 샤프츠버리는 당시 반성직주의를 위한 논쟁에서 어느 정도 중요한 위치를 차지했지만 이것이 반종교주의를 지지하는 전쟁으로 이어지지는 않았다. 이에 관해서는 Champion (1992), 특히 7장 참조.

그가 정념들에 질서를 부여하는 문제를 어떻게 이해했는가에 의해서 영향을 받는다.

샤프츠버리에 이르기까지의 근대 유럽 사상에서 정념에 대한 견해는 주로 소크라테스적이거나 신스토아학파적이었다. 이러한 견해는 어떤 방식으로 보든 스피노자, 말브랑슈 그리고 라이프니츠의 도덕심리학에서 핵심적인 위치를 차지한다. 지성은 행위자가 획득할 수 있는 선한 무언가를 드러내며 따라서 그것을 향한 욕구를 일깨우고 이런 욕구가 행위로 이어지도록 만든다. 이런 생각을 지닌 철학자들 사이에서는 이성이 드러내는 선이 무엇인가에 대해 의견 차이가 있었는데, 이는 그리 놀라운 일이 아니다. 하지만 이들은 이렇게 등장한 선이 행위자가 마음에 떠올리는 다른 어떤 선보다 더욱 크다면 행위자가 이를 추구하리라는 점에 동의했다. 물론 행위자가 무언가를 선이라고 생각하는 과정에서 잘못을 저지르기도 한다. 하지만 이들은 이렇게 착각한 선도 진정한 선과 같은 강도로 추구한다. 왜냐하면 행위를 명령하는 것은 진리가 아니라 믿음이기 때문이다.

홉스는 정념에 대한 이러한 스토아학파식 접근에 대안을 마련하려 했다. 앞서 살펴보았듯이 그는 욕구와 충동이 우리가 지각한 선에 대응하는 것이 아니며, 오히려 세계에 존재하는 선의 근원이 된다고 생각한다. 욕구와 정념 자체는 우리를 이것 또는 저것을 향해 움직이거나 피하도록 만드는 힘에 지나지 않는다. 욕구와 정념은 여러 가지 것들에 대한 사고에 의해서 발생하거나 도출되기도 하지만 이들 자체가 선이나 악을 반영하지는 않는다. 우리는 자신이 추구하거나 회피하는 대상을 선 또는 악이라고 부른다. 이런 술어들은 우리의 욕구에서 기인하지만 욕구를 설명하지는 못한다. 더욱이 홉스는 우리의 정념들이 스스로 강화한 목적을 향한다는 생각에 강력하게 이끌렸다. 따라서 그는 정념을 우리 내부에서 통제할 방법이 전혀 없다고 여겼다. 정념을 억제할 수 있는 것은 오직 우리의 생명을 위협할 정도로 충분히 강한 외부의 힘뿐이다. 반면 소크라테스적인 성향을 보인 학자들은 정념이 본질적으로 선과 악의 반영이라고 보기 때문에 우리의 믿음이 향상되면 필연적으로 욕구 또한 향상된다고 생각했다. 우리는 다른 사람의 선에서 자신의 선을 발견할 수 있으며, 다른 사람이 완전성을 그 자체로 누리는 것을 보면서 덜 이기적이 된다. 이와 같이 정념을 내부적으로 통제하는 일은 가능하다. 우리에게 필요한 것은 서로 다른 욕구에 따를 경우 각각 결과가 무엇인지 파악하는 것뿐이다.

　　로크는 《인간지성론》의 초판에서 욕구에 대해 소크라테스적인 입장을 취했다. 여기에서 그는 의지 또는 선호가 무엇이 선인가에 대한 믿음에 의해서 결정된다고 말한다. 그는 "그렇다면 선이, 더욱 큰 선이 의지를 결정하는 유일한 요소"라고 말하면서 이 문장 전체에 강조 표시를 한다(《인간지성론》 초판 II. xxi. 29: 248~251면의 각주). 나는 앞의 제8장 2절에서 1694년 출판된 《인간지성론》 재판에서는 그의 견해가 바뀌었음을 지적했다. 이런 변화는 그가 홉스의 견해, 즉 욕구는 무언가를 반영하는 자극 또는 힘이 전혀 아니라는 견해를 받아들였음을 드러낸다. 하지만 로크는 홉스를 넘어서서 욕구와 선 사이의 연결점마저 끊어 버리기에 이른다. 앞서 지적했듯이 로크는 선이 쾌락의 원인이라고 주장한다. 하지만 로크는 의지를 결정하는 것이 미래의 선에 대한 전망이 아니라 현재 느끼는 불쾌감이라고 생각한다. 우리는 악이 낳는 고통의 총계에 비례해 불쾌감을 느끼므로 항상 이를 피하려고 애쓴다. 그러나 우리는 미래에 일정한 양의 선 또는 쾌락을 보장하는 선이 현재 존재하지 않는다고 해서 불쾌감을 느끼지는 않는다. 그러므로 로크는 선이 단지 욕구의 대상이라는 홉스의 주장에 따르지 않는다. 우리는 스스로 얻거나 누릴 수 있는 몇몇 선에 대해서 신경을 쓰지 않거나 이를 원하지 않기도 한다. 정념과 욕구는 선에 대한 우리의 판단과 무관하게 우리를 압박한다. 그리고 각기 다른 정념과 욕구의 강도는 우리 각자가 현재 존재하지 않는 여러 선에 대해서 생각할 때 느끼는 각기 다른 불쾌감의 정도를 통해서 드러난다(《인간지성론》 II. xxi. 29~46, 54~57). 현재 없는 선을 생각할 때 느끼는 불쾌감의 총계는 개인에 따라 서로 다르다. 내가 반응을 보이는 것에 상대방은 반응을 보이지 않을 수도 있다. 나는 어떤 선을 나의 행복 중 일부로 여기지만 상대방은 이에 전혀 무관심할 수도 있다. (그리고 앞서 지적했듯이 바로 이것이 로크가 공통의 최고선을 추구하는 일이 무의미하다고 생각한 이유이기도 하다.) 하지만 우리는 악을 피하려고 애쓰지 않을 수 없기 때문에 처벌의 두려움을 통한 통제를 받아들여야 한다. 앞서 살펴보았듯이 우리가 도덕법칙을 준수하도록 인도하면서 로크가 의지한 바는 바로 이런 두려움이다.

정념에 관한 샤프츠버리의 이론은 로크의 이론을 발전시킨 형태를 취한다. 샤프츠버리는 우리가 지닌 욕구의 근원과 강도를 모두 설명하는 하나의 공통적인 요소는 존재하지 않는다는 점에 동의한다. 또한 욕구의 대상과 관련해서도 공통적인 요소는 존재하지 않는다. 모든 동물은 자연적인 욕구의 작용에 따르는데 이런 욕구 중 어떤 것은 동물 자체에 도움이 되며, 어떤 것은 같은 종에 속한 다른 동물들에게 도움이 되거나 해를 입히며, 또 어떤 욕구는 쾌락과 고통의 감수 능력을 지닌 다른 종류의 피조물에게 이익이 되거나 손해를 입히기도 한다. 하지만 이성적 행위자는 야수와는 달리 단지 "감각적 대상"에 따라서만 움직이지 않으며 "이성적 대상", 즉 자신이 속한 종이 지닌 선의 추상적 개념 또는 "정의, 관대함, 감사를 비롯한 다른 덕들"의 개념에 따라서도 움직인다(《탐구》: 255~256, 259~260면). 따라서 샤프츠버리는 우리의 동기가 복합적이며 다양하다는 점을 강조한다. 오직 이익만으로 우리의 행위를 설명할 수 있는가? 전혀 그렇지 않다고 말하면서 그는 다음과 같이 덧붙인다. 우리 자신을 스스로 관찰해 보면 "정념, 일시적인 기분, 변덕, 열정, 당파성을 비롯한 수천 가지의 다른 동기를 발견할 것인데 이들은 자기이익에 맞서 상당한 부분을 형성한다"(《특징》 I. 77). 우리 모두가 자신의 이익, 쾌락 또는 행복을 추구한다는 이론은 이익, 쾌락 또는 행복을 어디서 발견할 수 있는지 언급되지 않으면 아무것도 말해 주지 않는다. 부지런한 학생이나 헌신적인 예술가가 추구하는 쾌락이 방탕한 도박꾼이 추구하는 쾌락과 같다는 말은 명백한 언어의 오용이다(《특징》 II. 32~33).

의지와 쾌락이 동의어라면, 우리를 즐겁게 하는 모든 것이 쾌락으로 불리고 우리가 즐거움을 주는 것 외에는 다른 어떤 것도 결코 선택하거나 선호하지 않는다면, "쾌락이 우리의 선"이라는 말은 그리 큰 의미를 지니지 못한다. 왜냐하면 "우리는 바람직하다고 생각하는 것을 선택한다"거나 "우리를 기쁘고 즐겁게 하는 것에 즐거움을 느낀다"는 말처럼 거의 의미가 없는 말이기 때문이다(《특징》 II. 29; I. 80~81, 83~84 참조).

만일 정념이 공통적 근원이나 공통의 대상을 갖지 않는다면 이를 어떻게 통제해야 하는가?

6. 도덕적 정서, 주의주의 그리고 회의주의

홉스는 우리가 죽음에 대해 느끼는 결정적인 공포가 우리의 정념들에 어떤 질서를 부과한다고 여겼다. 라이프니츠는 객관적인 완전성의 총계가 내적인 질서를 제공한다고 생각했다. 의지 자체는 최대의 선 또는 완전성을 향한 일반적인 욕구에 지나지 않는다. 따라서 의지는 우리의 다양한 욕구 또는 완전성의 표상들을 평가해 우리를 움직이도록 만든다. 반면 로크가 생각한 인간의 내부 영역에서는 질서를 부여하는 어떤 적극적인 원리도 등장하지 않는 듯이 보인다. 로크의 의지는 동기와 구별되는 능동적인 능력이기는 하지만 질서를 부여하는 자신만의 이성적 원리를 지니지는 않는다. 불쾌감이나 욕구의 강도는 이들을 일으키는 관념들 안에 포함된 선의 총계와 반드시 비례하지는 않는다. 따라서 행위는 이성에 근거하지 않으며, 의지가 할 수 있는 바는 단지 불쾌감에 맞서 끝까지 싸울 시간을 제공하는 것뿐이다.

윤리학의 영역에서 로크는 인간사에 질서를 부여하기 위해 시민법이나 여론의 관심에 호소하기보다는 처벌의 두려움과 보상에 의해서 지지되는 신의 법칙에 호소한다. 하지만 종교와 인간 사이의 관계가 그리 만족스럽게 설명되지 않는다는 점을 접어 두더라도 신

의 법칙이 로크의 생각처럼 제대로 작용할지는 불분명하다. 처벌의
시간이 멀리 떨어져 있다는 사실은 처벌의 두려움 때문에 발생하는
현재의 불쾌감을 크게 약화시킨다(《인간지성론》 II. xxi. 63: 275면).
그리고 평범한 사람들은 사후 천상에서 보상받으리라는 약속으로부
터 그리 강한 영향을 받지 않는다. 로크는 무엇을 해야 할지 숙고할
때에 계산을 잘못하는 것이 위험하다고 경고하기 위해 상당한 공간
을 할애한다. 하지만 정작 무엇이 우리로 하여금 행위를 연기하고
숙고하게 만드는지는 전혀 설명하지 않는다.[28] 또한 그는 우리가
한번 존재한다고 파악했던 최고선이 존재하지 않을 경우 어떻게 커
다란 불쾌감을 느끼게 되는지 말해 주지 않는다. 어쨌든 로크가 옳
다면 사회적 안정뿐만 아니라 개인적 질서도 어떤 외부적 압박을 통
해서만 도달할 수 있는 것으로 보인다. 따라서 이후 사상가들이, 설
령 로크 사상의 많은 부분을 받아들였더라도, 우리가 행해야 할 바
를 어떻게 스스로 통제할 수 있는지 보여 주는 방식으로 인간의 행위
를 설명하려고 노력했어야만 했다는 점은 충분히 납득이 간다.

샤프츠버리는 이런 일을 시도한 최초의 주요 철학자이다. 해링턴
뿐만 아니라 위치코트의 영향도 받은 샤프츠버리는 제재에 근거한

---

28) 라이프니츠는《신인간지성론》 II. 21. 47에서 바로 이 점과 관련해 로크를 비
  판한다. Collins(1717): 39면에도 이와 동일한 지적이 등장한다. "무언가를
  원하는 일을 연기하는 것 자체도 일종의 의지작용이다. 이는 현재 제기된
  문제와 관련해 무언가를 원하는 일을 연기하기 원하는 것이다." 이런 반론
  은 Priestley(1777)에서도 보인다. "의지작용을 연기하기로 한 결정은 사실
  상 또 다른 의지작용이므로 로크 자신의 규칙에 따라서 우리를 가장 크게
  압박하는 불쾌감에 의해서 결정되어야만 한다." Priestley, *The Doctrine of
  Philosophical Necessity Illustrated 1777*, sec. I: 57면.

법칙을 통해서 통제될 필요가 있다는 로크의 주장을 몹시 싫어했다. 하지만 그는 정념에 관한 로크의 이론을 받아들여 자신의 견해 전체의 중심에 놓으며 이를 통해 도덕을 새롭게 구성하려 한다. 그가 이렇게 할 수 있었던 까닭 중 하나는 우리 안에 관대한 정념들이, 즉 우리 스스로 잘 감지하지는 못하지만 다른 사람들의 선을 원하는 정념들이 있다고 주장하기 때문이다. 그의 이론에 포함된 또 다른 중요한 요소는 도덕적 능력에 관한 그의 견해인데 그는 이 능력을 자주 도덕감이라고 부른다. 29)

---

29) 예를 들면 《탐구》: 262면. 하지만 1699년 판의 이 대목에서는 도덕감이라는 문구가 등장하지 않는다.
　　샤프츠버리가 어떤 특별한 감각을 통해 도덕적 구별을 할 수 있다고 주장한 최초의 인물은 아니다. 버닛(Thomas Burnet)도 로크에 대한 첫 번째 《지적》(Remarks)에서 이런 주장을 폈다. 그는 로크가 선과 악 또는 덕과 악덕 사이의 구별이 우리의 일상적인 오감을 통해 이루어진다는 점을 발견하지 못했다고 말한다. 그리고 설령 이런 구별이 일종의 환상이라 할지라도 결코 이를 포기할 수 없다고 말한다. 그러면서 그는 다음과 같이 덧붙인다. "나는 이런 구별을 확신한다. 감사와 배은망덕 사이의 구별을 예로 들어 보면 … 이는 어떤 추론도 거치지 않고 바로 이루어지며, 내가 장미향과 몰약의 냄새를 맡을 때 느끼는 차이처럼 감각적으로 즉시 나를 관통한다. 이런 구별은 앞선 증명과 공리의 도움을 받아 인식되는 정리와는 달리 우리의 모든 정념처럼, 예를 들면 우스운 광경이나 대상을 보고 웃음을 터트릴 때처럼 재빨리 이루어진다."(4∼5면) 또한 Tuveson(1960), 2장에서 Tuveson은 버닛이 우리 모두가 "도덕적 경우들에서 추론을 거치지 않고 어느 하나를 다른 하나와 구별하는 능력"을 지닌다고 주장하면서 이를 색을 구별하는 능력과 비교하는, 《세 번째 지적》(Third Remarks)에 등장하는 흥미로운 대목에 주의를 기울인다. 버닛은 도덕적 선악을 자연적 선악의 측면에서 이해할 수 있다고 생각해서는 안 된다는 점을 분명히 밝힌다. "이런 내적 감각은 … 단순하며 자연적 선악과는 무관하다. 자연적 선악은 이런 내적 감각의 적절한 대상이 아니다." 이어서 그는 내적 감각의 원리는 "다른 원초적인 원리와 마찬가지로 인간 영혼 안에 위치하며", 우리가 성장할수록 점점 발전한다고

샤프츠버리는 우리가 능동적 존재들의 선함에 대해서 내리는 두 종류의 판단을 날카롭게 구별한다. 정념 및 정서에 따라 행위하며, 자신이나 다른 존재들을 위한 어떤 선을 직접 산출하는 경향을 보이는 생물이 존재한다. 우연히 또는 자신의 선을 추구하는 과정의 부수적 결과가 아니라, 그들의 직접적 성향 때문에 다른 존재를 위한 선을 산출할 경우에 우리는 그들을 '선하다'고 부른다.[30] 반면 자신의 내부에서 발견한 정서들에 대해 반성할 수 있고 이를 통해 정서의 이성적 대상을 형성할 수 있는, 특히 다른 존재의 선에 대해 관심을 보이는 존재에게는 전혀 다른 종류의 선이 부여된다.

샤프츠버리는 이런 정서들에 대한 반성은 "이미 느껴 왔던 정서들 바로 그 자체에 대한 또 다른 종류의 정서를 불러일으켰고, 기존의 정서는 이제 좋아함과 싫어함의 새로운 대상이 되었다"고 말한다

주장한다(7~9면). 버닛은 몇몇 사람들에서 드러나듯이 이런 원리가 충분히 발전하지 않거나 어둠에 가려질 가능성을 인정한다. 하지만 기독교의 진리도 이와 마찬가지라고 주장하면서 만일 로크가 이런 사실들을 본성적 양심이 존재한다는 믿음에 반대하는 예로 사용한다면 그는 이들을 또한 종교적 믿음에 반대하는 예로도 사용해야 할 것이라고 말한다.

　Tuveson은 버닛을 윤리학에서 도덕감 개념을 처음 사용한 인물로 여긴다. 샤프츠버리는 《탐구》를 쓰기에 앞서 소책자 형식으로 출판된 버닛의 첫 번째와 두 번째 지적을 읽었을 가능성이 높다. 반면 세 번째 지적은 《탐구》와 같은 해에 출판되었다. 하지만 샤프츠버리는 케임브리지 플라톤주의자들의 저술을 당연히 알고 있었으며, 모든 사람이 "도덕적 설명과 관련해 선과 악에 대한 감각"을 지닌다는 위치코트의 주장뿐만 아니라 모어가 언급한 "도덕적 감각의 능력"도 알았을 것이다. 위치코트와 모어에 관해서는 앞의 제10장 1절과 3절에서 각각 논의했다.

30) 컴벌랜드, 푸펜도르프와 더불어 샤프츠버리는 각 종류의 피조물에 대해 객관적이고 자연적인 선, 즉 자연적으로 그들에게 이익이 되도록 구성된 무언가가 존재한다고 주장한다(《탐구》: 243면).

(《탐구》: 251면). 이런 새로운 좋아함과 싫어함은 바로 도덕적 시인과 부인이다. 오직 이런 반성적인 정서를 지닐 수 있는 존재만이 덕이나 악덕을 갖출 수 있다.[31]

샤프츠버리의 견해에 따르면 도덕적 능력이 우리에게 정서를 부여한다는 사실은 지극히 명백하다. 하지만 도덕적 능력이 부여하는 정서는 특별한데 그 까닭은 단지 그 정서의 느낌이 지닌 성질 때문이 아니라 그것을 통해 우리가 어떤 객관적인 질서를 의식하기 때문이다(샤프츠버리는 이 정서의 성질에 관해서는 별 언급을 하지 않는다). 도덕적 정서의 대상은 정념과 욕구이다 — 우리 자신의 것이든 아니면 다른 사람의 것이든 간에 이를 인식하는 데는 별 어려움이 없다고 샤프츠버리는 가정한다. 도덕적 정서는 한 사람의 능동적인 충동 전체 집합과 관련한다. 이 정서는 이들 중 일부를 시인하며 다른 것들을 부인한다. 시인과 부인 자체는 일종의 정서이지만 이들은 어떤 정념의 집합이 조화롭다고 여겨지는지 아닌지 드러낸다. 샤프츠버리는 "우리로 하여금 질서와 균형을 인식하게 만들고 우리에게 인간 정념의 올바른 상태와 기준을 부여하는 것은 오직 정당한 도덕적 정서"라고 말한다(《특징》I. 181).

도덕적 정서의 두 측면을 — 즉 조화를 드러내는 객관성과 일종의 느낌이라는 주관성을 — 통해 샤프츠버리는 사회의 안정과 질서를 위협한다고 여겨지는 대표적인 두 요소, 즉 광신주의와 회의주의에

---

31) 도덕적 시인이 지닌 반성적인 본성은 커드워스가 말한 자기 통제의 능력, 바꾸어 말하면, 우리의 도덕적인 행위에 필수적인 "스스로 강화되는 … 헤게모니콘(Hegemonicon)"을 떠올리게 한다(앞의 제 10장 5절). 하지만 커드워스가 이런 견해를 드러낸 저술은 19세기에 이르러서야 출판되었다.

대처하려 한다.[32]

    샤프츠버리의 견해에 따르면 최악의 광신주의는 종교적 주의주의이다. 샤프츠버리가 주된 공격 목표로 삼는 칼뱅주의 종교는 신의 의지는 물론 기준과 질서 측면에서도 크게 결핍되어 있다. 칼뱅의 주의주의는 우리가 신을 도덕적 측면에서 생각하는 것을 불가능하게 만든다. 로크에 정면으로 반대하면서 샤프츠버리는 정의롭고 선한 신이 존재한다고 믿는다면 누구라도 "정의와 부정 ⋯ 옳음과 그름 ⋯ 등과 같은 것들이 독립적으로 존재한다고 가정해야 한다고 말한다. 만일 신의 의지, 명령, 법칙만이 옳음과 그름을 절대적으로 구성한다고 말한다면 옳음과 그름 등의 단어는 어떤 의미도 지니지 못할 것이다"(《특징》: 264면). 이런 사실을 부정한다면 다른 사람의 잘못으로 한 사람이 고통을 겪는 일이나, 어떤 사람에게는 영원한 저주를 다른 사람에게는 영원한 지복을 아무렇게나 할당하는 일이 정의와 완벽하게 부합한다고 거리낌 없이 말해도 될 것이다. 그리고 이런 종류의 신을 숭배하는 것은 우리의 품성에 큰 해를 끼칠 뿐이라고 샤프츠버리는 덧붙인다. 선함이 필연적이지 않은 지적 존재를 숭배하는 것은 신이 아닌 악마를 숭배하는 것이다(241면).[33] 라이프

---

32) 샤프츠버리의 저서인 *The Moralists*에 주요 대화자로 등장하는 두 인물 중 한 사람은 자칭 회의주의자로서 대화를 시작하는데 결국 다른 한 사람이 광신적으로 제시한 견해를 공유하기에 이른다. *Miscellaneous Reflections*에서 앞의 저서에 대해 논평하면서 샤프츠버리는 전자가 회의주의자인 반면 후자는 "광신주의자로 통한다"고 주의 깊게 지적한다(《특징》, II. 334n 및 24면 참조).

33) 도덕적 속성을 지닌다고 오인되는 존재에 관한 샤프츠버리 자신의 설명은 주의주의에서 내세우는 신이 어떤 도덕적 속성도 지닐 수 없다는 점을 암시

니츠가 주의주의에 대해 시도했던 것과 같은 반박이 여기서 더욱 강력할 뿐만 아니라 거의 반기독교적인 표현과 더불어 제시된다.[34]

샤프츠버리는 거듭해서 도덕적 구별과 예술작품에 대한 우리의 판단 사이의 유사성을 지적한다. 그는 우리 자신의 경험에 호소한다. 그는 사람들이 음악이나 건축 등에 대해 다소 터무니없는 판단을 내린다 할지라도 "조화는 본성상 조화"라는 점에 동의하리라고 생각한다. "삶이나 관습에 대해서도 이와 마찬가지이다. 덕에도 동일하게 고정된 기준이 있다."(《특징》I. 227~228) 우리의 정신은 "정서들에서 유쾌함과 불쾌함을 … 느낀다. 그리고 진정 음악에서와 마찬가지로 조화로운 정서와 조화롭지 않은 정서를 … 발견한다"(《탐구》: 251면). 조화라는 결코 부정할 수 없는 실재는 신과 도덕에 관한 주의주의적 견해의 근거를 제거하고 만다. 그리고 샤프츠버리는 주의주의와 같은 종교적 태도를 보이는 교사들과는 달리 자신이 이런 문제들과 관련해서 대단한 권위를 지닌다고 내세울 필요가 없다. 내적인 느낌을 통해 미적인 조화를 파악하듯이 우리 모두는 도덕적

한다. 주의주의자들에 따르면 신은 단지 무언가를 행할 뿐인데 그가 행한 바는 모두 선하다. 따라서 그런 신은 우리에게 선을 가져다주기 위해 무언가를 행할 수 없다. 더욱이 신은 결국 우리에게 선한 것으로 판명되는 방식으로 그저 행위할 뿐 그렇게 행위해야겠다는 자신의 욕구에 대해 반성하지 않으며 자신이 시인할 수 있는 행위만을 행하므로 신의 행위는 도덕적 행위가 아니다. 이런 방식으로 행위하는 것은 본성이 온순한 노새처럼 행위하는 것이다. 이런 노새를 한 마리쯤 갖게 되면 기쁠지는 몰라도 우리는 그 노새의 덕을 칭찬하지는 않는다(《탐구》: 249~250면).

34) 라이프니츠는 몇 가지 단서를 달기는 하지만 샤프츠버리의 저술을 높이 평가했다. 라이프니츠가 1712년에 쓴 "Remarks on the … *Characteristics*" in *Papers*, ed. Loemker, 특히 632~633면 참조.

정서에 의해서 이른바 종교적 명령을 얼마든지 판단할 수 있다. 따라서 샤프츠버리는 비도덕적인 일을 행하라는 어떤 명령도 신으로부터 등장할 수 없다는 벨의 (샤프츠버리는 벨을 알고 있었으며 무척 높이 평가했다) 주장에 동의한다. 만일 양심이란 것이 있다면 그것은 바로 도덕감이다. "신을 경외하고 두려워한다는 사실이 그 자체만으로 양심을 함축하지는 않는다."(《탐구》: 305면) 따라서 신은 어떤 악도 행할 수 없다. 더욱이 신의 존재를 믿는다면 이 세계에 어떤 진정한 악이 존재한다고 생각해서는 안 된다. 이런 측면에서 보면 라이프니츠만이 유일한 낙관주의자는 아니었으며 샤프츠버리 또한 낙관주의자이다.

우리가 조화를 인식함으로써 알게 되는 실재가 주의주의적인 종교적 광신의 근거를 제거한다면 정서를 통해 조화를 발견하는 우리의 능력을 통해 샤프츠버리는 도덕적 회의주의에 대응한다. 왜냐하면 이 능력은 도덕적 질서를 발견하기 위해 우리 자신의 외부를 둘러볼 필요가 없음을 의미하기 때문이다. 도덕적 정서는 우리의 정념이 조화로운지 아닌지 알려 주며, 우리는 옳은 행위와 그른 행위를 조화와 부조화로부터 도출되는 것으로서 파악할 수 있다.

> 그 어떤 부적절한 정서를 통해서 행해지는 바도 모두 부정하고, 사악하고, 그르다. … 왜냐하면 그름이란 오직 손해만을 낳는 행위를 의미하는 것이 아니라 … 불충분하고 부적절한 정서를 통해서 행해지는 (예를 들면 구조가 필요한 상황에서 아들이 아버지의 안전에 신경을 쓰지 않으면서 오히려 자신과 무관한 사람을 구하는 경우에서처럼) 모든 것을 의미하기 때문이다. 바로 이것이 그름의 본질이다 (《탐구》: 253면).

덕이 있는 행위는 "이성" 또는 공공의 선에 대한 관심을 동기로 삼는다는 해링턴의 생각은 여기서 새롭게 해석되어 사용된다. 정서를 평가하는 정서를 도덕의 핵심에 놓음으로써 샤프츠버리는 피론식의 회의주의에 답할 방법을 얻는다. 도덕 판단을 내릴 경우 우리는 내부적인 능력을 통해서 내부적인 상황을 판단하는데 이런 능력은 모든 사람이 소유한다. 이들 중 어떤 것도 결코 다양한 회의주의적 의심의 대상이 될 수 없다. "회의주의를 끝까지 밀고 나가 우리 자신에 관한 모든 것을 할 수 있는 한 의심해 보자"고 샤프츠버리는 외친다.

우리는 우리 자신의 내부를 통과하는 것을 의심할 수 없다. 우리의 정념과 정서는 우리가 아는 것들이다. 이들의 대상이 무엇이든 간에 이들은 확실하다. 이런 외부의 대상들이 어떻게 존재하든 그것은 현재 우리 논의의 관심사가 아니다. 이들이 실재하든 단지 환상에 불과하든, 우리가 깨어 있든 꿈을 꾸든 아무 상관이 없다(《탐구》: 336~337면). [35]

도덕적 회의주의는 우리가 도덕법칙이나 세계의 완전성을 실제로 인식한다는 사실을 보여 주는 논증으로 반박할 수 없다. 또 실제의 삶에서 격리시키거나 현실적인 목적을 위해 무시한다고 해도 도덕적 회의주의를 벗어날 수 없다. [36] 오히려 도덕의 영역에서 우리가 가진 모든 것이 실재가 아닌 현상에 불과할지라도 이러한 현상이면

---

35) 또한 《탐구》: 260면 참조. "설령 도덕적 행위에 친절함이나 불쾌함 등이 실재하지 않는다 할지라도 최소한 충분한 힘을 지닌 이런 요소들을 상상할 수는 있을 것이다."
36) Burnyeat(1984): 225~232면; 또한 Burnyeat(1980) 참조.

충분하다고 받아들임으로써 회의주의를 무력화하는 편이 나을 듯하다. 적어도 도덕의 영역에서는 모든 것이 현상일지도 모른다. 사실 샤프츠버리는 도덕적 조화를 제대로 인식하는 능력은 미적 판단 능력만큼이나 많은 교육과 훈련을 필요로 한다고 주장함으로써 회의주의에 이르는 문을 열어 놓는다. 자연은 몇몇 사람에게는 설령 최소한의 교육만 받더라도 은총과 조화와 더불어 행위하고 느낄 수 있는 능력을 기꺼이 부여했다. "하지만 행위와 행동에서 드러나는 우아함과 적절함이라는 완전성은 오직 인문적인 교육을 받은 사람들 사이에서만 드러난다는 사실은 부정하기 어렵다."(《특징》, I. 125; II. 129 참조)

따라서 샤프츠버리는 자기 자신을 다른 사람들의 정서를 가르침으로써 그들의 정서가 목표에서 벗어날 위험성을 줄이는, 충분히 교육받은 학자로 여김에 틀림없다. 도덕적, 미적 정서는 객관적 조화를 밝혀내지 못할 수도 있다. 하지만 샤프츠버리는 여기서 생겨날지 모를 회의주의의 가능성에 대해 염려하지 않는다. 우리가 잘못을 범할 수도 있다는 사실을 인정한다고 해도 이는 기껏해야 독단주의를 거부하는 정도의 결과를 낳을 뿐이다. 샤프츠버리는 심지어 《성서》에 등장하는 바울로조차도 자신이 그리스도를 보았다는 사실과 관련해 독단주의를 거부했음을 우리에게 상기시킨다. 그리고 우리는 도덕적 문제와 관련해 논증적인 수준에 못 미치는 확실성을 가지고도 얼마든지 살아갈 수 있다(II. 201~203).

샤프츠버리의 견해에 따르면 어떤 행위가 어느 누구의 명령을 추종한다고 해서 옳은 것이 되지는 않는다. 행위는 본질적으로 옳은 것 혹은 그른 것으로 정해져 있지 않으며, 또한 완전성의 총계를 최대화하기 때문에 옳은 것이 되지도 않는다. 행위의 도덕적 성질은 행위자로 하여금 그 행위를 하게 이끄는 일련의 정념들이 도덕적으로 시인되는가 아니면 부인되는가에 의존한다. 덕을 갖춘 행위자는 도덕적 시인을 이끌어 내는 성격을 지닌 행위자이며, 옳은 행위는 단지 덕을 갖춘 행위자가 행하는 행위에 지나지 않는다.

이를 통해 샤프츠버리는 최소한 윤리학의 방법이라고 불릴 수 있는 바의 기초를 제공한다. 그의 방법은 후에 시지윅(Sidgwick)이 생각한 방법 — 한 개인이 어떤 행위를 하는 것이 옳은가 또는 한 개인이 행해야 할 바는 무엇인가를 결정하는 이성적 절차[37] — 와는 다르다. 하지만 그의 방법 또한 일정하게 균형 잡힌 절차이며, 원리상 모든 사람이 사용할 수 있는 방법으로서 등장한다. 그의 이론에서 절차가 지니는 중요성 덕분에 샤프츠버리의 견해는 윤리학사의 새로운 분기점이 된다. 우리가 욕구에 따라 행위하는 과정에서 우리를 덕을 갖춘 행위자로 만드는 것은 욕구의 강도나 대상이 아니다. 그것은 바로 반성을 통해 나타나는, 조화로운 전체를 구성하는 욕구의 능력이다. 우리가 충분히 교육받을 경우 도덕감은 실제로 객관적인 조화를 우리에게 보여 준다. 하지만 우리는 객관적 지식이 있기에 도덕적 평가를 내릴 수 있는 것이 아니다. 우리는 자신의 직접적 욕구와 정념들을 반성하고 이런 반성으로부터 얻는 특별한 정서를 감지하는 절차를 거쳐 도덕적 평가를 내린다. 정념이 정서에 의한 검토를 통과했다는 사실을 인식하고 이러한 정념에 따라 움직일 경우

---

37) Sidgwick (1907) : 1면. 이에 관한 논의는 Schneewind (1977) : 198~204면 참조.

에만 우리는 덕을 갖추게 된다. 오직 우리 자신의 정서만이 이런 일을 할 수 있다. 따라서 덕을 갖출 때 우리는 자신을 규율하게 된다.

7. 덕, 행복 그리고 완전한 시민

스토아학파에 반대되는 정념 이론이 정념을 평가하는 새로운 이론을 필요로 한다는 사실을 깨달음으로써 샤프츠버리는 과연 덕이 있는 행위자가 또한 행복한 행위자인가 하는 오래된 질문을 다루는 새로운 방법을 얻을 수 있게 된다. 이 질문은 《탐구》의 2부에서 등장한다. 덕이 그 자체로는 — 도덕감이 시인하는 조화를 구체적으로 드러내는 일련의 정념들에 따라 행위하는 것임을 — 보인 후에 그는 "덕에 이르기 위해 어떤 의무가 존재하며, 덕을 기꺼이 받아들이는 이유는 무엇인지" 질문을 던진다(《탐구》: 280면). [38] 그는 플라톤과 같은 태도로 오직 내부의 조화만이 행복을 가져다준다고 주장한다. 우리는 전반적인 만족감을 낳는, 정념들의 특수한 혼합 상태에서 최고의 행복을 얻는데 이런 혼합은 우리의 도덕감이 조화롭다고 시인하는 상태이기도 하다. 따라서 덕을 갖추려는 동기 또는 의무는 덕외부에 존재하는 것이 아니라 덕 내부에서 등장한다. 덕을 갖춘 균형 상태는 특히 관대하고 자비로운 욕구들이 주도하는 상태이다. 덕을 기꺼이 받아들이려는 의무 또는 이유는 덕을 받아들일 때 우리가 가장 행복하기 때문이며, 도덕감이 시인하는 동기의 균형 상태는 또

---

38) 이에 관한 더욱 충분한 논의는 Darwall(1995): 7장 참조.

한 다른 사람들의 복지에 가장 크게 기여하는 바이기도 하므로 사적 이익과 공적 이익 사이에는 어떤 진정한 대립도 발생하지 않는다. 이런 두 이익 사이의 일치를 실현하는 데는 어떤 제재도 필요하지 않다. 우리의 영혼이 이미 그런 방식으로 구성되어 있기 때문이다.[39]

여기서 고전적인 공화주의를 위한 심리학이 등장한다. 자기이익은 너무 강하거나 너무 약하지 않을 경우에만, 그럴 가능성은 충분한데, 우리의 정념들 가운데서 적절한 위치를 차지하게 된다. 하지만 우리는 다른 사람들의 복지에 대한 관심을 가지고 행위할 때 가장 큰 기쁨을 발견한다. 따라서 샤프츠버리는 사회가 사적인 이익을 추구하는 과정에서 서로 충돌하는 개인들 사이에 평화를 유지하는 데 우선 몰두해야 하며 그 다음으로 빈곤한 사람들을 도와야 한다고 생각하지 않는다.[40] 어쩌면 이 때문에 그는 정의를 가끔 언급할 뿐 거

---

39) 여기서 샤프츠버리는 베이컨의 견해를 그대로 반영하는데, 베이컨은 후커와 마찬가지로 모든 것이 두 가지의 본성을 지닌다고 주장한다. "두 본성 중 하나는 모든 것이 그 자체로서 하나의 전체 또는 실체로서 지니는 것이며, 다른 하나는 더욱 큰 집합의 한 부분 또는 구성원으로서 지니는 것이다." 이런 사실은 자연적 대상들에서도 드러나지만 "선이 지닌 두 가지의 본성은 … 인간이 타락하지만 않는다면 특히 인간에게서 훨씬 더 분명히 드러난다. 즉, 인간에게는 공적인 의무를 유지하는 일이 자신의 생명과 존재를 유지하는 일보다 훨씬 더 큰 가치를 지녀야만 한다." *Advancement of Learning*, in *Works*, I. III: 313면.

40) 사실 그는 우리의 사교적인 본능 자체가 사회와 관련된 충돌을 일으키는 당파 형성의 원인이라고 생각한다. 반면 이기적인 사람들은 결코 어떤 정치 단체에 진심으로 참여하려 하지 않는다. 여기서 그는 그로티우스적인 문제의식은 단지 "인류의 본성에 해당하는 … 사회에 대한 사랑을 남용하거나 변칙적으로 적용한 결과"(《특징》 I. 77)라고 말하려는 듯이 보인다. 그리고 도덕감을 통해서 발견되는, 정념상의 불균형을 드러내는 또 하나의 예라고 할 수 있다.

의 제대로 논의하지 않으며 법과 권리에 대해서는 아예 아무런 언급도 하지 않는 듯하다. 논쟁과 분쟁에 관한 그로티우스의 문제의식은 샤프츠버리의 논의에서는 설 자리가 없다.

서로 다르면서도 조화롭게 스스로 질서를 잡는 각 부분이 형성한, 질서 있는 공화국이 사회적 차원에 있다면, 개인적 차원에는 질서 있고 덕을 갖춘 행위자가 있다. 샤프츠버리는 이런 종류의 질서 중 어떤 것에 이르는 일도 쉽지 않다고 생각한다. 개인으로서 우리 자신 또한 "일시적인 기분과 공상" 또는 가장 강력한 정념의 지배를 받는 자연의 일부이다(《특징》 I. 122~123 참조). 우리의 공상은 모든 방향으로 좌충우돌하기 때문에 "이를 어떻게든 통제하지 않으면" 우리는 문자 그대로 미쳐 버리고 말 것이라고 샤프츠버리는 말한다. 오직 이런 통제가 이루어질 경우에만 우리는 이성적이 된다(I. 208 이하). 그렇다면 무엇이 통제를 제공할 수 있는가? 샤프츠버리는 바로 철학이 그렇게 할 수 있다고 말한다.

우리에게 우리 자신이 누구인지 가르치고, 우리가 동일한 인격성을 유지하게 하고, 우리를 지배하는 공상, 정념 그리고 일시적 기분을 통제함으로써 우리가 자신을 파악하게 하고 순전히 외모가 아니라 다른 특성들을 통해서 알려지게 하는 것이 바로 철학의 본분으로 인식된다(I. 184).

하지만 이런 임무를 수행하는 것은 로크식의 철학이 — 즉 단지 관념만을 분석하면서 시간을 보내는 식의 철학이 아니다. 이는 오히려 몽테뉴의 철학을, 즉 자신이 시인한 바를 변함없이 유지할 수 있는지 보여 주며 같은 것을 항상 계속해서 존중하도록 만드는 철학을 떠올리게 한다(I. 194). 나의 도덕적 능력을 내게 알려 주며, 자기통제를 통해 이런 능력이 나 자신의 일부라는 것을 밝히고, 이 능력으로 인해 통일된 자아가 성립할 수 있다는 점을 가르쳐 주는 것은 바로 이런 철학이다. 41)

도덕과 취미가 유사하다는 점은 이런 연결에서 명확하게 드러난다. 덕이 있는 행위자는 자신을 스스로 규정해 나가므로 그의 내적인 삶은 도덕적 시인을 얻는 일종의 조화를 지니게 된다. 우리 자신의 내부에서 정신이 "상상, 현상, 공상 등을 관리하고 감독해 … 이들이 선하게 만드는 한에서" 우리는 능동적이 된다(II. 103). 도덕감은 우리가 복잡하고 변화무쌍한 정서를 통일할 수 있도록 한다. 이에 상응해 우리 각자는 가장 중요한 예술가가 — 돌이나 물감이 아니라 영혼이나 정신을 다루는 예술가가 된다. 샤프츠버리는 현명한 사람은 "자신 안에 질서와 평화, 조화를 위한 영속적이고 확실한 기초를 마련함으로써 자신의 삶과 운명을 설계하는 자가 된다"고 말한다 (II. 144).

샤프츠버리는 통일된 자아에 도달함으로써 우리를 자기규율적이 되도록 만드는 도덕적 능력은 개인의 행복이나 우리 자신의 최고선을 생각하는 능력과는 서로 다른 종류에 속한다고 여긴다. 도덕 판단은 우리가 지니는 정념들 사이의 조화에 주목한다. 반면 행복에 관한 판단은 이와 다른 대상, 즉 우리가 삶을 얼마나 향유할 것인지

---

41) 샤프츠버리가 명백히 이 주제에 관심을 보였다는 사실은 여러 곳에서 드러난다. 자아의 통일에 대해서는 《특징》 I. 112~113; 119~121, 통일의 개념을 더욱 일반적으로 탐구한 내용은 II. 99~105 참조. 또한 이 주제에 대한 수많은 개인적인 생각은 Rand의 *Life* 참조.

에 주목한다. 그런데 도덕 판단이 타산적 판단보다 상위에 속한다. 만일 우리가 영혼의 나머지 부분과 조화를 이룰 수 없는 동기에서 행위한다면, 그 행위를 통해 얼마나 많은 것을 향유할 수 있다고 생각하든 간에 우리는 덕을 지닐 수 없다. 그 까닭은 도덕 판단이 타산적 판단과 동일한 문제를 다룰 때 더욱 정확한 답을 요구하기 때문이 아니라, 더욱 포괄적인 대답을 요구하기 때문이다. 이미 말브랑슈에게서 드러났듯이 이 두 판단은 개념상 서로 구별된다. 하지만 도덕적인 측면에서 어떤 정념이 우리를 기쁘게 할 것인가 알려 주는 도덕감은 또한 상충하는 정념들의 다발이 아니라 하나의 인격체가 되는 방법도 제시한다.

여기서 샤프츠버리는 덕이 공공선을 위한, 개인의 이익과 무관한 정서를 필요로 한다는 자신의 신념을 저버리는가? 그는 덕이 제공하는 이익을 보임으로써 독자들을 매수해 덕을 갖추라고 유혹하는가? 나는 그렇게 생각하지 않는다. 오히려 그는 자연 세계가 — 행복이라는 자연적인 선이 존재하는 영역이 — 우리가 그 안에서 도덕적으로 행위할 때만 의미를 지니는 세계라는 점을 보이려 한다.

가장 덕이 있는 내적인 조화가 또한 가장 즐거운 삶으로 이어진다는 샤프츠버리의 낙관적인 믿음은 세계가 조화로운 전체라는, 즉 조화로운 체계들의 조화롭게 구성한 체계라는 그의 믿음 중 일부에 해당한다. 샤프츠버리는 "조화롭지 못한 세계에서, 즉 우리의 감정과 조화를 이루지 못하거나 더 나아가 감정에 반하는 세계에서 살아야 한다는 생각보다 우울한 것은 없다"고 말한다. 여기서 그의 논점은 단지 우리가 자신의 덕에 대한 보상을 받기를 원한다는 것이 아니다. 그가 지적하는 바는 만일 덕을 향한 노력이 헛되다면 우리는 낙담할 수밖에 없다는 것이다. 사실 무신론자도 덕을 지닐 수 있다. 하지만 어려운 상황을 만나면 덕을 향한 자신의 노력이 수포가 되는 것을 보고 불만스럽게 여겨 좌절하기 쉽다. 반면 세계가 자신의 노력에 보답하리라고 믿는 유신론자는 덕 때문에 생길 수도 있는 곤경에 처해서도, "어떤 고난이 닥친다 할지라도 최고의 평상심을 유지한다". 만일 덕이 우리의 본성적인 악이라면 덕은 "사물들 전체의 구성에 결함 또는 불완전성"이 있다는 의미가 될 것이다. 따라서 덕은 오직 경건함으로 발전할 경우에만 완전해진다. 그리고 도덕적인 신의 존재를 믿는 사람은 무신론자가 결코 지닐 수 없는 평상심과 인자함을 지닌다(《특징》: 276~280면). 이와 같은 방식으로 세계는 오직 덕이 행복으로 이어질 경우에만 조화롭게 된다.

신해링턴주의자라면 당연히 샤프츠버리의 견해에 동조하려는 유혹을 느낄지도 모른다. 하지만 샤프츠버리를 고전적인 공화주의자와 구별하게 만드는 중요한 측면들이 있다. 샤프츠버리는 정념에 관해 스토아학파와는 다른 견해를 드러내지만 그의 사상은 중요한 측면에서 스토아학파적이다. 그는 덕을 행위자의 직업이나 그가 속한 사회의 구조 그리고 어느 정도는 그의 물질적 소유와도 분리한다.[42] 덕을 갖춘 행위자는 그가 속한 정치 체제에 의해서 만들어지지 않는다. 그의 성격이 그로 하여금 덕에 이르도록 만든다. 이 점을

---

[42] 이 점과 관련해 행위자가 자신의 덕에 스스로 만족하도록 만들려는, 샤프츠버리가 지닌 스토아학파적인 성향, 그리고 도덕적 감성을 계발하기 위해서는 여유가 필요하며 — 이는 은연중에 부유함을 전제하며 — 이것이 덕을 완전하게 실현하는 데 중요하다는 미적 성향 사이에는 일종의 긴장 관계가 성립한다.

비롯해 도덕적 인식이 지닌 아름다움과 유사한 본성의 결과, 샤프츠버리는 개인의 자기계발이 매우 중요하다고 생각한다. 《탐구》 외에도 많은 저술에서 샤프츠버리는 자유롭고 전제적이 아닌 정부를 유지하는 데는 사상과 비판의 자유가 중요하다고 강조한다. [43] 그는 이런 정치 체제에 필수적인, 권위를 의문시하는 태도를 유지하는 데 문학이 결정적인 역할을 해야 한다고 생각한다. 간단히 말하면 그는 고전적인 공화주의를 선호하면서도 결코 수준 낮은 단순함 또는 세련되지 않는 태도를 시인하지는 않는다. 그는 높은 수준의 문화를 이루기 위해 고전적인 공화주의를 활용하려는 목표를 세운다.

해링턴의 공화국은 국교를 허용할 것으로 보이는데, 샤프츠버리 또한 이를 받아들일 듯하다. 하지만 이를 넘어서서 우리가 스스로 형성한 사회와 그 안에서 이루어지는 삶이 어떤 종교적 간섭을 필요로 하는지는 명확하지 않다. 우리는 우리를 인도해 줄 명령, 역사, 신의 목소리 등을 필요로 하지 않는다. 우리는 자비로운 신이 보증하는 것과 같은, 잘 질서 잡힌 세계가 존재한다는 믿음 위에서 살아간다. 하지만 위기 상황에서는 이런 믿음이 없이도 견딜 수 있다. 샤프츠버리의 덕 윤리는 이후에 리드로 하여금 기독교가 덕 윤리 대신 법칙과 의무의 윤리를 가르쳐야 한다고 말하도록 하는 결과를 낳았다. 이신론자들이 샤프츠버리에게 매우 호의를 보였음은 전혀 놀라운 일이 아니다.

---

43) 특히 *Essay on the Freedom of Wit and Humor*와 *Soliloquy or Advice to an Author* 참조.

제15장

도덕의 엄격함: 클라크와 맨더빌

로크의 경험주의 윤리가 낳은 도덕적으로 받아들이기 어려운 결과를 피하려는 시도는 18세기 대부분에 걸쳐 영국에서 도덕철학 발전의 중심에 있었다. 샤프츠버리는 도덕적 조화를 보장해 주는 존재로서 신을 자신이 구성한 세계에 계속 있게 하였으나, 사람들이 어떻게 올바르게 살 수 있는지를 설명하기 위해 신의 법칙과 위협에 호소할 필요는 없다는 점을 가장 강조했다. 그는 로크의 주의주의 윤리가 자신을 규율하는 도덕적 능력이 우리에게 있음을 부정한다는 것을 보이려 했다. 로크와 마찬가지로 그도 욕구와 정념들이 선과 악의 표상에 의해서 발생하는 맹목적인 힘이라고 여겼지만 이런 표상들 자체를 포함하지는 않는다고 생각했다. 도덕적 능력은 우리에게 도덕적 시인이라는 특별한 감정을 부여하는데 이는 영혼 안에서 동기로 작용하는 힘의 조화로운 균형에 의해서 생겨나며 그 후에는 이런 균형을 강화하는 역할을 한다. 만일 이것이 샤프츠버리가 로크에 대응한 방식이었다면 이는 도덕을 명령, 위협 그리고 복종으로 환원한 로크의 윤리에 대한 샤프츠버리의 도덕적 혐오감에 공감하는 사람들에게조차 문제를 일으킬 듯하다. 샤프츠버리는 때로 도덕감을 관념 및 감정과 인과적으로 상호작용을 주고받는 단순한 정서로 여긴다. 하지만 더욱 깊고 영속적인 차원에서는 이를 영원한 진리를 드러내는 것으로 간주한다. 도덕에 대한 어떤 해석은 도덕을 자연주의적으로 보려는 견해를 지지하지만 다른 해석은 이를 거부한다. 그런데 이런 두 종류의 이론 모두가 18세기 초반에 등장했다.

클라크(Samuel Clarke, 1675~1729)는 인간의 도덕적 능력을 매우 높이 평가했다는 점에서는 샤프츠버리와 같은 생각을 드러내면서도 이를 그와는 정반대되는 방식으로 이해했다. 그는 도덕의 수학적 모델을 제시했는데 여기서는 이성적 인식이 행위의 모범과 동기라는 역할을 모두 담당하며 감정은 기껏해야 덕에 방해가 될 뿐이다. 그는 심리적 측면에서 강력한 자유의지의 개념에 결정적인 지위를 부여했는데 샤프츠버리는 자유의지를 위한 공간을 전혀 허용하지 않았다. 또한 클라크는 샤프츠버리와 마찬가지로 칼뱅주의적인 주의주의에 반대했지만 자신의 도덕 이론에 기초해 샤프츠버리가 옹호한 것보다 훨씬 더 강력하게 기독교를 옹호했다.[1]

로크의 도덕 이론에서 벗어나기 위한 또 다른 대안을 제시한 사상

---

1) 클라크의 전집 중 3권과 4권은 거의 대부분 신학적 논쟁으로 채워졌다. 그는 삼위일체에 대해 정통적인 견해를 지지하지 않았다. 그는 매우 명석하고 탁월한 가문 출신이었지만 정통에서 벗어난 견해 때문에 만일 그런 견해를 보이지 않았다면 당연히 차지했을 대주교직은 말할 것도 없고 주교직에도 오르지 못했다. Ferguson(1976) 참조.

가는 썩 명확한 이론을 주장하지는 못했지만 인간의 도덕적 능력에 대해 전혀 다른 의견을 내놓았다. 맨더빌(Bernard de Mandeville, 1670~1733)은 사람들이 실제로 어떤 모습을 보이는지에 관한 자신의 견해를 근거로 샤프츠버리의 고상한 정서와 클라크의 합리성이 모두 도덕의 근원으로 매우 부적절하다고 주장했다. 그 대신 그는 우리의 본성을 지배하는 걷잡을 수 없는 이기심에 맞서 우리 자신을 보호하기 위해 고안된 인간의 발명품으로서 도덕이 등장한다고 주장하면서도 여전히 우리의 욕구가 광범위한 영역에서 큰 비중을 차지한다고 생각했다. 맨더빌과 클라크는 샤프츠버리와 더불어 이후 수십 년 동안 논쟁의 대상이 되었던 주제를 제시했다.

1. 자유의지와 행위의 근거

클라크는 1704년 보일 강연(Boyle lectures)[2]에서 신의 현존과 속성을, 1705년 강연에서는 자연종교의 의무를 주제로 삼는데 강연의 목표는 홉스의 유물론과 스피노자의 필연주의가 결국 무신론에 이른다는 것을 보이려는 것이었다.[3] 또한 클라크는 로크와 라이프니

---

2) 〔옮긴이주〕 보일 강연은 17세기 영국의 과학자이며 자연철학자인 보일 (Robert Boyle, 1627~1691)을 기념해 개최되는 강연으로 그가 죽은 다음 해인 1692년에 시작되어 오늘날까지도 계속 이어진다. 강연의 주제는 신이나 종교에 관한 신학적인 것이 주를 이룬다.

3) 첫 번째 강연의 제목은 "신의 존재와 속성에 관한 강연"(A Discourse concerning the Being and Attributes of God)이었으며, 두 번째 강연의 제목은 "자연종교의 불변하는 의무 그리고 기독교 계시의 진리와 확실성에 관한

츠를 넘어서려 한다. 그는 이들 둘 모두가 자유의지와 관련해 인간의 도덕적 책임을 옹호할 수 없는 견해를 제시한다고 생각한다. 그리고 이들 각각 서로 다르게 제시한 신에 관한 견해 또한 도덕적으로 용납할 수 없는 것이라 여긴다. 클라크는 이런 오류를 바로 잡는 데 필요한 형이상학적 해독제를 첫 번째 보일 강연에서 제시한다.

클라크는 다른 모든 것의 원인이 되며 그 자신이 스스로 활동하는 행위자인 영원하고, 비물질적이고, 불변하고, 무한한 존재가 틀림없이 현존한다는 점을 주장하면서 논의를 시작한다. 그런데 이 존재는 자유로워야만 한다. 왜냐하면 "자유가 없는 지성은 … 사실상 … 전혀 지성이 아니기 때문이다. 그런 지성도 일종의 의식이기는 하지만 그저 수동적인 의식에 그친다. 즉, 행위하는 의식이 아니라 행위를 강요당하는 의식에 불과하다"(⟨강연⟩ I, IX: 548면). 신의 자유는 신의 선택이 임의적이라는 점을 함축하지 않는다. 신의 선택은 특별한 종류의 필연성에 의해서 강제되는데, 이 필연성은 사물들이 "아름다움과 질서 그리고 전체의 복지를" 유지하는 방식으로 존재하는 데 필요한 독특한 "적절성"으로부터 등장한다(IX: 550면). 하지

강연"(A Discourse concerning the Unchangeable Obligations of Natural Religion, and the Truth and Certainty of the Christian Revelation) 이었다. 보일의 천재성을 기리기 위해 만든 이 강연에서 다루어진 많은 주제가 당시 유럽에 미친 영향에 관한 폭넓은 논의는 Jacob(1976), 5장 참조. Jacob은 보일 강연을 행한 학자들이 영국 국교회에 가입하기 위한 포괄적인 요건에 뉴턴 과학을 포함시키려 했다는 점을 강조한다.

클라크의 강연은 각각 ⟨강연⟩(Lecture) I과 ⟨강연⟩ II로 인용했으며 클라크의 전집 2권의 면수를 표시했다. 클라크의 ⟨설교⟩(Sermons)는 설교의 고유 번호에 따라 인용했는데 ⟨설교⟩ I~CXIV는 전집 1권에, CXV~CLXXIII은 전집 2권에 수록되어 있다.

만 이는 그와 반대되는 것을 가정하면 바로 모순에 빠지게 되는 "절대적인 필연성"이 아니다(III: 528면). 신의 선택과는 다른 대안들을 부적절하더라도 상상할 수는 있다. 사물들의 적절성이 그렇게 행위하도록 만들기 때문에 우리가 이에 따라 행위하는 것은 "최대한의 자유 및 가장 완벽한 선택과 일치한다". 클라크는 다음과 같이 덧붙인다. "왜냐하면 이 필연성의 유일한 기초는 의지의 불변하는 엄정함과 지혜의 완전성인데 이는 현명한 존재가 어리석은 행위를 하는 일이나 무한하게 선한 본성이 악을 선택하는 일을 불가능하게 만들기 때문이다."(IX: 551면) 결국 클라크는 적절성이라는 관념을 사용해 컴벌랜드가 신보다 상위의 존재가 없음에도 불구하고 어떻게 신을 지배하는 법칙이 존재할 수 있는지 설명하기 위해 도입했던 방법을 더욱 정교하게 제시한다(앞의 제6장 4절 참조).[4]

클라크는 의지작용을 포함한 모든 사건은 원인을 지닌다는 전제 하에서는 자유의 개념이 성립할 수 없다는 견해를 근거로 삼는 것은 일종의 오류라고 주장한다. 이런 방식의 논증을 전개하는 사람들은 "무지하게도 도덕적 동기와 물리적 동력인을 혼동하는데 이들 둘 사이에는 어떤 관계도 존재하지 않는다". 클라크는 이런 혼동에서 벗어나면 설령 동기가 도덕적으로 필연적인 것이라 할지라도 동기로부터 이루어지는 선택은 자유롭다는 점을 깨닫게 되리라고 말한다 (〈강연〉 I, IX: 533면).

---

4) Sharp(1912): 384면에서 지적하듯이 클라크는 〈강연〉 II에서 자신의 견해를 지지하기 위해 다른 어떤 근대 도덕철학자보다도 컴벌랜드를 더욱 자주 인용한다. 클라크는 컴벌랜드의 자연주의적인 경향을 거부하지만 둘 사이의 유사성은 매우 강하게 드러난다.

지금까지 신의 자유를 다루었다면, 이제 인간의 자유를 살펴볼 차
례이다. 신은 전능하다는 점이 증명되었는데 이로부터 신이 피조물
들에게 운동을 시작할 능력 또는 행위 능력을 부여할 수 있다는 사실
이 도출된다(〈강연〉 I, X: 555면). 우리는 행위할 때, 우리 자신이
마치 스스로 자기 운동의 능력을 소유한 것처럼 경험한다(X: 557~
558면). 감각 경험이 외부 대상의 존재를 증명하지 못하는 것과 마
찬가지로 이런 사실이 우리가 실제로 그런 능력을 지니는지 증명하
지는 못한다. 그러나 물질적 세계가 존재하지 않을 가능성이 희박하
기 때문에 이를 아무도 염려하지 않듯이, 우리에게 이런 능력이 전
혀 없을 수도 있을지 또한 아무도 염려하지 않는다.[5] 지성을 동반한
자기 운동의 능력은 곧 자유이기 때문에 클라크는 자신이 우리의 의
지가 자유라는 점을 충분히 보였다고 생각한다. 남은 것은 "도덕적
동기와 물리적 동력인을" 명확히 구별하는 데 실패한 "기본적인 오
류" 때문에 생겨난, 의지가 자유롭다는 사실에 반대하는 논증들을
제거하는 일이다(X: 565면 이하).

클라크가 도덕을 다루는 태도를 보면, 그에게 동기란 우리가 느끼
는 욕구와 본질적으로 다른 것이자 욕구에 의존하지 않는 근거라는

---

5) 《인간의 자유에 관한 철학적 탐구라는 제목의 책에 대한 논평》(*Remarks
  upon a Book, entitled, A Philosophical Enquiry concerning Human Lib-
  erty*), 1717, in *Works* IV. 734. 말브랑슈에 반대하면서 클라크는 후에 리
  드가 그랬듯이 우리가 자기 운동 능력을 소유한다고 해서 이 사실이 우리를
  신과 무관하게 만들지는 않는다는 점만을 지적한다. 신은 자유롭게 우리에
  게 이런 능력을 부여할 수도 있고 이를 빼앗아 갈 수도 있다. Reid, *Active
  Powers*, I. II: 517b면 참조. "의심의 여지없이 우리의 모든 능력은 우리의
  존재를 창조한 자로부터 유래하는데, 그는 이를 우리에게 자유롭게 부여했
  으며 또한 원할 경우 언제든지 빼앗아 갈 수도 있다."

사실을 알 수 있다. 신은 사물들의 영원한 적절성과 관련된 어떤 자명한 공리들에 대해서 자신이 인식한 바를 근거로 삼아 행위한다. 우리도 이런 인식을 근거 삼아 행위할 수 있으며 그래야만 한다. 이런 공리들에 대한 인식은 그 자체로 우리의 동기로 작용한다. 우리는 "올바른 근거"가 인도하는 대로 행위하기 위해 처벌이나 보상과 같은 또 다른 요소를 고려할 필요가 없다(〈강연〉 II, I: 628면). 따라서 지성이 행위 능력을 함축한다는 점을 보이려 했던 이전의 논증은 인간이 욕구가 아니라 오직 도덕적 진리에 대한 인식으로부터 생겨난 근거들에 따라 행위할 수 있음을 지지하는 것으로 바뀐다.

클라크의 자유는 홉스가 말하는 것과 같은 외부적 방해가 없는 상태가 아니다. 우리는 심지어 감옥에서도 이런 자유를 가질 수 있다(〈강연〉 I, X: 566면). 이 자유는 욕구와는 본질적으로 다른 내적 능력이다. 이는 데카르트적인 의지의 표현이 아니다. 데카르트의 의지는 명석 판명한 표상에는 필연적으로 동의하고 오직 혼동과 애매함이 발생할 경우에만 선택하는 능력에 지나지 않는다.[6] 이는 또한 최대한의 완전성을 추구하는 라이프니츠적인 성향도 아니며, 행위를 연기하는 로크적인 능력도 아니다. 그렇다면 클라크가 말하는 자유는 과연 무엇인가? 유감스럽게도 클라크는 자신의 견해를 전개하기보다는 반대자들의 주장을 반박하는 데 더욱 몰두한다. 그는 자유가 "행위할 것인지 아니면 행위하지 않을 것인지 선택하는, 개인이 소유하는 지속적인 능력"으로 구성된다고 말하는 정도로 만족한다.

---

6) 클라크는 진리에 동의하는 것은 지성의 수동적인 작용에 지나지 않으며 이런 동의가 능동적인 능력을 "규정하지는" 않는다고 말한다. *Works*, IV. 716 ~718, 722~723 참조.

그는 우리가 행위할 것인지 하지 않을 것인지 어떻게 선택하게 되는지에 대해 아무 말도 하지 않는다. 또한 그는 영원한 적절성에 대한 인식으로부터 생겨나는 동기가 우리의 필요와 욕구 때문에 발생하는 자극이나 충동과 어떤 관련이 있는지에 대해서도 아무런 설명을 하지 않는다. 그가 명확히 밝히는 점은 영원한 진리를 소유할 뿐 아니라 이에 의해 움직일 수도 있는 우리의 능력에 도덕이 의존한다는 사실뿐이다. 이 능력은 그가 "행위 능력 또는 자유로운 선택(이들 둘은 정확하게 동일한 용어이기 때문에)"이라고(X: 566면) 부르는 바의 핵심을 차지한다.

내가 아는 한, 방금 인용한 대목에서 클라크는 "행위 능력"(agency)이라는 용어를 현재 사용되는 것과 같은 철학적 의미로 가장 먼저 사용했다.[7] 이보다 반세기 전 브램홀(Bramhall) 주교는 홉스와 논쟁을 벌이면서 클라크와 유사한 견해를 지지했다.[8] 하지만 클라크는 자신의 자유 개념을 옹호하면서 새로운 요소를 도입한다. 라이프니츠는 욕구도 그 자체가 잠재적으로 이성적이기 때문에 이성이 욕구를 직접 통제할 수 있다고 여겼다. 내가 앞서 설명했듯이 로크가 생각한 욕구는 그 자체의 본성상 이성적이 아니기 때문에 이성이 직접

---

[7] 《옥스퍼드 영어 사전》에 따르면 이 용어를 클라크보다 먼저 사용한 용례는 1658년에 단 한 번 등장하는데 이것이 철학 용어로 사용되었는지는 명확하지 않다. 그 다음 용례로는 1762년 에드워즈(Jonathan Edwards)가 사용한 것이 인용되는데 사실 버클리와 흄, 프라이스(Price) 등이 모두 그보다 먼저 이 용어를 사용했다. 1731년 로(Edmund Law)는 클라크를 인용하면서 이 용어를 "일반적으로 운동뿐만이 아니라 사고를 시작할 능력을 포함한다"고 설명한다(King, *Essay*: 156면 각주).

[8] John Bramhall(1655), *A Defense of True Liberty*. 그의 *Works* 참조.

욕구를 통제할 수는 없다. 이 점에서 클라크는 로크에 동의한다. 라이프니츠와 로크는 의지가 다양한 욕구의 강도에 따라 결정된다고 생각한다. 반면 클라크는 도덕적 동기와 이것이 포함하는 필연성의 종류에 관해 설명하면서 강도를 언급하지 않는다. 도덕적 동기는 강도라는 속성을 지니게 되면 그릇된 종류의 것이 되고 만다.[9] 푸펜도르프는 자신이 말한 도덕적 실재와 관련해 이와 유사한 견해를 주장했다. 자유의지라는 주제와 관련해 근거와 원인을 구별하는 것이 적절하다는 점을 푸펜도르프가 이미 파악했지만(앞의 제7장 5절) 클라크는 이런 구별을 자신의 논증에서 사용하면서 더욱 명확한 태도를 보이는 듯하다. 도덕적 공리에 대한 인식과 행복을 향한 욕구는 서로 공약 불가능하지만, 이들 모두가 우리의 행위를 설명하는 데 동원된다. 욕구의 강도 또한 우리의 행위를 결정하는 요소의 일종이다. 규범적 진리에 대한 인식은 이와는 다른 종류에 속하며 우리의 행위 결정에서 독특한 역할을 담당한다. 우리는 이렇게 서로 공약불가능한 요소들 중에 어떤 것에 따를지 결정하는 존재로서 스스로를 경험한다. 푸펜도르프보다 더욱 명확하게 클라크는 우리가 어떻게 그런 결정을 내릴 수 있는지 설명하는 유일한 근거로서 우리의 자유로운 행위 능력을 제시한다.[10]

---

9) 예를 들면 *Works*, IV. 723, 734 참조.

10) 16세기 예수회 수사였던 몰리나(Luis Molina)는 구원을 결정하는 과정에서 신의 은총과 인간의 선택이 각각 담당하는 역할에 관한 복잡하게 얽힌 문제를 해결하려고 노력하면서 인간의 자유를 주의 깊게 분석했다. 자유 중 한 종류는 인간의 의지에 속하는 것이다. "행위하도록 요구되는 모든 것을 행위할 수도 있고, 행위하지 않을 수도 있고, 아니면 어떤 것을 이런 방식으로도 행위할 수도 있고 또한 그와는 정반대되는 방식으로도 행위할 수 있는"

2. 수학적 도덕

클라크는 사물들 상호 간의 "필연적이고 영원한" 관계라는 이론을 통해 서로 구별되는 행위 근거들을 도출하는 도덕을 세우려 하면서, 이를 "서로 다른 사물들 또는 관계들 상호 간에 적용되는 적절성 또는 부적절성"이라는 용어로 표현한다. 이 적절성이 무엇이든 간에 ― 이에 관해서는 후에 다시 살펴볼 것인데 ― 신은 이것을 안다. 신의 의지는 필연적으로 이 적절성과 일치하게 **실제로** 결정을 내리며, 우리의 의지 또한 적절성에 따라 결정을 **내려야만** 한다(〈강의〉 II. I: 608면). 클라크는 자신이 이것을 "당위"에 대한 정의로서 제시했는지 아닌지 언급하지는 않지만 이는 그의 이론에서 사실상 그러한 정의의 역할을 담당한다. 이를 지지하기 위한 그의 유일한 논증은 우리가 신과 유사하게 창조되었다는 데에 의존하는 듯하다. 신보다 상위의 존재는 없기 때문에 신은 스스로 적절성과 일치하게 행위해야만 하는데 이로부터 우리 또한 그렇게 행해야 한다는 점이 "매우 명확하게" 드러난다(I: 612면). 따라서 신의 자기규율은 우리 자신의 모범이다. 클라크의 다른 모든 이론과 마찬가지로 이 주장 또한 영원한 적절성 자체가 존재한다는 사실을 부정할 수 없다는 것을 전제한다.

로크는 수학처럼 논증 가능한 도덕학을 제시하겠다고 약속했다. 클라크는 최소한 이런 작업을 시작하려고 노력한다. 그는 위치코트

사람은 자유롭다(Abercrombie: 94면에서 재인용). 나는 클라크가 몰리나의 견해를 알았는지 그렇지 않은지 확실히 알지 못한다. 하지만 몰리나주의는 17세기에 폭넓게 논의되었다.

와 마찬가지로 "우리는 **도덕**을 수학만큼 확실하게 할 수 있다"고 생각한다(Patrides: 330면). 하지만 그는 사람들이 서로 도와야 함이 명백하다는 사실을 받아들이라고 무턱대고 요구하지 않는다. 그는 자신이 명확하다고 생각하는 바를 항상 도덕적 용어를 동반한 비교를 통해 표현한다. 따라서 그는 다른 사정이 없을 경우 다른 사람에게 해를 입힘보다는 도움을 줌이 더욱 적절하다는 것은 명확하다고 말한다. 이는 전체가 부분보다 크다는 사실만큼이나 명확하다. 창조주가 모든 사물이 일정한 목적을 추구하도록 함이 그가 사물들을 "제멋대로 나아가도록" 내버려 두어 온통 혼란에 빠지게 함보다 더욱 적절하다는 것은 명확하다. 또한 심지어 "적극적인 계약" 이전에라도(여기서 홉스를 비난하는 태도가 엿보인다) 사람이 약속을 준수하고 정의롭게 행위하는 것이 조금도 거리낌 없이 오직 자신만의 이익을 추구하는 것보다 적절하다(〈강의〉 II, I: 608~609면). 이런 비교는 물론 독자들이 기꺼이 무엇이 더 또는 덜 적절한가 하는 관점에서 생각하려 한다는 점을 전제한다. 일단 이 정도만 확실히 밝혀진다면, 클라크는 "지극히 어리석은 사람이나 예절을 전혀 모르는 사람 또는 정신이 완전히 타락한 사람이 아니고서는 어느 누구도" 자신이 도입한 특별한 종류의 적절성이 존재한다는 점을 전혀 의심하지 않으리라고 말하는 것이 타당하다고 생각한다(I: 609면).

이렇게 적절성을 비교함으로써 클라크는 어떤 일들은 행해지는 그 자체로 적절하며 합리적이라는 결론을 정당하게 주장할 수 있다고 생각한다. 처벌에 대한 두려움이 없이는 적절한 바에 따르지 않는 사람에게는 물론 처벌이 부과될 수 있지만 적절한 바는 어떤 외부적인 근원으로부터 자신의 "강제력"을 얻지는 않는다(I. 611면). 따라서 주의주의자들의 자연법 이론은 부정된다. 제재는 의무를 부과하는 데 아무런 역할도 하지 못한다. 의무를 구성하기 위해 필요한 유일한 필연성은 적절성이 제공하는, 선택의 이성적 정당화로부터 등장하는 도덕적 필연성이다.

클라크가 명확하다고 여기는 특별한 종류의 적절성을 검토하면 그가 왜 이를 이성적으로 거부할 수 없다고 생각했는지 알게 된다. 그는 전통적인 일련의 의무, 즉 신에 대한, 자기 자신에 대한 그리고 이웃에 대한 의무를 받아들인다. 신은 우리보다 무한히 상위의 존재이므로 우리는 당연히 신에게 영광을 돌리고, 신을 숭배하고 섬겨야 한다(I: 618면). 클라크가 우리 자신에 대한 의무라고 부르는 것은 사실상 우리 자신에 관한 의무이지만 — 우리는 자신을 보존해야 하며 신이 우리에게 요구하는 것이면 무엇이든 행할 준비를 갖추어야 하지만 — 이는 신이 우리에게 부여한 것이다. 신은 "현재 우리가 차지하는 위치를 지정했으며", 신이 우리를 부를 때까지 이 위치에서 맡은 바를 다해야 한다(I: 622~603면). 우리는 이웃에 대해 이중의 의무를 진다. 우선 형평의 의무가 있다. 우리는 다른 모든 사람을 우리와 마찬가지로 대해야 한다. 만일 다른 사정이 없다면 우리가 "다른 사람이 우리에게 해주기를 합리적으로 기대할 수 있는 바"를 다른 사람에게도 베풀어야 한다. 바로 이것이 정의라는 덕의 기초를 이루는 원리인데, 정의는 "모든 덕 중 최고이며 가장 완전한 덕이다"(I: 621~622면). 이웃에 대한 두 번째 유형의 의무는 "보편적인 사랑과 자비심"이다. 우리는 "정의롭고 옳은 바"를 행하는 수준을 넘어서서 우리의 능력이 닿는 한 모든 사람의 복지를 증진하도록 항상 노력해야 한다. 이런 요구에 합당하게 행위하는 최선의 방법은 "보편적인 사랑과 자비심"을 느끼는 것이다(I: 622면).

　클라크는 도덕적 필연성을 절대적 또는 물리적 필연성과 분리하지만 도덕적 필연성의 특별한 본성이 무엇인지 설명하지는 않는다. 하지만 그가 우리의 행위를 정당화하는 근거를 제시하면서 명백히 밝히는 네 가지의 적절성을 통해서 그가 염두에 둔 바가 무엇인지 통찰할 수 있다. 그리고 클라크 자신도 이런 방향으로 나아간다. 그는 다음과 같이 말한다.

　불공평은 이론에서 발생하는 모순과 … 똑같은 것을 행위에서 일으킨다. 그리고 이론을 터무니없는 것으로 만드는 원인과 동일한 원인이 행위를 불합리하게 만든다. 나에게 다른 사람이 행한 일을 합리적이거나 불합리하다고 판단한다면, 이와 동일한 판단을 통해 다른 사람에게 내가 행한 유사한 일도 합리적이거나 불합리하다고 선언해야 한다(I: 619면).

　형평은 오직 행위의 근거를 여러 경우에 적용할 때 일관성을 유지할 것만을 요구한다. 형평은 순전히 형식적이므로 행위자가 무엇을 행위 근거로 삼는지 또는 삼아야 하는지 아무런 말도 해주지 않는다. 이런 영원한 적절성을 파악함으로써 나는 내가 어떤 경우에 행위 근거로 거부했던 바를 이와 관련되는 유사한 경우에 행위 근거로 받아들일 수 없음을 깨닫는다. 여기서 허용의 원리가 등장하는데 이는 라이프니츠에게서는 발견되지 않는 것이다.

　자비의 원리는 우리가 사용해야 하는 본질적인 행위 근거에 관한 무언가를 알려 준다. 클라크가 행위 근거를 언급하는 방식을 감안하면, 그가 어떻게 이 영원한 적절성을 개념적인 진리로 제시할 수 있는지를 알게 된다. 신은 어떤 사건의 상태가 지닌 선이 항상 그것을 실현하게 만드는 근거이며, 어떤 근거가 지니는 정당화의 무게는 그 것에 포함된 선의 총량과 비례하고, 그것 외에 다른 종류의 본질적인 근거가 없다는 점을 안다고 클라크는 말한다. 우리는 가능한 한 신을 닮아야 한다. 그렇다면 더욱 큰 선을 실현할 수 있는데도 그보다 작은 선을 실현하는 것이 합리적이라는 생각은 일종의 자기모순이다. 어쩌면 클라크는 내가 만일 무언가를 얻는 행위의 근거로 그 것의 선을 선택한다면, 형평의 원리에 따라 이와 유사하게 다른 사람을 위한 선은 내가 그를 위해 그것을 획득하도록 행위할 근거를 제공한다는 점을 주장하고자 했는지 모른다. 이후에 이런 식으로 생각한 철학자들이 등장하기는 하지만 클라크의 저술에서 그가 분명히 이렇게 생각했음을 보여 주는 대목을 찾을 수 없다. 11)

사랑을 계발하라는 영원한 적절성은 우리를 가능한 최대한의 사랑으로 인도하는 것을 행하라는 도덕적 필연성으로부터 도출된다. 12) 사랑은 일종의 수단으로 요구되기 때문에 사랑의 적절성은 신중함이라는, 즉 목적과 근거를 결합할 때 모순을 피하라는 영원한 적절성의 한 예이다. 어떤 목적을 실현한다는 근거를 지니면서 동시에 그 목적을 실현하는 데 필요한 수단을 사용하거나 계발한다는 근거를, 최소한 그 목적과 같은 정도로 강력하게 지니지 않는다면 이

---

11) 《윤리학의 방법들》(*The Methods of Ethics*), 초판(1874) : 357~360면에서 시지윅은 형평과 자비의 원리에 관한 클라크의 언급을 활용해 자신이 생각한 두 개의 기본 "공리"를 도입한다.

12) 여기서 클라크는 완전한 의무와 불완전한 의무 사이의 구별을 재구성할 근거를 마련하지만 이런 의무들에 관해서는 전혀 논의하지 않는다.

는 모순적이다. 클라크는 다른 사람에 대한 사랑이 모든 사람의 선을 실현하는 최선의 수단이라는 점을 논증하지 않고 바로 전제한다.

　나는 신에게 복종하고 그를 숭배할 영원한 적절성을 다른 적절성과 마찬가지로 근거를 제시하는 것의 본성으로부터 도출할 수 있다고 믿지만 나의 이런 해석은 순전히 추측에 의한 것이다. 만일 행위가 이성에 의해서 인도되어야 한다는 점에 우리 모두가 동의한다면 더욱 잘 확립된 근거보다 덜 확립된 근거를 선호하는 일은 자기모순적이다. 하지만 신은 최선의 근거가 무엇인지 알며 이 근거가 우리를 인도하기 원한다. 따라서 신의 인도에 따르지 않을 근거가 있다는 주장은 자기모순적이다. 더욱이 스스로 이성의 인도에 따르기 원하는 사람은 합리적인 행위의 흐름을 파악하는 데 비범하고 자신의 통찰을 우리에게 나누어주는 존재에게 감사를 표시할 근거를 지닌다는 말은 그럴 듯하게 들린다. 따라서 최선의 근거를 알기 원하면서 이런 근거를 제공하는 존재를 찬미하지 않는다면 이 또한 비이성적일지 모른다. 이런 점들을 전제할 때 신이 최고의 찬미를 받을 만한 존재라는 것을 부정한다면 이는 자기모순적이다.

　우리의 이웃에 대한 의무를 적절성이 지배한다는 말은 매우 컴벌랜드주의적으로 들린다. 모든 선은 행위의 근거를 제공하며, 우리는 실현할 수 있는 선의 총량을 극대화해야 한다. 하지만 개인의 의사 결정에 관해 아리스토텔레스보다 자신이 더 나은 방법을 제공한다는 컴벌랜드의 주장에서 클라크는 문제를 발견한다. "수많은 경우에서 무엇이 피조물 전체의 선을 위한 것인지는 오직 무한한 지성을 지닌 존재만이 판단할 수 있을 것이다. … 하지만 자신 앞에 놓인 것 중 무엇이 참되고 옳은지는 모든 사람이 파악할 수 있다." 여기에서 클라크는 특수한 경우의 적절성은 누구나 파악할 수 있다고 말하는 듯이 보인다. 하지만 개인의 행위가 사물 전체의 더 큰 도식에서 어떻게 적절성에 이르는지는 오직 신만이 파악할 수 있다. 우리의 행위가 다른 사람의 자연적인 선 또는 악에 어떤 영향을 미치는지 파악할 수 있는 "각각의 영역에서" 우리는 가능한 최대의 선을 산출하도록 행위해야 한다(〈강의〉 II, II: 637면). 어쩌면 우리가 이렇게 파악할 수 있는 바를 넘어서는 세부적 사항은 걱정할 필요가 없는지도 모른다(II: 630면 참조). 클라크는 도덕적 필연성을 설명하면서 신의 의지를 도입하지는 않는다. 하지만 신은 도덕에서 반드시 필요한데 그 까닭은 최선의 근거에 따라서 행한 우리의 행위가 전체의 측면에서 불합리한 것으로 판명되지 않는다는 점을 신이 보장해 주기 때문이다.

3. 도덕과 이성적 행위 능력

그렇다면 결론의 근거가 이론적 진리의 기초를 제공하는 근거가 아니라 행위를 정당화하는 근거일 경우, 도덕적 필연성을 절대적 또는 수학적 필연성으로서 이해하는 것이 가장 적절하다. 클라크의 말대로 우리가 일단 자신의 행위를 이성적으로 정당화하기만 하면, 그의 원리들은 거부할 수 없는 듯이 보인다. 어떤 근거라도 부여한다는 것은 곧 형평의 원리를 받아들이는 것을 의미한다. 이 세계에서 선의 총량을 증가시키는 일을 항상 행위 근거로 생각한다는 말은 곧 선한 결과를 극대화한다는 원리를 받아들이는 것이다. 클라크는 다른 사람들에 대한 의무의 기초를 제공하는 두 원리가 서로에게 영향을 미칠 수 있는 방식에 관해서는 탐구하지 않는다. 하지만 그가 설령 자신의 이론이 지닌 세부적인 내용까지 자세히 밝히지는 않는다 할지라도, 그는 최소한 최초의 입장에 포함되었던 기본적인 요소들을 계속 확실하게 유지한다. 그의 입장은 대륙의 완성주의자들이 지닌 합리주의가 아니다. 왜냐하면 이들이 생각한 도덕의 합리성이란 최선의 결과를 계산하는 문제였기 때문이다. 13) 또한 만일 수많은 기본적인 도덕 원리들이 참이라는 사실을 우리가 곧바로 파악한다고 주장하는 이를 뜻하는 용어가 '직관주의자'라면, 클라크는 직관주의자가 아니다. 하지만 그는 도덕이, 근거를 부여하고 기대하는 모든 사람들에게 단지 일관성이라는 형식적 요구를 명확하게 드러내는 원리들에 기초한다고 주장한 최초의 인물이다.

그렇다면 우리의 행위에 대한 근거를 부여하기 거부함으로써 도덕이 요구하는 바로부터 벗어날 수 있는가? 이 질문에 대해 클라크는 단지 가장 상식적인 대답을 하지만 — 이는 매우 흥미로운 대답이기도 하다. 영원한 적절성은 우리를 인식적 측면에서만 인도하는 데 그치지 않는다. 이는 또한 도덕 원리에 따를 동기도 제공한다고 클라크는 주장한다. 만일 분명히 파악한다면, 우리는 이런 적절성이

---

13) 라이프니츠는 위와 같은 이유로 도덕의 합리성, 그리고 도덕의 필연성이 우리가 필연적으로 지녀야 하는 목적을 실현하는 수단을 사용하는 합리적 필연성이라고 생각한다. 라이프니츠적인 "도덕적 필연성"은 항상 충족이유율의 원리에 기초한다. 우리는 어떤 목적에 대한 적절한 수단을 사용하기 거부하는 것을 형식적인 측면에서 비합리적이라고, 심지어 자기모순적이라고 생각할 수도 있다. 하지만 라이프니츠는 형식적 측면의 합리성에 관해서는 설명하지 않는다.

그 자체로서 "진정 우리와 친밀한 것임을" 인정할 것이다(〈강의〉 II, I: 627~628면). 클라크는 무엇이 옳은가에 대한 우리 자신의 판단은 "가장 진정하고 형식에 들어맞는 의무"이므로 적어도 원칙적으로는 제재에 의해서 뒷받침될 필요가 없다고 말한다(I: 614면). 그렇다면 왜 우리는 사물들의 적절성에 대한 인식에 따라서 행위하게 되는가? 인간 행위의 본성에 관한 어떤 설교에서 클라크는 동물과 마찬가지로 인간도 "스스로 행동하는", 즉 자신의 운동을 스스로 시작하는 존재이다. 하지만 인간은 특히 목적을 예상하고 행위할 수 있으며, 더욱이 행위해야만 한다. "사실, 인간은 자신이 행하는 모든 것에서 나름대로 어떤 견해와 의도를 가질 수밖에 없다. 단순한 욕망과 정념이 야만스럽게 인도하는 바에 따르기를 가장 은밀하게 거부할 때에도, 인간은 여전히 어떤 목적을 가지고 그렇게 한다." (〈설교〉 XXXIX: 244면) 신은 우리를 신과 같은 이성적 행위자로 창조했다. 이성적 행위자가 되기 위해서는 단지 이성에 따라 움직일 수 있다는 것만으로는 부족하다. 최소한 어떤 범위 안에서는 이성에 따라 움직이는 일에서 벗어날 수 없어야 한다. 우리는 자신이 선하다고 생각하는 바를 추구하며 또 추구해야만 한다. 그리고 설령 우리 자신의 행위를 선하다고 생각함으로써 이를 정당화하더라도 우리는 더 나아가 우리의 행위가 영원한 적절성에 부합해야 한다는 요구를 받게 되는데 이성적 행위자로서의 우리는 이에 대처할 수 있어야 한다.

클라크는 이와 같이 생각함으로써 도덕 원리들이 우리에게 구속력을 지니도록 만들고 우리가 이에 따라 움직일 수 있도록 하는 것은 바로 우리의 이성적인 행위 능력이라는 견해를 확립하려 한다. 이러

310

한 과정에서, 그는 자신이 거의 다루지 않았던 문제에 직면하게 된다. 우리는 무엇을 해야 하는지 알 수 있지만, 유감스럽게도 아직 그것을 할 수 없다. 우리는 "명백한 사변적 진리에는" 동의하지 않을 수 없지만 명백하게 옳다고 인식하는 바를 원하지 않을 수는 있다(〈강의〉 II, I: 613면). 클라크는 우리가 의무를 소홀히 해서는 안된다는 점을 되풀이하고 우리의 타락에서 기인한 비도덕성을 비난하는 정도로 만족한다. 설령 이것이 의지의 나약함에 관한 철학적으로 만족스러운 설명은 되지 못한다 할지라도, 어떻게 우리가 더 선한 것을 알면서도 더 악한 것을 행하는지 설명하는 라이프니츠의 방식보다 크게 못하지는 않은 듯하다 — 왜냐하면 우리는 완전성에 대한 최선의 의식적 사고에 반대되는 방향으로 움직이도록 만드는, 선에 대한 잠재의식적 지각 또한 지니기 때문이다.

4. 최선의 가능세계에서의 도덕

몇몇 설교에서 클라크는 심각한 철학적 논의들을 전개하는데 — 그보다 한 세대 후에 등장한 버틀러(Butler)의 논의만큼 치밀하게 구성되지는 않았지만, 이론적으로 다양하게 분화되면서도 더 이상의 상세한 해명을 거의 필요로 하지 않는 주제들을 매우 논증적인 방식으로 검토한다. 이런 논의를 통해 클라크가 철학의 영역에서 왜 어떤 견해들을 옹호하려 하는지, 그 이유가 명확하게 드러난다. 어떤 주제, 예를 들면 주의주의에 대한 반박은 반복해서 등장하기도 한다. 클라크는 주의주의를 "절대적인 예정은총설 및 무조건적인 계율"을 내세우는 칼뱅주의와 관련지으면서 주의주의가 신의 선함과 공의를 우리의 그것과 다르게 만듦으로써 신을 파악할 수 없는 존재로 만든다고 주장한다. 14) 또한 클라크는 다른 불평도 덧붙인다. 주의주의자들은 순전히 적극적인 종교적 의무만을 지나치게 강조해 "모든 종교의 목적과 의도가 … 덕의 실천에 있다는 점을" 망각한다. 케임브리지 플라톤주의자들이나 샤프츠버리와 마찬가지로 클라크도 교리는 도덕적 검토 과정에 의해서 판단되어야 한다고 생각하는데 주의주의는 이런 검토 과정을 통과하지 못한다(⟨설교⟩ XL: 250면 이하; CX: 703면). 15)

이와 같이 클라크는 라이프니츠와 마찬가지로 주의주의를 물리치고 다른 것으로 대체할 도덕적 필요성을 강하게 느끼지만 그는 라이프니츠가 이런 작업을 행한 방식은 거부한다. 왜냐하면 자유에 대한 라이프니츠의 설명에는 결함이 있다고 여겼기 때문이다. 라이프니츠는 도덕이 전제하는 선택의 자유를 사실상 허용할 수 없는데 그 까닭은 그가 신에게 진정한 이성적 선택의 공간을 부여하지 않기 때문이라고 클라크는 생각한다. 라이프니츠의 신은 오직 자신이 받아들이는 바에 따라서만 움직이는 정신적인 자동 기계에 지나지 않는다. 클라크가 도덕의 구조로서 파악한 바에서 드러나는 혁신적인 생각

---

14) ⟨설교⟩ X, XIV 및 XVI에는 다른 많은 논점과 더불어 특히 이런 논점들이 드러난다.

15) 클라크는 영국 국교회에 대한 '관용주의적인' 견해를 옹호한 인물 중 당대를 대표하는 지도자로서, 종교는 신자를 인정하기 위한 교리상 최소한의 기준만 갖추면 되며 신학적 논쟁에는 큰 중요성을 부여할 필요가 없다고 주장했다. 클라크의 일반적 입장을 드러내는, 그가 케임브리지에서 차지한 위치에 관한 간결하면서도 충실한 설명은 Gascoigne(1989): 117~120면 참조.

은 바로 그가 주의주의를 도덕적 근거에서 몹시 혐오했고 이와 더불어 만일 도덕이 우리에게 의미를 지니려면 절대적인 의지의 자유가 필요하다는 확고한 신념을 가졌기 때문에 가능했다. 그는 이제 신이 어떻게 전적으로 임의적이지 않으면서도 완벽하게 자유로운 선택을 할 수 있는지 증명해야 한다.

클라크는 신이 항상 전체를 위해 가장 선하고 현명한 것을 행함이 틀림없다고 생각하지만(〈강의〉 I, XII: 573~574면) 과연 무엇이 최선인가에 대한 그의 견해는 라이프니츠와 다르다. 라이프니츠에게 보낸 편지에서 그는 결국 서로 구별되지 않는 것들은 동일하다는 원리를 부정한다.[16] 따라서 그는 설령 신이 선을 위해, 진정으로 최선을 위해 행위한다 할지라도 어떤 것들은 그 자체로 이와 무관하다는 점을 논증해야 할 입장에 놓이게 된다. 이런 경우에도 신의 의지작용은 방해받지 않는다고 클라크는 말한다. 여기서 그의 입장은 컴벌랜드의 입장과 동일하다(앞의 제6장 4절). 하지만 이런 견해를 클라크와 명백히 공유한 인물은 뉴턴(Newton)이다.[17] 클라크는 신이 원자나 별들이 다른 위치가 아닌 현재의 위치에 있는 것을 선호할 근거가 전혀 없음에도 불구하고 이들을 공간상의 다른 위치가 아닌 현재의 위치에 놓을 수 있다고 주장함으로써 철저히 뉴턴적인 견해를

---

[16] 예를 들면 그는 "만일 당신이 모든 물체의 완벽하게 단단한 부분들이 동일한 형태와 크기를 지닌다고 여긴다면 … 모든 물체들이 정확히 동일하게 되고 말 것"이라고 말한다(*LCCorr*: 45면).

[17] 클라크는 뉴턴 과학을 해설해 널리 알린 중요 인물 중 한 사람이었으며, 뉴턴 자신도 라이프니츠에게 보낼 편지를 쓰면서 클라크와 공동으로 작업했다. 따라서 편지들 대부분에서 클라크의 견해가 전개된다.

드러낸다(*LCCorr*: 20~21; 30~31면). 의지를 결정하는 충족이유가 항상 존재해야 하며 "어떤 동기도 없는 단순한 의지는 허구에 불과하다"는 라이프니츠식의 주장은 우리를 운명론에 빠뜨릴 뿐이다. 이는 의지를 수동적인 기계론에 따르는 것으로 만든다.

> 지적인 존재들은 행위자들이다. 이들은 저울이 무게에 따라 움직이듯이 동기에 따라 움직이지만 수동적인 것은 아니다. 이들은 능동적 능력을 지니며 스스로 움직인다. 때로는 더욱 강력한 동기에 따라 움직이며, 때로는 약한 동기에 따라 또 때로는 전혀 무관한 것에 따라 움직이기도 한다(*LCCorr*: 45, 51면).

설령 어떤 신의 행위 이전의 모든 조건이 동일했다 할지라도 신 자신이 자유로운 행위자로서 실제로는 행하지 않았던 무언가를 행할 수도 있었다면, 이제 신의 행위는 임의적이지 않은가? 클라크가 형평의 원리를 도입하는 까닭은 정확히 이런 위험을 제거하기 위해서이다. 앞서 지적했듯이 형평의 원리는 결국 도덕적으로 허용되는 바를 제한하기 위한 원리이다. 이 원리는 신이 모두 동일하게 선한 여러 대안 중에 하나를 선택할 때 형평에 위배되는 선택을 할 수 없음을 보증한다. 만일 신이 한 개인에게 선을 부여하려 한다면 신은 이런 선을 누릴 자격이 있는 다른 모든 개인에게도 동일한 선을 부여해야 한다. 클라크는 공적과 관련하는 한 모든 영혼이 동등하다고 생각한다. 형평의 원리에 따라 신은 동등하게 구원받을 만한 자격을 지니는 다른 영혼은 구원하지 않으면서 단지 한 영혼만을 정당하게 구원할 수는 없다. 따라서 클라크가 몹시 혐오하는 칼뱅주의의 예정

은총설은 배제된다. 라이프니츠도 주의주의의 예정은총설을 거부했다(《변신론》: 328면). 하지만 그는 많은 영혼이 영원히 저주받고, 이들의 고통이 다른 모든 사람이 누리는 완전성보다 더 크다 할지라도 그러한 세계가 최선일 수 있다는 주장을 여전히 멈추지 않았다(《변신론》: 379~380면). 클라크가 내세운 형평의 원리는 이런 세계가 전체적으로 최선일 수 없음을 함축하는 듯 보인다. 이런 세계가 얼마나 많은 선을 포함하는지와 무관하게 이 세계는 정의롭지 않을 것이기 때문이다.[18]

5. 도덕과 기독교의 필요성

클라크는 영원한 적절성에 대한 우리의 이해를 특정한 사례에는 어떻게 적용해야 할 것인지에 대해 아무런 언급도 하지 않는다. 만일 이에 관해 언급해야 했다면, 그는 무엇이 옳은 행위를 옳게 만드는

---

[18] 서로 구별될 수 없는 것들은 동일하다는 원리를 거부하고, 동등하게 선한 사건의 상태가 존재할 수 있다는 점을 허용함으로써 클라크는 종교에서 도덕과 의식의 관계가 중요하다는 자신의 주장에 대한 합리적인 근거를 마련한다. 만에 하나 라이프니츠가 옳다면 종교 의식에 관한 신의 적극적인 계율은 오직 도덕적인 계율일 경우에만 충분한 근거를 갖추게 될 것이다. 하지만 클라크는 사물들 자체에 관한 적극적인 계율들은 도덕과 무관하다고 주장하면서 신이 명백히 언급하지 않은 문제들에 관해서는 우리 스스로 자유롭게 선택할 수 있다고 여긴다. 이런 문제들에서 우리가 반드시 일치할 필요는 없다. 따라서 이런 문제를 놓고 기독교도들 사이에서 벌어지는 격렬한 논쟁은 아무런 근거도 지니지 못한다. 〈설교〉 LXVIII: 420~425면 및 CXI: 708면.

지 인식함으로써 옳은 행위를 제대로 알게 만드는 윤리학의 방법을 묘사했으리라 짐작된다. 영원한 적절성이 요구하는 바에 따른다고 해서 이것이 곧 옳음의 상징 또는 증거는 아니다. 원리상 우리 모두는 동등하게 이런 적절성을 인식할 수 있으며 이것이 각각의 경우에 요구하는 바를 파악할 수 있다. 또한 우리는 단지 어떤 행위가 요구된다는 사실을 알기에 그 행위를 행하기도 한다. 앞서 언급했듯이 클라크는 도덕에 신이 필요한 까닭은 신이 우리가 파악하기에는 너무나 거대한 우주의 궁극적인 조화를 보장해 주기 때문이라고 생각한다. 하지만 도덕이 단순한 격식 또는 추상적인 믿음 이상의 무언가이며 우리를 도덕으로 인도하는 데 이성이 핵심적 역할을 한다면, 클라크는 기독교적인 계시가 필요함을 증명하는 데에서 문제에 봉착한다. 이런 어려운 문제에 대한 그의 해결책은 두 가지 주장에 의존하는데 그중 하나는 도덕 및 도덕심리학에 관한 것이며, 다른 하나는 대부분의 사람들에게서 드러나는 이성의 궁극적 나약함에 관한 것이다.

이전의 말브랑슈와 마찬가지로 클라크는 도덕이 행위자의 행복과는 개념적으로 아무 상관이 없다고 생각한다. 도덕적인 덕은 본질적으로 영원한 적절성을 의식하고 이것이 이끄는 대로 살아가는 것으로 이루어진다. 형평은 여러 적절성 중 유일하게 형식적인 요건으로 우리 자신의 행복에 대해서는 아무런 언급도 하지 않는다. 우리는 신에게 무언가를 구할 수 있을지는 모른다. 하지만 보상을 바라고 신에 대한 의무를 행해서는 안 된다. 사려라는 요건은 우리 자신의 복지가 아니라 우리의 의무를 다하는 적절성을 추구하라고 말한다. 당연히 자비라는 요건은 모든 사람에게 다른 사람의 행복을 고려할 것을 요구하며 또한 모든 사람이 덕을 갖춘다면 이는 우리에게 이로우리라 기대할 수도 있을 것이다. 하지만 이런 생각이 우리가 보편적인 사랑을 베푸는 데 동기로 작용해서는 안 된다.

도덕과 행복 사이의 구별을 엄격하게 강조해 설명함으로써 클라크는 오직 덕이 행복을 구성한다는 스토아학파의 주장을 거부한다. 덕은 확실히 오직 그 자체로서 선택될 만한 가치를 지닌다. 하지만 클라크는 "이로부터 덕만으로도 우리가 충분히 만족한다는 것, 덕이 모든 종류의 고통을 받는 사람을 그런 고통을 견디게 하기에 충분하다는 것은 도출되지 않는다"고 말한다. 설령 고대 스토아학파에 속한 몇몇 사람은 오직 덕을 위해 자신의 삶 전체를 포기할 수 있었을지 몰라도 "이 세계에서 일반적으로 덕을 실천하는 일이 이런 행보를 결코 지지할 수 없다는 점은 명백하다". 사실 사람들에게 아무런 보상도 기대하지 말고 삶을 희생하라고 요구하는 것은 전혀 합리적이지도 않다(〈강의〉 II, I: 629~630면).

클라크는 심리적 이기주의로부터 유혹받지도 않으며 방해받지도 않는다. 그는 자연 상태를 그토록 비참하게 만드는 것이 무엇인가에 관한 홉스의 견해를 검토한 후 홉스는 "우리가 상상할 수 있는 … 가장 지독하고 가장 부자연스러운 타락"을 묘사한다고 말함으로써 그의 견해를 간단히 일축한다(I: 635면). 그는 순전히 이성적인 통찰이 동기로서 작용할 수 있다고 믿기 때문에 어떤 이기주의 심리학도 충분히 넘어서게 된다. 하지만 그는 우리 본성 중 이성적인 측면은 본성의 단지 한 부분에 지나지 않는다고 주장한다. 덕을 갖춘 행위자가 덕을 통해서 행복하게 되리라는 희망이 없다면 대부분의 사람들은 영원한 적절성에 따라 행위할 수 없을 것이다. 클라크는 우리가 행해야만 하는 모든 것은 우리가 행할 수 있어야 한다고 주장하는 어떤 원리도 결코 옹호하거나 언급하지 않지만, 종교적인 견해를 옹호하는 그의 태도에는 그런 생각이 전제되어 있다. 만일 스토아학파가 인간이 자족적이라는 사실에 대해 그토록 오만한 태도를 취하지 않았다면 그들은 처벌과 보상이 따르는 내세를 기대하는 방향으로 나아갔을지도 모른다. 하지만 그들은 교만에 눈이 멀어 이성이 진정으로 지적하는 바를 파악하지 못했다(I: 631면).

기독교가 합리적이라는 점에 대해 클라크는 최소한 로크만큼의 관심을 보인다. 그는 "기독교가 자연종교의 진리를 전제한다"고 말하면서(*LCCorr*: 6면), 심지어 신의 은총이 발휘하는 효과조차도 우리에게 믿음에 이르도록 인도하는 논증을 파악할 능력을 부여하는 선물로 이해되어야 한다고 주장한다(〈설교〉 XXX: 187면). 이성적 도덕이 종교의 핵심이라면 이신론자들이 허용하는 것 이상의 그 무언가를 위한 공간이 존재하는가? 클라크는 두 번째 보일 강연에서 자신이 종교의 핵심을 차지한다고 생각한, 불변하는 도덕적 의무들을 설명하기보다는 기독교적 계시의 진리성과 필요성을 주장하는 데 훨씬 더 많은 부분을 할애한다.19) 기독교의 도덕이 영원한 도덕적 진리로 구체화된다는 점을 스스로 만족스럽게 증명한 후 클라크는 대부분의 사람이 이런 이성의 선물을 제대로 이해하고 평가하지 못한다는 주장을 이어 나간다. 나약한 이성이 인간 타락의 확실한

---

19) 〈강의〉 II: 596~600면에 등장하는, 자신의 주장을 요약한 부분 참조. 〈강의〉 II에서 도덕철학에 관한 주제들은 오직 첫 번째 명제와 관련해서만 논의되며 나머지 14개의 명제와 관련해서 클라크는 특히 기독교 교리의 진리성과 계시의 필요성을 논의한다.

징후라는 생각이 널리 받아들여진다는 사실은(〈강의〉 II, XV: 730
~731면) 바로 계시가 필요하다는 명백한 증거이다. 기독교의 계시
는 이런 필요를 가장 잘 충족시키며, 만일 이런 계시가 전하는 진리
와 확실성이 독자들을 설득하지 못한다면 아무것도 그렇게 할 수 없
을 것이다.

　사실 이성은 이런 일의 일부만을 할 수 있을 뿐이다. 이성은 신이
존재함을 우리에게 알려 주며, 우리는 신의 속성으로부터 신이 자신
의 피조물들이 가능한 한 행복하기 바란다는 점을 이끌어 낼 수 있
다. 따라서 우리는 "우주의 창조에 포함된 선은 필연적 진리 및 사물
들의 근거와 항상 일치함"을 확신할 수 있다(〈강의〉 II, I: 630면).
또한 우리는 신이 자신과 마찬가지로 우리가 사물들의 영원한 적절
성과 일치하기 원한다는 것을 인식한다. 따라서 신은 불복종을 처벌
의 근거로, 복종을 보상의 근거로 여김에 틀림없다(II: 637면; III:
641면). 행복과 불행은 원래 현세에서의 덕과 악덕에 동반되도록 만
들어졌지만 지금은 더 이상 그렇지 않다. 클라크는 이렇게 된 까닭
이 바로 인간의 타락과 부패 때문이라고 주장하면서도 어쨌든 이 사
실은 정의가 실현되는 내세가 틀림없이 존재한다고 가정하도록 만
드는 강력한 근거를 제공한다고 생각한다(III~IV: 642~652면). 이
런 희망이 없다면 덕을 실천하는 사람은 거의 없을 것이다. 대부분
의 사람들은 욕망과 욕구의 노예가 되고, 선입견에 흔들리고, 미신
에 좌우됨으로써 이와 같은 주장을 제대로 따르지 못한다. 따라서
"도덕의 위대한 의무와 중요한 동기들은 올바른 이성에 의해서 충분
히 확실하게 발견되고 논증될 수 있지만 대부분의 사람은 이에 관해
그리고 자신이 기대할 수 있는 내세의 보상과 처벌에 관해 교육을 받

아야 한다(V: 652~656면). 더욱이 이런 교육은 **권위**를 가지고 말할 수 있는 누군가에 의해서 이루어져야 한다. 오직 이성만으로 또는 철학자로서 이런 일을 해낸 경우는 전혀 없었다(VI: 656~657면). 최소한 소수의 지도자들에게 드러나는 이성의 능력에 대해 클라크는 로크에 비해 다소 낙관적인 태도를 보인다. 하지만 그는 로크와 마찬가지로 훨씬 더 많은 다수를 고려한 주장을 펴고 있다.

그렇다면 본성적인 이성의 도덕은 자신이 지배해야 하는 세계에 도달할 수 없으며 "바로 이 때문에 신의 계시가 필요하다는 점이 명백해진다"(VII: 666면 이하). 클라크는 계속해서 기독교의 계시가 정확히 우리에게 필요한 바를 다른 무엇보다도 완벽하게 제공한다는 점을 상당히 길게 논의한다. 하지만 권위를 지닌 어떤 선지자가 계시를 전해서 가장 단순한 의지를 지닌 사람조차 자신을 도덕적으로 행위하도록 만드는 진리를 깨닫는다고 해도 결코 그 선지자가 계시를 받아들이는 근거는 아니다. 다행스럽게도 이런 권위는 다른 사람들에게로 이어졌으며 이들은 계시된 바를 다음 시대로 계속 전했다. 많은 사람들의 이성이 나약한 상태로 남는 한 성직자들은 덕의 옹호자로서 항상 존재할 것이다(V: 655~656면).

6. 맨더빌: 자연화한 도덕

클라크가 샤프츠버리의 저술 《덕 또는 공적에 관한 탐구》의 "정식으로 허가받지 못한" 1699년판을 보았을 가능성은 있지만 자신의 견해를 형성하기 이전에 이를 상세히 검토했다는 증거는 없다. 클라크는 주의주의를 붕괴시키려는 목표를 샤프츠버리와 공유하지만 여러 측면에서 샤프츠버리와 명백히 반대되는 견해를 드러낸다. 둘은 모두 최소한 원리상으로 도덕이 명령하는 바를 스스로 파악할 수 있으며 외부에서 부과되는 보상이나 처벌이 없이도 그에 따라 행위할 수 있는 도덕적 행위자로서의 우리 자신을 어떻게 이해해야 하는지 보이려고 노력했다. 또한 둘은 모두 도덕적인 덕이 개념상 자기이익과 구별된다고 생각했으며, 심리학과 신학을 연결하기 위해 이들에 관한 추가적인 가정에 호소하기도 했다. 그리고 둘은 모두 자신들을 추종하는 사람들에게 새로 등장한 선동가에 맞서 싸우기 위한 강력한 무기를 제공했다. 이 선동가의 저술은 영국뿐만 아니라 대륙에서도 격렬한 항의를 불러일으켰는데 — 그가 바로 악명 높은 맨더빌(Bernard Mandeville)이다.

맨더빌은 네덜란드로 이주한 가문 출신의 의사였지만 영어로 글을 써 여러 곳에 기고한 작가일 뿐만 아니라 사회 분석가로도 활동했다. 그의 저술들이 무척 흥미로워서 결코 무시할 수 없다는 평가를 받기 시작한 이후 그는 계속 비난의 대상이 되었으며 그가 제시한 도덕은 혹평을 받았다. 그는 도덕과 경제에 관한 역설적인 주장을 폄으로써 동시대인들을 무척 화나게 했는데 이런 주장들은 오늘날 우리가 보기에도 모호한 만큼이나 상당한 깊이를 지녀 우리를 매혹한다. 그가 쓴 내용은 도덕철학 자체에 속한다기보다는 도덕이 초래한 사회적 결과를 검토한 것이라 할 수 있다. 하지만 그의 저술은 도덕철학 자체의 중요한 주제 — 즉 도덕과 개인의 복지 사이의 관계 — 주변을 맴돈다. 그는 이전에 말브랑슈, 샤프츠버리, 클라크가 명료하게 구별하기 위해 무척이나 고심했던 도덕과 복지 사이의 구별을 개념상 당연시함으로써 간단히 처리한다. 그런 다음에 시집에서부터 담화집까지 다양한 형식의 저술을 통해 그는 이런 구별이 구체적으로 드러나는 사회적 실상을 묘사한다. 만일 도덕과 행위자 자신의 행복을 추구하는 일이 서로 전혀 다른 것이라면 그리고 신이 이들을 서로 일치하도록 만든다고 가정하지 않는다면 과연 사회는 어떤 모습을 보일 것인가?

클라크가 도덕과 개인의 행복 사이의 관계를 자신이 어떻게 이해했는지 명백히 드러내는 강의를 한 바로 그해에 맨더빌도 이 관계에 관한 자신의 첫 번째 견해를 밝히는 저술을 출판했다. 하지만 맨더빌은 철학으로부터는 거의 도움을 받지 않았다. 그는 아마도 — 이이후 그의 삶에 대해서는 별로 알려진 바가 없는데 — 17세기 후반 사회악을 일소하겠다는 목표와 더불어 등장해 오직 육체적 쾌락의 추구에만 몰두해 안식일을 지키지 않는 가난한 사람들, 술주정뱅이, 성매매를 일삼는 사람들을 근절하는 데 몰두했던 수많은 단체의 독선적이고 거만한 태도에 몹시 시달린 듯하다.[20] 맨더빌은 이보다 앞서 이미 자신이 직접 쓴 우화와 라 퐁텐(La Fontaine)의 우화를 번역해 묶은 책을 출판하기도 했다. 1705년 그는 《투덜대는 벌집: 또는 정직해진 악당들》(*The Grumbling Hive: Or Knaves Turn'd Honest*)을 출판했는데 이는 뜻하지 않게 남은 삶을 결정지은 모험을 감행한 결과를 불러왔다.

---

20) 이런 단체들이 맨더빌에게 미친 주요 영향에 대해서는 Goldsmith(1985), 1장 및 Speck(1975) 참조. Speck에 따르면 이런 단체들은 1678년부터 등장하기 시작했으며 1700년에 이르면 런던에만 20여 개, 다른 곳에는 더 많은 단체들이 있었다고 한다.

운율이 썩 잘 맞지 않는 시의 형태로 표현된 그의 이야기는 커다란 벌집에 관한 것인데, 이 벌집에는 "수백만의 벌들이 애를 써서 / 서로 욕망과 허영을 채워 주는", 왕권을 법으로 제한한 왕국이 번성했다. 맨더빌은 위조꾼, 노름꾼, 뚜쟁이, 돌팔이 의사들이 이른바 "점잖고 부지런한 이들"과 더불어 어떻게 벌집 전체의 경제적 성과에 기여하는지 묘사한다. 변호사와 의사, 성직자, 지체 높은 관리, 상인, 군대의 장교, 판사들은 모두 부정을 저지르고, 속이고, 의무를 저버리고, 뇌물을 받지만 — 이 또한 벌집 전체의 부와 상거래, 군사력을 늘리는 데 도움이 된다. "따라서 모든 곳에 악이 넘쳐흐르지만 / 왕국 전체는 거대한 낙원이었다." 하지만 한 줌의 도덕주의가 벌들을 강타하자 사정이 변했다. 벌들은 갑자기 모두 타락과 부패에 반대하기 시작했다. "가장 작은 것까지도 잘못됨이 없었고 / 사회의 이익에 어긋남이 없었으며 / 못된 악당들까지도 모두 뻔뻔하게 외쳐댔다 / 신이시여, 우리에게 오직 정직함만을 내리소서!" 주피터는 분개했지만 그들의 소원을 들어주기로 하고 모든 벌들을 완벽하게 정직하도록 만들었다. 이렇게 모든 비도덕적인 일들이 자취를 감추면서 사치품 거래는 사라졌고, 주류 공급과 성매매 또한 사라졌다. 노름꾼들은 파산했으며, 교도관과 자물쇠 장수는 아무 할 일이 없어졌다. 심지어 성직자조차도 검소하게 살아야만 했다. 인구는 줄어들었으며, 군대는 여전히 용맹스러웠지만 외부의 적을 막을 수 없을 정도로 작아졌다. 마침내 벌집은 속이 빈 떡갈나무로 이사할 수밖에 없었다. 도덕은 명확했다. "그러나 불평하지 말라, 바보들은 오로지 / 위대한 벌집을 정직하게 만든다고 애를 쓰지만 / … 순전히 덕만으로는 잘사는 나라를 만들 수 없다 / 황금시대를 되살리려면 사람들은 자

유로워야 하니 / 도토리로부터도 정직으로부터도[21] 자유로워야 한다. ”(《우화》 I. 17~37)

덕과 타락 그리고 사치품의 상업적 중요성과 비도덕성에 관한 논쟁은 18세기 초에 영국에서 일어난 문화 활동이 낳은 중요한 성과였다. 만일 맨더빌이 자신이 쓴 시에 상세한 주석과 더불어 해설을 덧붙임으로써 자신의 생각을 더욱 명확하게 밝히고 확장하지 않았더라면 그의 시는 위와 같은 논의에 최소한의 기여밖에 못한 채 사라졌을지도 모른다. 맨더빌은 주석과 해설을 덧붙인 1714년 판에 뒤이어 같은 주제를 다루면서도 정부가 운영하는 공창 제도가 바람직하고, 가난한 사람들을 위한 무료 학교는 별로 바람직하지 않으며, 사람들을 훌륭한 군인으로 만드는 데 기독교가 유용하다는 내용의 글을 추가한 재판을 출판했다.[22] 맨더빌의 견해들이 당시의 정통설에 따랐기 때문에 그가 유명해진 것은 아니다. 그가 유명해진 까닭은 당시 전 유럽에 걸쳐 놀랄 만큼 많은 사람이 읽었던 《꿀벌의 우화》 (The Fables of the Bees)에 《개인의 악덕, 사회의 이익》(Private Vices,

---

21) 〔옮긴이주〕 도토리는 다 자란 나무에서 열리므로 오래전부터 유럽에서는 도토리는 인내와 노력을 상징했으며, 동전에 도토리를 새겨 넣는 경우가 많았다. 여기서 도토리는 물질적인 절제 또는 그로부터 얻은 물질적인 부를 나타내며, 정직은 도덕적인 절제 또는 그로부터 얻은 도덕적인 부로 해석할 수 있다. 맨더빌은 사람들이 이 두 가지 절제에서 벗어날 경우에 더욱 잘살게 된다고 주장한다. 이런 해석에 관해서는 버나드 맨더빌, 최윤재 역 (2010), 《꿀벌의 우화》: 120면의 역주 30 참조.

22) 〔옮긴이주〕 이해를 돕기 위해 출판연도를 정리하면 맨더빌이 《투덜대는 벌집: 또는 정직해진 악당들》을 익명으로 처음 출판한 것은 1705년이며, 여기에 주석과 해설을 덧붙여 《꿀벌의 우화》 초판을 출판한 것은 1714년이다. 그리고 여기에 다시 다른 글들을 추가한 재판은 1723년에 출판되었다.

Public Benefits)이라는 부제를 붙임으로써 사람들을 더욱 격분하게 만들었고, 사법 당국이 이를 강력하게 반박하고 비난했지만 오히려 이 저술에 등장하는 견해를 지지하는 듯이 보였기 때문이었다.[23]

독자들은 맨더빌이 사람들이 어떤 목적을 중요하게 여기면서도 위선적으로 그 목적에 대한 수단은 비난한다는 주장을 펴는 것으로 이해했다. 번영, 세속적 권력 그리고 다양한 형태의 향락 — 이런 모든 선들은 사회의 공식적인 가르침에 따르면 악덕으로 규정되는 바로부터 생겨난다. 속이 빈 떡갈나무 안에서 가난하게 살지 않으려 하면서, 일반인들의 정념과 욕구가 요구하는 바에 대응해 생산된 여러 상품을 은밀하게 향유하기 원하면서, 도대체 왜 이런 요구를 비난하는가? 죄악이 국가의 경제에 해롭다는 잘못된 경제적 견해에 근거해 악덕을 억압하려 하는 단체들은 사회에 충분히 나쁜 영향을 미친다. 더욱 나쁜 것은 이런 단체들이 사실상 자신들도 제대로 소유하지 못한, 이해할 수 없는 어떤 덕을 내세우면서 가면을 쓰고 우리 모두가 삶을 향유하는 일을 방해하는 데 애쓴다는 점이다.

맨더빌의 사상에 가식적인 덕과 의도하지 않은 결과에 대한 관심을 냉소하는 태도가 존재함은 분명한 사실이다. 하지만 이 중 어떤 것도 그가 탐구하는, 도덕에 관한 더욱 깊은 문제들을 포착하는 데 영향을 미치지는 않는다. 맨더빌은 인간의 행위에 대해 자연주의적인 입장을 취한다. 인간은 정념에 의해서 움직이는 동물인데, "정념들은 자극을 받으면 수면으로 떠올라 우리가 원하든 그렇지 않든 간

---

[23] 맨더빌이 유럽 사상에 미친 폭넓은 영향에 관해서는 Hundert(1994, 1995) 참조.

에 번갈아 가면서 우리를 지배한다"(《우화》 I. 39). 우리는 오직 자신의 이익에만 관심이 있으므로 사회를 이루어 다른 사람들과 함께 살기가 어렵다는 사실을 발견한다. 이런 견해는 근대 초 자연법 학자들의 생각과 크게 다르지 않은데 이로부터 명백한 질문 하나가 제기된다. 어떻게 우리가 "도덕"이란 것을 지니게 되는지에 대해 대체 어떤 자연주의적 설명이 가능한가?

맨더빌은 도덕적 덕의 근원에 관한 이야기를 통해 이에 답한다. 그는 이 이야기가 유대교도나 기독교도에 관한 것이 아니라 신의 인도를 받지 않는 "자연 상태의 인간"에 대한 것이라고 말한다(《우화》 I. 40). 이런 상태에서 유별나게 권력을 향한 강한 욕구를 지닌 몇몇 사람은 권력을 차지하기 위해 일종의 거짓 우화를 만들어 내었다. 이들은 오직 폭력만으로는 사람들을 다스릴 수 없음을 깨달았다. 그래서 이들은 허영심과 교만을 이용해 어떤 사람이 다른 사람보다 우월하므로 이들에게 복종해야 한다는 것을 모든 사람이 믿도록 만들었다. 이들은 본성적인 정념을 통제할 줄 아는 사람이 오직 눈앞의 향락을 추구하는 "비천하고 수준 낮은 사람들"보다 도덕적으로 우월하다고 말하기 시작한다. 우화를 만들어 낸 사람들은 이성을 사용해 강력한 본성적 성향에 대항하는 사람들을 "고상하고 수준 높은 정신을 지닌 사람들"로 치켜세우면서 "공공의 복지와 정념의 정복을 중요한 목표로 여기도록" 만들었다. 모든 사람은 항상 자신이 다른 사람보다 우월함을 드러낼 방법을 모색하므로 대부분의 사람들은 이런 이야기를 곧이곧대로 받아들여 이를 만들어 낸 사람들이 가르치는 규칙에 따르게 된다(I. 45~47). 심지어 이를 실제로 믿지 않는 사람들도 믿는 척할 것을 강요당한다. 이런 위선은 아첨을 부추기며, 이런 이야기를 만들어 낸 음모자들은 수치심과 교만을 교묘하게 이용해 현재와 같은 체계를 형성했다.

이런 맨더빌의 이야기에서 이후 주석가들의 가장 큰 관심을 끈 측면 중 하나는 전체적으로 고려할 때 행위의 의도하지 않은 결과가 그런 행위를 자주 하는 개별적인 행위자들이 전혀 알지 못했던 놀랄 만한 특성을 드러낸다는 그의 믿음이다. 맨더빌의 벌집에서 악당과 건달들은 전체의 선을 산출하려는 의도가 전혀 없지만 결국 그런 결과를 불러온다. 이런 점에서 맨더빌은 니콜과 같은 의견을 보이는 듯하며 또한 자주 니콜과 더불어 아담 스미스의 "보이지 않는 손"이라는 경제 이론을 예견한 중요 인물로 여겨지기도 한다.[24] 개별적으로 보면 악당에 해당하는, 꿀벌들과 마찬가지로 오직 자신의 권력만을 추구하는 파렴치한 정치가들도 사회 전체의 이익에 기여한다. 결국 우리는 사회를 이루고 살기 원하는데 무력만이 질서를 유지하는 유일한 수단이라면 결코 사회를 이루어 살 수 없으므로 도덕은 모든 사람의 복지에 똑같이 기여하는 수단이어야 한다. 이런 복지를 충분히 제공하기 위해 최초의 정치가들은 처음에는 우리가 도덕의 기초를 접하도록 하며 궁극적으로는 구원이 필요하다는 사실을 점차 배워 나가도록 만든다.

이런 모든 주장을 통해 맨더빌은 우리가 섭리의 작용을 깨달아야 한다고 말하는데, 섭리는 자연 상태의 인간이 자신의 나약함을 알고

---

24) Kaye가 《우화》의 서문에서 밝히듯이 맨더빌은 자신이 관심을 가졌던 주제를 다룬 프랑스 학자들의 저술에 정통했으며 당연히 니콜의 논문들도 알고 있었다. 맨더빌 사후의 평판에 관해서는 Hundert(1994)의 마지막 부분을 참조.

사회를 이룬 상태로 나아가도록 이끄는 역할을 한다. 이런 사회적 상태는 신이 인간에게 원하는 바이므로 신은 처음에는 종교를 통해 이런 최초의 지식을 전하고 후에는 인간을 더욱 충분히 가르친다 (《우화》I. 57). 이런 지적은 도덕의 근원에 대해 완전히 자연주의적인 설명을 제시하기 위한 냉소적인 겉치레로 보였을 수도 있다. 하지만 맨더빌의 저술에는 우리가 고찰해야 할 또 다른 요소들이 등장하는데, 이들 중 하나가 당시 진정에서 우러난 기독교를 강조하며 강력하게 옹호했던 로(William Law)가 《우화》에 대해 제기한 비판에서 드러난다. 로는 도덕이 영원불변하는 진리에 의존한다고 봄으로써 도덕에 대해 오히려 클라크와 가까운 견해를 주장한다. 우리는 이성을 통해 이런 진리를 인식할 수 있으며, 이런 인식에 따라서 행위해야 한다. 로는 맨더빌이 이런 사실을 명백히 부정했으며 이 때문에 재앙에 가까운 결과에 이르렀다고 지적한다. 우리가 오직 정념에 따라 행위한다고 주장함으로써 맨더빌은 우리의 행위를 인도하는 이성의 중요성을 부정했다. 하지만 이성의 역할은 우리를 덕에 이르도록 만드는 데 그치지 않는다. 이성은 "우리가 신을 비롯한 다른 모든 지적인 존재들과 더불어 일종의 사회를 형성하도록 만든다. 왜냐하면 이성을 통해 우리는 모든 지적인 존재가 누리는 공통적인 빛을 공유하며 또한 동일한 것들에 참여하게 되어 그들과 함께 하나의 사회를 형성하기 때문이다"(Remarks: 16면). 만일 맨더빌이 옳다면 신과 우리는 도덕적 공동체를 형성할 수 없다. 로는 자연주의가 주의주의와 마찬가지로 매우 못마땅한 결론을 낳을 뿐이라고 생각한다.

7. 본성에 반하는 도덕

그렇다면 우리가 정치가들의 음모에 놀아난 결과 이르게 되는 도덕
은 과연 어떤 것인가? 맨더빌은 이 질문에 대해 지극히 엄숙한 태도
로 답함으로써 독자들을 놀라게 한다. 공공의 선과 무관하게 오직
정념으로부터 행해진 모든 것은 악덕이라 할 수 있다. 덕은 "선하게
되려는 이성적인 열망에 따라 우리가 본성적 충동에 반해 다른 사람
의 이익을 위해 노력하거나 우리 자신의 정념을 정복할 것을" 요구한
다(《우화》 I. 488~489). 모든 정념들은 의심의 대상이 된다. 심지
어 동정심이나 모성애 같은, 칭찬할 만한 듯이 보이는 정념도 사실
상 "그 중심에는 자기애가 놓여 있으므로" 이에 의지해 공동선에 대
한 관심을 불러일으킬 수는 없다(I. 56, 75). 따라서 오직 "이성적인
열망"만이 덕을 향한 동기로서 적절할 수 있다. 그리고 중요한 것은
동기이지 결과가 아니다(I. 156, 331). 그러므로 자기 부정이 없이는
덕이 존재할 수 없다. 이와 반대되는 샤프츠버리의 믿음은 단지 "거
대한 위선의 끝자락"에 지나지 않는다(I. 156, 331). 맨더빌은 《명예
의 근원에 관한 탐구》(Enquiry into the Origin of Honor)의 서문에서
다음과 같이 선언한다. "명성이 높은 덕은 없다. 하지만 덕은 인간
의 고유한 본성에 해당하는 정념에 재갈을 물리며, 규제하고, 억압
한다." 이 사실은 왜 우리가 신에게 손이나 발이 있다고 말할 수 없
는 것처럼 또한 덕이 있다고도 말할 수 없는지 설명해 준다.

　여러 비판에 답하면서 맨더빌은 자주 자신이 도덕에 관해 진지하
게 언급하고 있다는 점을 강조한다. 그는 자신이 악덕을 칭찬하며
덕을 파괴하려는 것이 아님을 강력하게 주장한다. 그는 선택을 내려

야만 함을 깨닫도록 우리를 몰아붙인다. 버클리(Berkeley) 주교의
격렬한 공격에 대해 그는 "비록 내가 지금까지 세속적인 위대함에 이
르는 방법을 보인 것이 사실이라 할지라도 나는 덕에 이르는 길을 더
욱 선호했다고 서슴없이 말할 수 있다"고 답하면서 악덕이 유용하다
고 해서 악하지 않은 것은 아니라고 덧붙인다. 25) 그렇다면 그는 사
람들이 일반적으로 받아들이는 의견에 큰 충격을 가한 책을 도대체
왜 썼는가? 이는 그가 우리를 흔히 나약함을 선함으로 여기는 자기
기만에 빠지기 쉬운 존재로 생각하기 때문이며 또 그가 인간의 본성
을 칭찬하는 것이 사회를 위해 유익하다고 보았던 버클리와는 달리
"인간이 실제로 천박하고 결함투성이라는 점을 지적하는 것이 오히
려 더 유익하다"고 생각하기 때문이다. 26)

　　이후 주석가들은 맨더빌이 제시한 도덕이 무척 엄격하다는 점을
곤혹스럽게 생각했다. 이들은 과연 그가 진정으로 이런 엄격한 견해

---

25) *Letter to Dion*: 31, 34면. 맨더빌은 이 편지의 마지막 대목에서 "우리가 악
　　덕으로부터 그 어떤 이익을 얻는다 할지라도 악덕은 항상 나쁘다"고 말한다.
　　맨더빌에 대한 버클리의 비판은 Alciphron, *Dialogue* II, in Works III에 등
　　장한다.
　　　　맨더빌은 이 대화에 등장하는, 《우화》 2부에 기초해 형성된 자신을 대변
　　하는 화자를 다음과 같이 묘사한다. 그는 원전을 제대로 읽음으로써 사람들
　　이 그 자신들의 주장만큼 성실하지는 못하다는 사실을 파악한 사람이며, 무
　　엇보다도 특히 "기독교 계율의 엄격함"을 확신하는 기독교도이며, 스스로 자
　　신의 정념을 통제할 능력이 크게 부족하다는 점에 기꺼이 동의하지만 단지
　　말로만 신에게 감사하는 것은 진정으로 도덕에 전념한다는 사실을 증명하기
　　에는 부족하다는 사실을 깨닫는 사람이다(《우화》 II. 16~17).
26) *Letter to Dion*: 31, 34면. 《우화》 서문에서 맨더빌은 자신의 책이 사람들
　　로 하여금 다른 사람들의 악덕과 위선을 비난하기에 앞서 자기 자신을 응시
　　하도록 만들지 못한다면 사람들의 행위 방식을 전혀 바꾸지 못하리라는 점
　　을 솔직히 밝힌다(《우화》 I. 8~9).

를 받아들인다고 주장하고자 한 것인지 아니면 단지 비판자들에 맞서기 위해 이런 믿기 어려운 관점을 채택했는지 질문을 계속 던져 왔다. 그는 도덕의 정체를 폭로하려 했는가, 도덕을 정화하려 했는가 아니면 단지 양면적인 인물에 그치는가? 나는 이 문제에 대해 결정적인 대답을 하는 일은 어떤 경우에도 불가능하며 반드시 어떤 대답을 할 필요도 없다고 생각한다. 그 대신 맨더빌의 저술이 지니는 철학적 중요성을 살펴보고자 한다.

맨더빌은 도덕이 각 개인에게 본성적으로 지니는 모든 정념과 욕구, 성향들에 대항할 것을 요구한다고 생각한다. 하지만 도덕은 반드시 필요한 역할을 수행한다. 즉, 도덕은 사회적인 삶을 가능하게 한다. 종교가 성립하기 이전에 도덕을 만들어 낸 사람들은 오직 폭력만으로는 우리를 한데 묶을 수 없다는 것을 제대로 파악했다. 우리의 내부적인 결속력을 다지기 위해서는 사회를 지향하는 어떤 통제가 있어야만 한다. 하지만 우리가 도덕으로 받아들이게 된 바는 너무 엄격하므로 사람들이 이에 따르기 어렵다. 그러므로 우리는 위선적으로 변하지 않을 수 없다. 도덕이 요구하는 바를 무시하면 금방 드러나기 때문에 우리는 겉으로 그런 요구에 따르는 체한다. 동시에 도덕을 위반하는 행위를 자신처럼 용케 숨기지 못하는 사람들을 비난한다. 우리는 모두 자신의 정념이 충족되기를 원한다. 또한 우리는 모두 최소한 공적으로는 위선과 가장이 불명예스러운 것이라는 점에 동의한다. 과연 도덕은 자신이 요구하는 바가 충족되지 않을 정도로 엄격해야만 하는가? 어쨌든 도덕은 — 최소한 출발점에서는 — 인간의 발명품임에 틀림없다.

만일 맨더빌이 샤프츠버리처럼 사회에 적합한 인간 본성을 발견했더라면 자비심이나 공리의 도덕 또는 각자가 다른 사람의 선을 추구하는 데서 즐거움을 얻는 라이프니츠식의 도덕을 발명하는 영리한 정치가들을 허용할 수 있었을지도 모른다. 그랬다면 맨더빌은 당연히 어떤 역설에도 빠지지 않았을 것이며 또한 사회 현실을 풍자하는 저술을 쓰지도 않았을 것이다. 그리고 그의 관심의 근저에 놓여있는 듯이 보이는 도덕에 관한 문제를 드러낼 수조차 없었을 것이다. 만일 도덕과 우리 자신의 선을 실현하는 것이 서로 별개의 문제라면 그리고 이 둘을 연결하기 위해 단지 신에게만 호소하지 않는다면 이들의 관계를 어떻게 이해해야 하는가? 인간 본성에 관한 맨더빌의 견해는 샤프츠버리보다는 홉스나 푸펜도르프의 견해에 가깝다. 또한 그에게는 말브랑슈나 클라크가 종교를 통해서 얻었던 것과 같은 위안을 주는 믿음, 즉 모두를 위해 좋은 것이 각 개인을 위해서도 좋은 것이라는 믿음이 없다. 어쩌면 그는 엄격주의의 도덕이 사회를 유지 가능하게 하는 유일한 도덕이라고 생각했는지도 모른다. 우리를 공동선을 추구하게 만들기 위해서는 그런 도덕이 필요하다. 우리의 정념은 기껏 산발적으로만 다른 사람의 선을 목표로 삼을 뿐이다. 하지만 어떻게 이성이 동기가 될 수 있는가? 클라크와 달리 맨더빌은 행위와 결부된 자유의지를 믿지 않는데 혹시 믿었더라면 여기서 대답을 발견할 수 있었을 것이다. 그에 따르면 우리는 우리의 바람과 상관없이 가장 강력한 정념에 따라 움직일 뿐이다.

맨더빌의 역설은 그가 그로티우스의 문제의식을 받아들이는 동시에 그로티우스가 제시한 해결책을 거부하기 때문에 발생한다. 홉스적인 폭력만으로는 사회의 안정을 보장할 수 없으므로 도덕은 단지 행복에 이르는 간접적인 수단에 그치지 않는다. 그리고 맨더빌은 도덕과 이익의 일치를 보증하기 위해 신에 호소하지 않는다. 정념을 통제할 능력을 지닌 도덕은 사회를 유지하는 데 필요하다. 하지만 우리는 이에 따라 행위하도록 우리를 인도하는 동기를 지니고 있지 않다. 우리는 모든 사람이 덕을 갖춘다면 모두에게 이익이 되리라는 사실을 파악할 수 있다. 하지만 우리 각각은 도덕에 따르는 체하면서도 다른 사람을 속일 수 있을 때마다 항상 그렇게 할 만한 강력한 이유 또한 지닌다. 어쩌면 위선이 이런 딜레마에 대한 최선의 대답인지도 모른다. 우리가 이런 위선을 불평하기 시작하고 (우리의 도덕이 그렇게 할 것을 요구하기 때문에) 신들이 이러한 불평에 진지하게 반응한다면 속이 빈 떡갈나무에서나마 함께 머무를 수 있는 것이 차라리 행운일지도 모른다.

제16장

사랑의 한계: 허치슨과 버틀러

도덕에서 우선 고려되는 것은 법칙인가 아니면 사랑인가? 그로티우스 이후 도덕철학자들은 이 문제를 깊이 고찰하지 않을 수 없었다. 법칙과 사랑이 모두 도덕에서 일정한 위치를 차지한다는 점은 아무도 부정하지 않았으며, 심지어 푸펜도르프처럼 법칙에 우선성을 부여한 학자들도 사랑을 공적의 유일한 근원으로 여김으로써 그것이 지니는 독특한 중요성을 인정했다. 법칙의 우선성은 자주 신에 대한 주의주의적 견해와 연결되는 반면, 사랑의 우선성은 주의주의에 반대하는 견해와 연결된다. 사회적 질서에 주로 초점을 맞춘 학자들은 법칙을 우선시한 반면, 개인의 특성에 초점을 맞춘 학자들은 사랑을 더욱 중요시했다. 자연법 학자들은 일단 불완전한 의무 안에 사랑을 위한 이론적인 공간을 마련해 두었기 때문에 사랑에 대해 많은 언급을 할 필요가 없다고 생각했다. 반면 사랑을 주장한 학자들은 법칙에 대해 다소 명료한 태도를 보여야 했다. 이들은 특히 법칙 중심의 접근과 연결된 듯이 보이는 일상적인 도덕에 깊이 뿌리박힌 몇몇 개념을 — 권리나 의무, 책무 등의 개념을 어떻게 이해할 것인지 보여야만 했다. 하지만 사랑을 내세운 컴벌랜드도 법칙을 중시한 푸펜도르프만큼이나 자신의 체계가 기초로 삼은 정의(定義)들을 제시하는 데 성공한 듯이 보인다. 그렇다면 이런 구별을 어떻게 유지할 수 있는가? 물론 우리는 어떤 특정한 이론에 내부적인 문제가 있음을 드러낼 수 있을지도 모른다. 하지만 이를 넘어서기 위해서는 최초의 전제들을 평가하는 방법이 필요할 듯하다.

　18세기 영국 도덕철학자들 사이에서 벌어진 논쟁은 특히 윤리 이론의 출발점에 관해 논의하고 평가하는 몇 가지 방법을 형성했다. 이 장에서는 도덕에서 사랑과 법칙의 상대적인 중요성에 관한 오랜 논쟁이 더욱 심화되어 나타난 두 단계를 논의하려 한다. 이 단계들은 또한 도덕 이론의 방법론적 측면에서의 자기의식이 성장해 새로운 발전에 이른 것으로 여겨지기도 한다. 장로교파의 목사였던 허치슨(Francis Hutcheson, 1694~1746)은 초기 저술에서 도덕에서 사랑이 기본 요소에 해당한다는 견해를 새로운 형태로 제시했다. 그의 주장은 한편으로는 맨더빌에, 다른 한편으로는 클라크와 그의 추종자들에 반대하는 것으로서, 도덕에 관한 모든 이론이 의지해야 하는 **일종의** 근거를 포함한다. 영국 국교회의 성직자로 1750년에 더럼(Durham)의 주교가 되었던 버틀러(Joseph Butler, 1692~1752)도 마찬가지로 도덕에 관한 어떤 설명에 찬성하거나 반대한다고 말할 수 있는 종류의 증거에 대해 자신의 견해를 명확히 밝히고자 많은 노력을 했다. 그는 사랑에는 한계가 있는데 허치슨은 이 점을 깨닫지 못했다고 주장하면서 방법론뿐만이 아니라 도덕의 본질과도 관련된 어떤 주제를 최초로 제시한다. 이는 이후 근대의 도덕철학에 지속적인 영향을 미친 것으로 판명되었다.

1. 카마이클: 스코틀랜드의 푸펜도르프

잠시 시대를 거슬러 올라가서 허치슨이 존경했던 스승인 카마이클 (Gershom Carmichael, 1672~1729)의 사상을 간단히 검토하는 것으로 논의를 시작하려 한다. [1] 카마이클은 푸펜도르프의 저술《인간과 시민의 의무에 관해》의 요약본에 주석을 달아 출판했는데 (1718), 허치슨은 이 책을 학창시절부터 교사가 된 이후까지 계속 사용했다. 이 책은 스코틀랜드에 근대 자연법 이론이 도입되는 데 영향을 주기도 했다. 하지만 카마이클은 푸펜도르프의 이론을 조금도 변형하지 않고 그대로 도입하지는 않았다. 그는 자연법 이론에서 계시종교와 그것에 기초한 도덕이 설 자리가 없다는 푸펜도르프의 주장에는 동의하면서도 자연종교는 푸펜도르프가 생각한 것보다 더욱 중요한 역할을 해야 한다고 주장한다. 카마이클은 일단 자신이

---

1) James Moore와 Michael Silverthorne이 쓴 카마이클에 관한 논문(1983)으로부터 나는 큰 도움을 받았다. 또한 이들은 자신들이 발췌 번역한, 카마이클의 자연신학과 윤리학에 관한 저술을 내가 사용할 수 있도록 허락했다. 이를 통해 카마이클의 견해에 관해 많은 내용을 얻을 수 있었다. 내가 아는 한 공식적으로 번역, 출판된 카마이클의 저술은 John N. Lenhart가 편집하고 Charles Reeve가 개인적으로 출판한 발췌본이 유일하다. 또한 Thomas Mautner(1996), "Carmichael and Barbeyrac: The lost correspondence" in Palladini and Hartung도 참조.

자연신학이 어떻게 도덕의 기초를 제공하는지 보이기만 하면 푸펜도르프에 대한 라이프니츠의 가장 통렬한 비판, 즉 푸펜도르프가 도덕을 종교로부터 너무 멀리 떨어뜨려 놓았다는 비판에 적절하게 답할 수 있으리라고 생각한다. 2)

카마이클은 우리 자신의 행복을 바라는 본성적 욕구를 신을 기쁘게 하는 우리의 능력과 결합함으로써 도덕과 종교를 다시 연결한다. 그는 신이 우리를 오직 우리 자신만을 위해 창조하지 않았다는 점을 우리가 쉽게 배울 수 있으며, 이것이 바로 자연신학의 교훈 중 하나라고 생각한다. 우리는 신의 영광을 드러내기 위해 창조되었다. 따라서 우리는 항상 자신의 행복을 추구하면서도 신이 우리가 신을 향한 사랑과 존경을 드러내는 방식으로 행위하기 원한다는 사실을 명심해야 한다. 신은 신을 향한 "사랑과 경건한 성향을 표현하는" 어떤 행위들을 명령하며, "경멸과 무시, 증오"를 드러내는 행위들을 금지한다. 만일 신의 명령이 이런 것임을 알고 바로 "이 때문에" 기꺼이 따른다면 우리는 도덕적으로 선하다는 말을 들으며 충분히 보상받을 만한 자격을 얻게 된다(suppl. I. I~X).

우리는 결코 자신이 행할 수 있는 것보다 더 적게 선을 행하지 않도록 행위의 결과를 엄밀하게 계산해야 한다. 우리의 공적은 당장 눈앞의 경우에 신이 무엇을 원하는지 실제로 아는 것뿐만 아니라 우리의 의지가 그것을 얼마나 헌신적으로 행하는지에도 달려 있다(suppl. I. XV~XVIII). 신의 의지는 명확한 계시뿐만이 아니라 자연

---

2) 이에 관한 언급이 카마이클이 편집한 푸펜도르프의 저서 서문에 등장한다. Moore와 Silverthorne의 번역(1983) 참조. 카마이클의 저술에 대한 다른 인용은 Charles H. Reeve의 번역에 따랐다.

을 통해서도 세계에 알려진다. 자연법 학자들이 신의 의지를 탐구한 방식은 윤리학 또는 도덕철학으로 불릴 수 있다. 이런 분야를 통해서 얻는 지식은 사려 깊은 본성과 다르지 않다(suppl. I. XIX~XXI).

모든 구체적인 법칙들은 신을 향한 사랑의 적합한 태도를 드러내야 한다. 우리는 신의 명령을 오직 신의 명령이라는 이유에서 따름으로써 이런 태도를 드러낸다. 그러므로 신의 명령에 따르지 않음은 신을 경멸한다는 표현이다. 이로부터 우리의 가장 직접적인 의무, 즉 신을 숭배하라는 의무가 도출된다. 우리의 간접적인 의무들은 신을 향한 사랑을 드러내기 위해 신이 아닌 다른 존재들에 대해 어떻게 행위해야 하는지 드러내는 것으로서, 신을 사랑하는 것과 신의 영광을 위해 행위하는 것에 반대되지 않는 한 "이성적 피조물의 전체 체계에 대해" 친절함과 동정심으로 대하라는 말로 요약된다(suppl. II. I~III). 이성적 피조물은 신의 형상을 간직한 존재이다. 우리가 아는 한 이런 존재는 오직 인간뿐이다. 이에 따라 우리는 능력이 닿는 한 당연히 "인류 전체의 공동선을 추구해야 하며, 공동선이 허용하는 한에서 개인의 적절한 선을 추구해야 한다". 이 의무는 두 가지 규칙을 통해서 더욱 구체화된다. 우리는 다른 누구에게도 해가 되지 않는 한에서만 우리 자신의 선을 위해 행위할 수 있다. 하지만 개인적인 이익의 추구는 서로 간의 충돌을 불러일으키므로 또 다른 의무가 등장한다. "누구든지 간에 최선을 다해" 자기 자신 또는 다른 사람 안의 "사회적인 성향과 사회적인 삶을 장려하고 증진해야 한다. 그리고 이 의무를 자기 자신의 이익을 추구하라는 의무 아래에 놓아서는 안 된다".[3] 나머지 자연법칙은 모두 이 세 기본 법칙, 즉 신을 숭배할 것, 다른 사람에게 해를 입히지 않는 한에서만 자신의 이익을 추구할 것 그리고 사교성을 기를 것으로부터 도출된다. 푸펜도르프는 단지 사교성을 요구하는 것으로부터 다른 법칙들이 도출된다고 잘못 주장했다. 그러나 사교성의 요청만으로는 다른 법칙들을 이끌어 낼 수 없다.

이렇게 컴벌랜드와 푸펜도르프를 혼합한 내용에 더해, 카마이클은 정념을 통제하는 일이 중요하며 그렇게 하기 위해서는 자신을 알아야 한다는 점과 관련된 많은 충고를 덧붙인다. 그는 정념이 가라앉을 때까지 행위를 미루고 주의 깊게 심사숙고할 줄 아는 능력을 발전시킬 것을 특히 강조한다. 이는 그가 로크와 (로크의 정치사상으로부터 큰 도움을 받았다는 점은 그 자신도 명백히 인정한다) 말브랑슈를 진지하게 탐구했음을 보여 준다. 어쨌든 카마이클이 도덕적 삶의 내적인 측면에 관심을 보인다는 점은 명백하다. 하지만 그는 자신이 주석을 달아 출판한 저술에서 이런 삶이 어떤 것인지 상세히 밝히지는 않는다(suppl. III).

카마이클은 권리와 관련해 도출된 자연법칙들을 언급한다. 다소 놀랍게도 그는 사교성 자체를 우리 자신의 권리와 다른 사람들의 권리 사이에 균형을 맞추는 문제라고 묘사한다. 이어서 그는 다양한 종류의 권리와 이들이 계약, 재산, 결혼, 노예제도 그리고 시민 정부 등에서 담당하는 역할을 고찰한다. 4) 하지만 그는 권리가 무엇인

---

3) Suppl. II. V~IX. 카마이클은 설령 자기 자신의 이익 추구가 약간의 충돌을 일으킨다 할지라도 사교성 또한 이를 강력하게 추구할 것을 요구한다고 곧바로 덧붙인다. 만일 우리 각자가 자신의 이익을 추구하지 않는다면 우리를 위한 선이 무엇인지 아무도 모르게 될 것이다. Suppl. II. XVI~XVII.
4) Carmichael, "Appendix containing abridged Ethical Theses": 31면 이하.

지 그리고 권리와 공동선이 어떻게 연결되는지 어떤 설명도 하지 않는다. 그저 푸펜도르프적인 생각이 도덕 영역에서 우리는 신을 향한 사랑과 존경을 드러내려는 욕구에 따라 다른 사람들을 사랑하는 행위를 해야 한다는 기본적 주장과 더불어 나란히 놓여 있음을 발견할 뿐이다.

2. 허치슨이 제시한 자비심의 도덕

카마이클은 몰스워스(Robert Molesworth)를 비롯해 그의 공화주의자 그룹과 친밀한 관계였으며 허치슨을 몰스워스에게 소개했다. 몰스워스는 젊은 허치슨의 후원자가 되어 윤리학에 관한 첫 번째 저술을 출판하도록 격려했다. 5) 허치슨의 후기 저술에는 공화주의적인

---

5) 1725년 허치슨은《아름다움 및 덕 관념의 기원에 관한 탐구》(*An Inquiry into the Original of Our Ideas of Beauty and Virtue*)를 출판했는데 이는 서로 독립된 두 편의 논문을 한 권의 책으로 묶은 것이었다. 이 책의 4판은 1738년에 출판되었는데 나는 이 4판을 기준으로 인용했다. 1728년 그는 두 편의 글을 한데 묶은 또 다른 저술《정념의 본성과 행위에 관한 논고, 도덕감에 대한 예증을 포함해》(*An Essay on the Nature and Conduct of the Passions, with Illustrations of the Moral Sense*)를 출판했는데 이 책은 1742년에 3판까지 나왔다. 나는 정념에 관한 논고 부분을 인용하면서는 3판을 재인쇄한 판에 따랐지만 예증 부분을 인용하면서는 Peach가 편집한 판을 사용했다. 이들보다 훨씬 방대한 저술《도덕철학의 체계》(*System of Moral Philosophy*)는 허치슨이 세상을 떠난 후인 1755년에 출판되었다. 허치슨의 초기 저술과 후기 저술인《도덕철학의 체계》사이의 관계 및 그가 강의에 사용하기 위해 쓴 후기 라틴어 저술 사이의 관계에 대해서는 학자들의 의견이 일치하지 않는다. 나는 여기서 오직 초기 저술만을 검토하려 하는데 그 까닭은 초기 저술이 후기 저술보다 더욱 일관되고 독창적이며 또한 칸트에게 영향을

몇 가지 정치적 견해가 명백히 드러나며, 그의 초기 저술에서 분명히 제시된 덕에 관한 견해 또한 샤프츠버리의 이론과 마찬가지로 고전적인 공화국의 시민으로서 적합한 모습으로 인간을 묘사한다. 6)
설령 샤프츠버리와 몇몇 정치적 동기를 공유했다 할지라도, 허치슨은 기독교에 대해 부정적인 샤프츠버리의 태도를 비난했으며 또한 그의 엘리트주의에서 벗어나려 했다(《탐구》, pref: xix면). 허치슨은 샤프츠버리의 플라톤적인 조화에서 완전히 벗어나 순전히 뉴턴적인 측면에서 파악된 세계에 어울리는 기독교 도덕을 재구성하는 것을 목표로 삼았다. 그리고 그는 도덕이 여유 있는 자기계발을 요구하는 정서가 아니라 오직 가장 자연스러운 감정만을 필요로 한다고 주장했다. 스코틀랜드의 정통 신학자들은 그를 이단이라고 비난했지만 그는 스코틀랜드 계몽주의를 이끈 수많은 인물들이 공감한 견해를 제시했다. 7)

그가 제시한 이론의 본질은 매우 단순하다. 그는 샤프츠버리와 마

미친 것도 초기 저술로 보이기 때문이다(뒤의 제 22장 5절).
6) 허치슨은 《탐구》의 서문: xvii~xviii면에서 몰스워스에 대한 감사의 뜻을 분명히 표현한다. 더 나아가 Scott(1900); Leidhold(1985): 35~36면 참조. Robbins(1969): 49면에 허치슨이 모이얼(Walter Moyle)과 더불어 코먼웰스멘(*commonwealth men*)의 추종자였다는 지적이 등장한다. 또한 Robbins(1959), 특히 185~196면 참조. 〔이하 옮긴이의 첨가〕 코먼웰스멘은 18세기 초반 영국에서 활동한 개혁가들의 모임을 말하는데 이들은 개신교와 공화주의에 기초해 정치, 경제, 종교적으로 강력한 개혁을 요구했다. 이들은 영국보다는 오히려 미국의 공화주의와 공화당의 형성에 큰 영향을 미쳤다는 평가를 받는다.
7) 허치슨과 종교에 관해서는 W. I. P. Hazlett(출판연도 미상), "Religious Subversive or Model Christian?" in Smyth: 17~21면.

찬가지로 우리가 "도덕적"이라고 칭찬하는 일종의 선이 오직 충동과 동기에 대해 시인과 부인을 느끼는 성향을 지닌 반성적인 존재에게만 성립할 수 있다고 주장한다. 하지만 샤프츠버리가 말한 도덕적 능력과는 달리 허치슨이 주장하는 도덕감은 오직 하나의 기본적인 동기만을 시인한다. 이 동기가 바로 자비심인데 이는 허치슨에게 기독교의 아가페 또는 이해관계와 무관한 사랑, 즉 우리가 얻게 되는 어떤 공적과도 무관하게 이루어지는 다른 사람을 향한 사랑에 해당한다.[8] 우리는 절제, 사려, 용기, 정의 등을 시인하는데 그 까닭은 오직 이들이 다른 사람의 선을 증진하기 위해 사람들이 필요로 하는 성향이기 때문이다(《탐구》 II, II. I). 따라서 덕이란 도덕감이 시인하는 것으로서의 자비심이다. 덕을 갖춘 행위자는 다른 이들을 행복하게 만드는 성향을 지닌 행위들을 수행한다. 행위자와 행위는 모두 행위 자체나 그것이 일으킨 결과로부터가 아니라 행위자의 동기로부터 도덕적 중요성을 얻게 된다. 행복은 물론 자연적인 선이지만 행복이 도덕적으로도 선하기 위해서는 도덕적으로 시인된 동기에서 유래되어야 한다.

허치슨은 시인이 행위자가 산출하는 행복의 총계에 비례하지 않는다는 점을 강조해 주장한다. 카마이클이 가르쳤듯이 덕의 정도는 오직 얼마나 많은 자비심을 느끼는가, 그리고 이를 얼마나 진심으로 표현하는가에 의존한다. 더욱 많은 자비심을 느끼고 더욱 많이 이로부터 행위할수록 더 큰 덕을 갖추게 된다. 수많은 성향 사이의 균형

---

8) Leidhold는 허치슨의 자비심이 지닌 기독교적인 측면을 이전 주석가들보다 더욱 강조했다(내가 보기에 이는 옳은 해석인 듯하다).

과 비례에 관한 미묘한 판단 따위는 필요하지 않다. 더욱이 선한 행위의 결과가 어떻게 계산되는지 또는 선을 실현하는 우리의 능력이나 물질적 자원이 얼마나 풍부한지 등은 전혀 문제가 되지 않는다. 중요한 것은 오직 타인을 향한 사랑의 정도와 진정성뿐이다. 9) 허치슨은 이들 모두로부터 "우리가 상상할 수 있는 가장 즐거운 〔추론〕은 외부적인 운에 따른 그 어떤 상황이나 의도하지 않은 그 어떤 불이익으로도 가장 영웅적인 덕을 누구에게서도 빼앗을 수 없다는 것이다" (《탐구》II, III. XIV: 198면).

이 추론이 즐거운 까닭은 다른 무엇보다도 (샤프츠버리에서와 마찬가지로) 덕이 있다는 것이 또한 행복한 것임을 보여 주기 때문이다. 허치슨은 쾌락의 다른 모든 근원은 다른 사람을 행복하게 만드는 쾌락에 비하면 빛이 바래고 만다고 주장한다(《탐구》II, VI). 따라서 허치슨이 생각한 시민은 자신이 사는 나라를 돕는 데서 행복을 발견하는 개인이다. 하지만 허치슨의 나라는 해링턴이나 마키아벨리가 생각한 나라처럼 조용하지는 않을 듯하다. 여기서는 군주나 정치가, 일반 시민 외에도 영웅적인 덕을 드러낼 수 있는 계층이 또 하나 있는데 이는 바로 "정직한 상인"이다(《탐구》II, III. XIV: 198면). 해링턴도 상업을 허용했지만 그는 상업이 부패의 근원이 되지 않을까 염려했다. 허치슨이 생각한 고전적인 공화국에서 상업은 다른 사람

---

9) 카마이클뿐만 아니라 순수한 사랑을 내세운 프랑스 이론가들의 주장을 거부하면서, 허치슨은 도덕적으로 선한 행위가 반드시 신을 염두에 두고 행해질 필요는 없다고 주장한다. 우리는 신에 대한 사랑을 드러내지 않고 우리에게 이익이 되는 선에 직접 관심을 보일 수도 있다. 《예증》 VI: 175, 190면 이하.

에게 이익을 주며 따라서 덕을 지닌 것이 된다.

여기까지 허치슨은 정의, 권리, 의무 그리고 법칙 등에 대해서는 아무런 언급도 하지 않았는데 《탐구》의 마지막 절에 이르러서야 이들에 관해 논의하기 시작한다. 그는 법칙과 관련된 이런 개념들이 모두 "이성적인 행위자들의 공적이고 자연적인 행복"의 증진과 연결된다고 생각한다 (《탐구》 II, VII. V: 275면). 그는 초기 저술에서 이런 정의에 대한 상세한 분석을 제시하지는 않는다. 하지만 그가 정의를 오직 최대의 행복을 실현하는 도구이기 때문에 중요시한다는 점은 명백하다.

이 점은 그가 도덕의 언어에 속하는 다른 용어들을 설명하는 경우를 보아도 잘 드러난다. 그는 인간이 만든 법칙은 신의 법칙과 일치할 경우 정의롭다고 말한다. 하지만 신의 법칙이 정의롭다고 말할 때 이것이 의미하는 바는 신의 법칙이 절대적으로 선한 무언가를, 즉 자비심을 드러낸다는 사실이다. 우리는 신의 법칙이 "공공의 선을 가장 효과적이면서도 공정한 방식으로 증진하기 위해 고안된 것"이라고 생각한다 (《탐구》 II, VII. V: 275면). 그렇다면 우리의 법칙이 정의롭다는 말은 이것이 공공의 선을 증진한다는 사실을 간접적으로 표현한다. 권리의 개념도 이와 마찬가지이다.

어떤 상황에서 무언가를 행하고, 요구하고, 소유하는 일이 보편적으로 허용되는데 이런 일이 전반적으로 전체의 선을 산출하는 성향을 보일 때마다 우리는 이런 상황에서 그것을 행하고, 요구하고, 소유할 권리를 지닌다고 말한다 (《탐구》 II, VII. V: 277면).

이와 같이 허치슨은 카마이클이 단지 지적하는 데 그쳤던 사랑과 법칙 사이의 연결점을 명확히 설명한다. 허치슨이 보기에 권리, 의무, 정의 등은 그저 사랑을 표현하는 통로에 지나지 않는다. 허치슨이 더욱 엄격한 도덕 개념을 확립하는 데 필요하다고 생각한 유일한 논점은 도덕감이 "극도로 약해지고 이기적인 정념이 점차 강해진" 경우뿐이다. 이런 경우에는 공공의 선을 위해 행위하도록 사람들을 이끄는 "확고한 의무감"을 부여하기 위해서 제재를 통해 정당화되는 법칙이 필요할지 모른다(《탐구》 II, VII. I: 269면). 여기서 허치슨의 견해는 케임브리지 플라톤주의자였던 존 스미스의 견해와 유사하다(앞의 제 10장 2절). 사랑이 제대로 작용하지 못하는 경우에는 자연법 이론에서 중요시되었던 것과 같은 의미에서의 의무가 등장하게 된다.[10] 허치슨은 사랑이 매우 자주 제대로 작용하지 못한다고 ─ 특히 설령 자비심이 다른 무엇보다도 행위자를 훨씬 더 행복하게 만든다는 사실을[11] 모든 사람이 명확히 이해하지는 못한다 할지라도

---

10) 허치슨은 "의무"라는 용어에는 세 가지 의미가 있다고 말한다. 그는 이를 우리가 자비로운 행위를 추구해야 할 "의무를 지는" 경우를 세 가지 방식으로 제시함으로써 설명한다. 즉, 우리는 (1) 자신의 이익과 무관하게 그런 행위를 시인하고 수행하려는 "결심"을 통해서, (2) 우리의 **계몽된** 사적 이익을 추구하려는 자기이익의 동기에 의해서, (3) 우리의 도덕감이 "극도로 약해지거나" 이기적인 정념이 지나치게 강해졌을 때 필요한, 제재를 근거로서 정당화되는 법칙을 통해서 의무를 지게 된다(《탐구》 II, VII. I: 269면). 따라서 허치슨의 주장은 율법이 올바른 사람을 위해서가 아니라 올바르지 않은 사람을 위해서 제정되었다는 《신약성서》의 언급과(〈디모테오에게 보낸 첫째 편지〉 1장 9절) 일치한다. 그는 앞의 제 2장의 각주 20에서 인용한 츠빙글리의 견해에도 찬성했을 듯하다.

11) 그는 철학자가 ─ 어쩌면 여기에 성직자를 더할 수도 있지 않을까? ─ 바로 이런 사실을 모든 사람에게 가르쳐야 한다고 주장한다.

— 생각하지는 않은 듯하다.

따라서 허치슨은 샤프츠버리와 마찬가지로 자연법 학자들의 문제 의식을 거부한다. 그는 자기이익이 덕을 갖춘 행위자의 삶에서 정당한 위치를 차지한다고 생각하며 우리가 지은 죄의 흔적이라고 여기지는 않는다. 하지만 자기이익이 우리의 자비심과 충돌해서는 안 된다고 본다.[12] 따라서 도덕의 가장 중요한 첫 번째 목적이 분쟁과 대립의 조절일 필요는 없다. 오히려 도덕은 서로 사랑할 줄 아는 우리의 능력, 따라서 서로에게 필요한 바를 보살피는 능력을 표현한 것이다. 그리고 우리가 서로 다투게 될 경우 이런 다툼의 해결은 다른 사람의 필요에 우리가 보이는 직접적인 관심의 표현에 다름 아닌 도덕을 통해서 이루어져야 한다. 이는 이미 자연법 학자들도 언급했던 바이다. 다툼은 다른 사람들에 대한 우리의 보살핌으로부터 도출된 원리들을 통해서 해결되어야 한다.

3. 도덕과 정서

이는 상당히 바람직한 모습으로 보인다. 하지만 과연 실현될 수 있는가? 허치슨이 자신의 견해와 대립하는 당시의 여러 이론 중 가장

---

12) 자기이익은 이것 이상의 역할을 한다. 자기이익은 산업의 발전을 위해 필요한데 오직 자비심만으로 산업 발전에 이르기는 어렵다. 그리고 산업 발전은 설령 이기적인 동기에서 이루어진다 할지라도 상품 생산을 촉진하며 이는 다른 이들에게 이익을 준다. 따라서 "자기애는 전체의 선을 위해 자비심만큼이나 진정으로 필요하다"(《탐구》 II, VII. VIII: 284~285면).

심각하게 고려했던 것은 바로 맨더빌의 이론이었다. 맨더빌의 견해를 반박하고 자신의 견해를 옹호하기 위해 허치슨은 자신이 서로 연결되는 세 가지 주장을 증명해야 한다고 생각한다. 첫째, 본성상 자기이익과 관련된 어떤 관념과도 다른 덕 관념이 성립한다는 사실을 보여야 한다. 둘째, 자비심만이 우리가 도덕적으로 시인하는 유일한 것임을 보여야 한다. 셋째, 다른 사람들에 대한 자비심 또는 비이기적인 관심이 자연적이고 효과적인 인간의 동기임을 보여야 한다. 오직 이들을 보일 경우에만 그는 맨더빌의 견해, 즉 덕은 오직 이기적인 동기만을 지닌 존재들에 의한 그리고 그들을 위한 정치적 목적에서 만들어진 위선이거나 아니면 실제로 도달하기에는 너무나 엄격한 기준이므로 사람들이 진정으로 덕을 갖추는 일은 기대하기 어렵다는 견해를 물리치고 자신의 견해를 확립할 수 있다.

허치슨은 로크의 이론과 전략에 의지한다. 허치슨은 자신의 논점을 증명하는 데 필요한 자료들을 우리 모두가 이미 알고 있다고 확신한다. 모든 사람은 우리가 지닌 도덕과 동기의 관념에 포함된 "고유한 본래의 모습을" 경험한다. 우리가 다른 사람을 어떻게 느끼는지, 무엇을 시인하는지 또는 우리가 사용하는 단어들에 어떤 관념이 대응되는지 등에 관한 지극히 일상적이고 평범한 사실들에 주목하기만 하면 맨더빌의 주장이 완전히 잘못임을 충분히 깨달을 수 있다. 허치슨은 자신의 로크주의를 옹호하는 논증을 펼치지는 않는다. 그는 그저 그것을 기초로 삼아 관련되는 경험적 예들을 모으고 이로부터 적절한 결론을 이끌어 낸다.

그는 우리가 선하거나 악하다고 생각하는 서로 다른 종류의 것들에 대해 서로 다른 감정을 지닌다는 점을 일깨움으로써 논의를 시작한다. 예를 들면 비옥한 토지나 덕을 갖춘 개인은 모두 좋은 결과를 낳지만 우리는 이들에게 같은 감정을 느끼지는 않는다. 우리는 우연한 사고 혹은 누군가의 사악한 행위 때문에 큰 해를 입기도 하는데, 마찬가지로 이들 둘에게는 서로 다른 감정을 느낀다(《탐구》 II, I.I: 116~117면). 이들 중 후자의 감정은 도덕적 시인 또는 부인으로 불린다. 그리고 이런 도덕적 감정이 이익으로부터 생겨난 감정으로 환원될 수 없음은 쉽게 파악된다. 만일 환원될 수 있다면 우리는 이렇게 또는 저렇게 느끼도록 매수당할 수도 있을 것이다. 하지만 아무리 많은 뇌물로 매수한다 할지라도 단지 그런 체하는 정도에 이를 뿐이다(《탐구》 II, I.I: 123~124면; II.II: 135면).

따라서 허치슨은 이런 특별한 종류의 도덕적 시인이야말로 그로부터 모든 도덕 관념들이 생겨나는 근원적인 경험이라고 주장한다. 그는 어떤 고유한 종류의 단순 관념에 대해서도 그것을 설명해 주는 특별한 감각이 존재해야 하므로 우리가 지니는 시인이라는 경험에 대해서도 이를 설명해 주는 도덕감이 존재해야 한다고 결론짓는다. 감각이란 어떤 대상이 존재함으로써 생겨난 관념을 의도와 무관하게 수용하는 정신의 성향에 지나지 않는다(《탐구》 II, I.I: 113면). 우리가 지니는 모든 단순 관념들이 전통적으로 인정되는 여러 감각들로부터 등장해야 한다는 가정은 단지 일종의 선입견에 지나지 않는다(《탐구》, pref.: xiii면).[13]

모든 사람이 도덕 관념의 근원이 되는 경험을 지니듯이, 또한 우

---

13) 허치슨보다 한 세기 전에 이미 허버트 경은 도덕적 인식을 위한 공간을 확보하기 위해 감각을 전통적인 다섯 가지로 제한하는 것에 반대했다. 앞의 제9장 3절 참조.

리 모두는 자신의 이익과 무관한 욕구가 있음을 드러내는 경험을 가졌다. 허치슨은 《탐구》에서, 그리고 《정념의 본성과 행위》(*Nature and Conduct of the Passions*)에서는 더욱 길고 상세하게 우리가 스스로에게 이익이 된다는 생각을 조금도 하지 않고 다른 사람의 선을, 예를 들면 우리 자녀의 선을 욕구한다는 사실을 환기시키는 "우리 자신의 마음에 떠오르는 반성"에 호소한다. 그는 또한 이와 같은 자비심의 감정이 자연적이라고 주장한다. 왜냐하면 우리는 이를 의도적으로 느낄 수는 없기 때문이다(《탐구》II, II. II: 139~142면). 자비심이라는 감정은 자연이 우리에게 부여한 많은 욕구와 정서 중 단지 한 부분에 지나지 않는다. 악의, 분노, 탐욕, 질투, 감사, 부모에 대한 애정, 형편이 어려운 사람들에 대한 관심 등이 서로 다른 사람들에게서 서로 다른 강도로 드러난다. 이런 감정들은 각각 서로 다른 목적을 지닌다. 어떤 것은 우리가 침입자를 위협하도록 만들며, 어떤 것은 우리를 부지런하게 또 어떤 것은 우리를 관대하게 만든다. 로크와 샤프츠버리의 주장을 받아들여 허치슨은 욕구의 강도가 그것을 만족시킴으로써 얻는 선의 총계를 — 그 선이 우리 자신의 선인가 또는 다른 사람의 선인가와는 무관하게 — 나타내는 단순한 함수가 아니라는 점을 지적한다. "따라서 정욕 또는 복수심이 개인의 선을 추구하려는 평온한 감정을 정복하기도 하고 때로는 역으로 후자가 전자를 정복하기도 한다."(《정념》II. ii. : 30면) 우리 모두는 수많은 것을 원하지만 우리 자신이 얻을 수 있는 선의 총계나 인류 전체의 선 또는 — 라이프니츠의 생각처럼 — 우리가 도달할 수 있는 최대한의 완전성을 향한 욕구에 따라 행위하지는 않는다. 허치슨은 이런 개념들을 지닐 때조차도 "우리는 오직 인류 전체에 대한 사랑에서 다른 사람을 돕지는 않는데" 이는 우리가 포도를 먹는 일이 오직 우리 자신의 전체 행복을 증가시킨다는 이유에서 포도를 먹지는 않는 것과 같다고 말한다(《예증》: 124면). 정념은 우리를 서로 다른 방향으로 나아가도록 만드는 인과적인 힘에 지나지 않으므로 선의 총계를 직접 계산하는 일은 우리를 인도하거나 통제하기에 결코 충분하지 않다. 허치슨은 여기서 우리에게 필요한 바를 도덕감이 제공한다고 생각한다.

우리에게 도덕감을 가져다주는 것 또한 감정 자체이다 — 즉 자비심을 드러내는 개인을 향한 사랑 같은 즐거운 감정, 또는 자비심이 없음을 보이거나 타인에게 해로운 욕구를 표출하는 개인을 향한 증오 같은 불쾌한 감정이 도덕감을 가져다준다. 감정은 우리가 시인하거나 부인하는 바에 따라 상대방을 돕거나 돕지 않으려는 욕구를 동반한다. 다른 사람이나 우리 자신 안에서 자비심이 작용한다는 사실을 일단 깨닫기만 하면 도덕감은 이에 관한 새로운 감정을 불러일으킨다.[14] 우리는 자비심으로부터 이어진 행위 또는 행위자에 관한 어떤 새로운 정보도 도덕감으로부터 얻지 않는다. 도덕감이 작용하기에 앞서서 우리는 그러한 행위를 구성하는 "외부적인 운동"과 그것이 일으킬 수 있는 결과가 무엇인지 알아야 하며 또한 이런 행위의 원인으로 지적되는 "행위자 안의 정서"도 알아야 한다. 하지만 허치슨은 시인 자체는 "외부적인 그 무엇의 표상도 아니며, 조화나 맛 또는 냄새가 주는 쾌락은 더더욱 아니"라고 이야기한다(《예증》: 163

---

14) 허치슨은 다른 사람들의 동기를 경험적으로 인식하기 어렵다는 문제를 물론 잘 알고 있다. 하지만 그는 다른 사람의 마음을 인식하는 것에 관한 더욱 일반적인 문제를 제기하지는 않는다.

~164면). 15)

허치슨은 시인이라는 즐거운 감정이 항상 오직 다른 사람 또는 우리 자신 안에서 자비심을 지각함으로써만 (물론 잘못 지각할 경우도 있지만) 발생한다는 것은 관찰 가능한 사실의 문제라고 주장한다. 하지만 사정이 이와 다를 수도 있었다. 예컨대 신은 우리를 어떤 도덕감도 지니지 않은 존재로 창조할 수도 있었으며 악의적이고 사악한 동기에 긍정적으로 반응하는 도덕감을 가진 존재로 창조할 수도 있었다. 16) 신이 선하다는 점을 드러내는 증거 중 하나는 신이 우리를 모든 사람의 선을 함께 추구하는 자비로운 동기를 강화할 뿐만 아니라 다른 이들에게 선을 행하는 일을 직접 본성적으로 즐기는 도덕감을 지닌 존재로 창조했다는 사실이다(《예증》: 136면 이하).

만일 어떤 도덕감도 없다면 우리는 자비롭든 그렇지 않든 간에 가장 강한 정념에 따라 움직이기를 계속했을 것이다. "모든 사람을 향한 **보편적인 자비심**은 모든 물체에까지 확장되는 중력의 원리에 비유할 수 있다. ⋯ 각 물체에서 부분들을 응집하게 만드는 인력 또는 힘은 각각의 개인이 지닌 자기애를 상징하는지도 모른다."(《탐구》 II,

---

15) 허치슨은 자주 시인을 "지각한다"고 또는 지각의 관념을 정신이 받아들인다고 말하는데 이는 로크적인 용어이다. 관념을 직접 수용하는 모든 경우는, 심지어 물리적인 쾌락과 고통을 수용하는 경우조차도 지각에 해당한다. 하지만 관념이나 지각에 관한 그의 언급이 우리 정신 안에 있는 모든 것이 표상이라는 점을 암시하지는 않는다. 허치슨은 라이프니츠의 견해를 알았지만 이를 받아들이지는 않았다.

16) 마찬가지로 신은 지금과는 전혀 다르게 우리를 어떤 고정된 형식에서 쾌락을 느끼는, 그런 미적 감각을 지닌 존재로 창조할 수도 있었다(《탐구》 I, VIII. 4~5: 100~102면).

V. II: 221~222면) 우리는 관대함이라는 정념을 충분히 지니므로 설령 도덕감이 없다 할지라도 계속 도덕과 더불어 사회를 이루고 살지 모른다. 도덕적 시인이 우리 삶에 영향을 미치는 까닭은 그것이 그 자체로 즐겁기 때문이며, 우리가 그것의 대상을 즐기기 때문이며, 우리가 시인받을 때 우리를 시인하는 사람들로부터 도움을 받을 수 있기 때문이다(《탐구》 II, II. VI). 따라서 도덕적 시인은 자비심을 강화하며 도덕적 세계의 균형을 유지하는 데 도움이 된다. 17)

허치슨은 도덕적 선이라는 고유한 관념과 사랑을 중심으로 한 덕 윤리에 관한 자신의 논증이 회의주의가 거짓임을 충분히 드러낸다고 믿는다. 우리는 경험을 통해서 이기적인 감정뿐만 아니라 자비심이, 단지 이기적인 계산뿐만 아니라 이익과 무관한 시인과 부인이 존재함을 발견한다. 이런 사실들은 맨더빌의 주장과는 반대로 덕과 악덕이 실재함을 보여 주기에 충분하다. 그리고 이런 사실들을 통해 우리는 도덕과 관련해 필요한 모든 것을 확실하게 얻는다. 이들은 또한 우리를 향한 신의 의지가 순전히 우연적이라 할지라도 이를 편안하게 받아들이도록 만든다. 우리는 누군가의 자비심을 보고 그를 시인할 경우 그가 선하다고 말한다. 신은 우리를 자비심을 지닌 존재로 창조했고, 특히 우리가 자비심을 사랑하도록 창조했기 때문에 우리에게 자비를 베풀었음이 명백하다. 신이 가장 사랑받는 존재인 까닭은 우리를 이런 방식으로 창조하면서 아무런 강제도 받지 않았기 때문이다. 따라서 신의 의지가 도덕의 근원이라고 말할 필요가

---

17) 뉴턴의 견해를 사용한 또 다른 은유는 《탐구》 II, II. III: 137면; VII. VIII: 285면 참조.

없다. 사실 이런 말은 신이 정의롭고 선하다는 주장을 "무의미하게 반복하는 것"에 지나지 않는다(《탐구》II, VII. V: 275면). 우리는 신이 우리를 선하게 대한다고 느끼지 않을 수 없으며 이런 신에게 감사하기 때문에 기꺼이 복종한다. 허치슨은 신이 사랑과 더불어 행위하기로 선택했음을 보여 주는 우연적인 경험에 기초한 증거들에 만족한다. 그는 신의 사랑을 보증해 주는 어떤 이성적 원리도 요구하지 않는다. 프라이스(Richard Price)가 명확히 지적했듯이 허치슨은 도덕적 측면에서 완전한 감정주의자이다. 18)

---

18) Price, *Review*: 13~15, 63, 215면 이하 참조. 또한 Norton(1974, 1977, 1982와 1985b) 및 Haakonssen(1990)도 참조. Norton과 Haakonssen은 허치슨이 도덕 실재론자라는 견해를 옹호하는데 이와 관련해 Haakonssen은 "도덕적 지각은 주관적인 정서적 경험이 **아니다**"라고 말한다. Norton의 견해에 관해서는 Winkler(1985)와 이에 대한 Norton의 답변, Norton (1985b) 참조. Haakonssen은《탐구》II I. VIII: 129~131면을 인용하는데 내가 보기에 이 대목은 그의 주장을 지지하지 못하는 듯하다. 그는 허치슨이 "도덕은 경험으로 확인할 수 있는 세계의 한 부분이며 … 이는 도덕이 일종의 관계라는 특성을 지닐 가능성을 배제한다"는 점을 보이는 것을 목표로 삼았다고 주장한다〔Haakonssen(1990): 72~74면〕. 하지만 관계는 경험으로 확인 가능하다. 허치슨이 진정 주장하는 바는 도덕이 (관찰 불가능한?) 신성한 법과의 관계에 의해서 구성되지 않는다는 것이다. 그는 도덕의 근원이 시인의 감정과 자비심이라는 동기 사이의 경험적으로 관찰 가능한 관계에 있다고 생각한다. 자비심은 객관적으로 실재하며, 우리가 그것에게 시인의 감정을 느끼기 때문에 덕에 속하는데 이런 자비심을 파악하는 것과 자비심에 대한 우리의 반응과 무관하게 자비심이 지닌 덕이라는 객관적 성질을 파악하는 것은 서로 다른 문제이다.

4. 이성, 동기 그리고 계산

허치슨은 아무런 근거 없이 이성주의를 거부하지는 않았다. 그가 주된 공격 대상으로 삼은 것은 클라크식의 도덕적 이성주의인 듯하다. 말브랑슈나 라이프니츠의 이론과는 달리 클라크는 전적으로 복잡한 형이상학에 기초해 자신의 윤리학을 제시하지는 않는다. 허치슨의 감정주의와 마찬가지로 클라크의 이론은 모든 사람이 이미 알고 있다고 전제되는 주장에 의존한다. 클라크의 보일 강연과 윤리학에 관한 허치슨의 첫 번째 저술 사이의 20년 동안 특별히 새로운 형태의 이성주의가 등장했다. 허치슨은 윤리 이론에 관한 두 번째 저술에서 주로 이를 공격하는 데 몰두한다.

이성이 도덕의 기초인가? 이성은 단지 "참인 명제들을 발견해 내는 우리의 능력에 지나지 않으며"(《예증》: 120면), 어떤 행위에 관해서든 명백히 수많은 참이 존재한다. 어떤 행위를 이성적이라고 생각할 때 우리는 이런 사소한 주장을 펴는 것이 아니다. 허치슨은 행위가 이성적임을 생각하는 데는 두 가지 방식이 있음을 주목하라고 말한다. 어떤 참은 그렇게 행하도록 누군가를 자극하는 바에 관해 드러낸다. 다른 참은 그런 행위를 시인하도록 우리를 인도하는 바를 드러낸다. 허치슨은 전자를 자극의 근거, 후자를 정당화의 근거로 부르면서 이런 구별은 그로티우스의 견해를 이어받은 것이라고 밝힌다(《예증》: 121면).[19]

---

19) 허치슨은 그로티우스의 *DJBP* II.I.i.1을 인용하는데 여기서 그로티우스는 다음과 같이 말한다. "전쟁의 원인을 계속 고찰해 보자 ― 그런데 나는 여기서 정당화의 원인을 의미한다. 왜냐하면 이와는 다른 원인들, 즉 편리한 방

허치슨 자신의 이론은 이런 구별을 이전의 여러 이론들과는, 예를 들면 라이프니츠의 이론과는 다른 방식으로 필요로 한다. 라이프니츠의 경우, 정당화의 근거란 단순히 우리가 고려하여 받아들인 자극의 근거이다. 완전성의 총계를 지각하기만 하면 바로 심사숙고의 절차가 진행되며, 무엇이 최대한의 완전성을 산출하는지에 대한 지각이 가장 강력한 동시에 가장 합리적인 행위 근거를 제공한다. 허치슨의 경우, 선한 행위자를 행위하도록 만드는 것은 다른 사람들에 대한 사랑인 반면 시인을 불러일으키는 것은 행위자의 동기에 대한 인식이다 — 그리고 자기시인이 덕이 있는 동기에 반드시 필요하지는 않다(《탐구》 II, I.VIII: 129~131면 참조).

이런 구별을 제시한 후 허치슨은 이성주의 도덕 이론을 두 측면에서 공격한다. 그는 우리를 **자극하는** 바는 항상 마지막 단계의 욕구라고 주장한다. 어떤 사실에 대해 이런저런 방식으로 관여하지 않는 한 — 즉 그것을 환영하거나 거부하지 않는 한 — 우리는 그 어떤 사실에 관한 진리에 의해서도 움직이지 않는다. 그리고 허치슨은 어떤 사실을 환영하거나 거부하는 일은 오직 욕구와 혐오로부터, 우리의

편이라는 측면에서 사람들에게 영향을 미치는, 따라서 옳음이라는 측면에서 영향을 미치는 것과는 다른 원인들도 있기 때문이다." 그로티우스가 원인이라고 언급한 두 종류의 근거는 사실 그가 허치슨이 생각하는 것과 정확히 일치하지는 않는 구별을 했음을 암시한다.

라이프니츠는 *Political Writings*: 167면에 등장하는, 1693년 저술 *Codex Iuris Gentium*의 서문에서 그로티우스의 구별을 인용한다. 바르베이락은 이 구별을 1718년에 등장하는 철학적 논증에서 사용하면서 푸펜도르프를 옹호하기 위한 역할을 부여하는데 이는 앞의 제 12장 5절에서 지적했다. 카마이클은 라이프니츠-바르베이락 사이에 주고받은 편지에 관해 언급하면서 허치슨이 이를 이미 읽었으리라고 거의 확신한다.

본성이 지닌 정념의 측면으로부터 기인한다고 생각한다. 정당화와 관련해 여기서 진리만으로는 충분하지 않으며, 정당화는 시인과 분리될 수 없다. 즉, 어떤 행위가 추구하는 목적 자체가 정당화되거나 시인되지 않는다면 그 행위가 어떤 목적을 추구하는 데 유용한 수단이라는 이유만으로 그 행위를 하는 것이 정당화되지는 않는다. 그렇다면 목적을, 특히 궁극 목적을 시인하도록 만드는 바는 무엇인가? 어떤 목적이 신의 목적이라고 말하는 것으로는 충분하지 않다. 정당화가 이루어지려면 왜 우리가 신의 목적을 시인하는지 질문해야 한다(《예증》: 128~129면). 다른 어떤 궁극 목적에 대해서도 마찬가지이다. 목적에 대한 그 어떤 진리도 목적을 시인하는 것을 대신할 수는 없다. 허치슨은 도덕적 용어에 대한 환원주의적 정의를 거부하기 때문에, 자극의 근거와 마찬가지로 **정당화**의 근거 또한 이성에 의해 도출되지는 않는다고 결론짓는다(《예증》: 130면 이하).

허치슨이 당시의 여러 이론들을 이렇게 근본적으로 비판하며 반박에 맞서 자신의 주장을 옹호하기 위해 제시한 예리하고 흥미로운 논증을 모두 살펴볼 필요는 없다. 하지만 그가 도덕의 영역에서 추론 가능성의 문을 연 중요한 논점 하나는 반드시 검토해야 한다. 누군가를 행위하도록 이끄는 동기가 무엇인지 발견하는 과정에 사실을 아는 지식이 포함되는 것은 당연하다. 더욱 흥미롭게도, 우리는 이성을 사용함으로써 우리가 무엇을 행해야 하는지, 어떻게 덕을 갖춘 사람이 되는지 정확하게 파악할 수 있다.

허치슨은 자비심을 시인할 근거가 필요하다고 생각하지 않는다. 그저 신이 우리를 그렇게 하도록 창조했을 뿐이다. 따라서 클라크와는 달리, 그가 자비심이 선하다고 생각한 것은 자비심이 사람들에게 마땅히 행해야만 할 바를 확실히 행하도록 보증해 주는 최선의 수단이기 때문이 아니다. 하지만 시인을 받음으로서 자비심은 도덕적 측면에서 다른 모든 동기에 앞서게 된다. 여러 자비로운 행동 중 하나를 선택할 수 있는 경우, 우리는 어느 행위가 더 선한지 계산할 수 있다. 더 선한 행위를 함으로써 우리는 더 큰 자비심을 드러낸다. 자비심과 그 결과가 양적으로 계산될 수 있기 때문에 이성은 도덕적 측면에서 어떤 역할을 담당한다.

만일 어떤 두 행위가 그로부터 영향을 받는 각각의 개인에게 같은 분량의 선을 낳는다면 더 많은 사람에게 영향을 미치는 행위에서 더 큰 자비심이 드러난다. 따라서 "최대 다수에게 최대의 행복을 낳는 행위가 최선이다"(《탐구》 II, III. VIII: 180~181면). 만일 어떤 두 사람이 선을 행할 동일한 능력을 가졌다면 더 큰 선을 행하는 사람이 보다 큰 자비심을 드러내며 더욱 큰 덕을 지닌다. 어떤 행위를 행하는 동기로서 자비심과 더불어 자기이익이 동시에 작용한다면 덕의 총량을 계산하기 위해서는 선의 총량에서 자기이익에 근거한 선만큼을 제외해야 한다(《탐구》 II, I. III: 187면 이하).[20] 이런 언급과 더불어 허치슨은 기독교적인 수학을 제시했는데 이는 후에 다른 목적으로 사용되었다.

---

20) 《탐구》의 초판에서 허치슨은 몇 페이지에 걸쳐 이와 같은 정리들을 표현하는 수학적 정식을 설명했다. 예를 들어 M=산출된 선의 총계, A=행위자의 능력, B=행위자의 자비심이라고 하자. 그러면 M=B×A이다. 여러 동기가 뒤섞일 경우 S=자기이익이라고 하자. 그러면 M=(B+S)A 또는 BA+SA이다. 따라서 BA=M-SA이며, B=(M-SA)/A이다. B를 통해서 덕을 바로 측정할 수 있음은 당연하다(이를 비롯한 다른 정식들에 관해서는 Selby-Bigge, I. 110~113에 등장하는, 초판에서 발췌한 부분 참조).

5. 버틀러: 복잡한 인간 본성

영국 도덕철학사를 다룬 저술에서 휴얼(William Whewell)은 버틀러 (Butler) 주교를 학문 분야의 선구자들처럼 여러 사실들에 대한 우리의 지식을 늘리는 동시에 우리가 이러한 사실들을 이해하는 개념 체계를 발전시킨 인물로 묘사한다. 이에 더해 휴얼은 그가 적절한 이론을 불가능하게 하는 수준의 개념적인 모호함도 참고 넘김으로 써 사실들을 더욱 잘 다루었다고 덧붙인다.[21] 아마 버틀러는 휴얼이 전개한 (그리고 그 후 계속 이어진) 것과 같은 종류의 이론이 지닌 중요성을 인정하지 않았겠지만 이런 평가 자체는 무척 예리한 것이었다. 버틀러는 다른 사람들이 일치한다고 본 것에서 차이를, 단순하다고 생각한 것에서 복잡함을 발견했다. 더욱이 그가 자신의 윤리적 견해를 설교라는 형태로 표현한 것은 우연이 아니다.[22] 그가 도덕철학의 주제를 다룬 목적은 설교를 듣는 사람들이 더 나은 행위를 하도록 인도하기 위해서였다. 그는 이런 목적에 도움이 되지 않는

---

21) Whewell(1852): 108~109, 112~113면.
22) 버틀러의 《열다섯 차례의 설교》(*Fifteen Sermons*, 이하 《설교집》으로 약칭) 는 1726년에 처음 출판되었다. 이신론자에 대해 본질적이고 통렬한 비판을 시도한 저술 《자연종교와 계시종교의 유비》(*Analogy of Religions, Natural and Revealed*, 이하 《유비》로 약칭)는 1736년에 출판되었다. 이 저술에는 짧지만 중요한 논문 "개인의 동일성에 관해"(On Personal Identity)와 "덕에 관해"(On Virtue)가 부록으로 실려 있다. 나는 《설교집》은 설교와 문단 번호로 인용했는데 Bernard가 편집한 판의 문단 번호에 따랐다. 《설교집》 재판(1729)의 서문은 "pref."로 약칭하고 문단 번호를 밝혔으며, Bernard가 편집한 《전집》(*Works*)의 2권에 수록된 《덕에 관한 논고》(*Dissertation on Virtue*)는 《덕》으로 약칭했다.

것들은 과감히 무시했다. 그는 대부분의 철학적 질문에 답하지 않고도 얼마든지 도덕적인 삶을 살 수 있다고 생각했다. 어쨌든 《성서》는 "이론과 사변에 관한 책이 아니라 인류에게 삶의 명확한 규칙을 알려 주는 책이며"(XII. 3), 《성서》의 가르침은 그 자체만으로 충분하다. 하지만 덕을 갖추기 위해 우리는 설령 자신의 본성을 제대로 이해하지는 못한다 할지라도 최소한 이를 완전히 오해해서는 안 된다. 따라서 사악한 철학은 도덕을 위험에 빠뜨리기도 한다. 이런 일이 일어나면 오직 선한 철학만이 이런 사태를 바로잡을 수 있다.

《설교집》의 일부에서는 이런 선한 철학이 너무나 강조되므로 다른 요소들은 무시되기 쉽다. 이 저술의 가장 철학적인 부분들에만 집중하면 버틀러의 사상에서 새로운 것만을 보게 되며 새롭지 않은 것은 보지 못하고 만다.[23] 예를 들면 그의 설교에서 그리스도가 법을 요약해 제시했다는 전통적인 주제가 다루어진다는 점을 간과하기 쉽다. 그의 설교 중 처음 세 편은 철학적 서문에 해당한다. 그 다음 일곱 편은 우리 자신에 대한 의무를 다룬다. 뒤이은 두 편은 이웃에 대한 의무와 관련이 있으며, 마지막 세 편에서는 신에 대한 의무가 논의된다.[24] 우리가 세속적인 선에 만족하지 못하며, 평안을 얻

---

23) 19세기 이후 철학자들은 이 저술 중 인간 본성을 다룬 서문과 설교 I~III, 이웃에 대한 사랑을 다룬 설교 XI~XII에만 집중해 왔다. 버틀러의 저술 중 《덕에 관한 논고》와 더불어 이런 부분들이 가장 자주 출판되었다.

24) 설교 I~III에서는 인간 본성에 대한 전반적인 견해가 제시되는 반면 설교 IV~X에서는 다소 충고적인 태도로 "이 세상을 살아가면서 우리 자신이 추구해야 할 일반적인 목표가 무엇인지"(VI. 10) 밝히기 위해 인간 본성의 특수한 부분들이 다루어진다. 설교 II. 16에서 버틀러는 만에 하나 우리에게 양심이 없다면 세상은 어떻게 될 것인가 하는 질문을 제기하기 위해 전통적

지 못하고, 향락을 추구한다는 사실은 오직 이 세계를 넘어선 어떤 것만이 우리에게 진정한 만족을 줄 수 있으며 오직 신을 인식하는 것만이 우리의 최고선일 수 있음을 보여 준다(XIV. 9, 14). 25) 이렇게 풍부한 철학적 내용을 담은 설교들에서 버틀러는 양심이 죄를 범할 수 있다는 사실을 논의하지는 않는다. 또한 버틀러는 신이 우주를 지배하므로 설령 신이 왜 그렇게 작용하는지 이해하지 못한다 할지라도 우리는 자신에게 주어진 몫에 만족해야 한다는 주장을 강력하게 드러내지도 않는다(XV. 6~8). 단지 그는 주의주의를 거부하면서 우리의 정신이 신에게 완전히 복종해야 한다고 주장하며(XIII. 2, 9), "신의 의지에 철저히 따르는 것이 경건함의 핵심이며, 우리의 삶 전체에 걸쳐〔신의〕명령에 따르도록 주의를 기울여야 한다"고 말한다(XIV. 3; XIII. 10; XV. 18). 만일 버틀러가 새로운 방향의 도덕철학으로 나아갔다면 그것은 지극히 오래된 몇몇 전통적 견해들을 다시 제시하기 위해서였음이 그의 설교 전체에서 잘 드러난다. 26)

버틀러는 클라크처럼 "사물들 사이의 추상적인 관계"가 아니라 인간 본성에 관한 사실에 호소하며, 이런 사실과 부합하는 삶의 유형이 어떤 것인지 자문함으로써 논의를 진행해 나간다(pref. 12). 한

인 의무의 범주를 사용한다.

25) 이런 견해는 최소한 아퀴나스까지 거슬러 올라갈 정도로 오래된 것이다. 여기서 파스칼의 흔적이 보이는가? 버틀러는 분명히 파스칼의 저술을 읽었다. Barker(1975) 참조.

26) 최근의 주석서들 중 Penelhum(1985)는 버틀러의 저술 전체를 상세히 다룬다. 또한 Penelhum은 버틀러의 윤리학에 관심이 있는 사람은 설교들뿐만 아니라《유비》도 주의 깊게 검토해야 한다는 올바른 주장을 편다. 그리고 Darwall(1995)에서 버틀러를 다룬 중요한 장도 참조.

가지 중요한 방식에서 그의 방법은 푸펜도르프의 방법과 유사하다. 그는 "인간의 내적인 구조가 지닌" 특징이 (III. 2n) 우리를 위한 신의 의도를 드러낸다고 여긴다 (I. 5; II. 1; VI. 1; XV. 14). 하지만 푸펜도르프와 달리 버틀러는 독자들이 법적인 체계와 유사한 복잡한 내용보다는 그들 자신의 본성을 검토함으로써 더욱 손쉽게 도덕적인 삶이 무엇인지 확신할 수 있으리라고 생각한다. 하지만 그는 사물들 사이에 "추상적인 관계"가 성립한다는 점을 결코 부정하지는 않으며, 그의 언급 중에는 그가 일종의 자연법 이론을 받아들임을 암시하는 많은 부분이 발견된다. 그의 첫 번째 설교는 우리가 일반적으로 사교적이라는 사실을 — 이는 그로티우스의 출발점이기도 한데 — 증명하는 역할을 담당한다. 그 다음 두 설교에서는 자연법 학자들이 즐겨 인용하는 구절, 즉 우리에게 우리 자신이 율법의 구실을 한다는, 〈로마인에게 보낸 편지〉 2장 14절에 포함된 구절에 대한 강론이 펼쳐진다. 버틀러는 이론에 얽매이지 않는 평범한 도덕적 행위자의 의식 내부로부터 등장하는 도덕을 제시하면서, 우리를 인도하는 것이 무엇인지가 이런 도덕적 경험을 통해 더욱 적절하게 구체화된다고 주장한다. 우리의 도덕적 경험은 어떤 형태의 자연법 이론이 참이라면 우리가 기대할 수 있는 것이다. 27)

---

27) 버틀러가 논의한 추상적인 철학적 주제를 살펴보기에는 《유비》가 더욱 적절한 저술인데 여기에는 그가 자연법 이론을 지지한다는 점을 암시하는 더욱 많은 내용이 등장한다. 그는 모든 증거에 비추어 볼 때 신은 하인들에게 보상과 처벌을 베푸는 "공정한 주인과 같은 특성을 스스로 드러낸다"고 생각한다(《유비》 I. III. 2). 그는 의지의 자유, 책임, 처벌의 정당성 등을 옹호하면서 운명론자들에 반대한다. 이 과정에서 그는 우리가 도덕적 분별 능력을 통해 신의 법 아래 놓여 있다는 사실과 이에 따르면 보상을, 따르지 않으면

여기서 버틀러가 확립하려 하는 주요 논점은 우리의 경험이 내적인 계층과 권위를 드러낸다는 사실이다(pref. 14). 정치에서와 마찬가지로 영혼에서도 계층은 구별을 필요로 한다. 따라서 버틀러는 우선 많은 종류의 욕구와 정념이 있다는 사실을 주장함으로써 논의를 시작한다. 가장 단순한 수준에서 드러나는 욕구로는 음식 또는 복수, 우리 자식들의 복지 등을 향한 욕구를 예로 들 수 있다. 우리는 이런 욕구를 가지기 전에 그 대사들이 선하다고 미리 생각하지 않는다. 우리는 이런 욕구의 충족이 일으킬 추가적 결과를 고려하지 않고 그것들을 그저 원할 뿐이다. 버틀러는 로크처럼 욕구를 불편함이라는 측면에서 다루지는 않지만, 정념과 정서에 대한 스토아학파의 이성주의적 이론을 거부하는 데에서는 로크의 주장에 따른다.

버틀러는 영혼을 샤프츠버리나 허치슨이 생각했던 것보다 훨씬 더 복잡한 존재로 여긴다. 특히 특수한 정념들과 관련해 그는 우리 자신 안에서 두 가지 일반적인 충동이 발견된다고 주장한다. 그중 하나는 다른 사람의 선을 향한 충동이며 다른 하나는 우리 자신의 선을 향한 충동이다. 즉, 전자는 자비심, 후자는 자기애라고 할 수 있

처벌을 받음을 배운다고 거듭해서 언급한다(《유비》 I. VI. 10). 그는 신의 명령과 관련해 반주의주의적인 견해를 표명하지만 보상을 바라거나 처벌을 면제해 달라고 기원하는 것에 대해서는 혐오감을 드러낸다(《유비》 I. VI. 11n). 그는 "행위의 도덕적 적절성과 부적절성이 그 어떤 의지보다도 앞선다는 점이 가장 중요하다고 나는 굳게 믿는다"고 말한다(《유비》 II. VIII. 11). 또한 그는 도덕법칙이 "실질적인 규정임과 동시에 계시된 명령이기도 하다. 왜냐하면 《성서》가 모든 도덕적인 덕을 부과하기 때문"이라고 주장한다. 하지만 도덕법칙은 특히 우리 마음에 새겨져 있다(《유비》 II. I. 26). 따라서 도덕은 단지 적절성의 문제가 아니라 법칙의 문제라는 것이 그의 견해이며 이 때문에 그는 법칙의 부여자를 전제한다.

다.[28] 우리는 이런 특수한 정념들을 지님으로써 우리 자신이나 다른 사람들에게 이익 또는 손실을 초래하는 방식으로 행위하게 된다. 자비심은 우리가 의도적으로 다른 이들에게 해를 입히는 일을 피하고 그들을 돕는 행위를 하도록 이끌며, 자기애는 우리 자신과 관련해 이와 유사한 충동을 제공한다. 우리는 자주 자기애를 무시하듯이 자비심을 무시하기도 하지만 버틀러는 우리가 두 종류의 충동 모두를 느낀다는 사실은 부정할 수 없다고 말한다(I. 14). 마지막으로 우리 안에는 "반성의 원리"가 있는데 이는 우리가 특수하거나 일반적인 정념과 욕구 그리고 이들에 기초한 행위를 시인하거나 부인하는 과정에서 드러난다(I. 8;《덕》, 1). 오직 이 원리만이 우리의 다른 모든 충동을 압도하는 자기 자신만의 권위를 지닌다(pref. 24).[29]

버틀러는 위와 같은 주장이 모두 누구든지 관찰할 수 있는 사실이라고 거듭해서 말한다.[30] 그는 인간 본성이 복잡하다는 자신의 주장으로 되돌아와 이를 지지하기 위한 사실적 근거를 몇 차례 제시한다(예를 들면 V. 1n; XI; XIII. 5;《덕》참조). 그는 이런 사실들에 비

---

28) 여기서 버틀러는 개별적 정념과 일반적 정념을 구별했던 말브랑슈의 견해를 받아들인다.《진리》(*Truth*) V. 7: 374면 참조.

29) 말브랑슈는《진리》V. 10: 397면과 V. 11: 399면 이하에서 모든 정념들은 자신을 정당화하려 한다고 말한다. 허치슨 또한 분명히 말브랑슈를 인용해 《탐구》II. iv: 140면에서 이 점을 되풀이해 언급한다.

30) 설교 I. 6의 각주에 등장하는 언급에서 이 점이 잘 드러난다. "만일 누구라도 한 사람이 다른 이를 향한 선한 의지와 같은 것을 지니는지 진지하게 회의한다면 … 다음과 같은 사실을 주목해 보라. 즉, 인간이 과연 그런지 그렇지 않은지 또는 이와는 달리 구성되었는지, 인간이라는 특수한 종의 내적인 구조가 어떤지는 이성이 직접 증명할 문제가 아니라 단지 사실 또는 자연사에 관한 물음에 지나지 않는다. 따라서 이는 자연사에 관한 다른 사실이나 문제들과 동일한 방식으로 판단되고 결정되어야 한다(원저자의 강조 표시)."

추어 볼 때 모든 욕구를 개인적인 힘 또는 이익을 향한 욕구로 환원하고 이를 통해 자비심의 존재를 부정한 홉스의 주장은 명백한 잘못임이 드러난다고 선언한다. 31) 홉스의 주장이 잘못이라는 점을 깨닫는 데 어떤 이론도 필요하지 않다는 버틀러의 생각은 신이 우리 모두에게 삶을 어떻게 살아야 하는지에 대한 적절한 교훈을 주었다는 그의 일반적인 논점의 일부이다. 따라서 이제 그의 일반적인 논점을 살펴볼 차례이다.

6. 양심

그렇다면 우리가 정념들 사이에서 좌충우돌하는 것 이상의 능력을 지니며 이 능력이 권위 또한 가짐을 깨닫기 위해 스스로 파악해야 하는 바는 과연 무엇인가? (pref. 26) 32) 버틀러는 어떤 행위는 자연스럽고 다른 행위는 부자연스럽다고 여기는 우리의 능력에 호소한다. 어떤 짐승이 굶주림 때문에 맛있는 미끼가 달린 덫으로 달려드는 일은 자연스럽지만 어떤 사람이 이렇게 한다면 이는 그가 아무리 굶주렸더라도 부자연스러운 일이 될 것이다. 더욱 일반적으로 말하면,

---

31) "심리적 이기주의를 반박한" 버틀러의 시도는 헤아릴 수 없을 정도로 자주 논의되었다. 이에 관한 탁월한 논의로는 Penelhum(1985), II장 참조.

32) 여기서 버틀러는 모어(Henry More)의 《윤리학 편람》: 20면에 등장하는 "도덕적 감각 능력"의 우월성에 관한 견해를 받아들인 것으로 보이는데 이 개념에 관해서는 앞의 제 10장 3절에서 논의했다. 또한 버틀러는 도덕적 근거에 관한 클라크의 주장, 즉 심사숙고는 인과적 강도에 따라 작용하지 않는다는 점을 강조하는 주장도 받아들인다(앞의 제 15장 1절).

어떤 사람이 자신에게 만족을 주는 충동이 결국 자신에게 심각한 손해를 끼치리라는 점을 깨닫는다면 그 충동이 아무리 강력하다 할지라도 이를 거부하는 것은 자연스러운 일이다. 이런 측면에서 고려할 때 어떤 정념이 아무리 강하다 할지라도 이 정념이 해로운 것이라면 자기애가 이 정념보다 우월하다는 점은 명백하다. 우리는 자기애가 서로 다른 종류의 우월성을, 즉 권위를 지닌다고 생각한다. 권위의 관념을 명확하게 파악하기 위해 가장 일반적인 반성의 원리인 양심의 관념을 상세히 고찰할 필요까지는 없다(II. 9~11). 약간의 고찰만 더하면 양심이 우리의 모든 정념과 능동적 원리들에 대해 우월성을 지닌다는 것과 이 우월성은 자기애가 이익과 관련되는 정념들에 대해 가진 우월성과 정확히 같은 것임이 드러난다. 정치에서 권력과 권위가 구별되듯이 우리의 자아 안에서도 이런 일이 일어난다. 우리 안에서 최고의 권위를 가지는 것은 양심이다. 양심의 권위는 "양심의 관념을 구성하는 한 부분, 즉 그 자체가 지닌 능력의 일부이다. … 만일 양심이 권리를 지니듯이 강력함을 지닌다면 또한 권위를 드러내듯이 권력을 지닌다면 양심은 세계를 절대적으로 지배할 것이다"(II. 14).[33]

우리가 사용하는 도덕적 언어와 우리의 도덕적 반응에서 드러나는 공통적 특성들, 예를 들면 우연히 다른 사람에게 해를 입힌 경우와 의도적으로 그를 해친 경우의 차이 등을 보면 이런 최고의 능력으

---

33) 모어는 정치적인 언어를 사용해 자신을 "능력들 사이에 우월성과 같은 것을 허용하지 않고 오직 우연히 다른 정념들의 권리를 강탈한 특수한 정념에 복종해야 한다고 주장하는" 사람들과 전투를 벌이는 존재로 묘사한다(《윤리학 편람》I. iv: 20면).

로서 양심이 존재한다는 사실이 분명히 드러난다(《덕》, 1). 우리 안에 양심이 존재한다는 사실은 바울로의 가르침처럼 우리 자신이 율법의 구실을 하는 일이 어떻게 가능한지 설명해 준다. "본성에 따라 살라"는 격언이 의미를 지니는 까닭은 우리 본성이 "우리 안에 있는 신의 목소리"에 의해서 지배되는 규범적인 것이기 때문이다(VI. 7). 이는 정통설과 충분히 일치하며, 버틀러가 이런 권위를 지닌 능력을 양심이라고 부름으로써 더욱 정통설에 가깝게 된다. 하지만 양심을 설명하면서 그는 아퀴나스적인 설명을 완전히 포기한다. 아퀴나스는 양심이 원리들의 저장소인 신테레시스(*synteresis*)와 각각의 경우를 법칙 아래에 포섭하는 능력인 시네이데시스(*syneidesis*)로 구성된다고 보았다. 아퀴나스의 견해는 17세기 영국 국교회 출신의 위대한 도덕철학자인 샌더슨(Sanderson)이나 테일러(Jeremy Taylor) 뿐만 아니라 심지어 청교도 결의론자들(*casuists*)에게도 표준으로 받아들여졌다.34) 하지만 버틀러는 이를 조용히 거부한다. 그에 따르면 양심은 법칙들의 저장소가 아니며 겉으로 드러나는 행위를 평가하지도 않는다. 양심은 "행위 자체의 본성을 구성하는 의지이며 기획이다"(《덕》, 2). 어떤 결과를 일으키려는 우리의 의도는 "기획"의 일부이지만 실제로 얻어진 결과는 그렇지 않다. 양심은 오직 우리의 내적인 구조의 모든 부분이 자신들이 형성하는 "인간이라는 체계" 안에서 적절하게 작용하는지 그렇지 않은지, 즉 다른 부분들과 비교해

---

34) Sanderson, *Conscience*, I, 특히 시네이데시스와 신테레시스에 관해 설명하는 11절 참조. Jeremy Taylor는 이런 전문 용어를 사용하지는 않지만 이들의 실체는 인정한다. 그의 저술 *Ductor Dubitatium*, I. I. I. 6, in *Works* XI: 372면.

볼 때 강도가 지나치거나 부족하지 않은지 말해 줄 뿐이다(III. 2; XII. 11~12).

버틀러가 우리의 정념과 정서들 사이의 적절한 비율을 판단하는 데서 드러나는 양심의 작용을 어떻게 설명하는지 살펴보기에 앞서 나는 양심 자체에 관한 더 이상의 몇 가지 논점을 언급하려 한다.

첫째, 우리 각각을 단지 개별적인 물리적 행위자를 넘어서서 도덕적으로 통합된 인격으로 만들어 주는 일관성에 이르게 하는 일은 바로 우리의 내적인 구조에서 양심이 취하는 방향을 통해서 이루어진다. 즉, 양심이 없다면 인간 육체의 한계 안에서 서로 주도권을 차지하려 분투하는 데 그쳤을 다양한 충동들을 양심은 일종의 작용 체계로 바꾸는 역할을 한다. 양심은 아리스토텔레스의 목적(telos)과 같은 지위, 말하자면 우리에게 궁극 목적을 제시하는 것이 아니라 우리의 성격이 그 자체로 지녀야 하는 구체적 특성을 제시하는 지위를 차지한다(III. 2n; pref. 14). 우리의 욕구 중 많은 것이 선에 기초하지는 않으므로 어떤 상위의 원리에 의해서만 조정되어 통합될 수 있는데, 이 상위의 원리 자체는 우리에게 무엇을 행하라거나 가능한 한 많은 선을 획득하라는 등의 명령을 내리지 않는다고 주장하는 점에서 버틀러는 샤프츠버리와 같은 의견을 보인다.[35]

둘째, 우리는 양심의 권위를 의식함으로써 스스로에게 책임을 져야 한다는 사실을 인식할 수 있기 때문에 도덕적 행위자이다. 양심은 우리가 자신에 대해 내리는 판단보다 상위의 판단을 항상 예견하며, 우리의 덕과 악덕에 따라 보상과 처벌이 주어진다는 점을 암시

---

35) Darwall(1995), 9장 참조.

한다(II. 8;《덕》, 3). 이로부터 심지어 무신론자조차도 만일 신이 존재한다면 자신이 신의 처벌을 받을지도 모른다는 사실을 깨닫는다. 무신론자도 자신이 행해야 할 바를 인식할 수 있는데, 이를 위반하면 처벌받음을 알기 때문이 아니라 이미 알려진 의무를 위반한다는 사실 때문에 처벌은 정당화된다(pref. 27~29).[36]

셋째, 행위는 상위의 권위가 지닌 원리와 부합할 경우 자연스럽고 적절하며 우리의 본성과도 일치하는 것이 된다(III. 9; pref. 39). 우리는 치과에 가기를 몹시 꺼리면서도 심한 치통을 멈추려면 치과에 가야만 한다는 사실에 동의하는데 이는 우리가 자기이익이라는 상위의 권위를 인정함을 의미한다. 이와 마찬가지로 우리는 자녀나 나라를 위해 커다란 희생을 해야만 할 때 양심이라는 더욱 상위의 권위를 인정하게 된다. 하지만 과연 무엇이 이런 원리에 권위를 부여하는가? 권위는 자연스러움의 원천이기 때문에 행위의 자연스러움에서 권위를 발견할 수는 없다. 그렇다면 권위는 과연 무엇에 의존하는가?[37]

이에 대한 버틀러의 대답은 철학적으로 만족스럽지는 않지만 그의 관점 전반을 유지하는 데는 완벽하게 들어맞는다. 양심의 구성을 보면 "양심이 우리 안에 적절한 통치자로 위치한다"는 점이 드러난다(II. 15). 최고의 권위를 주장하는 것이 양심의 본성 중 일부라는 사

---

36) 여기에서 버틀러는 Suarez, *De Legibus*, II. ix. 3, *Selections*: 225면 및 Culverwell: 52면에 등장하는 의견을 받아들인다. 한편 수아레스는 제르송(Gerson)에게서도 같은 주장이 발견된다는 점을 지적한다.

37) 이 주제는 Sturgeon(1976)에서 상당히 길게 논의된다. 또한 이 주제에 대한 주석으로는 Penelhum(1985) 참조.

실만 보아도 신이 양심을 통해 우리를 인도하려 한다는 생각의 근거가 발견된다. 양심이 지니는 권위의 근거로 이보다 더 나은 것이 어디 있겠는가? 위치코트는 "양심은 우리 안에 살고 있는 신을 대신한 통치자"라고 말하는데(Patrides: 335면), 아마 버틀러도 이에 동의할 듯하다. 버틀러는 자주 자아의 구성을 정치 체제와 비교하는데 이는 양심의 권위가 신의 대리인으로서의 권위라는 점을 명백히 드러낸다. 버틀러는 도덕에 관한 설교에서 신의 권위를 설명하려는 계획은 전혀 없었다. 심지어 그는 허치슨이 제기한 문제, 즉 도덕이 정서로부터 도출되는가 아니면 이성으로부터 도출되는가 하는 문제에 대해서도 분명한 태도를 취하지 않는다. 그는 도덕적 능력을 "양심, 도덕적 이성, 도덕적 감각 또는 신성한 이성 중에 무엇이라고 부르는지, 그리고 이를 지성의 정서로 또는 심정의 지각으로 아니면 가장 사실에 가깝게 이들 둘 모두를 포함하는 것으로 보는지"에 대해서는 전혀 관심이 없다(《덕》, 1; II. 1, 8 참조). [38] 버틀러는 우리가 자아에 관한 모든 자료를 인식하면 이로부터 양심에 따라야 한다는 사실을 결정적으로 증명할 수 있다는 식의 주장을 어디서도 펴지 않는다. 하지만 사실에 비추어 보면 합리적인 인격을 지닌 사람이라면 누구나 이런 결론을 받아들이리라는 점이 충분히 드러난다고 생각한다. 따라서 우리는 도덕에 대해 더 이상 이론적인 통찰을 하지 않고도 덕을 갖출 수 있다. [39]

---

38) 하지만 버틀러는 다른 대목에서는 다소 명확한 주장을 펴기도 한다. 예를 들면 설교 XII. 9에서 그는 "옳은 바를 구별하는 능력과 그것을 행하려는 성향은 모두 … 이성에 속한다"고 말한다.

39) 나는 이 장의 마지막 부분에서 양심이 지니는 권위의 기초에 관해 다시 살

이제 마지막으로 양심에 따르는 것이 잘못일 수도 있지 않은가 하는 질문이 제기된다. 버틀러 이전에 이루어진 논의에서는 대체로 양심이 잘못을 저지르기도 한다는 점이 반드시 등장했다. 청교도 신학자들은 성직자나 왕실의 명령에 양심적으로 불복종하는 행위를 옹호하면서 양심은 올바를 때뿐만 아니라 잘못을 저지를 때도 똑같은 정도로 우리를 속박한다고 주장했다.40) 홉스는 이런 주장이 정치적으로 위험하다는 사실을 잘 알고 있었으며, 로크 또한 이를 인정하면서 양심이란 한 사람이 자신의 행위에 대해 지니는 의견에 지나지 않는다고 정의했다. 버틀러는 비교적 안정된 정부 아래 살면서 서로 다른 여러 곳에 충성을 바쳐야 하는 문제로 고민하지 않았기 때문에 양심을 정치적 문제가 아닌 개인의 도덕적 문제로 논의한다. 그는 도덕적 잘못에 대해 자주 지나친 낙관적 태도를 보이는 듯하다. 그는 "평범하고 일상적인 모든 경우에서 우리는 무엇이 의무이며 무엇이 정직한 것인지 첫눈에 직관적으로 파악한다"고 말한다(Ⅶ. 14). 따라서 규칙들을 명시하기 위해 크게 애쓸 필요가 없다. "그저 평범하고 솔직한 사람 누구에게나 그가 행위를 하기에 앞서 지금 하려는 행위가 옳은지, 그른지 물어보라. … 나는 공정한 사람이라면 누구나 거의 모든 상황에서 진실과 덕에 따르는 대답을 하리라는 점을 조금도 의심하지 않는다."(Ⅲ. 4)

그렇다면 버틀러는 사람들이 자주 지극히 잘못된 판단을 내리고

펴보려 한다.

40) 당시 널리 퍼져 있었던 견해에 관해서는 앞의 5장 3절에서 인용했던, 에임스의 *Conscience*, I. Ⅳ. 6에 등장하는 대목을 참조.

이에 따라 행위하는 일을 외면하는가? 전혀 그렇지 않다. 하지만 그가 이들을 비난하는 까닭은 기본적으로 잘못을 범하는 양심을 가졌기 때문이 아니라, 사실 판단을 왜곡하는 개인적 결함을 지녔기 때문이다(pref. 31). 우리는 또한 미신과 자신에 대한 편애 때문에 자주 잘못된 길로 빠져든다(III. 4). 버틀러는 종교적 의무와 자기이익 사이에서 갈등하다가 후자에 도움이 되도록 전자를 변형할 수 있다는 생각에 현혹된 인물로서 발람(Balaam)을 예로 드는데, 발람은 실상을 제대로 파악하지 못한 수많은 인물 중 한 사람일 뿐이다. [41] 또한 버틀러는 우리야(Uriah)의 부인인 밧세바(Bathsheba)와의 관계를 숨기기 위해 우리야를 죽게 만든 다윗(David)의 도덕적 무분별성을 한 설교 전체에 걸쳐 다루면서 이를 "많은 사람이 자신의 성격을 전혀 파악하지 못한다"는 사실을 보여 주는 충격적인 예로 생각한다. [42] 버틀러는 우리 자신에 대한 편애가 "지성에까지 이르러 판단 자체에 영향을 미치는 것"을 최악의 경우로 들 수 있다고 말한다. 우리 삶의 대부분은 정확한 규칙에 의해서 인도되지 않기 때문에 이런 종류의 악행을 저지를 여지가 충분하다. 이런 경우 행위하기에 앞서 황금률을 떠올린다면 다소 도움이 될지도 모르지만 도덕적 통찰의

---

41) 〔옮긴이주〕 발람은 《구약성서》에서 메소포타미아 출신의 예언자로 등장하는데 처음에는 신의 말을 그대로 전하다가 후에는 매수당해 신의 말을 왜곡한 인물로 묘사된다. 이에 관한 내용은 〈민수기〉 22~24장 및 〈신명기〉 23장 참조.

42) 다윗 왕의 이야기에 대한 복잡하고 다양한 주석을 다룬 중요한 논의로는 Rex(1965): 6장에 등장하는 벨의 《역사 및 비판 사전》에서 다윗 항목에 관한 연구를 참조. 〔이하 옮긴이의 첨가〕 다윗 왕의 이야기에 관해서는 사무엘하 11장 참조.

근원 자체를 타락시킴으로써 발생하는 피해는 단순한 이기심으로부터 생겨나는 악행보다 더욱 나쁜 결과를 낳는다(X. 2, 6, 9, 14~15). 하지만 버틀러는 이에 대한 어떤 전반적 치료법도 제시하지 않는다.

7. 자기애, 자비심 그리고 도덕

양심이 제대로 작동할 때에 행하는 일이 무엇인지는 구체적인 사안들을 살펴봄으로써 가장 잘 파악할 수 있다. 우리의 특수한 정념 중 일부는 우리 자신에게 이익이 되는 행위를 하도록 인도하며, 다른 일부는 이웃을 돕는 행위를 하도록 이끈다. 자기애와 자비심의 일반 원리는 우리 자신 또는 다른 사람의 최고선을 실현하기 위해 이런 욕구들을 만족시키는 방향으로 움직이도록 우리를 인도한다. 양심은 우리 자신 내부의 적절한 균형을 보여 주며, 우리가 산출하려 하는 선들의 균형도 간접적으로 드러낸다. 이런 도식 전체에는 신의 섭리에 따른 기획의 흔적이 있다. 하지만 다른 사람들에게 해를 입히려는 성향은 어떻게 설명할 수 있는가(I. 11)? 버틀러는 우리에게 이런 성향이 있음을 부정하지 않는다. 더 나아가 그는 우리가 스스로에게 해를 입히려는 정념도 지닌다고 덧붙인다. 그리고 그는 여러 설교를 통해 이 두 문제를 논의한다.

두 가지 핵심 주장이 버틀러의 분석을 지배한다. 어떤 정념도 우리 자신이나 다른 사람의 악을 그 자체로 추구하지 않는다(I. 12). 그리고 어떤 정념이라도 "적절하게 사용해야만" 우리에게 그것이 부여된 목적 또는 선에 따라 작용을 한다(IV. 7). 그렇다면 원한이라는 정념을 ― 자비로운 신이 우리에게 부여하기에는 어울리지 않는 듯이 보이는 정념을 ― 고찰해 보자. 하지만 이 정념조차도 선해야만 하는데 버틀러는 그리 어렵지 않게 어떻게 그럴 수 있는지 보인다. 갑작스러운 분노는 "폭력과 적개심"에 저항하고 더 나아가 이들을 없애는 데에도 도움이 된다. 뿌리 깊은 분노 또는 적절한 원한은 그저 우리가 입은 손해에 저항하는 정도에 그치지 않고 "권리의 침해와 불의, 잔학함"에 맞서도록 우리를 이끈다(VIII. 6~8). 그렇다면 다른 모든 자연스러운 정념과 마찬가지로 원한 또한 어떤 선을 낳을 수도, 잘못 사용될 수도 있다. 우리의 원한이 너무 강하거나 약할 때 이를 알려 주는 것은 양심의 임무이다. 결국 양심은 우리가 적절한 원한을 지님으로써 올바른 의분이라는 덕이 되는 것은 어떤 경우이며 또 지나친 원한을 가짐으로써 복수심이라는 악덕이 되는 것은 어떤 경우인지 알려 주는 역할을 한다.

나는 이제 버틀러가 다른 특수한 정념들을 다룬 내용은 생략하고 바로 자기애와 자비심의 일반 원리를 살펴보려 한다. 이들을 주제로 삼은 두 설교에서 버틀러는 "네 이웃을 네 몸같이 사랑하라"로 요약되는, 〈로마인들에게 보낸 편지〉 3장 19절에 등장하는 명령을 인용한다. 버틀러는 사랑의 한계에 관한 두 가지 문제에 직면한다. 자기애와 이웃에 대한 사랑은 상충하지 않는가? 진정으로 모든 명령은 사랑의 명령에 포함되는가?

자기애가 제기하는 문제를 먼저 살펴보자. 버틀러는 당시의 도덕에 특유한 점이 있다면 그것은 바로 자신의 이익을 무제한으로 추구해도 좋다는 믿음이 널리 퍼졌다는 점이라고 말한다. 하지만 이에 맞서 버틀러는 이러한 자기이익 추구가 자기모순적이지 않은가 묻는다. 이어서 그렇다고 주장하면서, 그는 앞서 특수한 정념들과 자기이익의 원리를 구별했던 점에 의지한다. 후자는 우리 자신의 행복을 증가시키려는 충동에 지나지 않는다. 이런 충동 자체가 곧 행복은 아니다. 왜냐하면 행복은 "본성상 우리가 지닌 특유한 몇몇 욕망, 정념, 감정 등에 적합한 대상들을 향유하는 것"으로 구성되기 때문이다. 자기이익을 추구하려는 충동을 증가시키는 데 전념한다면 이는 오히려 행복의 근원에, 우리의 다른 이익들에 주의를 기울이지 못하게 만듦으로써 행복을 감소시킬 수도 있다. 만일 우리가 위와 같은 대상들에 특별한 관심을 보이지 않는다면 이들을 얻는다 해도 아무것도 누릴 수 없을 것이며 더불어 우리의 행복을 증가시키려는 충동에도 아무런 이득이 되지 않을 것이다(XI. 8~9). 물론 누군가는 우리가 욕구를 충족시키는 데서 쾌락을 얻기 때문에 우리는 자신이 원하는 바를 행할 때 항상 자기이익을 추구한다고 말할지도 모른다. 이에 대해 버틀러는 "이것은 인간의 언어가 아니"라고 말한다. 이런 식으로 말하는 것은 행위자 자신의 이익이라는 목적을 추구하는 특수한 정념과 다른 어떤 것을 직접적인 대상으로 삼는 특수한 정념을 서로 구별하는 능력을 우리 자신에게서 빼앗는 결과를 초래한다(XI. 7; pref. 35). 나는 나 자신의 파멸을 대가로 치르면서까지 한 친구를 도우려 할지도 모른다. 이런 욕구와 내 재산을 두 배로 늘이려고 친구의 신뢰를 이용하는 욕구가 마찬가지로 자기이익을 추구하는 것이라고 말한다면 이는 명백한 언어의 왜곡이다.

버틀러는 자기애와 자비심 사이의 상충이 자기애와 다른 어떤 욕구 사이의 상충과 마찬가지로 결코 피할 수 없는 일은 아니라고 결론짓는다. 만일 나에게 다른 사람들을 도우려는 욕구가 있다면 나는 그렇게 함으로써 행복을 얻을 것이다(XI. 11~12). 버틀러는 적절하게 자비심을 베풀려는 충동을 만족시키는 일이 행복의 가장 큰 근원 중 하나라고 생각하지만(I. 6; III. 7), 이 점을 샤프츠버리나 허치슨처럼 정교하게 제시하지는 않는다. 이들과 마찬가지로 버틀러는 덕과 자기이익이 완벽하게 일치한다고 거듭해서 주장한다(I. 4; III. 9). 하지만 버틀러는 이들에 비해 특수한 정념이 지닌 파괴력에 훨씬 더 큰 관심을 보인다(III. 8). 특수한 정념들은 우리 자신의 삶을 완전히 망칠 수도 있고 다른 사람들에게 큰 해를 입힐 수도 있다. 버틀러는 자기이익을 서로 반대되는 이중의 효과를 지니는 덕으로 여긴다. 그는 자기이익이 적절한 **도덕적** 덕이라고 여기며 우리가 자기이익을 추구하지 않는 행위를 도덕적으로 시인하지 않는다고 주장한다(《덕》, 6~7). 다소 혼란스러운 한 대목에서 그는 자기이익 쪽을 더욱 시인하는 듯이 보인다. 덕이 옳음과 선을 추구하는 것이라는 점은 분명하다. 하지만 "조용한 시간에 홀로 앉아 생각해 보면 우리는 오직 무언가가 우리 자신의 행복을 위한 것이거나 최소한 행복에 반대되지 않는다고 확신할 경우에만 비로소 우리가 그것이나 다른 어떤 것을 추구하는 일을 정당화할 수 있다"(XI. 20).

그렇다면 여기서 버틀러는 양심보다 자기애에 더 큰 권위를 부여하는가? 아니면 그는 도덕의 문제를 오직 자기이익의 관점에서 고려하는 사람에 한에서만 덕이 정당한 것으로 판명된다고 말하는가? 이에 대해 이후 학자들은 서로 크게 다른 의견을 보인다. 나 자신은 두 번째 해석에 더 이끌린다. 버틀러는 이런 내용을 다룬 설교를 통해 "이웃에 대한 사랑에 … 반대하는 편견"을 제거했다고 말한다(XII.

1). 만일 자비심이 최소한 자기애에 반대되지 않음을 보이는 분석을 통해 이런 심리적 편견을 제거한다면 어떤 편견이 아무리 정당한 듯이 보이더라도 이를 두려워할 필요가 없다고 버틀러는 주장한다. 버틀러처럼 세심한 학자가 그에 대한 다른 해석들에서 드러나는 명백한 모순을 스스로 알아채지 못했으리라고는 거의 생각하기 어렵다.

우리는 자비로운 충동과 자기이익을 향한 충동을 모두 지니므로 양심의 임무는 이 두 충동이 서로에게 가져야 하는 적절한 비율을 제시하는 것이다(XII. 9~11). 인간은 신의 사랑과 같은 보편적인 사랑을 요구받지는 않는다. 우리는 이웃을 사랑하면 될 뿐, 모든 피조물이나 모든 인류를 사랑해야 하는 것은 아니다(XII. 3). 더욱이 자기자신에 대한 관심이 너무 과도하면 안 되듯이 다른 사람에 대한 우리의 관심 또한 제한적일 수밖에 없다. 자비심은 우리 각자가 자신의 복지에 대해 책임이 있다는 사실을 인정한 후에 발휘되어야 한다. 우리가 다른 사람을 위한 모든 일을 할 수 있다고 기대해서는 안 된다(XII. 14~19).

가족 사이의 애정과 우정, 자신의 특별한 의무에 대한 주의, 사회적 지위의 존중, 인내를 비롯한 다른 일상적인 덕들은 자비심으로부터 생겨난 것이 분명하지만 또한 이들이 더욱 폭넓은 자비심을 제한하는 요소로 보이기도 한다(XII. 27~31). 하지만 일반적인 자비심은 이와는 다른 근거에서 분명히 제한되지 않을 수 없는데 버틀러는 이 점을 각주에서 요약해 설명한다. 그는 우리가 행복이나 불행에 직접 영향을 미치지 않는 어떤 성향이나 행위를 시인한다고 말한다. 우리는 배반이나 외설, 정신의 천박함 등을 부인하고 경멸하는 반면 충성심이나 엄정한 정의 등은 시인하는데 "이들이 지니는 성향을 추상화해 고려함으로써" 그렇게 한다. 버틀러는 이에 대한 설명을 제시한다. 우리는 무엇이 전체의 선을 위한 것인지 판단할 위치에 있지 않다. 물론 신은 그런 위치에 있다. 그리고 전체의 선이 신의 목적이기는 하지만 신은 "우리를 특수한 의무 아래 두었을 수도 있으며, 우리는 이를 완수하는 것이 다른 사람들에게 도움이 되는지 그렇지 않은지 확신할 능력이 부족하지만 이런 의무를 인식하고 그런 의무 아래 있음을 느낄 수 있다". 따라서 우리의 도덕적 시인과 부인은 신이 사실상 이런 일을 했다는 증거가 된다(XII. 31n).

《덕에 관한 논고》 후반부에서는 "자비심 또는 자비심의 결핍이 그 자체만으로는 결코 덕이나 악덕의 전부가 아니"라는 주장이 더욱 강조된다. 버틀러는 자비심이 덕의 전부라는 주장이 명백히 우리가 받아들일 수 없는 도덕 판단으로 이어진다는 것을 보이기 위해 몇 가지 예를 든다. 예를 들면 이 주장은 어떤 사람의 재산을 빼앗아 다른 사람에게 줄 경우 전자의 손실보다 후자의 이익이 더 크다면 그렇게 하는 것이 옳다는 점을 함축한다. 또한 이 주장은 누군가의 재산을 빼앗아 이익을 얻었는데 손실과 이익의 분량이 같다면 우리 가족이 이익을 얻었든 아니면 낯선 사람이 이익을 얻었든 우리는 이에 대해 무관심해야 한다는 점을 함축한다. 하지만 우리는 이들이 낳는 이익이나 손실을 생각조차 하지 않고 이런 행위들을 바로 부인하고 비난할 것이다. 버틀러는 이로부터 설령 신의 도덕적 특성이 순전한 자비심이라 할지라도 "우리의 특성은 그렇지 않다는 점"이 도출된다고 생각한다. 그리고 이와 달리 생각하는 것은 무척 위험한 일이라고 덧붙인다.

왜냐하면 〔만일 그렇게 생각한다면〕 가장 충격적인 불의의 예라고 할 수 있는 간통, 살인, 위증 그리고 심지어 박해조차도 많은 경우에 현재 상태의 고통과 불행을 크게 증가시키는 모습으로 보이기보다는 때로 그와 정반대의 형태로 보일 것이기 때문이다.

허치슨의 견해는 — 버틀러가 직접 허치슨의 이름을 밝히지는 않지만 그를 공격 대상으로 삼는다는 점은 명백하다 — 이런 행위들을 그르지 않은 것으로 생각하도록 만든다(《덕》, 8~10). 우리는 양심적인 신념과 결코 조화를 이룰 수 없는 어떤 일반적인 주장도 받아들일 수 없다. 허치슨은 자신의 방법 때문에 이런 평가를 받지 않을 수 없다.

8. 신과 도덕

자연법 학자들과 마찬가지로 버틀러는 어떤 유일한 원리를 통해 우리가 의지해서 살아야 하는 도덕을 명확히 밝히는 것은 적절하지 않다고 생각한다. 설령 우리가 세계를 지배하는 신의 통치를 신뢰해 모든 덕이 어떤 방식으로든 선을 낳는다고 생각하더라도(XII. 32) 양심은 우리의 삶에서 사랑이 차지하는 역할에 제한을 가하지 않을 수 없다. 우리는 결과가 어떻든지 간에 정의롭고, 명예를 존중하고, 정직해야 한다. 또한 사려 깊고, 자비심을 지녀야 한다. 《설교집》이나 《덕에 관한 논고》에서 버틀러는 더 이상의 설명을 하지 않는다. 휴얼이 말한 대로 그는 이론을 제시하지 않는다. 하지만 그의 견해를 파악할 수 있는 실마리는 《유비》에서 드러나는데, 이는 그의 도덕적 입장 전반을 더욱 완전하게 파악하는 데 도움이 되므로 살펴볼 만한 가치가 있다.

《유비》에서 버틀러는 열두 번째 설교와 《덕에 관한 논고》에서 가정했던 것, 즉 우리는 신을 오직 자비심에 의해서만 움직이는 존재로 여겨야 한다는 생각을 거부한다. 라이프니츠를 강하게 떠올리게 하는 한 대목에서 버틀러는 만일 그런 생각에 따른다면 "신의 진실성과 정의를 단지 지혜에 의해서 인도되는 자비심에 지나지 않는 것으로" 보아야만 한다고 말한다. 하지만 우리에게는 이런 견해를 지지할 증거가 부족하다. 우리는 기껏해야 추측할 수 있을 뿐이지만, 신은 아마도 우리를 행복하게 만드는 단순한 성향이 아니라 선하고 정직한 사람들을 행복하게 만드는 복합적 성향에 따라 움직일 것이다. 어쩌면 신은 "도덕적 행위자가 드러내는 도덕적 경건함만으로 또 경건함 그 자체를 기뻐할 뿐만 아니라 도덕적 경건함의 존재가 본질적으로 자신의 피조물들을 행복으로 이끈다는 것 또한 고려하는지 모른다"(《유비》 I. II. 3). 간단히 말하면 신은 우리가 덕을 갖춘 한에서만 우리의 행복을 바라는데, 덕을 갖추기 위해 우리는 자비로울 뿐만 아니라 정의롭고 정직해야 한다. 따라서 말브랑슈나 클라크와 마찬가지로 버틀러는 컴벌랜드와 라이프니츠식의 전반적인 결과주의를 채택하지 않고도 주의주의를 거부하는 방향으로 나아가려는 듯이 보인다.

이제 나는 양심이 지니는 권위의 기초가 무엇인가 하는 문제를 다시 살펴보려 한다. 이 시점에서 양심이 우리에게 자비심을 키울 것을 명령하든 아니면 정의롭고 정직하기 위해 자비심을 제쳐 놓을 것을 명령하든 간에, 양심이 우리에게 신의 의지를 드러낸다는 점은 더욱 분명한 듯하다. 더욱이 양심은 신이 **무엇을** 원하는지뿐만 아니라 **왜** 그것을 원하는지도 우리에게 알려 준다. 우리 안에서 들리는 신의 목소리로서 양심은 우리가 지녀야 할 바람직한 특성과 관련해 신이 영원한 진리로 여기는 것이 무엇인지 전해 준다. 유한한 행위자가 행복을 누리는 것은 적절한 일이지만 그는 또한 정의롭고 정직해야 한다. 버틀러는 "도덕적 계율은 우리가 그 근거를 아는 계율이다. 반면 실정법은 그 근거를 모르는 계율"이라고 말한다(《유비》I. II. 3). 43) 마지막으로 양심은 신이 파악하는 바를 우리도 파악할 수 있도록 만드는 것 이상의 역할을 한다. 만일 양심을 완전히 파악한다면 신이 우리에게 양심에 따르라는 명령을 내렸다는 점도 파악한다. 완전히 양심적인 행위자는 자신이 행해야만 하는 바를 왜 행해야 하는지도 알 것이다. 그리고 이렇게 행하면서 그는 자기 자신이 아니라 신에게 복종하게 된다.

43) 나는 Schneewind(1991)에서 이 점을 잘못 생각했는데 이제 이를 바로잡는다. 이런 수정뿐만 아니라 버틀러 전반에 대한 나의 이해는 오브라이언(Wendell O'Brien) 교수의 도움에 힘입은 바 큰데 내가 방금 《유비》에서 인용한 대목에 주의를 기울이게 된 것 또한 그의 덕분이다.

제17장

흄: 자연화한 덕

나는 지금까지 주의주의를 내세운 자연법 학자들이 신을 도덕에 필수적인 존재로 유지하려고 애쓰면서도 신의 역할을 최초에 도덕을 창조한 것으로 한정했다고 주장해 왔다. 마키아벨리와 해링턴은 신을 도입하지 않고 자신들의 원리를 확립했지만 안정된 나라를 유지하기 위해서는 국교가 필요하다고 생각했다. 몽테뉴는 종교에 의존하지 않는 도덕의 가능성을 탐색했으며, 그의 추종자인 샤롱은 체계적인 자연주의 이론을 만들어 내려는 노력을 경주했다. 홉스는 이런 체계를 훨씬 완전하게 제시했지만 개인의 이익을 위한 명령을 진정한 법칙으로 변형하는 과정에서 신이 부수적인 역할을 한다는 주장을 유지했다. 우리가 스피노자를 진정 도덕을 자연화하려 한 인물로 해석하려는 유혹에 빠지는 것은 분명한 사실이지만 세계에 대한 그의 이해는 매우 종교적이었다. 맨더빌은 도덕의 자연사를 제시하면서 단지 도덕을 신과 관련짓는 데 필요한 원리에 관한 설명만을 더했다. 이런 설명에서 언급한 바를 그대로 믿는 사람은 아무도 없으며, 어떤 경우든 그가 인간 삶에 관해 진지하고 상세한, 자연주의적인 철학적 설명을 제시하기보다는 대중의 정서를 도발해 격분시키는 데 더 큰 관심이 있었음은 명백한 사실이다.

흄(David Hume, 1711~1776)은 바로 이런 설명을 제시하려 했다. 더욱이 그는 도덕이나 정치적 측면에서 종교는 사회와 인간 행복에 해로울 뿐이라는 자신의 믿음을 분명히 드러내었다. 그는 일반 대중을 위해 국교를 확립할 필요가 있다고 주장하지 않았다. 오히려 진보된 지식에 의지한다면 종교적 신앙은 사라지리라고 생각했다.

흄은 스코틀랜드 출신의 칼뱅주의자로 성장했다. 그는 젊은 시절 17세기에 널리 보급된 종교 지침서 《인간의 모든 의무》(*The Whole Duty of Man*)에[1] 등장하는 설명을 진지하게 받아들였다. 이 책의 서문에는 독자들에게 영혼을 돌볼 것을 강력하게 역설하는 내용이 등장한다. 영혼을 돌보는 일이 특별히 필요한 까닭은 아담이 신과의 첫 번째 서약을 ─ 즉 만일 선악과의 열매를 따먹지 않으면 모두가 아담의 것이 되리라는 합의를 ─ 깨뜨렸기 때문이다. 그 결과 그의 모든 후손은 "행해야 할 바를 구별하지 못하게 되었고 또한 그것을 제대로 또는 아예 행할 수 없게 되었다"(XIII). 하지만 우리에게도 희망이 있는데 신이 두 번째 서약을 통해 우리를 구원하기 위해 자신

---

1) 알레스트리(Richard Allestree)의 저술로 보이지만 확실하지는 않다. 〔이하 옮긴이의 첨가〕알레스트리(1619~1681)는 왕당파에 속했던 성직자로 옥스퍼드대학을 졸업한 후 왕실의 지원 아래 계속 고위 성직에 임명되었으며 1665년부터 사망할 때까지 유명한 이튼 고등학교(Eton College)의 주임 사제로 활동했다.

의 아들을 보내 주기로 약속했기 때문이다. 우리는 그리스도를 왕으로 모시고 따르지 않을 수 없으며 결코 그의 법에 거스르지 않아야 한다. 그리스도 덕분에 우리 중 몇몇은 그 법에 따를 수 있는 능력을 부여받게 되었다(XVII, XXI). 2) 매주 일요일의 설교에서 이런 모든 의무의 상세한 내용이 분명히 드러난다. 젊은 시절 흄은 도덕에 관한 목록을 만들고 이에 비추어 자신의 행위를 점검했다. 좀더 나이가 든 후에는 키케로와 세네카, 플루타르코스의 가르침을 기준으로 삼아 자신을 평가하기를 즐겼다. 3) 사상적으로 더욱 성숙해지면서 그는 기독교의 의무들을 자연화한 덕 윤리로 대체하려는 목표를 세웠는데 이를 위해 고대 철학자들의 생각을 전형으로 삼았지만 그들이 여러 신들을 도입한 점에 대해서는 그리 공감하지 않았다.

흄은 오랫동안 종교와 도덕을 위협한 인물로 평가되었으며, 제대로 연구되기보다는 극단적인 회의주의자로 비판과 공격을 당했다. 하지만 현 세기에 접어들면서 그에 대한 학문적인 탐구가 본격적으로 이루어지고 철학적 분위기가 변화하면서 그는 철학적 천민에서 철학의 전형으로 승격되었다. 그에 관한 문헌은 헤아릴 수 없이 많으며, 그에 대한 해석 또한 거의 그만큼이나 많다. 이 장에서 나의 목적은 그런 해석의 수를 하나 더 늘이는 것이 아니라 흄의 견해를 그 자신이 인식하고 고려했던, 도덕에 관한 철학적 논의와 관련해

---

2) 흄이 소년 시절 들었던 설교와는 달리 《인간의 모든 의무》에는 신의 선택, 선행 은총(prevenient grace), 예정 등에 관한 교리가 명확하게 등장하지는 않는다. N. K. Smith, 흄의 《자연종교에 관한 대화》에 대한 편집자 서문, 4면 참조.

3) Mossner(1954) : 34, 64면.

검토하려는 것이다. 흄의 견해를 제시하면서 나는 주로 《인간 본성에 관한 논고》(*Treatise of Human Nature*, 1739~1740, 이하 《논고》로 약칭) 에 등장하는 설명에 주목했는데 그 까닭은 여기서의 설명이 그이후 출판한 《도덕 원리에 관한 탐구》(*Enquiry concerning the Principles of Morals*, 1751, 이하 《도덕 원리》로 약칭) 에서의 설명보다 더욱 상세하고 정교하기 때문이다.

1. 정서에 관한 학문으로서의 도덕철학

푸펜도르프는 자연법에 관한 자신의 주저 첫 장에서 세계에서 도덕이 차지하는 지위를 다루었다. 흄도 이와 유사하게 《논고》의 3부에서 도덕에 관한 서론과 함께 이를 탐구하기 시작한다. 하지만 이후로 이전의 예들에서 벗어나 이들을 활용하지 않는다. 예를 들면 그는 의무를 자신과 타인 그리고 신에 대한 것, 세 가지로 분류하는 이전의 도식을 사용하지 않는다. 이런 세 범주로의 구분을 포기한 것은 도덕에서 종교를 제거하려는 그의 계획 중 일부이기도 하다. 자신의 견해를 과학적 탐구의 결과로 제시하고자 결심했기 때문에 그의 논증 방식은 더욱 구체화된다. 자신의 주장을 이런 방식으로 표현하기 위해 그는 지극히 의도적으로 도덕에서 욕구가 차지하는 역할에 관해 반종교적인 입장을 취한다.

　《논고》의 3권 표지에는 이 책이 "도덕적 주제들에 실험적인 추론 방법을 도입하기 위한 시도"라는 선언이 등장한다. 여기서 "도덕적"이라는 용어는 인간을 제외한 나머지 세계를 다루는 자연과학과 인간을 탐구하는 학문을 대비하기 위해 사용된다. 좁은 의미에서 도덕은 인간에 관해 탐구되어야 할 바 중 단지 일부에 지나지 않는다. 흄은 이런 영역에서 계획적인 실험이 이루어질 수 없는 것을 유감스럽게 생각하면서 만일 실험이 이루어진다면 자신이 원하는 모든 자료를 얻을 수 있으리라고 확신한다.⁴⁾ 우리는 이런 영역에서 가장 기본적인 사실들조차 설명하지 못한다. 하지만 일단 이들을 발견하기만 하면 다른 어떤 학문보다도 확실하고 더욱 유용한 학문을 발전시킬 수 있다는 희망을 갖게 될지도 모른다(xviii~xix면). 그렇다면 도덕 이론이 고려해야 하는 가장 기본적인 사실들은 과연 무엇인가? 그리고 이들을 탐구함으로써 기대할 수 있는 이론은 과연 어떤 종류의 것인가?

이에 대한 대답을 얻기 위해 흄은 우선 우리가 어떻게 "악덕과 덕을, 비난받을 만한 행위와 칭찬받을 만한 행위를 구분하는지" 질문을 던진다(456면). 우리는 추론을 통해 이런 구별을 하는가? 아니면 추론과 무관하게 어떤 인상을 통해서 — 즉 어떤 행위나 행위자를 지각함으로써 바로 우리의 마음에 생겨나는 어떤 감각이나 감정 또는 정서를 통해서 — 구별하는가? 이에 대한 흄의 대답은 허치슨의 대답과(앞의 제 16장 4절) 유사하다. 흄은 짧지만 강력한 논증을 통해 이성주의를 반박한다. "도덕은 정념을 자극해 어떤 행위를 하게 하

---

4) 예를 들면 《논고》 II. II. ii에서처럼, 흄 자신의 견해가 얼마나 정확한지 독자들이 이해하도록 돕기 위해 스스로 수많은 "실험들"을 제시한 대목이 여러 군데 등장한다. 물론 이들은 단지 사고 실험에 지나지 않지만, 후에 밀(J. S. Mill)이 공변법(concomitant variation)처럼 과학적 방법이라고 묘사한 것에 대해 다양한 관점에서 예를 든 것이다.

거나 금지한다. 이성은 그 자체만으로는 이런 특수한 영역에서 전적으로 무능하다. 따라서 도덕의 규칙들은 우리의 이성이 내린 결론이 아니다."5) 여기서 첫 번째 전제는 명백한 듯이 보인다. 도덕적 규칙과 계율들이 우리의 행위에 영향을 미치지 않는다면 왜 이들을 둘러싼 논란과 논쟁이 끊이지 않겠는가(457면)? 두 번째 전제는《논고》2권에서 제시된, 행위를 일으키는 과정에서 욕구와 이성이 담당하는 역할에 대한 분석으로부터 등장한 것인데 이에 관해서는 다음 절에서 논의하려 한다. 이와 관련해서 흄은 이성에 관한 허치슨식의 몇몇 고찰을 더함으로써 자신의 주장을 납득시키려 한다.

흄은 이성이 우리에게 오직 참과 거짓만을 알려 준다고 말한다. 반면 정념과 행위는 "그 자체로 완전한 … 원초적 사실들이다". 이들은 참도 거짓도 아니며, 부정되지도 긍정되지도 않는다. 따라서 이들을 합리적이라거나 불합리하다고 부르는 것은 부적절하며 이들은 칭찬할 만하거나 비난할 만한 것들이라고 해야 한다. 그러므로 후자의 두 용어는 전자의 두 용어와 같은 의미를 지닐 수 없다(458면). 이성은 단지 수단에 관한 믿음만을 제공할 뿐인데 어느 누구도 이것이 그 자체로 도덕적 믿음이라고는 생각하지 않으며, 도덕적 평가의 대상으로 여기지도 않는다(459~460면). 만일 도덕이 논증되어야 한다면, 그리고 이런 일이 이루어져 도덕의 몇몇 주장들이 "기하학이나 대수학과 같은 확실성"을 지녀야 한다면(463면) 도덕은 관념들

---

5) 말브랑슈는 흄이 말한 바가 죄에 빠진, 타락한 상태의 인간에 대해서는 당연히 참이라고 동의했을 것이다. 그는 오직 아담만이 질서에 대한 자신의 지식에 비추어 직접 어떤 방식으로 행위할 수 있다고 생각했을 듯하다. 앞의 제 11장 6절 참조.

사이의 관계를 다루는 문제 또는 분석적 진리임에 틀림없을 것이다. 하지만 도덕에서는 관념들 사이의 이런 관계는 결코 발견되지 않는다. 만에 하나 이런 관계가 성립하더라도 도덕이 가져야만 하는 동기로서의 영향력이 이러한 관계를 인식함으로써 발휘됨을 보여야 한다는 또 다른 문제가 여전히 남는다. 말브랑슈나 클라크 같은 이성주의자들은 도덕 원리를 인식하는 일과 이런 원리에 따라서 행위하는 일을 서로 별개의 것으로 본다. 이로부터 흄은 반클라크적이지만 동시에 지극히 말스랑슈적인 결론을 이끌어 낸다. 만일 도덕적 인식과 도덕적 동기가 서로 구별된다면 이들 사이에 필연적인 연결점은 존재하지 않는다. 무엇이 모든 사람을 움직이는가에 대한 주장을 증명하기 위해 적절한 방식은 오직 경험적 증명뿐이다. 따라서 어떤 도덕 원리도 경험과 무관하게 증명될 수는 없다. 그 까닭은 흄이 《논고》의 1권에서 상기시킨 것처럼, 무언가가 다른 무엇이라도 행위하도록 만든다는 사실에 대한 경험과 무관한 증명은 존재할 수 없기 때문이다. 그런데 도덕은 우리를 행위하도록 움직여야만 한다 (464~466면).

만일 이런 주장을 듣고 절망한 이성주의자가 이성을 통해서 발견할 수 있는 사실이 도덕의 핵심이라고 말하려 한다면 흄은 그에게 과연 그런 사실이 무엇인지 물을 것이다. 살인을 목격한 경우를 예로 들어 보자. 여기서 운동과 정념, 의지작용에 대한 사실은 발견되지만 도덕적 사실은 전혀 발견되지 않는다 — 최소한 내막을 들여다본 후에야 비로소 도덕적 사실이 발견될 것이다. 그리고 이때 발견되는 바는 비난의 느낌이다. 따라서 우리가 덕과 악덕에 관해 언급하면서 의미할 수 있는 바는 오직 시인과 부인의 느낌에 지나지 않는다 (468

~469면).

그러므로 도덕은 "판단되기보다는 느껴진다고 말하는 편이 더욱 적절하다"(470면). 그렇다면 도덕학의 임무는 명확해진다. 만일 "우리가 도덕적 선과 악을 인식하도록 구분해 주는 인상들이 단지 특정한 쾌락과 고통에 지나지 않는다면", 과연 무엇이 도덕적 시인과 부인의 감정에 해당하는 쾌락과 고통을 우리에게 불러일으키는지 질문이 제기된다(471면). 우리가 시인과 부인을 느끼는 대상의 종류가 무척이나 많음은 명백한 사실이다. 우리가 시인하는 유형의 대상들이 각각 그 자체의 특성 때문에 시인을 불러일으킨다고 가정하는 것은 과학적으로 거의 설득력이 없는 방법이다. 따라서 시인되거나 부인되는 대상들이 공통적으로 지니지만 도덕적으로 중립적인 대상들은 지니지 않는 바가 무엇이냐는 질문이 제기된다. 이 질문에 대한 대답을 발견한다면 우리는 도덕의 기초를 발견한 셈이 된다(473면).

널리 알려진 한 대목에서 흄은 많은 철학자들이 신이나 인간과 관련된 여러 가지 일들이 실제로는 어떤지 기술하고, 그 다음 이로부터 여러 일들이 어떻게 **되어야만 하는지**에 대한 추론을 진행한다고 지적한다. 그러면서 이런 추론, 즉 **존재**로부터 **당위**를 이끌어 내는 추론이 어떻게 타당할 수 있는지 알 수 없다고 덧붙인다. 이런 추론을 시도하려는 학자들이 자신의 추론 과정을 제대로 설명하지 않으므로 과연 이들이 그렇게 할 수 있는지 의심하면서, 흄은 자신의 이런 지적이 "통속적인 도덕 체계를" 완전히 뒤집어엎으리라고 냉정하게 덧붙인다(469~470면). 의무에 관한 홉스의 환원주의적 설명은 물론 경험에 기초한 연역을 통해 도덕학을 구성할 수 있다는 푸펜도르프나 로크의 주장 모두가 이런 비판의 대상이 된다. 뿐만 아니라 관찰 가능한 인간 본성의 특징으로부터 우리가 행해야 할 바를 이끌어 내는 추론에 의지하는 다른 모든 견해들도 — 버틀러를 포함해 — 이런 비판에서 자유로울 수 없다. 도덕적 동기에 관한 흄의 논증이 도덕적 이성주의를 제거한다면, "존재-당위" 논증은 인간 본성에 관한 사실에 호소함으로써 도덕적 주장을 이성적으로 정당화하려 하는 모든 경험주의적 시도의 가능성을 배제한다.

흄은 자신의 저술에서 스스로 비난한 연역적인 유형의 논증을 전혀 사용하지 않는다. 그는 자신이 도덕 원리들을 발견했으며 이들이 현실 상황과 어떻게 관련되는지 드러냈다고 주장한다. 그의 원리들은 우리의 도덕적 믿음을 이성적으로 정당화하기 위한 출발점을 의미하지 않는다. 이들은 단지 우리가 칭찬할 만하다거나 비난할 만하다고 선언하는 특성이나 행위가 지닌 소수의 특별한 특징에 의해서 발생하는, 우리 모두가 경험하는 어떤 감정을 설명하기 위한 것일 뿐이다. 만일 그가 옳다면 사실에 관한 우리의 몇몇 믿음이 어떻게 도덕적 시인과 부인의 원인을 제공하며 또 어떻게 우리가 행해야만 하는 것에 관한 확고한 신념으로 이끄는지 이해할 수 있게 된다. 그는 도덕에 관해 이 이상의 더 깊은 설명을 기대해서는 안 된다고 생각한다(《도덕 원리》: 219면 각주). 일단 도덕을 순전히 이성적으로 또는 경험적으로 정당화할 수 없다는 사실을 깨닫기만 하면 그 후에 우리가 탐구할 수 있는 유일한 것은 도덕적 정서에 관한 학문이다. 설령 흄이 자신의 저술에서 어떤 도덕 판단을 내린다고 해도 그는 이것이 인식론적인 특권을 지닌다고 생각하지 않는다. 도덕 판단은 모든 사람이 무언가를 도덕적으로 선언하는 방식을 인과적으로 설명할 뿐이다.

2. 욕구, 믿음 그리고 행위

흄이 도덕이 우리를 행위하게 만든다는 첫 번째 전제를 채택한 것은 이성주의를 비판하는 근거를 제시하는 것 이상의 의미가 있다. 이를 통해 그는 도덕 원리가 인간의 동기와 관련된다는 루터주의나 칼뱅주의를 거부한다. 종교개혁자들의 주장에 따르면 도덕법칙은 우리가 행해야만 할 바를 행할 수 없음을 보이기 위해 등장한 것이어서는 안 된다(앞의 제2장 4, 6절 참조). 항상 그렇듯이 우리의 본성에서 생겨난 욕구는 도덕이 요구하는 제한을 받아들여야 한다. 그 자체로 우리를 행위하도록 만들 수 없는 도덕은 결코 우리에게 타당한 도덕일 수 없다. 도덕이 우리에게 무엇을 요구하든지 간에 그것은 우리가 이미 행할 수 있는 바이다. 아마 라이프니츠도 이에 동의했을 듯하다. 그의 도덕은 우리를 행위하게 하는 욕구의 역할을 흄의 도덕보다 훨씬 더 강하게 강조한다. 하지만 라이프니츠의 세계는 최선의 결과를 빚도록 신이 선택한 세계인 반면 흄의 세계는 전혀 그렇지 않다. 그리고 이 두 철학자는 근본적으로 서로 다른 방식으로 욕구를 이해한다. 이 차이의 근거에 바로 흄의 정서주의가 놓여 있다.

라이프니츠는 모든 사고가 표상이며, 욕구는 표상들 중 덜 명석판명한 것이라고 생각한다. 욕구는 지각의 총량을 혼란스럽게 드러낼 뿐이며, 우리는 완전성을 표상함으로써 그것에 이르는 방향으로 움직인다. 하지만 라이프니츠의 이론은 본질상 스토아학파적이다. 플루타르코스(Plutarch)는 스토아학파에 대해 다음과 같이 말한다.

스토아학파는 〔영혼에서〕 정념을 담당하는 비이성적인 부분이 이성적인

부분과 영혼의 본성 내부의 그 어떤 차이를 통해서도 서로 구별되지 않는
다고 생각하며, 그 대신 영혼의 동일한 부분이 (스토아학파는 이를 사고
또는 지휘하는 능력이라고 부르는데) 정념의 전회와 변화에 따라 덕이
되기도 악덕이 되기도 한다. … 그러므로 이 부분 자체 안에 비이성적인
것은 전혀 없다. 6)

그렇다면 정념이 그 자체로 완전하다는 흄의 주장은 스토아학파
의 이론을 거부하는 셈이 된다. 그리고 만일 비이성적인 정념이 우
리를 움직이게 한다는 사실이 틀림없다면 이성은 우리가 행하는 바
를 직접 인도하거나 통제할 수 없다.

샤프츠버리나 허치슨과 마찬가지로 흄은 정념과 욕구가 우리를
이런 저런 방향으로 움직이는 비표상적인 힘을 지닌다는 로크의 견
해를 받아들인다. 흄은 모든 정념이 자신이 무관심성의 선악 또는
쾌락과 고통이라고 부르는 바에 대한 지각을 포함한다고 말한다
(《논고》: 276면). 정념들은 대부분 무언가가 좋거나 나쁘다는 믿음
에 의해서 생기는데, 이런 믿음은 우리가 무언가로부터 쾌락과 고통
을 느낌으로써 형성된다. 또 다른 정념들은 "우리의 본성적 충동 또
는 본능으로부터 생기는데 이들을 설명하기란 전혀 불가능"하다. 하
지만 이들은 우리로 하여금 충동이나 본능의 대상을 좋은 것으로 생
각하도록 만든다(439면). 어떤 방식으로 무엇을 좋다고 생각하게
되던 간에 모든 욕구에는 이런 생각이 포함된다. 하지만 이 말이 곧
정념들이 순전히 선과 악에 대한 사고에 의존함을 의미하지는 않는

---

6) Long/Sedley, I. 61B. 9: 378면 참조.

다. 이런 사고를 통해서는 강한 욕구와 약한 욕구 또는 평온한 정념과 격렬한 정념 사이의 차이를 설명할 수 없다(418~419, 437면). 그리고 이런 사고만으로 의지가 결정되지는 않는다.

사실 우리의 의지작용을 설명할 수 있는 어떤 정형화된 틀도 존재하지 않는다. 흄은 의지가 "우리가 의도적으로 육체의 새로운 운동이나 정신의 새로운 지각을 일으킬 때" 느끼는 단순한 인상에 지나지 않는다고 말한다(399면). 형이상학자들은 의지가 어떤 하나의 요인에 의해 결정된다고 말한다. 하지만 경험에 비추어 보면 그렇지 않다. "사람들은 자주 의도적으로 자신의 이익에 반하는 행위를 한다. 이런 근거에 비추어 보면 가능한 최대한의 선을 이해하는 관점이 사람들에게 항상 영향을 미치지는 않는 듯하다. 사람들은 자주 자신의 계획과 이익을 추구하기 위해 격렬한 정념에 거슬러 행위한다. 따라서 오직 현재의 불편함만이 사람들의 의지를 결정하지는 않는다" (418면).[7] 그렇다면 이성은 우리가 욕구를 만족시킴으로써 얻을 수

---

7) 이를 보면 흄은 현재의 불편함이 우리의 동기로 작용한다는 로크의 견해는 거부하는 반면 최대선에 대한 고려가 동기라는 견해에 관한 로크의 비판은 받아들인다. 흄이 지적한 다른 형이상학자는 맨더빌인 듯한데 어쩌면 라이프니츠일 수도 있다. 흄이 당연히 주의를 기울였을 듯한, 클라크와 주고받은 편지에서 라이프니츠는 우리의 정신이 지닌 행위하려는 성향이 행위의 동기라는 자신의 견해를 거듭 주장한다. 그는 계속해서 다음과 같이 말한다. "만일〔클라크가〕여기서 주장하듯이 정신이 때로 강한 동기보다 약한 동기를 선호한다고, 심지어 동기에 앞서 무관심한 것을 선호한다고 생각한다면 이는 정신과 동기를 분리해 마치 동기에는 정신이 관여하지 않는다는 듯이 … 즉 정신이 동기 외에도 또 다른 행위하려는 성향을 지니며 이에 따라 동기를 수용하거나 거부할 수 있다는 듯이 생각하는 셈이 되고 만다" (LCCorr: 59면). 샤프츠버리나 허치슨이 생각한 도덕적 정서와 마찬가지로 흄의 도덕적 정서 또한 동기들을 수용하거나 거부하는 동기와는 정확하게

있는 선의 총계를 알려 주어 정념이나 의지를 통제하는 일을 전혀 할수 없다. 이성은 기껏해야 욕구의 대상을 언제 추구할 수 있는지 말해 주고 원하는 바에 이를 수 있는 수단을 알려 줄 뿐이다(459면). 따라서 흄은 "이성은 오직 정념의 노예일 뿐이며 또한 그래야만 한다"고 결론짓는데 이는 이성이 단지 정념을 위한 정찰병에 지나지 않는다는 홉스의 견해를 반영하기도 한다. 그리고 이와 더불어 흄은 도덕이 주로 감정에 의존함을 보이기 위한 논증의 두 번째 전제를 손에 넣게 된다.

흄의 행위 이론에서 의지는 어떤 중요한 역할도 담당하지 않는다.[8] 그리고 그는 도덕적 시인과 부인이 우리 행위의 원인 중에 포함된다는 사실을 보여야 하지만 이들의 작용을 쉽게 설명하지는 못한다. 욕구와 정념이 우리를 움직이는 듯이 보인다. 그렇다면 도덕적 감정은 어떤 역할을 하는가? 간단히 말하면 다음과 같다. 시인과 부인의 원인이 되는 것이 어떤 동기 또는 성격적 특성이든 간에 시인은 욕구와 정념을 강화하고, 부인은 약화한다. 시인은 우리를 시인

다른 무언가이다.

[8] 《논고》: 408면에서 우리가 변덕스럽게 행위함을 들어 "자유" 의지를 증명하려는 사람들을 비웃는데 이를 통해 그는 시간적으로 앞선 원인과 무관하게 선택을 내릴 수 있는 우리의 고유한 능력을 감탄스럽게 생각하는 습관을 들임으로써 우리 자신을 규율할 수 있다는 데카르트의 견해를 공격한다. 이런 경우에 우리는 어떤 욕구도 없이 행위하는 것이 아니라 새로운 욕구로부터 행위하는 것이다. 《인간 지성에 관한 탐구》(*Enquiry concerning Human Understanding*) VII. I에서 의지의 자유에 관해 논의하면서 흄은 몇 절에 걸쳐 말브랑슈적인 기회원인론을 비판하는데 여기서 그는 신의 의지 능력에 관한 기회원인론의 주장들이 무엇보다도 우리가 정신이 어떻게 육체를 움직이는지에 대한 인상을 전혀 보일 수 없으며 따라서 이에 대한 관념도 전혀 드러낼 수 없다는 사실에 의해 설득력을 잃게 된다고 주장한다(69~73면).

하는 사람들이 기꺼이 우리를 돕도록 만들 뿐만 아니라, 그들이 우리를 존경하고 사랑하도록 한다. 니콜과 마찬가지로 흄은 우리 모두가 사랑받기 좋아한다고 생각한다. 따라서 우리는 우리를 사랑받도록 만드는 특성들을 계발하려고 노력한다.[9] 이는 우리가 지닌 사교성을 잘 드러낸다. 우리가 자신에 대한 평판에 매우 큰 관심을 보이고(501면), 다른 사람들로부터 도덕적 존경을 받는 데도 관심을 보인다는 사실 또한 우리의 사회적 욕구를 잘 보여 준다. "도덕은 정념을 자극해 어떤 행위를 하게 하거나 아니면 금지하는데", (말브랑슈의 주장처럼) 그리 뚜렷하지 않은 형태의 쾌락에 대한 지식을 전함으로써 그렇게 하는 것이 아니라, 아무런 도덕적 정서를 지니지 않았을 경우와는 다르게 행위하도록 만듦으로써 그렇게 한다.

푸펜도르프와 마찬가지로 흄도 도덕의 핵심이 우리에게 세계에 대한 지식을 전하는 것이 아니라 우리를 움직이도록 만드는 것이라고 생각한다. 흄은 이 점을 보이기 위한 방법을 통해 또한 도덕적 회의주의를 피할 수 있는 방법을 발견한다. 흄의 견해에 따르면 도덕과 관련해 회의주의가 설 자리가 없는 까닭은 우리가 도덕적 대응을 하면서는 혹시 잘못일지도 모를 인식론적 주장을 펴지 않기 때문이다. 우리가 파악하는 바는 단지 현상일 뿐이라는 피론주의의 견해를 논박하지 않음으로써 흄은 결국 현상이 우리에게 필요한 모든 것을, 즉 개인적으로 행위를 인도하는 데 필요한 것뿐만 아니라 몽테뉴의 생각처럼 사회적 삶에 필요한 것까지도 제공해 준다고 주장하게 된

---

9) 흄은 우리가 자신의 특성을 이전과 크게 다른 수준으로 변형할 수는 없다고 생각한다. 따라서 도덕적 시인을 받으려는 욕구를 통해서 우리는 단지 자신의 행위를 통제할 수 있을 뿐이다(《논고》: 608~609면).

다. 이 문제와 관련해 허치슨과 흄은 샤프츠버리와 같은 의견을 보인다. 좋은 현상과 나쁜 현상에 대한 우리의 반응을 ― 즉 우리의 욕구와 동기를 ― 고찰해 보면 우리가 어떤 현상은 지지하는 반면 다른 현상은 거부하는 또 다른 느낌이 생겨난다는 사실을 알 수 있다. 앞서 제 14장 6절에서 지적했듯이 샤프츠버리는 이 점과 관련해 회의주의로 나아갈 수 있는 여지를 남긴다. 하지만 허치슨과 흄은 이런 여지를 남기지 않는다. 이들이 우리 모두에게 있다고 생각한 윤리학의 방법은 잘 훈련된 감수성이 아닌 오직 동기에 관한 자발적인 느낌만을 포함한다. 몽테뉴라면 우리의 정서가 허치슨이나 흄이 허용하는 것보다 훨씬 다양하다고 항의했을지도 모른다. 하지만 이는 사실적인 ― 흄이라면 과학적이라고 표현했을 ― 탐구의 문제에 속한다.

흄이 행위자가 아니라 관망자의 관점에서 자신의 도덕 이론을 전개한다는 주장이 자주 제기된다. 그는 "내가 지금 무엇을 해야 하는가?"가 아니라 "그런 행위를 한 그는 좋은 사람이었는가?"와 같은 질문을 핵심적인 것으로 여긴다. 일반적으로 흄은 (흡스처럼) 도덕적 심사숙고에 대한 설명을 제시하지 않았을 뿐만 아니라 의사결정의 규칙은 더더욱 제시하지 않은 인물로 평가된다. 하지만 이 점을 들어 흄을 비판한다면 이는 흄에 대해 논점선취의 오류를 범하는 것이 된다. 왜냐하면 이런 논점은 인간의 행위가 이 세계에서, 아니면 최소한 도덕적 세계에서라도 어떤 특별한 지위를 차지한다는 사실을 가정하는데, 흄은 이에 동의하지 않을 것이기 때문이다.

흄은 정신과 관련된 인과성을 논의하면서 이를 드러낸다. 만일 인과성에서 원인과 결과의 관념을 서로 연결해야 할 필요가 있다면 신조차도 원인일 수 없다. 만일 권능에 대한 관념이 전혀 없는 상태에서 신이 모든 것의 원인이라는 사실을 안다고 주장한다면 우리는 신이 우리의 의지작용의 원인이며 따라서 우리가 저지르는 악행의 원인이라는 점을 허용해야만 한다. 철학자들은 우리의 의지작용은 신의 권능에서 벗어나는 것으로 봄으로써 이런 결론을 피하려고 애썼다. 하지만 "만일 명백한 권능을 지닌 존재 이외에는 어떤 것도 능동적이지 않다면 사고 또한 물체보다 조금도 능동적이지 않다". 따라서 만일 항구적으로 결합되어 있는 대상이 인과적으로 연결된다고 말한다면 물체와 사고 사이의 연결은 불가능하지 않을 뿐만 아니라 심지어 이상한 일도 아닐 것이다(248~250면). 흄의 생각대로 만일 인간의 행위가 단지 육체의 운동이 뒤따라 일어나는 욕구 또는 의지에 지나지 않는다면 이는 그저 자연 세계에서 성립하는, 또 다른 종류의 항구적인 연결일 뿐이다.

허치슨과 마찬가지로 흄이 출발점으로 삼은 질문은 관망자와 행위자에 관한 것이 아니라 운동하는 물체들로 이루어진 뉴턴적인 세계에서 도덕의 존재에 관한 것이다. 우리가 관찰할 수 있는 바에 관한 흄의 자연주의적인 가정을 전제할 경우, 그의 질문은 어떻게 몇몇 물체들이 도덕적 사고와 발언에 의해서 움직이느냐는 것이 된다. 그리고 이에 대한 대답은 인간의 행위에 무언가 특별한 것이 있음을 거부하는 흄의 견해를 뒷받침한다. 도덕에 관한 모든 사실은 그런 특별한 것에 호소하지 않고 설명될 수 있다. 지금까지는 도대체 어떻게 도덕이 성립할 수 있는지만 살펴보았다.[10] 흄의 이론이 지닌

---

10) 푸펜도르프는 신의 의지와 우리의 의지가 힘과 운동의 세계에 도덕적 실재를 부과할 수 있으리라고 주장했다. 하지만 흄은 이런 도덕적 실재를 생산하는 것은 우리의 의지가 아니라 우리의 독특한 도덕적 취미라고 주장한다.

중요성은 도덕의 내용과 — 즉 도덕의 세계를 창조하는 특수한 느낌
과 — 관련된다.

3. 시인의 법칙들

시인과 부인을 일으키는 성질을 찾으려는 시도는 이런 느낌들의 대
상을 구체적으로 밝히려는 작업과 더불어 시작된다. 법칙도, 법칙
의 부여자도, 행위도, 행위의 결과도 칭찬 및 시인과 일차적으로 관
련되지 않는다. "양심 또는 도덕감"의 대상은 동기이다(《논고》: 458
면). 정념에 관한 이전의 논의에서 흄은 이미 어떤 특성을 지닌 동기
와 한정된 종류의 행위 사이에 인과적 연결이 성립한다고 주장했다
(403~404면). 이 사실은 우리가 행위들을 분명히 평가한다는 사실
을 설명해 준다. 우리는 실제로 행위들이 덕이나 악덕을 지닌다고
말하는데 그 까닭은 오직 행위들이 동기를 드러내는 표식이기 때문
이다(477~478면). 하지만 흄은 동기가 도덕적 정서의 일차적인 대
상이라는 점을 보이기 위한 증거를 거의 제시하지 않는다(478면).
왜 동기가 정서의 일차적 대상인지 암시하면서 그는 단지 동기는 그
런 정서를 자극하기에 충분할 만큼 지속적이지만 행위는 너무나 순
간적이라는 말브랑슈의 주장을 받아들일 뿐이다(575면, 411면)
　우리가 실제로 시인하는 도덕적 특성들의 목록은 길게 이어진다.

취미는 자연적 대상들에게 "내적인 정서로부터 빌려온" 색을 입힘으로써 "새
로운 창조의 방식을 불러일으킨다"(《도덕 원리》: 294면).

사람들을 정의롭게 만들며, 재산과 명예, 계약과 약속을 존중하게 만들고, 정부에 따르도록 만드는 것이면 무엇이든 시인된다. 순결과 겸손은 적어도 여성에게는 시인의 대상이 된다. 우리는 "용기, 용맹스러움, 열망, 명예의 추구, 관대함 등"(599~600면)에서 드러나는 잘 조절된 긍지도 높이 평가한다. 또한 우리는 "관용, 인간애, 동정심, 감사, 우정, 충실, 열의, 공평, 너그러움 등"과 부모의 애정과 같은 자비로운 성질도 큰 장점을 지닌다고 생각한다(603면). 흄은 우리가 이런 특성들에게 부여하는 시인과 "근면, 인내, 끈기, 활기, 조심성, 전념, 한결같음 등"에 대해 느끼는 감정 사이의 어떤 차이점도 인정하지 않는다. 그는 위대한 인물들은 "그들의 신중함, 인내, 검소, 근면, 진취성, 능력" 때문에 칭찬받는다고 말한다(587면). 이에 더해 뛰어난 유머 감각과 재치, 뛰어난 화술도 높이 평가된다(609~611면). 따라서 설명이 필요하기는 하지만, 시인의 대상이 되는 특성과 이와 상반되게 부인의 대상이 되는 특성이 무척 다양하다는 점은 명백하다.

훌륭한 과학적 설명에서 기대되는 것처럼, 그의 설명은 상대적으로 몇 안 되는 원인으로부터 결과를 이끌어 낸다. 우리가 시인하는 특성들은 모두 인간의 복지 또는 선에 기여하는 행위를 일으킨다. 자비심이나 정의와 같은 몇 가지 특성들은 자신뿐만 아니라 타인에게도 이로운 행위를 하도록 우리를 인도한다. 근면과 절약 같은 덕은 행위자 자신을 유용한 존재로 만든다. 재치와 뛰어난 화술은 듣는 이들을 유쾌하게 만들며, 훌륭한 유머는, 다른 사람들에게 미치는 영향과 무관하게, 이런 능력을 소유한 행운아 스스로를 즐겁게 만든다. 따라서 우리는 시인의 원인이 다른 사람들이나 우리 자신에게 유용하거나 또는 바로 즐거움과 유쾌함을 선사하는 특성이라는 귀납적 논증을 얻게 된다(591면).

시인의 원인이 무엇인지 그의 견해를 뒷받침하는 증거를 제시하는 과정에서 흄은 우리가 타인을, 심지어 자신과 개인적 관련이 없는 사람을 돕거나 즐겁게 하는 특성에 대해 왜 주목하여 시인이라는 즐거운 정서를 갖게 되는지 설명하기 위한 역학을 제시한다. 이 설명에는 시인이라는 정서의 형성뿐만 아니라 공감(sympathy)에 관한 이론도 함께 포함된다.

비록 흄이 도덕적 정서를 다양한 방식으로 명명하고 기술한다 할지라도 그가 말하는 시인과 부인은 본질적으로 사랑과 미움의 느낌이다(614면). 그는 때로 도덕적 시인이 일종의 존중이라고 말한다. "사랑과 존중의 근거에는 동일한 정념이 있으며, 이들은 서로 유사한 원인에서 생겨난다."(608면 각주; 357면 참조) 《논고》의 2권에 등장하듯이 사랑은 단순한 감정이므로 정의될 수 없다. 하지만 사랑의 대상과 원인을 발견할 수는 있다. 사랑은 항상 자기 자신보다는 다른 사람을 향한다. 흔히 자기애라고 잘못 불리는 감정은 참된 사랑의 감정과 아무런 공통점도 지니지 않는다(329면). 진정한 사랑은 한 사람이 자신을 즐겁게 만드는 성질들, 예를 들면 아름다움이나 매력 또는 재능 등을 지닌 다른 사람을 발견할 때 싹트는데 이런 성질들은 사랑이라는 감정 자체가 지닌, 우리를 즐겁게 만드는 특성과 일치하며 또한 이런 특성으로부터 도출된다(330~331면).

따라서 사랑은 다른 사람이 지닌, 우리를 즐겁게 만드는 성질들로부터 쾌락을 느낄 때 나타난다. 그렇기 때문에 사랑에는 아무 목적이나 목표가 없다. 그저 사랑하는 사람의 행복을 고려할 때, 우리는 자신이 그 사람을 향한 자비심에 의해서 인도된다는 사실을 깨달으며 그의 복지를 원하게 된다. 하지만 우리는 이런 생각을 하지 않고도 누군가를 오랫동안 사랑하기도 한다. 따라서 흄이 말하는 사랑은 본질상 관조적이며, 소유하거나 성적 쾌락을 즐기려는 것이 아니다. 또한 기독교적인 아가페(agape)와 같은 헌신적인 관대함도 아니다. 하지만 흄은 우리가 자주 사랑하는 사람의 행복을 고려한다고 믿는다. 그렇게 할 때 흔히 자비심이 생겨난다(367~368면). 11)

흄은 덕과 악덕에 대한 우리의 판단이 본질상 감정이라는 이론에 상당한 중요성을 부여한다. 흄은 우리가 쾌락과 고통에 대해 느끼는 감정들은 무척 다양하지만 오직 이들 중 몇몇 감정만이 "칭찬과 비난을 불러일으키는 **특별한** 종류에 속한다"고 지적한다. "도덕적인 선과 악이라는 이름을 붙일 수 있는" 특별한 감정을 가지기 위해 우리는 누군가의 동기와 특성을 공평하게, 즉 우리에게 미치는 영향을 고려하지 말고 생각해야 한다(472면). 우리의 판단 대상인 개인으로부터 가장 직접적으로 영향을 받는 사람들에게 공감을 집중함으로써 우리는 모든 사람에 대해 동일한 방식으로 느낄 수 있는 확고한 관점에 이르게 된다(581~582면). 공평함은 도덕적 감정의 결정적인 특징이 아니라 그런 감정이 발생하기 위한 인과적 필요조건이다.

---

11) 하지만 흄은 "사랑하는 사람에게 불행이 닥치고, 미워하는 사람이 행복을 누리기를 바라는 욕구를 가정한다고 해도 나는 여기서 어떤 모순도 발견할 수 없다"고 말한다(《논고》: 368면). 흄의 시인은 데카르트가 호의라고 부른 것과 유사한데 데카르트의 호의는 "우리가 호의를 지니는 개인이 행하는 몇몇 선한 행위에 의해서 우리 안에 등장한다. … 우리가 호의를 지니는 사람에게 좋은 일이 생기기를 바라는 욕구가 항상 동반되지만 호의는 욕구가 아니라 일종의 사랑이다"(《정념론》 192, in *Writings*, I. 397).

만일 공평함이 우리가 흔히 감정보다는 이성에 속한다고 여기는 냉정함을 도덕에 부여한다 할지라도 이에 속아서는 안 된다. 도덕적 정서는 감각적 특성보다는 결과에 의해서 더 잘 파악되는 "평온한 욕구"에 속한다 (583, 417면).

　만일 일상적으로 다른 사람들에게 즐거움을 주는 특성을 소유한다면 나는 이를 자랑스럽게 여겨 긍지를 느낄 것이다. 그리고 이런 특성을 지닌 존재로서의 나는 다른 사람들의 사랑을 받는 이가 될 것이다. 그렇다면 덕과 악덕이 함의하는 바는 명확하다. "이 두 가지 특수한 측면은 우리의 정신적 능력과 관련해 서로 동등한 것으로 여겨져야 한다. 한편으로는 사랑 및 긍지를 낳는 능력과 **덕**이, 다른 한편으로는 비굴함과 미움을 낳는 능력과 **악덕**이 동등한 것으로 여겨져야 한다."(575면)《인간의 모든 의무》에는 긍지를 일종의 교만으로 여겨 흄과는 다르게 가르치는 내용이 등장한다. "교만의 죄는 너무나도 커서 천사를 천국에서 쫓아낼 정도에 이른다. … 교만은 첫번째 죄일 뿐만 아니라 가장 큰 죄이기도 하다."(VI. 4) [12] 흄은 긍지를 도덕적 시인을 일깨우는 특성이 자연스럽게 동반하는 바로 만든다. 반면 기독교인들이 신에게 순전히 복종하는 덕으로 여겼던 겸손을 일종의 비굴함으로 여기면서 그 자체가 미움의 한 형태인, 도덕적 부인을 낳는 특성으로 본다.

---

12) 이런 견해는 최소한 아우구스티누스에까지 거슬러 올라갈 정도로 오래된 것이다. "죄는 어디서 생겨나 세상을 가득 채우는가? 교만으로부터. 교만을 치유하면 더 이상 죄가 생기지 않을 것이다. 따라서 모든 병의 원인을 치료하기 위해 … 신의 아들은 낮은 곳으로 와서 자신을 낮추었다."(*On St. John Evangelist*, xxv. 16)

시인을 이렇게 이해함으로써 공감의 작용을 설명할 무대가 마련되었다. 공감은 다른 이들의 감정이 우리 내부로 전달될 수 있게 만드는 동물적인 능력이다. 공감 때문에 우리는 정의 또는 관대함의 수혜자가 우리로부터 얼마나 멀리 떨어져 있든 간에 그가 어떻게 느끼는지 파악할 수 있다. 정의나 관대함의 시혜자는 수혜자에게 즐거운 감정을 갖게 만드는데 관망자인 우리도 공감을 통해 수혜자의 생각을 공유하게 된다. 우리가 시혜자들을 사랑하는 까닭은 즐거움을 주려는 그들의 특성이 다른 사람들에게 이익을 주기 때문이다. 간단히 말하면 공감을 통해 우리는 사랑을 느끼는 데에 호의를 표하는 위치에 놓이게 된다. 우리는 본성상 스스로 시인하고 존중하는 바에 대해 특별한 종류의 사랑을 느끼도록 되어 있다. 그리고 사랑의 감정을 낳는 상황에서 행복에 관해 고려함으로써 우리는 본성적으로 덕이 있는 행위자는 어떤 이익을 얻고, 덕이 없는 행위자는 어떤 손해를 당하기를 바라게 된다 — 바꾸어 말하면 보상과 처벌이 도덕적 정서에 따라 자연스럽게 이루어지기를 생각하고 바라게 된다(591면). 공감과 도덕적 정서는 함께 이 세계의 독특한 도덕적 측면을 만들어 낸다. 13)

---

13) 흄은 때로 오직 공감이 시인의 근원인 듯이 말한다(예를 들면《논고》: 577면). 하지만 이는 과장된 표현이다. 공감은 우리가 낯선 사람에게 관심을 가지게 만들지는 몰라도 우리에게 도덕적 능력이 없다면 그런 관심이 덕이라는 생각은 하지 못할 것이다. 우리는 어떤 도덕적 관념도 지닐 수 없을 것이다.

4. 인위적인 덕과 자연적인 덕

동기가 우선한다는 흄의 주장은 도덕의 본성에 관한 그의 정서주의에서와 마찬가지로 도덕의 내용에 관한 그의 논의에서도 핵심적인 위치를 차지한다. 그는 덕을 인위적인 덕과 자연적인 덕으로 구분함으로써 도덕이 요구하는 바를 더욱 조직적으로 분석한다. 이런 구분은 자연법에서 완전한 의무와 불완전한 의무를 구별한 것에 비추어 볼 때 가장 잘 이해된다.

흄은 《도덕 원리》에서 자신이 그로티우스로부터 큰 영향을 받았다는 사실을 인정하며, 그로티우스가 푸펜도르프를 비롯한 다른 자연법 학자들과 가깝다는 사실에는 의심의 여지가 없다고 생각한다. [14] 흄이 제시한 덕의 두 범주와 그로티우스의 이분법이 일치한다는 사실은 우연이라고 보기에는 너무나 뚜렷하고 정확하다. 흄이 말한 인위적인 덕에는 정의와 약속의 충실한 준수, 정부에 충성을 다하는 것 등이 포함된다. [15] 흄 자신은 자연적인 덕을 선행의 덕이라고 표현하는데(《논고》: 603면), 온순, 자선, 관용, 겸손 그리고

---

14) Forbes(1975), 특히 1장의 논의 참조.

15) 그는 또한 배우자에 대해 정숙한 태도를 유지하며 정조를 지키는 것을 여기에 포함시키면서, 자녀에게 재산을 안심하고 물려주기 위해서 아버지의 도리를 다해 자녀를 제대로 키우려는 남성의 욕구로부터 이런 덕이 등장한 것으로 여긴다. 푸펜도르프는 이 주제를 성행위 및 결혼에 관한 자연법의 일부로 다룬다. 흄과 마찬가지로 그도 이를 적법한 자손을 유지하려는 남성적인 욕구와 연결하지만 흄처럼 재산과의 관련성을 강조하지는 않는다. *DJN*, VI. I. 10: 855, 857면; VI. I: 872면; 그리고 VI. I. 21: 878~879면. 여기서 푸펜도르프는 사람들이 결혼을 하는 주된 이유는 자녀를 얻기 위함이라고 말한다.

이들 사이의 형평이 여기에 포함된다(578면). 흄의 인위적인 덕은 완전한 의무와 마찬가지로 법에 의해서 강요될 수 있는 명확하고 한정적인 주장의 영역과 관련한다. 이 점은 정부가 부과하는 정의와 의무의 경우에 관한 흄의 견해에서 명백하게 드러나며 약속과 관련해서도 분명해진다. 왜냐하면 흄은 약속을 주로 "인류의 이익을 추구하는 상업"(522면)과, 즉 계약과 관련된 것으로 보기 때문이다.

정의가 인위적인 덕임에 틀림없음을 보이기 위해 흄이 사용한 논증 중 하나는 정의의 영역을 명확하고 뚜렷하게 구별해야 할 필요가 있다는 사실에 호소한다. 그는 다음과 같이 말한다. "모든 자연적 성질은 서로 분명히 감지되지 않는 수준으로 등장하므로 많은 경우에 이들을 구별하는 것은 불가능하다."(530면) 이는 또한 "모든 종류의 덕과 악덕에 대해서도" ─ 최소한 거의 모든 종류에 대해서도 ─ 사실이다.

사실이 어떻든 간에 덕 및 악덕과 관련해 권리와 의무, 재산권 등은 덕과 악덕이라는 감지하기 어려운 정도 차이를 인정하지 않는다는 점은 확실하다. 따라서 한 사람은 충분하고 완전한 재산권을 지니거나 아니면 전혀 지니지 않으며, 어떤 행위를 수행할 의무 아래 전적으로 놓이거나 아니면 그런 의무와는 전혀 상관이 없다(529면).

흄은 정의가 이렇게 엄밀하고 정확한 것이라는 점에 동의한다면 그것이 자연적이 아니라 인위적이라는 점을 받아들여야만 한다고 주장한다.

흄은 계속해서 그로티우스의 전통에 속하는 또 다른 측면을 받아들인다. 푸펜도르프는 완전한 의무가 사회의 유지를 위해 반드시 필요한 것이라고 보았다. 흄은 인위적인 덕이 사회가 가족의 수준을 넘어서서 성립하기 위해 필요한 것으로 보면서 이들 중 재산권과 관련되는 정의의 덕이 가장 중요하다고 생각한다(491, 497면). 흄의 자연적인 덕들은 불완전한 의무와 마찬가지로 거대한 사회에서 개인적인 관계를 개선하거나 미화하는 데 도움을 준다. 두 종류의 덕은 두 종류의 의무와 마찬가지로 모두 좋은 결과를 일으킨다. 하지만 두 종류의 덕을 구별하면서 정확한 덕과 부정확한 덕 또는 강요되는 덕과 강요되지 않는 덕이라는 용어 대신 인위적인 덕과 자연적인 덕이라는 용어를 사용함으로써, 흄은 자연적인 덕으로부터 생겨난 선은 일반적으로 이런 덕을 발휘한 모든 경우에서 산출되지만 인위적인 덕으로부터 생겨난 선은 오직 사람이 일반적으로 이런 덕을 발휘하고 실천한 결과로서만 등장하며 각각의 특수한 경우에는 선이 산출되지 않을 수도 있음을 주장한다.16)

흄 이후 등장한 일련의 철학적 저술들에서 모든 또는 대부분의 다른 사람들이 일반적으로 따를 경우에만 이익이 산출되는 행위와 다른 사람들이 유사한 행위를 하지 않더라도 이익이 산출되는 행위 사이의 구별은 매우 깊이 있고 중요하게 다루어졌다. 이런 구별을 도입한 것은 흄의 가장 뛰어난 업적 중 하나이다. 역사적인 관점에서

---

16) 이는 인위적인 덕들이 "인위적"이라고 불리는 중요한 이유이다. 이런 덕을 발휘할 경우 우리는 다른 사람들도 마찬가지로 그렇게 하리라고 생각하며, 이들 또한 나를 비롯한 다른 사람들이 그렇게 하리라고 생각한다. 하지만 자연적인 덕의 경우에는 그렇지 않다. 자연적인 덕은 덕을 갖춘 개인이 의식적으로 사회적 실천에 참여한다는 점을 포함할 필요가 없다. 흄은 인위적인 덕을 계발하는 일이 인간에게 자연스러운 일이라는 점을 강조한다.

는 그의 시도를 불완전한 권리와 의무뿐만 아니라 완전한 권리와 의
무까지도 덕 중심의 이론으로 설명하려는 것으로 여길 때 가장 잘 이
해할 수 있을 듯하다. 그는 완전한 의무와 불완전한 의무를 구별한
그로티우스의 전통이 도덕적 시인과 부인의 전형을 명확하게 주목
하기에 적합하다고 확신했던 듯이 보인다. 도덕적 시인과 부인이라
는 감정은 자신이 제시한 자료이므로 흄은 이들의 전형을 설명해야
한다. 법칙보다는 덕을 윤리학의 핵심 개념으로 여기는 이론은 어떤
특성들이 시인의 대상이 됨을 드러내는 자료를 필요로 한다. 흄은
또한 이런 이론이 처음부터 사실만을 주목하는 자연법 학자들이 제
기한 이론보다 인위적-자연적에 대한 구별 및 이러한 구별이 도덕에
서 의미하는 바를 더욱 잘 설명할 수 있다고 주장한다.

　흄 이론의 핵심은 스스로 내리는 명령과 통제를 발전시켜 나가는
인간 본성의 능력을 보여 주는 설명이다. 도덕적 정서에 관한 흄의
이론은 이미 도덕이 외부로부터 우리에게 부과될 필요는 없음을 전
달한다. 사회를 성립 가능하게 하기 위해 기본적인 자연법이 필요하
다는 사실을 일단 깨닫기만 하면 우리 자신이 "그런 자연법을 … **발
명할 수**" 있었으리라는 것이 그의 생각이다(543, 520면). 17) 그는 이

---

17) 흄은 맨더빌주의자는 아니다. 내가 후에 지적할 것이지만 흄은 맨더빌이 말
한 대로 자연법이 전혀 도덕에 호소함이 없이 발명된 것이며, 자연법을 만
든 최초의 동기는 자기이익이라고 생각한다. 하지만 자연법은 도덕적 중요
성을 지니게 되는데 그 까닭은 오직 우리가 서로 공유하는 도덕적 어휘에
의미를 부여하는 도덕적 정서를 본성적으로 지니기 때문이며 또한 우리가
공감을 통해 특별한 종류의 비이기적인 동기를 지닐 수 있기 때문이다. 《논
고》: 578~579 참조. 커드워스는 정치가들이 권력을 유지하기 위해 종교를
만들어 내었다고 주장하는 사람들에 반대하면서 이와 유사한 논점을 제시한
다. 그는 종교에 무언가 신뢰할 만한 것이 우선 존재하지 않는다면 정치가

런 설명을 "덕이 있는 행위는 오직 덕이 있는 동기로부터 행해질 경우에만 가치가 있다"는 자신의 원리에 의해 제기된 문제에 대한 대답으로서 제시한다(478면). 자연적인 덕과 관련해서는 아무런 문제도 제기되지 않는다. 자녀를 보살피는 부모의 행위나 가난한 사람에게 도움을 주는 부자의 행위를 시인하면서 우리는 부모의 애정이나 부자의 관대함을 동시에 시인한다. 어쩌면 흄은 샤프츠버리나 허치슨, 버틀러의 저술에 기초해 사람들이 다른 이들에 대해 이런 관심을 가진다는 사실은 논증할 필요조차 없다고 생각하는 듯하다. 하지만 인위적인 덕과 관련해서는 어떤가?

우리가 정의로운 행위를 시인한다는 점은 어느 누구도 의심하지 않는다. 따라서 우리를 그렇게 만드는 어떤 동기가 반드시 존재해야 한다. 무엇이 그런 동기일 수 있는가? 흄은 이 동기가 "도덕감이나 의무"는 아니라고 주장한다. 이런 동기가 존재하기는 하지만 일종의 미봉책 또는 차선의 것이어야 한다. 만일 사람들이 대게 어떤 덕이 있는 동기를 지니는데 누군가가 자신만 그런 동기가 없다는 사실을 발견한다면, 그는 "이 때문에 자신을 미워하고" 실천을 통해 이런 동기를 얻기 위해 그 동기가 일반적으로 이끄는 바를 행위하려 할지도 모른다. 하지만 만일 그런 행위에 대한 동기가 처음부터 아예 존재하지 않는다면 이런 행위와 관련된 시인이나 의무감이 전혀 생길 수 없을 것이다(480면).

흄은 모든 정의로운 행위들을 단번에 포괄하는 자연적이고 동시적인 동기를 발견하지는 못한다. 계약을 준수하고 재산권을 존중하

들은 그렇게 할 수 없으리라고 지적한다(《체계》: 690~691면).

거나 약속을 지키라는 등과 유사한 문제와 관련해 행하는 바는 자녀에 대한 사랑이나 낯선 사람에 대한 친절함을 표현할 때에 드러나는 것과 같은 일관성을 형성하지 못한다. 자기이익은 정의로운 행위의 적절한 동기로 결코 작용할 수 없는 듯하며 오히려 불의의 원인이 될 가능성이 더욱 크다. 정의는 모든 사람에게 부과되지만 어느 누구도 그런 식으로 모든 사람에 대한 인류애를 품지는 않는다. 그리고 우리는 자주 낯선 사람에게나 심지어 적들에게도 정의를 요구하지만 개인적인 자선은 이런 방식으로 이루어질 수 없다. 간단히 말하면 정의에 따르기 위한 자연적인 동기는 존재하지 않는다. 따라서 일종의 궤변에 빠지지 않으려면 다른 어떤 종류의 동기가 존재하는지 살펴보아야 한다(481~483면).

흄은 왜 그리고 어떻게 정의가 등장하는지 보여 주는 역사를 추측해 제시한다. 우리는 삶을 지속하고 향유하는 데 필요한 모든 것을 얻기 위해 다른 사람들과 협력해야 한다. 이런 것들은 우리의 욕구를 완전히 충족시키기에는 부족하지만 물물교환으로 모든 사람이 이익을 누릴 수 있을 만큼은 풍부하다. 순전히 이기적이기만 한 사람은 아무도 없지만 또한 어느 누구도 다른 사람들이 필요로 하거나 원하는 모든 것을 기꺼이 내줄 만큼 관대하지도 않다.[18] 이런 상황에서는 자신의 소유물을 사회가 용인하는 방법으로 안전하게 지키는 일, 그리고 원할 경우 물품을 이동, 교환하는 일이 매우 중요하다(494면). 이들은 더불어 단순한 물질적 점유와 재산권 간의 차이를

---

[18] 이 점을 앞의 제7장 4절에서 논의한, 완전한 의무와 불완전한 의무의 상호 보완적인 역할에 관한 푸펜도르프의 설명과 비교해 볼 만하다.

거의 정의하다시피 하는데, 흄에게 재산권은 정의의 핵심이다.

안정적인 소유가 각각의 개인에게 도움이 되지만 모든 이가 교환 가능한 서로의 재화를 결단코 침해하지 않을 경우에만 이러한 안정적 소유가 가능하다는 사실을 각 개인이 점차 깨닫게 됨으로써 정의는 등장한다. 이와 관련된 개인들은 대체로 동등한 수준의 힘을 지니므로 자신의 소유물을 지킬 수 있다. 하지만 만일 몇몇 사람이 지나칠 정도로 강력하다면 이들은 자신이 원하는 바를 빼앗는 불순한 행위를 저지르기도 한다(《도덕 원리》: 190~191면 참조). 하지만 서로 동등한 힘을 가진 이들 사이에서 이런 일이 발생하면 이는 각 개인의 목적에 도움이 되지 않는다. 이런 복잡한 상황을 의식하고 동료들의 행위를 더욱 효과적으로 통제해야 한다는 생각이 점차 확산되면서 결국 각자의 소유물을 존중하는 관행이 자리 잡는다. 우리는 우선 어떻게 행위해야 하는지 명확하게 논의하지 않은 채 서로에게 어떤 방식의 행위를 기대한다. 오직 이런 과정을 거친 후에야 비로소 정의와 불의의 관념이 등장하도록 하는 조건들이 제시되며 이들과 더불어 재산권, 권리 그리고 의무의 관념이 형성된다(《논고》: 489~491, 497~498). 다른 사람들과 자신이 마찬가지로 소유에 대한 욕구를 통제하지 않는다면 자신의 자기이익을 증진시킬 수 없다는 사실을 깨달음으로써 자기이익이 새롭게 조정되는데, 이런 자기이익은 그제야 우리로 하여금 정의롭게 행위하도록 만드는 동기로 작용하게 된다.[19]

---

19) Knud Haakonssen은 이런 견해에 대해 도발적으로 반박하면서 흄이 실제로 염두에 두었던 바에 대한 대안적인, 어쩌면 가설적이기도 한 해석을 제시했다. Haakonssen(1981), 2장, 특히 33~35면 참조.

따라서 우리가 지금 "정의"라고 부르는 실천적 관행은 도덕적 정서의 어떤 활동과도 무관하게 등장하게 된다. 정의라는 이름은 오직 행위자들이 자신들의 공통적인 행위를 반성적으로 고찰하고 다른 이들이 누리는 이익을 공감을 통해 깨달음으로써 각 개인이 지니는 정의로운 성향이 그러한 좋은 결과를 낳는다는 점을 시인할 경우에만 긍정적인 도덕적 의미를 함축한다(《논고》: 498~500면). 이런 시인은 정의에 대한 두 번째 동기, 즉 "도덕적" 의무를 불러일으키는데(498면), 이에 관해서는 잠시 후에 살펴보려 한다.

　이런 흄의 설명에서 매우 놀라운 점은 인간 본성이나 법칙의 목표 또는 목적(telos)에 관한 언급이 전혀 없다는 사실이다. 앞서 지적했듯이 흄 이전의 다른 학자들은 설령 아리스토텔레스적인 덕의 관념을 버렸다 할지라도 여전히 덕을 위한 공간을 유지하려 했다. 이들은 덕을 주로 법칙에 따르려는 습관의 측면에서 정의했다. 하지만 흄은 그렇게 하지 않는다. 모든 경우에 그 대상들에게 이익을 주는 자연적인 덕은 통상 행위를 인도하기 위한 규칙이나 법칙을 필요로 하지 않는다. 심지어 정의의 경우에도 최초에는 어떤 규칙이나 법칙도 필요하지 않다. 흄은 정의가 결국에는 현재 우리 사회에서 통용되는 재산권에 관한 법률 또는 관습에 따를 것을 요구한다고 생각한다. 하지만 개인들은 이런 관습이나 법률이 존재하기 이전에도 재화를 소유할 수 있다. 따라서 관습이나 법률은 오직 소유권을 존중하는 관행을 체계적으로 정리하고 명료화해 젊은이들을 더욱 손쉽게 가르치는 데 도움이 되는 것임을 알 수 있다.

　그렇다면 정의를 가능하게 하는 바는 규칙에 따르는 습관을 형성하는 능력이 아니라 우리의 자아의식을 확장해 우리와 더불어 협력하는 사회를 형성하는 다른 사람들의 이익에 관심을 갖는 능력이다. 바꾸어 말하면 우리는 다른 이들의 선에 관심을 가져야 한다. 이런 관심은 비록 간접적이기는 하지만 자연적인 덕에서 드러나는 관심과 유사한 종류에 속한다. 흄 자신이 무척 아끼는 덕들은 법칙과는 아무 관련이 없다. 법칙을 필요로 하는 덕들도 현존하고 성립하기 위해 법칙을 필요로 하지는 않는다. 실정법은 단지 모든 사람에게 이익이 되는 관행들을 예시하고 전달하기 위한 것에 지나지 않는다.

흄이 자연법 대신에 덕을 강조하는 더욱 큰 이유는 우리가 도덕을 이해하는 데 초자연적인 근원이나 요소에 전혀 호소할 필요가 없도록 만들기 위해서이다. 자연법 이론은 도덕법칙과 인간의 선이 일치한다는 점을 설명하기 위해 신의 지혜에, 의무의 본성을 설명하기 위해 신의 명령과 제재에 호소한다. 반면 흄은 어떻게 우리가 이 특정한 종류의 세계에서 다른 사람들과 자연스럽게 아울러 살아가는지 이해하기 위해 그런 자연법적 세계상을 도입하지 않아도 된다고 주장한다. 모든 사람은 도덕적 정서를 통해 행위를 인도하기 위해 필요한 바를 유사하게 얻는다. 우리는 본성적으로 덕에 이르는 데 필요한 동기를 지니며 또 이를 발전시켜 나가므로 제재는 굳이 필요하지 않다. 우리는 정의에 포함된 법칙의 개념 자체를 발명하며, 스스로 법칙을 형성한다. 도덕은 우리가 사는 자연적인 세계를 넘어서는 그 어느 것도 필요로 하지 않는다. 그리고 이 세계 안에서 우리는 자신이 지닌 공통적인 인간 본성을 통해 자기규율의 능력을 지닌 존재가 된다.

5. 의무

오직 자비심만이 덕이라는 허치슨의 견해에 대한 버틀러의 비판을
보고 흄은 다소 서둘러 자신의 정의 이론을 제시했는지도 모른
다.[20] 버틀러는 모든 정의로운 행위가 누군가를 돕는 것은 아니라
는 점을 지적했다(앞의 제 16장 7절 참조). 흄은 이에 대해 정의라는
관행 전체가 정의가 없을 경우보다 모든 사람들에게 더 큰 이익을
낳는다고 답한다. 설령 이런 주장이 홉스적인 방향으로 나아가는
것이라 할지라도 흄은 통치자의 요구가 없이도 정의가 성립함을 보
임으로써 반홉스적인 태도를 취한다. 하지만 흄의 이론이 아무리
정교하다 할지라도 그것이 지닌 문제점을 간과해서는 안 된다. 우
리를 정의롭게 행위하도록 이끄는 동기에 관한 흄의 견해는 다소 모
호하다. 그가 과연 자신의 설명을 더욱 발전시킬 수 있는지는 의문
스럽다.[21]

흄의 견해에 따를 경우, 비록 선의 지각이 의지를 결정하지 않는
다 할지라도, 설명할 수 없는 본능으로부터 등장한 직접적인 정념을
포함하는 경우를 제외하고는 이런 지각이 선의 실현을 위한 필요조
건이 되는 듯이 보인다는 데에서 어려움이 발생한다(《논고》: 439

---

20) 흄은 버틀러를 크게 칭찬했으며 버틀러가 자신이 쓴 《논고》의 초고를 기꺼
   이 읽어 주기를 바랐다. 하지만 버틀러를 만나려는 흄의 노력은 명백히 수
   포로 돌아갔다.
21) 뒤의 내용과 관련해 나는 Stephen Darwall의 저술 초고를 놓고 그와 벌인
   집중적이고 유익한 토론으로부터 큰 도움을 받았다. 논의 대상이 된 초고는
   Darwall(1995), 10장으로 출판되었다.

면). 정의로운 행위는 이런 정념들을 동기로 삼지 않는다. 충분히 발전된 정의의 체계 안에서 우리는 재산권과 관련해 설령 자신에게 어떤 손실이 발생한다 할지라도 국가의 법과 관습에 따라야 한다. 더욱이 흄의 견해에 따르면, 때로 정의로운 행위가 아무에게도 이익이 되지 않는다는 사실을 깨달아야 한다. 또한 불의가 전체를 위한 최선으로 보이는 경우도 있을 수 있다. 예를 들어 우리는 가난하지만 정직한 노동자가 우연히 주워 가진 돈을 빼앗아서 자신이 돈을 잃어버렸다는 사실조차 모르는 이기적이고 부유한 주인에게 돌려주는 일을 시인해야만 하는가? 그렇게 한다고 하더라도 부자의 행복은 조금도 증가하지 않는다. 아무도 고통 받지 않는데 누군가가 이익을 얻는다면 그런 관행은 손해가 되지 않는다. 하지만 흄은 위의 경우에서 부자에게 돈을 돌려주는 것이 정의롭다고 생각한다(531~533면 참조). 어느 동기든 어떠한 선의 지각을 포함해야만 한다면 위의 경우 어떤 동기가 적용될 수 있는가?

버틀러는 결과와 무관하게 정의와 진실에 따르라는 명령을 준수하도록 우리를 이끄는 것이 무엇인지 어떤 설명도 하지 않는다. 다른 철학자들은 이 문제에 대한 견해를 밝히기도 했는데 아마 흄도 이를 알았으리라 생각된다. 앞서 제15장 3절에서 지적했듯이 클라크는 기본적인 도덕 원리를 의식함으로써 그것에 따를 동기가 형성된다고 보면서 이것이 확고한 기초를 지닌 동기는 아니라고 주장한다. 그는 흄이 거부하는 자유와 필연성에 관한 믿음에 의지한다. 클라크는 신이 영원한 적절성에 따라 행위할 수도 그렇게 하지 않을 수도 있는 자유를 누리며 우리 또한 그렇다고 생각한다. 이것이 무관심성의 자유이며 흄은 이를 거부한다(407, 411면). 또한 클라크는 신과 우리가 모두 영원한 적절성에 따라 행위하도록 도덕적으로 강제된다고 생각한다. 이런 종류의 필연성은 자유와 양립할 수 있지만 이와는 다른 종류에 속하는 물리적 필연성은 자유와 양립할 수 없다. 반면 흄은 자신의 인과성 이론이 "오직 한 종류의 원인만이 존재하듯이 오직 한 종류의 **필연성**만이 존재하며, 흔히 등장하는 **도덕적** 필연성과 **물리적** 필연성 사이의 구별은 자연에서 그 기초를 발견할 수 없다는 사실"을 보여 준다고 생각한다(171면).

클라크는 자연법을 도덕적 필연성인 의무의 관점에서 재구성하려고 노력했지만 흄의 도덕에는 자연법의 설 자리가 없다. 정의에 관한 일반적인 견해를 완전히 수정하려 하지 않는다면, 흄은 오직 어떤 규칙이 적절하기 때문에 그것에 따라야 한다는 직접적 의무와 유사한 무언가를 필요로 하게 된다.[22] 버클리 주교는 이런 의무를 포함한 도덕에 관한 설명을 "수동적 복종"(Passive Obedience)이라는 제목의 설교집으로 출판했는데 많은 이들에게 읽혔다. 여기서 그는 최대한의 선을 산출해야 한다는 자신의 기본 원리가 어떻게 적용될 수 있는지 보이기 위해 규칙에 호소한다. 버클리는 우리가 스스로를 결코 도덕 규칙의 예외로 삼아서는 안 되는 까닭은 우리가 각 개별적인 경우에 행해야만 하는 바가 일으키는 결과를 충분히 생각할 수 없기 때문이라고 주장한다. 시민들에게 절대적 복종이 요구되는 까닭은 이 문제가 특히 "각 개인의 개별적인 판단과 결정에 맡겨 두기에

---

22) 어쩌면 흄은 허치슨이 제시한 "의무감"에 대한 세 종류의 구별 및 이와 관련된 《성서》의 주장, 즉 율법은 올바른 사람들을 위해서가 아니라 올바르지 않은 사람들을 위해서 제정되었다는 주장을 피하려 하는지도 모른다. 앞의 제16장, 각주 10 참조.

는 너무나 미묘하고 난해한 본성을 지니기" 때문이다. 23) 하지만 흄은 이런 견해를 거부한다. 그는 "우리의 모든 도덕 관념에 비추어 볼 때 수동적 복종과 같은 어리석은 일에 우리가 결코 참여하지 않으리라는 점은 … 지극히 명백하다"고 말한다(552면). 버클리는 정의가 있는 그대로 유용하다고 생각했던 반면 흄은 정의가 미묘하고 난해한 본성을 지닌다고 생각한다. 하지만 그는 정의의 규칙에 따라야 한다고 주장하는데 그 까닭은 어디에 선이 놓여 있는지 파악하지 못하는 우리의 무능력 때문이 아니다. 흄은 규칙의 준수가 버클리의 정치학에서 등장하는, 일종의 규칙 중심의 복종이 되기를 원하지 않는다. 그가 규칙의 준수를 요구하는 까닭은 준수 자체가 결국 우리에게 시인의 원인을 제공하는 선을 산출하기 때문이다. 규칙의 준수 자체가 아무런 선도 일으키지 못한다는 사실을 우리가 알게 된다면 문제가 발생한다.

흄은 때때로 의무에 관해 언급한다. 하지만 자연법 학자들처럼 우리의 행위를 명령하고 제재를 가하는 다른 존재의 의지가 의무에 포함된다고는 결코 생각하지 않는다. 오히려 샤프츠버리처럼 의무를 오직 행위를 결정하는 동기로 여긴다. 24) 따라서 그는 이익을 "정의

---

23) 《수동적 복종》 19, *Works*, VI. 컴벌랜드는 현존하는 재산의 분배를 지지하기 위해 우리의 무능력을 주장했는데, 버클리는 이러한 종류의 무능력 때문에 정치적 복종이 필요하다고 주장하기까지 그의 논의를 확장한다.

24) 샤프츠버리는 "어떤 의무가 우리를 덕으로 이끄는가?"라고 물으면서 이를 통해 "의무를 기꺼이 받아들이는 근거가 무엇인지" 묻는다. 그리고 그의 논의가 드러내듯이 그가 말하는 근거는 동기를 부여하는 근거이다(《탐구》 II. I. 1). 영국의 도덕 사상에서 의무라는 주제에 관한 논의는 Darwall (1995) 참조.

에 대한 **자연적** 의무"라고 말하며, 무엇이 도덕적 의무인지 물을 때에도 우리를 정의로운 방향으로 나아가도록 이끄는 데에서 **도덕적** 감정의 역할은 무엇인지 묻는다(498면). 약속을 지킬 의무에 관해 논의하면서 그는 "그 어떤 행위든 아니면 정신의 성질이든 간에 그것이 **어떤 방식으로** 우리에게 쾌락을 준다면 그것을 덕이 있다고 말한다. 그리고 어떤 행위를 소홀히 하거나 행하지 않는 것이 **어떤 방식으로** 우리에게 고통을 준다면 우리는 그런 행위를 할 도덕적 의무 아래 놓여 있다고 말한다"(517면). 정의롭게 행위할 도덕적 의무가 성립하는 까닭은 오직 우리에게 적절한 수준으로 그런 행위를 할 적절한 동기가 없다면 스스로를 부인하게 되기 때문이다.[25] 일차적인 동기들 사이의 간격을 메우는 것이 바로 의무감이다. 하지만 앞서 살펴보았듯이 의무들 사이의 간격을 메울 필요성이 등장하려면 정의롭게 행위하려는 일차적인 동기들이 반드시 존재해야만 한다. 정의의 경우 이런 일차적인 동기가 무엇인지 설명하는 것은 푸펜도르프와 마찬가지로 흄에게도 무척 어려운 일이다.

6. 흄과 고전적인 공화주의

덕의 윤리에 관한 흄의 설명은 부분적으로 허치슨에 의해서 더욱 다듬어졌기 때문에 과연 흄이 고전적인 공화주의라는 정체에 적합한 덕 이론을 제시하려 하는가 하는 질문이 제기되는 것은 자연스러운

---

25) 이것이 허치슨이 말한 첫 번째 종류의 의무이다. 《탐구》 II, VII. 1: 267면.

일이다. 언뜻 보기는 그런 듯도 하다. 그가 제시한 덕은 모두 공동체의 복지나 아니면 구성원 개인의 이익을 추구한다. 그러면서도 신이 부과한 후 위반하면 제재를 가하는 식의 권리나 법칙에 전혀 호소하지 않는다. 덕이 있는 행위자는 그 자신이 덕으로부터 이익을 얻는다. 그렇다면 흄은 샤프츠버리나 허치슨처럼 공화주의를 이론적으로 지지한 인물이 아닌가?

하지만 이에 대한 대답은 그렇지 않다는 것이다. 비록 그는 덕을 두 종류로 구별하고 두 종류의 덕이 모두 타인의 복지와 어떤 방식으로 관련하는 한에서만 작용할 수 있음을 주장하지만, 이런 구별은 자연법 학자들의 핵심 주장과 일치한다. 흄은 자연법 학자들과 같은 이유에서 사회가 필요로 하는 바의 정중앙에 정의를 위치시킨다. 서로 대립하려는 성향은 뿌리 깊은 인간 본성의 일부이므로 어떤 사회 구조를 통해서도 바뀌지 않는다. 흄은 이런 성향의 근원이 "재화를 획득하고 소유하려는 … 강렬한 욕망"에 있다고 보면서, 이런 욕망은 "만족할 줄 모르며, 영원하고, 보편적이므로 직접 사회를 파괴하는 결과를 초래한다"고 말한다(492면; 532면 참조). 사람들의 개인적인 이익은 서로 충돌하기 마련인데(529면), 재산 제도는 이런 충돌을 억제하는 역할을 하면서도 오히려 대립하려는 성향 자체를 증가시키기도 한다. 만일 흄이 정의를 사회를 유지하는 데 반드시 필요한 덕으로 여긴다면 그는 또한 정의를 끝없는 충돌이 이어지는 지점으로 보아야 한다. 공화주의자는 그러한 충돌이 오직 타락한 사회에서만 존재한다고 주장한다. 하지만 최소한 《논고》에서 흄은 사회와 재산권이 이렇게 타락했다는 점을 전혀 암시하지 않는다.

자연법 학자들과 마찬가지로 흄은 도덕적 삶을 두 영역으로 나누는데 그중 하나는 대립의 억제와, 다른 하나는 타인들의 선에 대한 직접적 관심의 표현과 관련이 있다. 허치슨과 달리 흄은 전자의 영역이 후자로부터 직접 도출된다는 생각을 거부한다. 홉스에 반대하여 자비심이 최소한 서로 친밀한 소규모 집단에서는 큰 효력을 발휘한다고 생각하면서도, 흄은 무언가를 획득하고 서로 경쟁하려는 본성이 인간에게 뿌리 깊은 것이라고 분명히 생각한다. 사회는 구성원들 사이의 갈등을 조절해야 하며 이로부터 구성원들을 보호해야만 한다. 이는 해링턴의 공화주의를 통해서는 결코 적절하게 해결할 수 없는 문제인 듯이 보인다. 사회가 적절히 균형 잡힌 질서를 유지할 경우, 정의를 단순하게 "결과물"로 여겨서는 결코 안 된다. 왜냐하면 만일 처음에 정의가 작용하지 않았다면 균형 잡힌 질서, 더 나아가 사회 자체도 없을 것이기 때문이다. 따라서 이런 중요한 측면에서 흄은 허치슨주의자가 아니다. 26)

비록 자연법 사상의 일부를 받아들이기는 하지만, 정의에 관한 흄의 견해는 자연법 학자들의 견해로부터 내가 앞서 암시한 것보다 훨

---

26) 덕에 관한 흄의 견해에서는 고전적인 공화주의 전통과 그의 관계를 짐작하게 하는 또 다른 중요한 논점이 드러난다. 흄은 정의를 비롯한 다른 인위적인 덕들이 통용되는 거대한 사회의 기원에 대한 설명을 제시한다. 그의 설명은 — 자연법 학자들이 매우 선호한 장치였던 — 사회계약이나 고전적인 공화주의자들이 주로 근거로 삼았던 신적인 또는 거의 신에 가까운 입법자라는 개념에 호소하지 않는다. 거의 받아들이기 어려운 고전적 공화주의 입법자를 전혀 도입하지 않은 것은, 잘 알려진 것처럼 그가 사회계약을 받아들이기 어렵다고 여겨 거부했다는 사실과 짝을 이룬다.

"완전한 국가라는 이념"(Idea of a Perfect Commonwealth, *Essays*: 512~529면)에서 흄은 자신이 해링턴의 《오세아나》가 지닌 정치적 난점이라 여기는 바를 지적한다. 하지만 나는 도덕에 관한 흄의 견해와 공화주의 견해 사이의 관계에 주로 초점을 맞추었다.

씬 더 멀리 떨어져 있다. 푸펜도르프는 자신을 고용했던 통치자들을 변호하는 입장에 설 수도 있었지만 그가 제시한 이론은 신의 법에 호소해 모든 현실적인 정체 체제를 비판할 수 있는 가능성을 정당화하는 데 사용되기도 했다.[27] 흄은 이런 비판을 위한 어떤 근거도 제공하지 않는다. 흄의 체계에서 재산권을 성립시키기 위해 발명된 "자연법은" 결코 명백하게 규정된 일련의 규칙이 아니다. 이는 그저 재산이 안전하게 유지되고 양도될 수 있어야 한다는 사실을 사회가 인정한 것에 지나지 않는다. 이를 넘어선 모든 것은 각 지역의 관행일 뿐이다. 주어진 역할을 제대로 수행하기만 하면 서로 다른 관행이 모두 훌륭한 것일 수 있다. 흄의 정의 이론에는 어떤 안정된 사회가 지닌, 재산권에 관한 법률이 정의로운지 아닌지 검토할 개념상의 공간이 존재하지 않는다.

---

27) 글라파이는 자연법 연구에서 유용성을 발견할 수 있는 사람들을 열거하면서 통치자(Regent)를 맨 처음 꼽는데 그 까닭은 통치자들이 자연법으로부터 피통치자들에게 미치는 "자신의 권력의 진정한 한계를" 배울 수 있다고 생각했기 때문이다. 글라파이는 푸펜도르프에 대한 바르베이락의 견해를 권위 있는 것 중의 하나로 인용하면서 통치자가 자연법의 한계 안에 머무르는 것에 만족하지 못하는 피통치자는 그 통치자로부터 등을 돌리기도 하는데 이는 더욱 나쁜 결과를 낳는다는 점을 덧붙인다(Glafey: 1~2면). 글라파이는 어떤 국가에서 법을 제정하거나 개정하려는 사람은 또한 자연법을 연구해야 하며 이를 통해서 피통치자들이 새로 제정된 법을 따르고 받아들이게 만들 수 있다고 생각한다(6~7면).

7. 도덕과 종교

흄은 재산권에 대해 지극히 보수적인 태도를 보인다. 하지만 그가 생각한 사실기술적인 학문으로서의 윤리학은 사실상 이전의 견해들을 강력히 수정하는 내용을 포함한다. 그의 이론을 사회 안에서 우리 자신이 차지하는 위치에 대한 보편적인 자기 이해로 받아들임으로써 일어나는 변화 중에는 덕과 악덕의 목록이 바뀌는 것까지도 포함된다. 이제 흄이 왜 오직 경험에 기초한 도덕학이 낳는 사고와 감정의 변화를 파악할 경우에만 그런 도덕학이 자연과학보다 더욱 유용하다고 생각했는지 그 이유를 살펴보려 한다.

《논고》 1부에서 흄은 자연과학을 우리 경험 안에서 사건들 사이의 규칙적인 연결점을 추적하는 학문으로 규정한다. 그는 인과성의 개념을 오직 경험과 반복되는 연속성을 연결하는 역할을 하는 것으로 재구성함으로써 이런 작업을 수행한다. 자연과학과 도덕학에 필요하다고 자주 여겨지는 개념이 두 가지 더 있는데 그중 하나는 관찰되지 않아도 시간상에서 계속 존재하는 물리적 대상의 개념이며, 다른 하나는 지속하는 정신 또는 정신적 실체의 개념이다. 이 두 개념 모두 경험을 넘어서는 믿음을 확보하려는 노력의 결과로 등장한 듯이 보인다. 하지만 흄은 이들에게 어떤 의미도 부여할 수 없음을 발견한다. 이런 개념들이 없이는 일상의 삶을 살아갈 수 없는 듯이 보인다. 하지만 이들에 대해 깊이 고찰해 보면 이들에게서 내적인 모순을 제거할 수 없음이 드러난다.[28] 인과적 믿음과 마찬가지로 도

---

28) 이런 문제들을 정신이 "스스로 조사할 수는" 없다는 사실과 이에 대해 흄이

덕적 신념은 엄밀한 의미에서 이성적으로 증명할 수 없다. 하지만 도덕은 그 자체에 관한 고찰에도 불구하고 계속 유지된다.

흄은 《논고》의 끝 부분에서 이를 명확히 밝힌다. 도덕적 관념과 믿음을 산출하는 데 공감이 큰 역할을 한다는 사실을 고찰해 보면 이들이 "고귀한" 원천, 즉 "우리의 본성에 **관용**과 **관대함**의 진정한 개념을 심어 주는" 원천으로부터 등장했음을 알 수 있다. 공감과 도덕감 자체에 관해 고찰할 경우 어떤 모순도 발견되지 않는다. 오히려 이와는 정반대로 우리의 시인과 일상적인 덕들을 설명해 주는 것과 동일한 원리를 통해서, 우리 본성 중 이런 부분들뿐만 아니라 시인의 배후에 놓여 있는 인과적 원리까지도 시인하게 된다. 이들은 모두 유용하고 얼마든지 받아들일 만한 것들이다. 최소한 도덕에서는 "아무래도 좋은 것은 등장하지 않으며 오직 훌륭하고 좋은 것만이 등장한다" (619면).

하지만 우리가 지닌 종교적 믿음은 제 3의 범주에 속한다. 《자연종교에 관한 대화》에서 흄은 종교를 이성적으로 옹호하려는 모든 시도를 무너뜨린다. 《종교의 자연사》에서 그는 이성과 전혀 무관한 믿음이 어떻게 발전될 수 있는지 설명한다. 이런 믿음은 우리가 행복을 좌우하는 사건들의 원인을 모르며 따라서 스스로의 삶을 완전히 통제할 수 없다는 두려움 때문에 생겨난다. 29) 그러므로 원인에

제시하는 해결책은 Norton(1982) 와 Baier(1991) 참조.

29) 이것이 바로 《종교의 자연사》 전체를 아우르는 주제이다. 예를 들면 30~31, 40, 43, 47면 참조. 여기에는 또한 다른 믿음들보다 도덕적 믿음이 더욱 확고하게 감정에 기초한다는 흄의 주장도 등장한다. 이런 논점의 전개에 관해서는 Shaver(1995) 참조.

대한 우리의 믿음이 더욱 확고하고 폭이 넓어질수록 근거 없는 두려움을 느낄 기회가 적어지며, 종교적 믿음도 줄어든다. 지식의 빛은 어둠을 몰아낸다. 어둠이 사라지면 우리에게 손해가 되는 불쾌한 특성, 그러나 미신에서는 신들을 기쁘게 하기 위한 것이라 주장하던 특성을 시인하는 일 또한 사라진다. 미신을 제거하면 "금욕, 단식, 참회, 고행, 자제, 자기비하, 묵언, 독거를 비롯해 이른바 수도사의 덕으로 여겨지는 모든 것이" 악덕의 목록에 오르게 된다. 30)

　도덕학이 지니는 커다란 효용은 이런 결과를 올바르게 평가하도록 이끄는 데 있다. 도덕학을 통해서 우리는 왜 인과적 연결을 다루는 사실기술적 자연과학과 우리가 기꺼이 받아들일 만한 유용한 동기를 다루는 도덕이 지식의 진보를 전혀 두려워하지 않는지 이해할 수 있다. 이와는 대조적으로 종교 및 종교와 연관된 해로운 도덕은 결국 영향력을 잃고 만다. 따라서 설령 흄이 많은 측면에서 허치슨주의자로 보인다 할지라도 단지 표면적으로만 그러할 뿐이다. 허치슨은 우리의 본성으로부터 등장한 도덕이 적절히 이해되기만 한다

---

30) 《도덕 원리》: 270면. 《종교의 자연사》에서는 가장 종교적인 것이 오히려 사회에 해악이 되는 상황이 묘사된다. 다신교와 일신교 모두 미신적인 관행을 만들어 내지만 다신교가 일신교보다 덜 위험하다. 불합리한 것을 믿으라는 모든 종교의 가르침은 나약한 수준에 그치며, "이런 가르침이 우리의 일상적인 삶의 여러 가지 일들을 지배하는 확고한 믿음이 되어 설득력을 지니는 경우는 … 거의 일어나지 않는다"고 흄은 낙관적으로 생각한다(60면). 또한 우리를 종교적 믿음으로 이끄는 두 원리 사이에는 "일종의 모순이" 존재하는데 이는 우리를 정신적, 물질적 실체로 이끄는 모순적인 원리들과도 유사한 것이다. "우리가 본성적으로 지니는 심한 공포 때문에 악마나 사악한 신의 개념이 생겨난다. 또한 우리는 아첨하려는 성향을 지니기 때문에 탁월한 신적 존재를 인정한다"(66면).

면 곧 기독교의 — 마찬가지로 적절히 이해된 기독교의 — 가르침과 같음을 증명하기 위해 노력한다.[31] 그가 키케로(Cicero)와 같은 이교도 사상가들에 호소한 까닭도 이들을 부지불식간에 기독교의 진리를 입증한 사람들의 목록에 올리기 위해서였다. 반면에 흄이 키케로에 주목한 까닭은 오히려 기독교가 우리의 도덕적 사고에 영향을 미치기 이전에 도덕이 어떻게 형성되었는지 살펴보기 위해서이다. 홉스는 스콜라철학의 도덕신학자들이 자연법의 실체를 인정한 점에서는 옳았으며 단지 자연법을 잘못 설명했을 뿐이라고 생각했다. 흄은 허치슨이 홉스보다 중세 도덕신학자들의 견해를 더욱 잘 설명했음을 인정한다. 하지만 이런 사실을 근거로 흄이 그런 신학자들처럼 생각했다고 여겨서는 안 된다. 덕이란 그저 우리가 주변 상황에 적응한 결과로 등장한 것일 뿐이다. 어떤 상황에서는 법이 필요하지만 다른 상황에서는 필요하지 않다. 우리가 필요로 하는 일련의 덕들은 순전히 우연적인 것이다. 만일 우리가 젖과 꿀이 넘치는 세계에 사는 관대한 존재들이라면 정의는 전혀 쓸모없을 것이다.

이런 견해가 함축하는 바는 어쩌면 흄의 저술을 접한, 종교를 가진 독자들에게는 지극히 평범한 것으로 보였을지도 모른다. 즉, 이들은 도덕에 관한 흄의 견해를 오직 신에 대한 주의주의적 이해만이 가능하다는 주장으로 이해했을지도 모른다. 도덕이 "영원한 적합성"

---

31) 바르베이락은 자신이 번역한 푸펜도르프의 저술《도덕학에 대한 역사적, 비판적 설명》의 서문에서 당시 허치슨에 대한 일반적인 평판을 다소 변형해 다음과 같이 요약해 말한다. "허치슨은 기독교의 도덕을 올바른 이성의 가장 명확한 명령과 완전히 일치시키려 하면서, 이를 기독교의 신성함에 대한 가장 설득력 있는 증명 중 하나라고 생각한다"(XXXII: 87면).

에 의존한다는 주장은 흄의 지적대로 불변하는 도덕적 기준이 "신 자신에게도 … 의무를 부과한다는" 점을 함축하는데, 당연히 흄은 도덕에 관한 이런 식의 이론을 모두 거부한다(《논고》: 456면). 더욱이 신은 우리와 동등한 존재가 아니며 정의가 적용되는 상황을 우리와 공유하지도 않는다. 흄의 생각에 따르면 신과 비교해 볼 때 우리는 이성적이기는 하지만 지극히 나약한 피조물로서 서로에게 제대로 복수를 할 수 있을 만큼 강하지는 못하다(《도덕 원리》: 190면). 푸펜도르프는 바로 이 점을 들어 인간 사이의 관계에서 정의를 실현하는 데는 한계가 있음을 지적했다(제 7장 6절 참조). 그리고 흄은 자신의 견해가 종교를 지닌 사람들에게는 주의주의적으로 받아들여질 수 있음을 명확히 알고 있었다. 흄은 《자연종교에 관한 대화》에서 악의 문제를 다루면서 이를 분명히 드러낸다.[32] 그의 견해를 대변하는 인물은 악이 현존한다는 점을 인정할 수 없으며 또한 신이 도덕적 속성을 지닌다는 견해를 결코 정당화할 수 없다고 주장한다. 흄의 논의는 악의 문제에 해결책을 제시하기는커녕 오히려 더욱 악화시킨다. 설령 그가 결국 이성에 기초한 어떤 종교적 믿음을 허용하더라도 이는 기독교의 신은 말할 것도 없고 라이프니츠나 클라크의 신과도 전혀 유사하지 않은 어떤 신에 대한 믿음일 뿐이다.[33]

---

32) 흄이 후기 저술인 《논고》에서뿐만 아니라 초기 단계의 철학적 저술에서도 악의 문제에 관심을 보였다는 증거로는 M. A. Stewart(1994), "An Early Fragment on Evil" in Stewart & Wright 참조.

33) 《자연종교에 관한 대화》 X와 XI에는 악의 문제에 관한 논의가 등장한다. XII에서 흄은 세계의 원인 또는 원인들이 어쩌면 인간의 지성과 어떤 유사점을 지닐지도 모른다는 점을 암시한다. 대화자들 중에 흄 자신의 입장을 대변하는 사람이 누구든 간에, 경험주의가 함축하는 주의주의적, 종교적 의

흄은 설령 그 어떤 종교가 존재하더라도 이는 대부분의 사람이 거부해야만 하는, 그런 종류의 것에 지나지 않는다는 점을 독자들에게 알리려 한다. 그가 이렇게 종교에 반대하는 목적을 이해하기란 그리 어렵지 않다. 그를 날카롭게 비판했던 한 인물은 그를 "**계시종교든 자연종교든 간에 모든 종교의 기초를** 허물어 버리려 하며, 진정 에피쿠로스주의적인 필치로 **죄지은 자의 두려움과 고통 받는 자들을 위한 위안과 덕을 향한 희망을** 단번에 모두 없애려 한" 사람으로 묘사했다. 34) 하지만 흄의 사실기술적인 과학적 탐구 절차와 수정주의적인 반종교적 목표 사이에는 일종의 긴장 관계가 존재한다. 만일 수도원에서 통용되는 덕들이 인간의 행복에 기여하지 못한다는 사실이 드러남으로써 점차 추방된다면 왜 도덕의 다른 영역에서는 이와 유사한 수정 작업이 일어나지 않는가? 컴벌랜드는 현재의 재산 분배 상태를 그대로 두는 편이 오히려 더 나으리라고 주장했다. 왜냐하면 이를 어떤 식으로 변형하더라도 거대하고 복잡한 결과가 예상되고 현재 우리가 유지하는 것보다 더 나은 분배가 실현되리라는 근거가 없기 때문이다. 흄은 때로 재산을 근본적으로 평등하게 분배해야 한다는 견해를 비판하지만(《도덕 원리》: 193~194면), 재화의 분배에 관한 정의를 증진하기 위한 어떤 종류의 명확한 절차도 제시하지 않는다.

미는 명백히 드러난다. 또한 《도덕 원리》: 294면 참조. 여기서 흄은 이성적 진리의 기준은 "심지어 최고의 존재가 지닌 의지에 의해서도" 바뀔 수 없는 반면 인간의 동물적 특성 때문에 등장하게 되는 도덕의 기준은 "궁극적으로 최고 존재의 의지로부터 도출되는데", 이 의지는 각각의 존재들이 자신의 본성을 갖도록 만든다고 말한다.

34) John Brown (1766), *Thoughts on Civil Liberty*. 나는 이 대목을 크리민스의 탁월한 논문 Crimmins (1983) : 540면에서 인용했다.

또한 그는 우리를 정의의 방향으로 이끄는 인위적인 동기가 경제학자들이 전개할지도 모르는 일련의 지식들, 즉 현재 우리에게 적용되는 법칙이 낳는 이익과 손실을 몇몇 가능한 대안들과 더불어 비교함으로써 얻게 되는 지식과 상응하지 않는다는 점에 대해서도 아무런 말을 하지 않는다.

흄은 결코 공리주의자가 아니다. 그는 우리가 도덕 판단을 형성하는 유일한 원리를 받아들이거나 이에 호소해야 한다고 생각하지 않는다. 그는 도덕의 핵심이 최대한의 쾌락과 최소한의 고통을 산출하는 것이라고 생각하지 않는다. 또한 그는 모든 대립과 불일치를 해소하는 데 사용되는 실천적 결론에 도달하기 위하는 합리적 절차가 존재한다고 생각하지도 않는다. 도덕 판단에 대한 정당화가 아니라 일종의 설명으로서 자신의 이론을 제시하며, 결코 개혁을 염두에 두지 않는다. 하지만 그의 이론을 근거로 개혁의 방향으로 나아가는 것은 손쉬운 일이며, 수도원의 덕에 대한 그의 공격이 우리에게 이런 길을 제시한다.

제18장

신이 없는 세계에 반대하는 이론들

칸트는 샤프츠버리, 허치슨 그리고 흄의 저술이 도덕철학에서 무척 중요하다는 사실을 공개적으로 선언했다. 칸트는 1770년 아담 스미스의 《도덕 감정론》(*Theory of Moral Sentiments*) 을 독일어 번역으로 읽고 크게 칭찬하기도 했지만[1] 대체로 위의 세 철학자 이후에 등장한 영국 학자들의 저술을 그리 높게 평가하지 않았다. 스미스를 비롯해 그와 동시대인인 두 철학자 프라이스(Richard Price) 와 리드 (Thomas Reid) 는 신의 섭리가 돌보지 않는, 그 자체로 남겨진 세계를 위한 윤리학을 구상하려는 기획을 거부했다. 이들은 스미스가 묘사한 자비로운 사람처럼 "신이 없는 세계는 매우 의심스러우며 … 모

---

[1] 칸트의 "강의 계획 공고", 《칸트 전집》(*Gesammelte Schriften*) 2. 311 (*TP*: 298면) 참조. 칸트가 아담 스미스를 칭찬한 내용은 10. 126, 1771년 7월 9일자 편지; 15. 1, no. 767; 15. 2, no. 1355; XIX, nos. 6628, 6798, 6894 참조. 또한 스미스의 《도덕 감정론》, 편집자 서문: 31면 참조.

든 고찰을 지극히 우울하게 만든다"(《도덕 감정론》: 235면) 사실을 깨달았는지도 모른다.[2] 그리고 칸트도 이에 동의했으리라 생각된다. 하지만 칸트가 프라이스나 리드의 도덕철학을 접했으리라고 가정할 근거는 전혀 없다. 어떻든 간에 이들은 스미스와 더불어 칸트가 선택하지 않았던 대안을 발전시켰다.[3] 이들이 중요한 까닭은 도덕철학에서 흄 이후의 상황에 대한 이들의 반응이 칸트 또한 파악했을 듯한 문제를 이해하는 데 도움을 주기 때문이다.

1. 정서주의, 회의주의 그리고 새로운 이성주의

샤프츠버리, 허치슨 그리고 흄의 저술을 읽은 독자들은 이들을 도덕과 관련해서 정서주의의 지지자로, 즉 도덕 판단과 도덕 원리의 측면에서 감정을 핵심에 놓고 이성을 부수적인 요소로 본 인물들로 여겼다. 이들 이전에 도덕의 영역에서 우리를 효과적으로 인도하는 이성의 능력을 의심하면서 진정 실천적인 의미에서 회의적인 결론에 도달한 학자는 거의 없었다. 도덕을 어떻게든 이성적으로 정당화할

---

2) 프라이스 또한 《논문집》(*Dissertations*): 97면에서 섭리를 부정하는 것은 "세계를 신에게서 버림받는, 신이 없는 곳으로 만든다"고 말한다. 리드와 프라이스는 "신이 없는 혼란한 세계에 산다는 생각은" 우리를 지극히 우울하게 만든다는 샤프츠버리의 지적을 그대로 반영한다. 앞의 제14장 9절 참조.

3) 리드에 대한 칸트의 지식에 관해서는 Kuehn(1987), IX장 참조. 프라이스와 스미스는 거의 정확하게 같은 시대를 살았다. 리드는 이들보다 일찍 태어났으며 더 늦게 세상을 떠났다. 스미스는 프라이스와 리드를 개인적으로 알고 지냈다. 프라이스와 리드도 서로 아는 사이였으며 자주 각자의 저술에 대한 평가를 주고받았다.

수 있다는 점을 회의하거나 부정함으로써 이들은 우리에게 타고난 도덕적 동기가 내재하지는 않는다는 사실을 제시하려 했다. 기독교의 도덕적 교리 또는 그와 유사한 것이 도덕의 내용을 제시한다고 가정해 보자. 그러면 회의주의자는 거기서 우리의 마음에 드는 삶의 방식을 발견할 수도, 발견하지 못할 수도 있다고 말할 것이다. 만일 발견하지 못한다면 그런 도덕이 명령하는 방식에 따를 동기가 전혀 부여될 수 없을 것이다. 이 때문에 몽테뉴는 자신이 오직 주관적인 삶의 양식에 의해서 인도되는데, 이런 양식은 사람마다 모두 다른 듯이 보인다고 주장했다. 물론 그는 자신이 사는 나라의 법에 기꺼이 따를 것이다 — 하지만 앞서 내가 지적했듯이 그 법이 정의롭기 때문에 따른다는 생각은 전혀 하지 않는다. 또한 그는 표준으로 여겨지는 도덕에 반드시 주의를 기울이지 않고도 얼마든지 충분하고 완전한 존재로 살아갈 수 있는 요소를 자신의 내부에 지니고 있다고 주장한다. 그리고 그는 도덕을 재구성하여 자신의 개인적 본성에 더욱 잘 맞게 만드는 데 관심이 없다. 그에 따르면 도덕은 그리 크게 중요한 것이 아니다.

영국의 정서주의자들은 도덕을 이성적으로 정당화할 수 없다는 주장으로부터 이런 실제적인 회의주의적 결론을 이끌어 내지는 않는다. 이들의 목표는 그런 이성적인 근거가 없이도 도덕이 우리에게 동기로 작용한다는 것을 증명하는 것이다. 도덕이 우리를 움직이는 까닭은 우리의 본성과 — 이른바 이성적으로 선을 추구하는 본성이 아닌, 비이성적이고 로크적인 욕구에 따라 움직이는 본성과 — 연결되어 있기 때문이다. 샤프츠버리와 흄은 도덕에 관한 기독교의 교리가 확고한 도덕적 내용을 부여한다고 생각하지 않는다. 이들은 도덕이 우리가 무관심할 수 없는 무언가를 통해 재구성되어야 한다고 보았다. 샤프츠버리의 도덕이 호소력을 지니는 까닭은 오직 우리의 욕구들 간의 조화를 약속하기 때문이다. 흄의 도덕이 호소력을 지니는 까닭은 우리가 본성적으로 가진 또는 본성적으로 발전시키는 욕구와 동기들을 시인하기 때문이다. 덕이 우리의 정서와 연결되지 않는다면 그 어떤 덕도 우리가 관심을 보여야 하는 도덕의 일부일 수 없다. 허치슨 또한 도덕이 호소력을 지니는 까닭은 본질상 그것이 우리가 본성적으로 지니는 자비로운 동기를 시인하기 때문이라고 주장한다. 앞서 제16장 2절에서 지적했듯이 허치슨은 기독교적인 견해를 옹호한다. 허치슨은 엄격한 칼뱅주의 장로교파 출신이다. 만일 정서주의를 통해 이러한 신앙으로부터 완전히 벗어났더라도, 그는 정서주의가 근거로 삼는 동기와 감정이 실재한다는 사실에 회의하지 않았을 것이다.

전통적인 이성주의자들은 우리에게 적용되는 도덕이 본질상 이성적 존재로서의 우리가 계발해야 하는 도구적 또는 내재적 부분으로부터 유래한다고 생각했다. 이를 통해 이들은 이성적 도덕이 우리가 진정으로 원하는 바를 제공한다고 주장했다. 하지만 말브랑슈는 우리가 쾌락을 원함에도 불구하고 도덕은 신의 관념 안에서 가치의 질서에 따를 것을 요구한다고 주장함으로써 이런 연결을 끊어 버렸다. 이런 연결은 클라크와 맨더빌에 의해서 다시금 끊어지게 된다. 이들은 대부분의 사람들이 이기적인 욕구의 지배를 받는다는 점을 인정했는데 클라크는 이를 우리 본성의 타락으로 보았지만 맨더빌은 그렇게 보지 않았다. 또한 이들은 자신의 번영에 미치는 영향과 무관하게 행위자를 움직일 수 있는 덕이 필요하다고 보았다. 따라서 클라크는 오직 이성만이 우리의 욕구와 상반되는 경우에조차도 우리를 덕이 있게 행위하도록 이끌 수 있다고 주장하는 방향으로 나아갔다. 그리고 맨더빌은 인류가 도덕이 명령하는 대로 거의 행위할 수 없다고 생각했다.[4]

정서주의자들의 저술은 맨더빌의 역설에 기초를 제공하는 이기적 동기 이론에서 벗어나는 일을 가능하게 만들었다. 이들은 우리 자신의 배타적인 선을 추구하려는 욕구는 많은 동기 중 단지 하나에 지나지 않으며 다른 사람들에게 관심을 보이는 감정 또한 동기에 포함된다고 주장했다. 더욱이 흄은 어떻게 우리가 시인의 감정을 가까운 이들과 처음부터 긴밀하게 공유할 수 있는지, 따라서 어떻게 그 감정이 보편적이 될 수 있는지 설명하는 수고를 아끼지 않았다. 우리 모두가 같은 덕을 시인하도록 만드는 것은 이성이 아니라 감정이다. 또한 모든 사람은 덕을 실천하도록 구성된 자신의 내적 부분에 따라 움직인다. 실천적인 도덕적 회의주의는 결코 정서주의의 일부가 아니다. 따라서 정서주의는 이성주의자들이 요구하는 바를 모두 — 단도덕의 이성적 기초만을 제외하고 — 제공하는 듯이 보인다. 정서주의자들은 이성이 도덕에 동기라는 힘을, 즉 모든 사람이 이성에 속한다고 인정하는 힘을 제공할 수 없다고 주장하는 점에서만 이성주의자들과 차이를 보일 뿐이다. 따라서 정서주의는 도덕의 합리성을 옹호하려는 문제 자체를 변화시켰다. 이제 아담 스미스의 도덕 이론을 보면 알게 되듯이 반이성주의자는 이기주의자나 회의주의자가

---

4) 아담 스미스는 맨더빌을 에피쿠로스와 홉스 그리고 허치슨과 대비하면서 파괴적인 실천적 회의주의자로 여긴다(《도덕 감정론》: 307~313, 315면).

아니며, 이성주의자들도 바랄 만한 관대하고 진지한 도덕의 옹호자
였다. 그렇다면 여기서 프라이스나 리드 같은 이성주의 사상가들이
왜 이런 새로운 정서주의를 거부해야만 했는지 질문이 제기된다. 흄
이후 도덕에서 이성의 차지하는 역할에 관한 논쟁의 핵심은 무엇인
가? 이는 단지 도덕 인식론의 문제에 지나지 않는가?

2. 프라이스의 직관주의

위의 질문에 대한 대답 중 하나를 프라이스(Richard Price, 1723~
1791)가 1758년 출판한 최초의 저술 《도덕의 주요 문제와 난점에 대
한 검토》(*A Review of the Principal Questions and Difficulties in Morals*,
이하 《검토》로 약칭)에서 찾을 수 있다. 새로운 형태의 이성주의를
옹호하면서 그는 허치슨의 견해에 포함되었다고 여겨지는 신학적 주
의주의를 거부한다. 신과 우리가 공통적인 일련의 원리들을 공유한
다는 사실을 확신하려면 도덕은 필연적인 진리들에 의지해야 한다.
프라이스는 이런 진리가 없다면 우리는 신을 사랑할 수 없고 신과 친
밀한 관계를 이루면서 살 수 없으리라고 생각한다(《검토》: 266면).
　프라이스는 자신의 이성주의를 옹호하려면 버틀러의 편에 서서
자비심만이 덕이라는 정서주의의 주장을, 설령 흄의 경우처럼 상당
히 약화된 형태라 할지라도, 거부해야만 한다고 생각한다. 클라크
처럼 프라이스도 우리가 도덕이 요구하는 대로 행위할 수 있는 까닭
은 결정론과 양립할 수 없는, 자유롭게 행위할 능력을 지니기 때문
이라고 주장한다. 신이 섭리를 통해 자신의 세계를 계속 보살핀다는

점 또한 프라이스의 도식에서 필수적인 요소이다. 그의 체계 전체는 그가 받아들인 형태의 기독교뿐만 아니라 이 세계를 통해 자유가 신장됨을 증명하려는 그의 심원하고 적극적인 관심을 옹호하기 위해 마련되었다. 우선 프라이스가 철학적 논점들이 서로 어떻게 연결된다고 생각했는지 설명한 후, 그의 윤리학에 기초한 정치사상이 제시하는 관점을 간단히 살펴보려 한다.

프라이스는 다음과 같이 말한다.

> 인간의 정신 안에는 질서나 일관성은 거의 없는 듯이 보이므로 정신을 단지 정념과 정서들의 체계로, 즉 우리에게 끊임없이 서로 다른 방식으로 작용하는 것으로 여겨야 할 듯하다. 정신 안에는 이들을 통제하는 지휘자는 전혀 없는 듯하며 그저 때에 따라 가장 강력한 정념이나 정서가 우리의 행위를 필연적으로 결정하는 듯이 보인다. 하지만 이런 주장은 정신의 실제 상태와는 전혀 다르다(215면 각주).

프라이스가 정신에 대한 로크식의 해석이라고 부르는 상태, 즉 내부적으로 어떠한 질서의 원리도 없는 상태를 "우리의 다른 모든 능력을" 적절하게 통제하는 "도덕적 능력"을 통해서 반박한다(215면 각주). 도덕적 능력의 작용을 설명하기 위해 프라이스는 로크의 인식론을 거부해야 하며, 이성이 순전히 수동적 능력이라는 로크와 데카르트의 주장에 맞서 커드워스처럼 이성이 그렇지 않다고 주장해야 함을 발견한다. 프라이스에 따르면 이성은 능동적 능력이며, 우리를 진정한 행위자로 만들어 주는 것이기도 하다.

프라이스가 로크의 인식론을 거부하면서 도입하는 핵심적인 주장은 이성이 그 자체로 단순 관념의 근원이라는 점이다. 그는 도덕적 시인에 관한 허치슨의 설명에서 스스로 부적절하다고 여긴 바를 통해 이런 주장에 이르게 된다. 만에 하나 허치슨이 옳다면 시인은 단지 우리의 정신이 작용하는 방식으로부터 도출된 감각에 지나지 않을 것이며, "행위의 진정한 특성에" 관해서는 아무것도 알려 주지 않을 것이다(15면).5) 허치슨의 주장에 동의해서는 안 된다. 이성은 감각이 할 수 없는 일을 행한다. 감각은 특수한 것만을 다루는 반면 이성은 일반화하고 비교한다. 이성은 분별하지만 감각은 단지 받아들여질 뿐이다. 우리의 관념 중 수많은 것은— 예를 들면 단단함, 실체, 지속, 공간, 무한, 우연성, 필연성, 인과성, 권능 등의 관념은— 순전히 감각적 정보에서 유래한 것이라고 설명하기 어렵다. 흄은 이런 사실을 알았지만 잘못된 결론을 이끌어 내었다. 이에 대한 올바른 대응책은 흄처럼 이런 관념들을 부정하거나 재정의하는 것이 아니라 이성의 창조적 능력과 감각의 한계를 인정하는 것이다(21~35면).

프라이스는 도덕 관념이 이성에 의해서 주어진 관념에 속한다는 주장을 지지하기 위한 몇 가지 논증을 제시한다. 상식에 호소해 보면 도덕 관념이 수나 인과성, 비례 등의 관념과 마찬가지로 참과 거짓을 포함한다는 사실이 명확하게 드러난다. 우리는 감사나 배반에 대한 판단을 동일함에 대한 판단과 마찬가지로 참 혹은 거짓이라고 가정한다(41~44면). "인류가 보편적으로 파악하는 바" 중의 하나는

---

5) 허치슨은 시인을 느끼는 것이 누군가의 행위에서 쾌락을 얻는 방식 중 하나라고 생각한다. 그는 시인이 진리를 관조하는 일보다는 어떤 음악을 좋아하는 일에 더 가깝다고 말한다. 《예증》: 136면 참조.

도덕적 용어들이 대상의 참된 속성을 반영한다는 사실이다. 이에 대해 모든 사람이 제2의 성질을 표현하는 용어를 통해 동일한 것을 생각하는데 그 생각이 잘못되었다는 주장이 제기된다고 가정해 보자. 프라이스는 여기에 어떤 차이가 있다고 생각한다. 어떤 색을 띤 물체에 대해 우리가 잘못 생각한다고 말하는 것은 지극히 어리석지만 어떤 옳은 행위에 대해 잘못 생각한다고 말하는 것은 그렇지 않다. 따라서 도덕적 성질과 제2의 성질은 서로 다르게 다루어야 한다. 그렇게 하지 않는다면 사람들이 선악에 대해 또는 어떤 목적이 가치 있는지에 대해 잘못 생각한다고 말할 수 없게 될 것이다(46~49면).

흄주의자라면 이런 주장을 반드시 받아들일 필요가 없다고 여기겠지만 프라이스는 이로부터 바로 강력한 반주의주의적인 결론을 이끌어 낸다. "옳고 그름은 **실제로** 행위가 어떤지 지시하는 듯이 보인다. 무언가가 어떻게 존재하더라도 그것은 의지나 계율에 의해서가 아니라 **본성과 필연성**에 의해서 존재한다. … 따라서 어떤 의지도 **무언가를** 선하게 또는 의무로 만들 수 없으며, 본성에 앞서 영원히 선하거나 의무인 것은 없다"(50면). 이 주장 그리고 오직 이 주장을 통해서만 신이 도덕적이고 정의로운 본성을 지닌다는 사실을 이성적으로 보일 수 있다. 허치슨의 견해에 따르면 도덕적 능력은 단지 우연히 우리에게 주어진 본능에 지나지 않는다. 만일 그렇다면 신이 우리와 같은 도덕적 감각을 지닌다고 가정할 아무런 이유가 없다. 더 나아가 신이 "그 어떤 도덕적 특성이라도 지닌다고" 결론지을 수조차 없을 것이다(236면).

프라이스는 도덕적 진리가 필연적 진리라는 점을 강조한다. 그는 오직 도덕적 진리의 필연성만이 우리에게 신의 원리에 대한 지식을 전해 줄 수 있다고 생각한다(237면). 사악하거나 아무런 특성을 지니지 않는 존재도 우리가 관찰하는 이 세계에서 일정한 분량의 선을 산출할 수 있을지 모른다. 더욱이 우리는 영원성을 인식해야만 하는데 단지 경험적 추론만으로는 이에 관해 아무것도 알 수 없다. 오직 신의 본성에 관한 이성적이고 필연적인 진리를 통해서만 알 수 있다(238~243면; 《논문집》: 23면 참조). 도덕에 관한 정서주의는 우리가 이런 지식에 이르는 것을 가로막는다.

이어서 프라이스는 우리가 옳고 그름에 대한 이성적 관념을 지닌다는 사실을 전제하고 이런 관념이 단순 관념이어야 한다고 주장한다. 지금까지 어느 누구도 이 관념을 제대로 정의하지 못했다. 그리고 만일 이것이 단순 관념이 아니라면 우리는 그 무엇도 최종적으로 시인하거나 부인하지 못하고 "이유와 목적의 무한소급에" 빠지고 말 것이다. 어쩌면 그는 이런 주장과 더불어 대범한 태도를 드러내는 듯하다. 왜냐하면 그는 허치슨이 관념이 이성에 근원한다는 면에서의 불일치를 제외하면 관념의 단순성에서 자신과 동일한 주장을 한다고 보기 때문이다. 프라이스는 관념이 "진리에 대한 우리의 **직관**"으로부터 생겨난다고 본다(《검토》: 41면). 여기서 프라이스가 강력하게 플라톤주의로 전환함이 발견된다. 우리는 진리를 직관적으로 인식함으로써 "바로 대상 자체가 우리 마음에 존재하게 된다." 만일 그렇지 않다면 어떻게 수많은 사람들이 완전히 동일한 것을 생각할 수 있는지 설명할 수 없을 것이다(39면 각주).6)

이렇게 상식에 호소하는 프라이스의 태도는 우리의 능력이 전달

---

6) 프라이스의 플라톤주의에 관해서는 Zebrowski(1994) 참조.

하는 것을 신뢰하지 않을 수 없다는 견해에 기초한다. 그는 정서주의에 우리의 도덕적 능력이 항상 우리를 속인다는 관점이 함축되어 있다고 생각한다. 정서주의는 행위의 속성이 단지 우리 자신의 감정이라고 여긴다. 이런 방식으로는 어떤 능력도 제대로 고찰할 수 없으며, 어디서도 지식 얻기를 바랄 수 없다. 만일 우리가 실제로 어떤 능력을 가졌음을 증명할 수 없다면 이런 능력에 대한 전반적인 회의조차도 불가능하다. 왜냐하면 회의의 근거를 발견하기 위해서 우리는 바로 이런 능력을 사용해야 하기 때문이다. 따라서 프라이스는 "우리에게 그렇게 **보이는** 것들이 실제로 그렇게 **존재한다**고 여겨야만 한다"는 결론에 이른다(48, 91 이하, 97면).7) 그 결과 우리는 도덕적 문제들에 관해 "사람들의 자연스럽고 정상적인 정서를 **직관적으로 지각된 직접적인 의무의**"예로 여겨야 한다(140면).

　이런 주장은 프라이스의 도덕적 견해 중 핵심적인 부분에 상당한 영향을 미친다. 우리는 옳고 그름에 관한 직접적인 직관을 신뢰해야 하기 때문에 자비심 또는 전체의 복지에 대한 관심만이 유일한 덕이라고 주장할 수 없다(131~132면). 프라이스는 자신의 견해를 지지하기 위해 버틀러가 제시한 반대 사례의 목록을 들기도 하며, 흄이 정의의 경우에조차도 유용성이 모든 시인의 근원이라는 주장을 지지하기 위해 사용한 일반적인 관행의 관념을 배제하기도 한다. 프라이스는 어떤 불의 때문에 아무도 손해를 입지 않을 경우조차도 우리는 불의를 비난하리라고 말한다. 여기서 상식적인 견해를 배제하려

---

7) 프라이스의 논증 방식은 버틀러의 논문 "자기 정체성에 관해"(Of Personal Identity in *Works* II)의 마지막 문단에서 이미 암시된다.

는 시도는 몇몇 학자들이 자비로운 듯이 보이는 우리의 욕구가 사실은 자기이익에서 등장했음을 보이기 위해 시도했던 설명과도 유사하다.[8] 단순성에 지나치게 집착해서는 안 되며, 우리가 정직, 감사, 공평무사함 그리고 정의 등을 모두 시인한다는 사실에 비추어 보면 많은 독립적인 행위 원리들이 공존함을 알 수 있다는 점에 동의해야 한다(134~138면).

도덕 원리의 수가 많다는 프라이스의 주장을 받아들인다면 설령 그 인식론에서 플라톤주의가 매우 중요하다 할지라도 윤리학의 영역에서 그를 플라톤주의자로 생각해서는 안 된다. 그의 견해에 따르면 선의 추구가 이성적 행위의 유일한 목적은 아니다. 이 문제에 관한 그의 이론은 말브랑슈의 이론과 놀랄 만큼 유사하다. 프라이스는 신이 항상 일반 법칙을 통해 작용할 뿐 개별적인 것들에까지 영향을 미치지 않는다는 말브랑슈의 견해를 분명히 거부한다.[9] 하지만 그는 말브랑슈처럼 신이 오직 선에 대한 관심에 의해서 움직이지는 않는다고 주장한다. 말브랑슈가 생각한 질서의 자리에 프라이스는 정의의 원리를 놓는다. "행복은 **목적**이며, 우리가 신의 섭리와 지배의 목적이라고 여길 수 있는 유일한 것"이라고 주장한다.

하지만 신은 이 목적을 올바름의 아래에 두고 추구한다. … **정의와 정직함**

---

8) 여기서 프라이스가 염두에 둔 학자들은 게이(John Gay)와 하틀리(David Hartley)인데 이들의 저술에 관해서는 뒤의 제19장 1절에서 논의하려 한다. 이후에 프라이스와 더불어 유니테리언 교파에 몸담았던 프리스틀리(Joseph Priestley) 또한 프라이스의 비판에 아랑곳하지 않고 이와 유사한 견해를 주장했다.
9) 《논문집》: 9~10, 15~17면.

은 선할 뿐만 아니라 옳기까지 하며, 또한 신의 성질에 속하는 것임에 분명하다. … 정의는 단지 선의 한 형태가 아니며 또한 선의 목적을 실현하기 위한 가장 효과적인 방법의 한 예로 여겨져서도 안 된다(250~251면; 252면 참조).

따라서 정의와 선은 신과 우리의 행위에 서로 다른 종류의 근거를 제공하는데 이들 중 정의에 기초한 근거가 선행한다. 정의와 선에 관한 이런 방식의 논의와 관련해 프라이스로 하여금 클라크를 넘어서도록 이끄는 것은 악의 문제에 대한 반주의주의적인 관심이다. 프라이스는 라이프니츠와 마찬가지로 오직 주의주의자나 무신론자만이 이 세계가 완전하지 않다고 생각할 수 있으리라고 말한다. 신의 도덕 원리들은 곧 우리의 원리이기도 하며, 신은 모든 측면에서 완전하다. 그렇지만 우리가 보기에는 현재 발견되는 것보다 더욱 많은 선이 존재할 수 있을 듯도 하다. 따라서 신이 충분히 산출할 수도 있는 어떤 선을 왜 거부하는지 설명이 필요하다. 이 문제를 해결하려면 세계의 완전성에 관해 라이프니츠의 견해보다 다소 복잡한 견해가 요구된다. 여기서 프라이스는 말브랑슈와 (앞의 제 11장 4절) 놀랄 만큼 유사한 견해로 전환한다.

우리는 신의 섭리를 부정할 수 없는데 만일 신이 세계의 어떤 한 사건에라도 개입한다면 그는 이를 통해 모든 사건에 개입할 수 있는 방식으로 작용한다(《논문집》: 17~18면). 어쩌면 세계에는 많은 고통과 악행이 존재하는지도 모른다. 하지만 도덕이 신에게 자비롭기에 앞서 정의롭기를 요구한다는 사실을 일단 깨닫기만 하면 우리는 신이 도덕 원리를 통해 세계에 개입한다는 사실 또한 깨닫게 된다.

이에 프라이스는 다음과 같이 선언한다. "완전한 올바름의 존재 아래 놓여 그것의 지배를 받는 올바름은 불변적이고 보편적으로, 영원히 이루어진다고 나는 확신한다. 그리고 이것이 내가 바라야 하는 전부이다."(《논문집》: 96면) 마치 성공한 삶을 사는 듯이 보이는 악당이 결국 내세에서 그 대가를 치르듯이, 설령 현세에서 아무 소득 없는 고통을 겪는다 할지라도 내세에서 이에 대한 보답이 이루어지리라는 점을 우리는 확신할 수 있다. 주의주의자는 처벌과 보상이 도덕적 의무를 형성하는 데 반드시 필요하다고 생각한다. 프라이스는 이에 동의하지 않는다. 이성적인 필연성은 그 자체만으로도 의무를 부과하기에 충분하다. 하지만 개인이 정의롭게 행위하면서 치른 대가를 적절히 보상함으로써 신이 세계의 공정함을 보장한다는 사실을 보이기 위해서는 제재가 반드시 필요하다(《논문집》: 132~133면). 여기서 정의가 선에 우선한다는 주장의 근거는 말브랑슈를 쾌락보다 질서가 우선한다고 주장하도록 이끈 근거와 동일하다. 또한 이 근거는 섭리를 통한 신의 개입을 도덕적인 측면에서 이해 가능하도록 만드는 데도 도움을 준다.

앞서 살펴보았듯이 프라이스는 도덕적 직관에 관해 언급한다. 그리고 이 사실은 궁극적 도덕 원리들이 다양하다는 그의 주장과 더불어 프라이스를 허버트 경의 뒤를 이어 체계적 직관주의를 전개한 최초의 계승자로 만든다. 10) 그렇다면 프라이스의 관점에서 우리가 직

---

10) 《검토》를 편집, 출판한 라파엘(Raphael)은 편집자 서문에서 프라이스가 "도덕적 판단에 '직관'이라는 용어를 적용한 최초의 인물"이라고 말한다(xiv면). 발귀(John Balguy)는 직관이라는 용어가 프라이스 이전에 이런 방식으로 사용된 경우를 인용한다. 그는 만일 자신이 어떤 도덕적 연결을 "직접 또는

관하는 것은 정확하게 무엇인가? 바로 신과 자신 그리고 이웃에 대한 의무의 원리들인데 이는 그리 놀라운 일이 아니다. 다른 사람에 대한 우리의 의무에 속하는 직관적인 원리, 즉 자비심의 원리는 그저 "공공의 행복을 증진하고 추구하는 일은 옳다"는 것을 알려줄 뿐이다(《검토》: 151면). 이는 직관적으로 인식되는 모든 필연적인 원리들의 형식을 우리에게 보여 준다. 즉, 이런 원리들은 신을 숭배하고 그에게 복종하는 것은 옳다, 자기 자신의 선을 증진하는 것은 옳다, 다른 사람들에게 자비로울 뿐만 아니라 진실하고, 감사하고, 공정한 것은 옳다는 등의 형식을 취한다. 프라이스는 이들 모두가 함께 하나의 일반 원리를 형성하며, 이들은 "하나의 근본적인, 모든 것을 지배하는 법칙의 서로 다른 변형들 또는 관점들로 여겨져야만 한다"고 말한다(《검토》: 138~165면). 하지만 모든 덕들의 통합 또는 덕들을 지배하는 법칙들의 통합이라는 이런 플라톤적인 주장을 편다고 해서 프라이스가 도덕적 삶을 지나치게 단순화한다고 생각해서는 안 된다. 개별적인 경우에서 옳고 그름이 명확하게 드러남에는 의심의 여지가 없다. 그러나 프라이스는 우리의 직관적인 통찰을 개별적인 경우들에, 특히 서로 다른 원리들이 상충하는 경우들에 적용하기가 어렵다는 점을 강조한다(《검토》: 166면 이하). 프라이스에 따르면 우리가 무엇을 직관하든 간에 그것은 구체적인 상황에서 명확히 한정된 행위로서의 옳음은 결코 아니다. 11)

이른바 직관적으로" 파악한다면 다른 모든 사람들 또한 이를 파악하기를 기대할 수 있어야만 하는데 실제로 그러한지 의심하는 반대자에 대해 언급한다. 여기서 "이른바"라는 표현은 이 용어가 반대자에게 낯선, 새로운 방식으로 사용되었음을 암시한다. Balguy, *Tracts*: 114면.

3. 직관과 동기부여

프라이스는 도덕적 진리를 인식하는 일이 항상 정서적인 색채를 띤다는 점을 인정한다. 하지만 도덕적 감정은 도덕적 진리에 대한 인식에서 생겨나는 것일 뿐 도덕적 진리를 대신할 수는 없다. 시인의 감정과 덕을 관조하는 데서 얻는 쾌락을 설명하기 위해 어떤 새로운 감각도 필요하지 않다. 허치슨의 주장과는 달리 이런 감정들은 우리의 인식에서 생겨날 뿐이다. 그리고 이런 감정들은 모두 어떤 명확한 도덕적 역할을 수행한다. 우리의 도덕적 관념들이 혼란에 빠지고 불명확한 것은 결코 아니다. 그러나 이런 관념들이 감정 또는 프라이스가 본능적인 결정이라고 부른 바에 의해서 지지되지 않는다면, 많은 경우 이성이 이런 관념을 너무 늦고 약하게 전달하기 때문에 우리는 적절하게 행위하는 데 어려움을 겪는다. 우리는 적절하게 행위하도록 자신을 자극하기 위해 "지성의 지각과 마음의 감정을" 모두 필요로 한다(《검토》: 61~62면).[12]

프라이스는 덕을 갖춘 행위자의 동기에 관해 논의하면서 이런 장

---

11) Whewell(1852)에는 프라이스에 관한 논의가 등장하지 않는데 그 까닭은 아마도 프라이스가 웨일스 출신이었기 때문인 듯하다. 하지만 휴얼 자신의 도덕 이론은 그 이전의 어떤 다른 학자보다도 프라이스의 이론에 가깝다. 특히 가장 대표적인 덕 또는 의무의 관념을 이해하는 우리의 능력이 점점 발전하는 것을 포함하는 점진적인 발전에 대한 프라이스의 주장을 떠올려 보면 더욱 그러하다.

12) 내가 앞서 16장 6절에서 지적했듯이 버틀러는 도덕적 의식을 "지성의 정서 또는 마음의 지각으로, 아니면 사실상 이들 둘을 모두 포함하는 것으로" 여길 수 있다고 말하는데(*Dissertation on Virtue*, II. 1, in *Works* II) 여기서 프라이스는 이런 버틀러의 생각을 바로잡으려 한다.

치를 사용한다. 그에 따르면 덕을 갖춘 행위자는 우선 자유를, 즉 "행위하고 결정하는 능력"을 지녀야만 한다. 이를 통해 프라이스가 의미하는 바는 행위자의 행위에 원인이 없어야 함이 아니라 행위자 자신이 행위의 원인이 되어야 한다는 것이다. 내가 나 자신의 의지 작용이라고 여기는 바에 "외부의 원인"이 존재해서는 안 된다. "나는 자발적으로 그러면서도 필연적으로 결정한다"는 생각은 지극히 불합리하다. 따라서 프라이스는 홉스의 견해가 명백히 틀렸다고 생각한다. 만일 "우리의 **행위 능력**, 자유로운 선택 그리고 우리의 결정을 스스로 완전히 지배한다는 점"을 허용하지 않는다면 도덕의 설 자리는 없을 것이다(181~182면).

도덕에 필요한 두 번째 요소는 지성이다. 자기 운동 또는 행위 능력은 지성이 없이도 존재할 수 있지만 지성은 자유가 없이는 존재할 수 없다. 우리는 명백히 지성을 지니므로 자유 또한 반드시 지녀야만 한다. 그리고 프라이스는 이에 대한 자신의 논증을 더 이상 길게 제시할 필요가 없다고 주장한다(183~184면). 자유와 이성은 함께 행위자가 덕을 갖출 수 있도록 만드는데, 프라이스는 어떤 주어진 행위가 도덕적으로 옳다는 또는 도덕적으로 선하다는 믿음에서 등장한 동기만이 — 즉 오직 도덕이 요구하는 바로서의 행위를 행하려는 의도만이 — 행위자의 덕을 형성한다고 주장한다. 그는 우리 모두가 "옳고 그름에 대한 지각이 자신을 행위하도록 자극한다는 사실을 지속적으로 느낀다"는 점을 전혀 의심하지 않는다. 행위를 자극하는 일은 "바로 도덕적 옳고 그름의 관념에 속하는 것이다". 일상적으로 도덕적 통찰에 동반되는 감정이 동기부여에 반드시 필요하지는 않다. 도덕적으로 적절한 행위는 어떤 경우에 적용된 관념들이

"그것에 반대하는 그 어느 것도 항상 발견되지 않는다"는 점을 파악한 결과로 뒤따라 발생한다. 프라이스는 "왜 합리적인 존재가 합리적으로 행위하는가"에 관한 의미 있는 질문은 성립하지 않는다고 생각한다.

클라크와 마찬가지로 프라이스도 자유는 온전히 누리지 않으면 전혀 가질 수 없는 속성이라고 여기며, 따라서 자유에는 서로 다른 정도 차이가 존재할 수 없다(209~211면). 프라이스는 도덕적 동기와 도덕과 무관한 동기 사이의 관계를 다룸으로써 — 클라크는 이에 관해 논의하지 않는데 — 스스로 어려움에 빠지는 길을 연다. 이렇게 서로 다른 두 종류의 동기는 협력해 하나의 행위를 낳기도 하지만 상충하기도 한다. 도덕과 무관한 동기의 강도는 항상 도덕적 동기를 압도하거나 능가할 수 있는 위협으로 작용한다. 하지만 우리는 후자의 동기를 크게 강화할 수도 있다. 따라서 프라이스는 이성과 욕구가 동일한 영역에서 작용하는 것을 허용하는 듯이 보이는데 클라크는 이를 허용하지 않았다. 프라이스는 유혹의 힘을 물리쳐야만 하는 "덕의 원천이 편안하게 확보될 수도 있고 파괴될 수도 있다"고 말한다(207면).

프라이스는 버틀러의 견해에 동의해 동기를 오직 공약 가능한 강도의 측면에서만 다룬 샤프츠버리를 비판한다. 샤프츠버리는 도덕적 동기가 다른 동기에 대해 **권위**를 주장한다는 점을 간과했다(190면 각주). 하지만 프라이스는 도덕적 동기가 힘을 잃을 수도 있는 영역에 권위가 어떻게 도입되는지 설명하지 않는다. 그는 우리를 행위하도록 만드는 요소를 고려하면서 공약 불가능한 능력을 인정하지만 우리가 서로 공약 불가능한 잠재적 동기들 사이에서 어떻게 결정을 내리는지 설명하면서 의지를 다루지 않는다. 그 대신 그는 의지를 욕구로부터 등장한 고려들을 압도하는 일종의 근거로 내세울 수 있는 것으로 다룬다. 따라서 그는 우리의 도덕적 근거가 도덕과 무관한 근거나 비도덕적인 근거들을 압도할 만큼 강력하지 않을 경우에도 어떻게 우리가 자유롭게 행위할 수 있는지 설명하지 못한다.

4. 도덕과 섭리의 보살핌

웨일스 출신의 비국교도로 잉글랜드에서 활동했던 프라이스는 당시의 행정 당국으로부터의 편견과 법적인 제재에 시달리지 않을 수 없었다. 그의 개인적 경험이 그가 미국과 프랑스의 혁명을 열렬하게 옹호했던 까닭을 설명해 준다면 그의 도덕철학은 그가 이런 태도를 보인 근거를 확고하게 제공한다.[13] 개별적인 도덕적 문제들에 대해 얼마나 복잡하게 생각했든 간에 그는 자유, 특히 종교적 자유를 당시 잉글랜드에서 허용되는 것보다도 훨씬 더 신장할 필요성을 강력하게 느꼈다. 그가 우리 안에서 들리는 신의 목소리로(《검토》: 147면) 여긴 양심은 자유를 요구하므로 이에 따라야 한다. 그리고 프라이스는 이런 요구를 우리 삶의 모든 세세한 부분까지 신의 섭리가 지

---

13) 미국과 프랑스의 혁명에 관한 그의 글들은 자주 재출판되었으며 기대 이상으로 크게 유행했다. 이 때문에 그는 미국과 프랑스에서 큰 명성을 얻었으며 버크(Edmund Burke)와 대립하게 되었다. 〔이하 옮긴이의 첨가〕 버크(1729~1797)는 18세기 영국의 대표적인 정치사상가로 1790년에 자코뱅주의에 반대한 《프랑스 혁명론》(*Reflections on the Revolution in France*)을 출판해 보수주의를 옹호한 인물이었다.

배한다는 자신의 믿음과 결합시켜 미국 혁명에 종말론적 중요성을 부여한 놀랄 만한 신념을 빚어냈다. 그는 그리스도가 마지막으로 재림하기 이전에 이 세계가 중요한 진보의 증거들을 드러내야 한다고 믿는다. 그런데 "기독교가 인류에게 도입된 이래 미국 혁명은 이런 진보의 가장 중요한 단계를 증명한다"고 생각한다. 미국 혁명은 지금까지의 다른 어떤 사건보다 자유를 확산하는 데 기여하고, "편견에 사로잡히지 않은 탐구와 정직한 마음 그리고 덕의 실천이 가장 중요하다는 사실"을 세계에 알릴 것이다(Writings: 119면). 그는 미국이 노예 제도를 받아들였다는 사실에 몹시 실망했으며, 만일 미국에서 노예 제도가 폐지된다면 미국의 혁명은 그리스도가 다스리게 될 새로운 천년 왕국에 다가갈 것이라고 주장했다(Writings: 150면). 14)

새로운 천년 왕국에 대한 프라이스의 믿음에는 많은 의미가 함축되어 있지만, 그중 하나만을 지적하고자 한다. 15) 이 믿음은 그의 윤리학에서 신과 신의 섭리가 얼마나 중요한지 다른 무엇보다도 선명하게 드러낸다. 우리는 양심에 따라야만 한다. 우리는 가끔 행한 바의 결과를 알지 못한다. 하지만 모든 것이 마땅히 되어야 할 바대로 되리라고 확신할 수 있다. 왜냐하면 신이 모든 것을 지배하기 때문이다(《검토》: 244면). 내세가 반드시 존재해야 하는 까닭은 현세에

---

14) 하지만 프라이스는 여성의 지위를 신장할 필요성에 대해서는 아무런 언급도 하지 않는다.

15) 《논문집》: 137면 각주 참조. 여기서 프라이스는 국수주의에서 세계평화로 나아가는 진보를 포함한 모든 진보를 점점 더 많은 사람들이 정죄되지 않고 영원히 구원받으리라는 자신의 희망 중 일부로 지지한다. 그의 천년 왕국설에 대한 더욱 자세한 연구는 Fruchtman(1983) 참조.

서는 덕이 적절하게 보상받거나 악덕이 제대로 처벌받지 않기 때문이다. 더욱이 현재 여러 사건들의 전개는 우리를 지금보다도 더욱 큰 덕으로 인도하기 위한 도덕적 교훈으로 여겨야 한다(《검토》: 260~261면; *Writings*: 118, 154~155, 157면). 16) 프라이스는 "가능한 최대한의 행복"이라는 관념을 인간이 행하는 바의 적절한 목표라고 생각하지 않는데 그 까닭은 부분적으로는 우리가 이에 대해 일관된 개념을 형성할 수 없다고 생각하기 때문이다. 최대한의 행복이라는 관념은 가장 긴 기간이나 가장 큰 수의 관념과 마찬가지로 성립 불가능하다(《논문집》: 110~112면; 120면 각주). 하지만 우리 각자가 양심에 따르고 서로 다른 형태의 덕의 법칙에 따르기 위해 최선을 다한다면 신은 이를 보고 모두를 위한, 정당한 최대한의 행복을 보장할 것이다. 후커나 버틀러와 마찬가지로 프라이스 또한 우리가 신에 의해 인도되고 지배받으면서 서로 협력해 위대한 사업을 진행하는 행위자라고 생각한다. 도덕 원리는 신의 의지와 무관하다. 하지만 신은 도덕에 반드시 필요한 존재이다. 왜냐하면 도덕적 세계가 적절하게 작동하는 일은 신의 선함과 권능에 의존하기 때문이다(*Writings*: 163~164, 173면).

---

16) 프라이스는 우리가 완전성에 이르기 위해 노력한다고 생각하지는 않는다 (《검토》: 221면).

5. 아담 스미스: 정서주의의 재도입

아담 스미스가 쓴 《도덕 감정론》(The Theory of Moral Sentiments, 1759)[17]은 바로 전해에 출판된 프라이스의 《검토》보다 훨씬 더 큰 성공을 거두었다. 프라이스의 책에서 찾아보기 어려운 웅변과 매력, 덕과 악덕을 생생하게 묘사한 활기찬 논의, 도덕과 관련해 지적된 역사적 처방 등을 포함한 그의 책은 그가 살아 있는 동안 6판까지 출판되었으며 프랑스어와 독일어로 번역되었다.[18] 하지만 이후의 독자들은 스미스의 위대한 경제학 저술 《국부의 본성과 원인에 관한 탐구》(An Inquiry into the Nature and Causes of the Wealth of Nations, 1776, 이하 《국부론》으로 약칭)를 훨씬 더 중요하게 여겼다. 심지어 철학자들조차도 프라이스의 윤리학에 비해 스미스의 윤리학에는 관심을 덜 기울였으며, 대부분의 역사학자들은 설령 스미스의 도덕적 저술에 관해 논의하더라도 오직 이념적으로 결정적인 중요성을 지니는 경제학 저술에 비추어 논의하는 데 그쳤다. 한때는 스미스가 《국부론》을 쓰면서 이전의 도덕 이론을 포기했다는 주장이 떠돌기도 했다. 이제 이런 오류는 완전히 제거되었다.[19] 스미스의 경제학

---

17) 〔옮긴이주〕 옮긴이는 'sentiment'라는 용어를 지금까지 일관되게 '정서'로 번역했다. 그렇다면 스미스의 저서 제목도 《도덕 정서론》으로 번역하는 것이 마땅하지만 이 저서의 우리말 번역이 이미 《도덕 감정론》(개역판, 박세일 옮김, 비봉출판사, 2009)이라는 제목으로 출판되었으므로 이 번역본의 제목에 따랐다.

18) 《도덕 감정론》에 대한 평가와 반응에 관해서는 이 책의 편집자 서문, 3(a)절 참조.

19) 《도덕 감정론》과 《국부론》 사이의 관계에 대한 초기의 견해를 검토한 유용

은 《도덕 감정론》에 등장하는 그의 도덕철학에 의존한다. 설령 그가 윤리학을 연구하면서 이미 경제학을 염두에 두었다 할지라도 그가 먼저 완성한 것이 윤리학이라는 사실은 변함이 없다. 따라서 그의 윤리학은 그 자체로 검토할 만한 충분한 가치를 지닌다.

이렇게 생각할 경우 이 장의 첫머리에서 던졌던 질문, 즉 흄 이후 이성에 기초한 도덕을 제시하려고 했던 이성주의자들의 노력이 가지는 의미는 무엇이냐는 질문이 도움이 될 듯하다. 이 질문은 다시 두 번째 질문을 제기하는 데도 도움을 준다. 정서주의자들은 스미스가 제시한 바를 넘어서는 복잡한 설명을 전혀 제시하지 않았다. 스미스 이후에도 사실상 정서주의는 그리 크게 개선되지 않았다. 그리고 더 이상 큰 영향력을 발휘하지도 못했다. 스미스의 저술은 그 이유가 무엇인지 이해하는 데 도움을 준다.

《도덕 감정론》의 제 7부에서 도덕철학의 역사에 관한 탐구를 시작하면서, 스미스는 도덕 원리에 관한 두 가지 질문에 답해야 한다고 말한다. 우선 우리는 덕이 무엇인지, 또는 무엇이 "탁월하고 칭찬할 만한 특성을 구성하는지" 알아야 한다. 또한 우리는 "정신 안의 어떤 힘 또는 능력"을 통해 한 종류의 행위를 다른 종류의 행위보다 선호하면서 전자를 선, 후자를 악이라고 부르게 되는지 발견해야 한다 (265면). 스미스는 자신의 체계를 통해 위의 두 질문에 모두 답하는 데 두 번째 질문부터 논의를 시작한다.

스미스는 우리를 선과 악을 구별하도록 이끄는 정신의 기본 능력

한 자료로는 《도덕 감정론》의 편집자 서문 2(a)절 참조. 또한 Fitzgibbons (1995) 참조.

은 바로 감정의 능력이라고 생각한다. 그러나 보조하는 역할에 머무르기는 하지만 이성 또한 중요한 역할을 한다. 그가 매우 주의 깊게 묘사하는 과정에 따르면 우리 모두는 우선 다른 사람들의 욕구와 감정에 대해 시인과 부인의 느낌을 가지게 된다(7~18, 92~93면). 이런 시인과 부인은 대부분 모든 일반 사람들이 공통으로 느끼는 것이다. 따라서 귀납적인 추론을 통해 우리가 무엇에 대해 시인을 느끼며 무엇에 대해서는 시인을 느끼지 않는지 요약해 보여 주는 규칙들을 구성할 수 있다. 이런 규칙들을 신의 법칙 또는 명령으로 여기는 것은 적절한 일이다. 도덕적 감정을 느끼지 못할 경우에는 이런 규칙들을 사용해 행위를 인도할 수도 있다(161~168면). 도덕적 시인과 무관하게 우리는 본성적으로 이런 규칙들에 따르려는 동기를 가진다. 하지만 우리 자신뿐만 아니라 다른 사람에게도 시인의 감정에 의해서 강화된 우리의 본성적 동기는 규칙들에 의지하고 따르는 데 반드시 필요하다(262면).

모든 도덕의 근거가 되는 시인의 감정에 대해 스미스는 이전의 정서주의자들과는 상당히 다른 태도를 취한다. 그는 시인을 일종의 도덕감으로 보려는 허치슨의 주장과 도덕적 시인을 특수한 감정과 동일시하려는 흄의 주장을 모두 거부한다. 스미스는 허치슨이 어떤 감각도 그것의 적절한 대상이라는 관점에서는 설명될 수 없다는 점에 동의했음을 지적한다. 즉, 시각은 특정 색이 아니며 또한 청각은 어떤 음조나 소리가 아니다. 하지만 누군가가 잔인함과 배반 행위에 대해 시인을 느끼는 도덕적 감정을 지닌다면 우리는 그 감정을 타락한, 사악한 것으로 생각하리라는 점을 스미스는 지적한다(323면; 158면 참조). 따라서 허치슨은 잘못을 저질렀다. 또한 인간의 경험

중에서 가장 평범한 것으로 여겨지는 이 특별한 감정을 흄 이전의 누구도 발견하고 이름 붙이지 못했다면 얼마나 이상한 일인가(326면)!

시인은 우리의 기본 능력에 속하는 공감의 능력, 즉 다른 사람들이 느끼는 바에 상응해 우리 자신 안에서도 그렇게 느끼도록 만드는 능력에서 생겨난다. 상대방의 느낌을 의식함으로써 나는 자신을 상대방의 처지에 놓게 되며 그가 느끼듯이 느끼게 된다. 또한 상대방과 같은 상황에서 자신이 어떻게 느끼게 될지 발견한다. 상대방의 감정을 시인한다는 말은 곧 내가 만일 상대방과 같은 상황에 놓인다면 나는 상대방이 느끼듯이 느낄 것이라는 말이다. 또는 더 정확하게, 상대방과 같은 것을 같은 정도로 느끼리라는 것을 인식할 때에, 나는 어떤 새로운 감정을 느끼게 된다. 상대방의 느낌과 내가 느끼리라 예상되는 바가 서로 일치함을 발견함으로써 생기는 이 새로운 감정이 바로 시인이다(16면, 46면 각주). 후에 스미스는 이에 주의할 점을 더한다. 시인은 어떤 독특한 감정이 아니다. 그것은 "감정들 사이에서 … 어떤 특성도 드러내지 않는" 감정의 집합이다.

공감은 다른 사람뿐만 아니라 자기 자신을 향할 수도 있다. 공감은 시인을 포함한 우리 자신의 감정을 다른 사람들이 어떻게 느낄지 알려 준다. 따라서 우리는 이를 통해 모든 사람들이 공유하고 시인하는 감정의 수준을 이해하게 된다. 모든 사람이 시인하는 감정이 과연 무엇이며 또한 어느 정도로 시인하는지 우리에게 알려 주는 능력을 스미스는 내부의 인간 또는 공평한 관망자라고 부른다.[20] 스

---

[20] 스미스는 애디슨(Addison)과 스틸(Steele)이 발행했던 잡지 〈관망자〉(*The Spectator*)에 실렸던 내용을 1711년 책의 형태로 출판하면서 첫머리에 덧붙인 헌사의 첫 문장에서 "공평한 관망자"(*the impartial spectator*)라는 문구를

미스는 관망자가 보이는 시인의 반응이 도덕을 형성하는 최초의 자료를 제공하기는 하지만 행위자의 의사를 결정하는 감정을 설명하는 일 또한 그리 어렵지 않다고 생각한다. 다음에 무엇을 할 것인지 생각하면서 우리는 스스로를 두 존재로 나누어 고려한다. 즉, 우리는 행위자인 동시에 관망자가 되어 자신의 행위를 예상한다(113면). 행위자로서 우리는 이런저런 행위의 방향을 선택하게 만드는 감정을 지닌다. 내부의 인간은 다른 사람들이 우리의 감정에 공감할지 안 할지 알려 주며 우리는 이에 따라 행위한다.

다른 사람들의 부인은 행위를 저지하며, 시인은 우리의 행위를 북돋는데, 스미스는 그 까닭이 우리의 주된 욕구 중 하나가 다른 이들로부터 존경과 칭찬을 받는 것이기 때문이라고 주장한다. 스미스는 이 점과 관련해 니콜보다 한걸음 더 나아가 우리는 타인의 존경과 칭찬을 받을 만큼 가치 있기를 원한다고 말한다(114~119, 126면). 이는 우리가 모든 사람이 시인하는 감정을 드러냄으로써 다른 이들로부터 칭찬받기 원함을 의미한다. 따라서 우리가 도덕적 신념을 가진다는 사실뿐만 아니라 그에 따라서 행위한다는 사실 또한 우리의 공감 능력이 만들어 낸 공평한 관망자에 의존한다(131, 137면). 스미스는 무엇이 유용한지 또는 직접 즐거움을 주는지에 관한 믿음이 도덕의 근거에 놓여 있다는 흄의 주장을 잘못되었다고 여긴다. 스미

처음 사용한다. 흄은 "공평한 탐구"와 "공평한 탐구자"라는 표현을 사용했지만 스미스를 유명하게 만든 "공평한 관망자"라는 용어를 사용하지는 않았다. 스미스는 이 용어를 《도덕 감정론》의 1부에서 이미 사용하지만(26면) 논의를 진행하면서 이 말이 함축하는 의미는 다소 변형된다. 나는 이 용어의 발전 과정 전체를 지적하지는 않았다. 이와 관련해서는 공평성이 필요하다는 점이 강조되는 《도덕 감정론》: 134~135면을 특히 참조.

는 "유용성 또는 고통을 일으키는 성질이 … 우리가 무언가를 시인하는 첫 번째의 주요한 근원이 아니라는 견해에 동의한다"(188면). 이 근원은 오히려 모든 사람이 공유할 수 있는 욕구와 감정이 무엇인지에 대한 우리의 이해이다. 자연은 우리를 오직 모든 사람이 함께 누릴 수 있는 욕구에 따라 행위하도록 만듦으로써 또한 우리를 사교적 존재로 만들었다(116면).

하지만 유용성은 스미스의 도덕관에서 중요한 위치를 차지한다. 그의 이론은 다른 사람들로부터 좋은 평판을 얻으려는 우리의 욕구뿐만 아니라 그런 욕구가 일으키는 의도하지 않은 결과까지도 강조한다는 점에서 니콜과 맨더빌의 견해와 유사하다. 니콜은 자기애가 자비심과 유사한 작용을 한다고 주장했으며, 맨더빌은 자기애가 대부분의 사람이 실제로 위선적인 도덕에 따르도록 만드는 자극을 제공한다고 주장했다. 스미스는 공감이 유용성에 영향을 미친다고 주장한다. 공평한 관망자는 자비심뿐만 아니라 다른 많은 동기와 욕구를 시인한다. 따라서 우리가 정서로부터 귀납적으로 구성하는 규칙들은 선을 극대화하기 위한 도구로 여겨져서는 안 된다. 오직 자비심만을 고려하더라도 우리는 가족, 친구 그리고 자신이 태어난 나라에 대해서만 자비심을 보이는 사람을 얼마든지 시인한다(219면 이하, 227면 이하, 236~237면). 우리 내부의 인간이 우리에게 말해 주는 바와 관련된 이런 사실을 제대로 이해하기만 하면 스미스의 견해는 우리에게 매우 친숙한 것으로 바뀌게 된다.

다른 모든 이성적 피조물의 행복뿐만 아니라 인류의 행복은 자연의 창조자가 의도한 최초의 목적인 듯이 보인다. … 그러므로 우리의 도덕적 능력이 명령하는 바에 따라 행위함으로써 우리는 인류의 행복을 증진하는 가장 효과적인 수단을 추구하지 않을 수 없으며, 따라서 어떤 의미에서는 우리가 신과 협력해 우리의 능력이 닿는 한 섭리의 계획을 실현한다고 말할 수 있다(166면; 77~78, 236면 참조.).

우리들 중 어느 누구도 도덕적으로 행위하면서 최대 행복을 실현하려고 의도하지는 않는다. 하지만 공평한 관망자의 명령과 이를 요약해 보여 주는 신의 법칙들은 결국 우리가 이런 목적을 실현하는 데 한 부분을 담당하도록 우리를 인도한다. 이는 인간의 지혜가 아니다. 이렇게 만들고 이에 책임지는 존재는 바로 "우주의 가장 위대한 지배자인 신이다"(87, 277면; 236, 290면 참조). 더욱이 덕에 자연스럽게 수반되는 신뢰와 사랑뿐만 아니라 스미스가 "모든 종류의 사업에서 거두는 성공"이라고 부른 바는 신이 현세에서 자신의 법칙을 드러내는 방식이다 — 어쩌면 이런 법칙은 내세에서의 보상을 통해서 보완될 필요가 있을지도 모른다(166~169면). 이 문제와 관한 스미스의 견해는 컴벌랜드와 유사한 듯이 보이지만 사실은 프라이스의 견해가 스미스와 더욱 가깝다. 컴벌랜드는 허치슨과 마찬가지로 자비심이 유일한 덕이라고 생각한다. 반면 스미스는 버틀러, 프라이스와 마찬가지로 이런 견해를 거부한다. 스미스는 에피쿠로스 이래 철학자들이 빠졌던 유혹, 즉 최소한의 원리로 모든 현상을 설명하려는 유혹에 저항한다(299면). 스미스가 생각한 신은 모든 이성적 존재의 행복을 목표 삼으며, 내부의 인간은 "지상에 등장한 신의 대리인이다"(130면). 설령 그렇다 할지라도 우리는 더 이상 줄일 수 없는 많은 법칙들 그리고 이에 대응하는 덕들과 더불어 살아가야만 하며,

자비심 이외의 많은 동기들에 따라 행위하지 않을 수 없는데 때로는 여기에 의무감이 포함되기도 한다(171, 305면).

따라서 프라이스와 스미스가 제시하는 도덕적 관점은 서로 놀랄 정도로 유사하다. 이들은 모두 도덕이 어떤 유일한 목적이나 목표를 실현하기 위한 방법을 고려하는 데에서 얻어지지 않는 일련의 규칙 또는 법칙에 따를 것을 요구한다고 생각한다. 또한 이들은 모두 규칙의 존중이 우리의 동기로 작용할 수 있다고 여긴다(162면). 이들은 어떤 유일한 원리도 도덕의 영역에서 우리를 인도하기에 적합하지 않다고 여긴다. 둘 모두는 도덕이 요구하는 바에 따름으로써 행복을 누릴 만한 이들이 실제로 행복에 이르게 된다고 주장한다. 또한 이렇게 도덕과 행복의 일치를 보장해 주는 근거는 우리의 도덕적 능력을 이렇게 구성한 신의 섭리와 우리의 삶을 이렇게 인도하는 신의 예지라고 생각한다. 하지만 이들은 신의 섭리에 대한 믿음으로부터 어떤 종류의 운명론적 결론도 이끌어 내려 하지 않는다. 프라이스는 자유의지를 믿으며, 스미스는 이런 문제를 언급할 필요조차 느끼지 않는 결정론자이지만 프라이스보다 한술 더 떠서 신이 보기에 합당한 공적과 결함에 관해 설명하기조차 꺼린다. 웨일스 출신의 국교 반대자였던 프라이스와 스코틀랜드 출신의 장로교 신자였던 스미스는 어떤 특정한 종교가 국가를 통제하거나 떠받치는 것에 강력하게 반대했다.[21] 이들이 구체적인 도덕적, 정치적 문제들에 대해 서로 다른 의견을 보였음은 의심의 여지가 없다. 하지만 왜 프라이스가 도덕을 **이성적으로** 옹호하는 일이 필요하다고 그토록 강력하게

---

21) 특히 스미스의 이런 견해와 관련해서는《국부론》V. i. g 참조.

느꼈으며,· 왜 스미스는 정서주의에 그토록 만족했는지 그 이유를 설명하는 데에는 도덕만으로는 충분하지 않다. 프라이스와 스미스 사이의 결정적인 차이는 종교와 도덕이 교차하는 지점에서 생겨난다.

스미스는 글래스고대학의 도덕철학 교수였지만(1752년부터 1764년까지) 자연신학에 관한 강의도 하면서 "신의 존재와 속성, 그리고 종교의 근거가 되는 인간 정신의 원리들을 증명하려는" 주제를 다루었다. 유감스럽게도 그의 강의 내용에 관해서는 알려진 바가 전혀 없다.22) 스미스가 우리의 본성을 설계하고 운명을 지배하는 신의 섭리를 신뢰한 근거는 《도덕 감정론》에서 약간 제시되는 정도에 그친다. 왜 자신이 신의 목적이 모든 이성적 존재들의 행복이라고 믿는지 그 이유를 설명하면서 스미스는 두 종류의 근거를 제시한다. 그중 하나는 "신의 무한한 완전성을 추상화해 고려하는 것"이며 다른 하나는 "자연이라는 신의 작품을 검토하는 것"이다(166면). 그는 이곳저곳에서 신의 섭리에 대한 경험적인 증거들을 암시하지만 신의 완전성으로부터 섭리를 이끌어 내는 데 필요한, 경험과 무관한 종류의 증명에 관해서는 아무 말도 하지 않는다.

앞서 지적했듯이 프라이스는 우리의 종교적 믿음을 이성적으로 옹호할 근거가 필요하다는 점을 강력하게 주장하였다. 프라이스는 《검토》의 부록에 신 존재에 대해 경험과 무관한 증명을 제시하며, 신이 우리 자신과 동일한 근거에서 도덕적 결정을 내렸음에 틀림없

---

22) 앞의 인용문은 Stewart의 *Account of the Life and Writings of Adam Smith*, LL. D. (*Works*, III. 274)에 등장하는, 스미스의 강의에 대한 John Millar의 언급에 따른 것이다. 스미스의 강의 내용이 알려져 있지 않다는 점에 관해서는 *Works*, V. 4의 서문 참조.

음을 증명하기 위해 자신의 이성주의 도덕을 활용한다. 그는 "자연이라는 작품을 검토하는" 능력이 그 자체만으로 우리에게 신의 의지를 확인할 수 있는 근거를 제공한다는 사실을 명백하게 의심하며, 이런 근거는 이 세계에서 경험할 수 있는 바를 넘어서는 것이라고 본다. 스미스는 오랫동안 흄과 친분 관계를 유지했지만 경험적 신학의 적절성에 관해 조금도 염려하지 않으며, 그가 젊은 시절부터 플라톤의 형이상학을 몹시 경멸했다는 점은 그가 굳건한 경험주의 토대 위에 서 있음을 암시한다.23) 더욱 중요한 차이점으로 프라이스는 주의주의를 두려워하지만 스미스는 주의주의가 자신을 괴롭힌다고 조금도 생각하지 않는다는 점을 들 수 있다. 두 사람 모두 프라이스가 자기규율(self-governance), 스미스는 자기통제(self-command)라고 부른 바를 강력하게 옹호한다. 하지만 프라이스는 이를 신학적 측면에서 우려하는 반면 스미스는 이런 우려를 전혀 하지 않는다. 우리의 자기규율은 반드시 복종해야만 하는, 전제군주와도 같은 신의 존재와 양립할 수 있는가, 아니면 그것은 단지 우리 스스로 합리적이라고 파악할 수 있는 바를 명령하는 신을 필요로 할 뿐인가? 프라이스는 후자를 택할 경우에만 자신이 주장하는 도덕을 확보할 수 있다. 정서주의가 주의주의적인 신이 지배하는 세계, 즉 인간의 존엄성이 제대로 확보되지 않는 세계를 배제하기에 부적절하다는 믿음 때문에 프라이스는 이성주의 쪽으로 나아가게 된다. 프라이스의 인식론적인 전쟁은 심원한 도덕적 가치라는 이름을 내걸고 전개된다.

---

23) 이런 태도는 "고대 논리학과 형이상학의 역사"(The History of the Ancient Logics and Metaphysics, in *Essays*)에서 분명하게 드러난다. 예를 들면 125면 참조.

6. 해체된 도덕철학

이전 어떤 학자와도 달리 스미스는 도덕철학을 다룬 저술에서 도덕철학의 역사적 전개를 중요한 주제의 일부로 여기면서 깊이 탐구한다. 이런 탐구 과정에서 그는 "철학의 추론이" 우리의 도덕적 감정과 행위에 어떤 영향을 미치는지 질문을 던진다(293면). 이 질문은 그가 스토아학파를 비판하며 등장한다. 그는 자기 통제라는 — 즉 감정을 통제하는 능력이라는 — 경외심을 불러일으키는 덕을 크게 칭찬하며 스토아학파가 이런 덕을 무척이나 강조했음을 인정한다. 하지만 스토아학파의 부동심(*apathy*) 개념에 이르러서는 칭찬을 멈추며 자살을 옹호하는 스토아학파의 견해는 강력하게 비판한다(281~292면). 이런 혐오스러운 견해가 의지하는 추론들이 진정으로 우리의 가슴 안에 있는 감정에 대한 판단을 변화시키는가? 스미스는 때로 스토아학파의 추론이 철학과 무관한 감정들을 왜곡한다는 점을 인정하지만 스토아학파가 전반적으로 "가장 영웅적인 위대함과 가장 폭넓은 자비심을 지닌 행위"들을 고무할 가능성이 높다고 생각한다(293면). 이 점은 단지 스토아학파에 대한 평가를 넘어서는 큰 중요성을 지닌다. 스미스는 "이런 감정에 대한 판단을 인도하는 일은 모든 도덕 체계의 가장 중요한 목적"이라고 주장한다. 그리고 만일 이런 판단을 잘못 인도한다면 스토아학파는 완전한 실패에 이를 뿐이다.

그렇다면 스미스 자신의 이론은 이런 목표에 얼마나 크게 기여하는가? 스미스는 일종의 과학으로서의 이론을 제시하려고 했기 때문에 기껏해야 우리가 실제로 도덕적인 판단을 내리는 이유에 대한 심리적인 설명만을 제시한다는 점을 근거로 가끔 비판받기도 한다. 이런 비판에 따르면 그의 이론이 우리의 정서를 인도할 수 없는 까닭은 판단을 내리는 근거나 판단에 권위를 부여할 수 있는 어떤 이유도 제시하는 데에 실패하기 때문이다.[24] 하지만 이런 비판은 스미스의 시인 이론이 지닌 강력한 힘을 간과한다. 일련의 도덕 판단에 대한 정당화를 요구하는 것은 곧 공평한 관망자가 그 판단을 시인할지 시인하지 않을지 묻는 것이다. 이 질문에 대해 긍정적인 답변을 하는 것이야말로 도덕의 정당화에 대해 우리가 요구할 수 있는 전부이다. 스미스는 우리가 도덕적 정서에서 벗어나 어떤 다른 수준의 근거를 찾는 일이 불가능하다고 생각한다.

하지만 스미스 자신 또한 과연 도덕철학이 인간 내부에서 일어나는 감정에 대한 판단을 인도할 능력이 있는지 질문을 제기한다. 그가 자신의 견해가 지닌 이론적인 힘을 확신한다는 점은 분명하다. 그는 자신의 견해가 도덕 규칙의 성립과 효과에 대한 설명을 훨씬 뛰어넘는 것이라고 주장한다. 어떤 행위에 의해서 영향을 받는 행위자의 감정에 공감함으로써 단순한 방관자조차도 왜 어떤 덕은 온화하고 다른 덕은, 특히 자기 통제는 냉혹한지 충분히 설명할 수 있다. 그리고 이 이론은 정확하게 규정되고 강요할 수 있는 정의(正義)의 의무와 이보다 훨씬 덜 구체적이며 강요할 수 없는 자비의 의무 사이의 구별이 어떻게 시작되는지 명백히 드러낸다. 이는 또한 감사와 적대감 그리고 이들과 연결된 보상 및 처벌에 관한 신념, 지위와 부의 불평등을 받아들이는 태도, 자기기만과 이를 치유하려는 성향,

---

24) 이런 비판의 예로는 Campbell(1971), 11장 1절 참조.

완전성에 대한 믿음, 이익을 향유할 때 나타나는 단순한 차이를 무시할 필요성 등을 모두 해명한다. 최소한 스미스는 자신의 이론이 역사상 등장했던 다른 모든 견해에서 발견되는 결함을 개선한다고 굳게 믿는다. 25)

스미스의 이론이 그가 과학이 행해야 한다고 생각한 바를, 즉 "자연을 연결하는 원리"를 밝힘으로써 "서로 충돌해 조화를 이루지 못하는 혼란스러운 현상들"에 질서를 부여하는 역할을 26) 한다고 가정해 보자. 그렇다고 하더라도 과연 그의 이론이 우리의 정서를 인도함으로써 행위를 지시하는 데 무엇을 할 수 있는가? 대부분의 사람은 가슴속에서 등장한 구체적인 감정에 의해서 인도되기보다는 실천적인 도덕 규칙에 따라 삶을 살아가기 때문에 우리는 도덕철학이 이런 규칙들을 정교하게 제시하는 데 도움을 주어야 한다고 생각할 수도 있다. 하지만 스미스는 이론이 이런 임무를 수행하는 데 도움이 된다는 생각을 매우 부정적으로 평가한다. 이러한 그의 견해는 부분적으로 그가 완전한 의무와 불완전한 의무를 구별한 근대 자연법 학자들의 생각을 받아들였기 때문에 등장한 것이다. 그는 흄과 마찬가지로 이런 구별을 덕의 관점에서 변형해 제시한다.

스미스는 자신이 "덕의 일반적인 규칙들"이라고 부른 바가 거의 모든 경우에 너무나 "엄밀하지 않고 부정확하므로" 우리의 행위를 충

---

25) 말하자면 흄의 《논고》: 416면의 언급에서 드러나는 흄 이론의 결함, 즉 알지 못하는 수많은 사람의 죽음보다 자신의 손가락에 생긴 작은 상처에 신경을 쓰는 것이 합리적이라고 생각하는 결함을 예로 들 수 있다. 스미스는 《도덕 감정론》: 136면 이하에서 흄의 이런 견해를 가혹하게 비판한다.

26) '천문학의 역사', 《도덕 감정론》: 45~46면.

분히 인도할 수 없다고 말한다. 우리는 심사숙고, 감사, 자선, 우정 등의 덕과 관련해 예외 없는 규칙을 제시하지 못한다. 하지만 정의의 덕에 관한 일반 규칙의 경우에는 사정이 다르다. 이 규칙은 "가장 높은 수준의 엄밀성"을 지닐 수 있다(174~175면). 자비심의 덕을 실천하도록 하기 위해 철학자들이 할 수 있는 바는 기껏해야 "각 개인이 … 형성해야 하는, 마음의 정서"를 묘사하는 것뿐인데 ― 이는 달변뿐만 아니라 섬세함을 필요로 하는 임무이다. 반면 각각의 덕이 촉구하는 행위를 기술하는 것은 손쉬운 일이다. 키케로와 아리스토텔레스는 이런 일을 탁월하게 행했다. 이들의 저술은 "덕에 대한 우리의 본성적인 애정을 자극하며", 우리로 하여금 일반적인 정서와는 다른 더욱 세련되게 차별화된 정서를 갖도록 인도한다. 도덕 규칙을 이런 방식으로 다루는 작업을 윤리학이라고 부르는 것은 적절한 일이다. 설령 윤리학이 높은 정확성을 제시하지는 못한다 할지라도 그것은 여전히 "젊은이들의 유연성에 가장 고상하고 오래 지속되는 인상을 남길" 충분한 능력을 지니는 학문이다(328~329면). 스미스의 《도덕 감정론》이 그가 담당한 대학 강의를 바탕으로 형성되었다는 사실을 떠올려 보면 덕과 악덕에 관한 그의 묘사가 어떤 역할을 하는지 쉽게 알 수 있다.

많은 도덕철학자들이 젊은이들을 제대로 교육하고 훈계하려 들지 않기 때문에 문제가 발생한다. 도덕철학자들은 윤리학이 더욱 엄밀해져야 한다고 생각한다. 이들은 정의의 덕을 모범으로 삼아 행위자들이 모든 의무를 수행할 때 따를 수 있는 상세한 규칙을 제시하려 한다. 이는 결의론(決疑論, casuistry), 즉 "선량한 사람의 행위 규칙을 규정하려는" 노력을 낳을 뿐이다(329~330면). 결의론자들은 개별적인 행위에서 요구되는 정의를 분명히 제시하는 정도로 만족하지 않았다. 이들은 종교적인 신앙 고백을 받아들이고 정통설로부터 벗어난 모든 비밀스러운 주장을 철저히 검열하려는 사람들의 요구에 자극받아 정직과 순결 같은 덕까지도 규제하려고 했다. 간단히 말하면 이들은 "오직 감정과 정서에 속하는 바를 정확한 규칙에 의해서 판단해 지시"하려고 했다. 이들의 저술은 무익하고 지루할 뿐이며, 이들의 계획은 포기되어야 한다. 우리가 진정으로 행해야 할 바는 정의의 덕을 적절한 수준에서 명확하게 제시하는 것이다. 이는 법률학의 임무이다. 법률학과 윤리학만이 도덕철학에서 유용한 부분이다. 이런 주제를 다룬 저술의 말미에서 스미스는 이후 자신이 정의의 문제로 눈을 돌릴 것인데, 이 문제는 그로티우스의 중요한 저술로부터 논의되기 시작했지만 아직 완결되지 않았다고 말한다 (339~342면).

이에 관해서 다룬 스미스의 저술과 그의 법률학 강의를 들은 학생들이 남긴 주석에 비추어 보면 《도덕 감정론》에 등장한 그의 도덕철학은 단지 전제의 역할을 할 뿐, 이로부터 어떤 상세한 내용도 등장하지 않으며 우리의 철학적 이해에도 큰 도움이 되지 않는다는 점이 분명하게 드러난다. 예를 들면 자연권의 개념을 소개하면서 스미스는 단지 그것의 근원이 "매우 분명하다"고 말할 뿐이며 그것이 더 이상의 어떤 설명도 필요로 하지 않는다고 주장한다.[27] 그렇다면 도덕철학 중 체계적이고 합리적인 발전이 가능한 유일한 부분인 법률학은 철학적이 아니다. 결의론은 폐기되어야 한다. 윤리학은 본질

---

27) 《법률학 강의》(Lectures on Jurisprudence) (B), 《전집》 V. 401, 459.

상 수사학의 문제이다. 스미스의 견해에 따르면 철학 자체는 공정한 관망자의 판단을 인도하는 데 그리 큰 역할을 하지 못하는 듯이 보인다. 그런데 알다시피 다른 사람들은 도덕철학에게 더 큰 역할을 기대했다. 스미스는 이들이 정서주의가 아니라 다른 어떤 곳에서 원하는 바를 발견해야 한다고 생각하도록 이들을 인도하는 일이 당연하다고 생각한다.

7. 리드: 행위 능력

스미스의 친구였던 리드(Thomas Reid)는 스미스의 이론에 전혀 동의하지 않았는데 그 까닭은 그의 이론이 정서를 인도하는 데 실패한다고 생각했기 때문은 아니었다. 리드는 도덕철학이 실천적 체계가 아니라 이론적 체계여야 한다고 여겼다. 그는 "우리가 이전 모든 시대에서 등장했던, 도덕의 실천적 규칙들 사이의 불일치를 발견할 때마다 그리고 이런 주제를 다루면서 전개된 모든 이론에서 원리와 마주칠 때마다 실천적 규칙들이 기준이 되어야만 한다는 생각을 해 왔다"고 주장했다〔《인간의 행위 능력에 관한 시론》(*Essays on the Active Powers of Man*), 이하 《행위 능력》으로 약칭, V. iv: 646a면〕. 28) 이와는 대조적으로 무엇이 행복한 삶을 만드는지 현자들은 당연히 일반인보다 많이 안다고 여겨진다. 하지만 이 경우에조차도 현자들의 충

---

28) 이러한 주장은 리드의 강의 노트에서도 등장한다. 《실천 윤리학》(*Practical Ethics*): 111면. 《행위 능력》과 《지적 능력》에 대한 인용 표시는 《전집》의 페이지에 따랐다.

고는 그들 자신을 포함해 어느 누구에게도 그리 큰 영향을 미치지 못한다(III. iv: 216~217면). 리드에 따르면 이론은 실천을 바로잡지 못한다. 따라서 도덕철학에 대한 그의 관심은 윤리학과 관련된 인식론과 형이상학에 집중되었다.

리드는 1785년 출판한 《인간의 지적 능력에 관한 시론》(*Essays on the Intellectual Powers of Man*, 이하 《지적 능력》으로 약칭) 에서 자신이 이런 접근 방식을 택한 이유를 밝힌다. 29) 여기서 그는 우리 자신과 우리가 살아가는 세계에 관한 상식적인 신념을 옹호하기 위한 인식론을 전개한다. 우리는 지각을 통해 단지 정신 안의 관념만을 직접 의식할 뿐이라는 데카르트의 이론에 의해서 크게 잘못된 방향으로 나아간 흄을 비롯한 다른 철학자들에 반대해, 리드는 우리가 지각을 통해 외부 대상들과 이들의 인과적 연결에 대한 지식을 얻는다고 주장한다. 로크와 흄은 단지 개별적인 것만을 직접 인식할 수 있다고 주장한 반면 리드는 우리가 일반 개념들을 직관적으로 인식할 수 있는데 이들은 우리의 정신적 능력과 더불어 우리에게 명확히 주어진다고 주장한다. 이들이 없었다면 우리는 감각을 통해서 알려지는 세계에 관한 어떤 추론도 할 수 없었을 것이며 따라서 현재와 같은 과학을 발전시킬 수 없었을 것이다.

인간은 신과는 달리 진리들 사이의 모든 연결을 파악할 수 없기 때

---

29) 그의 가장 기본적인 생각들은 일찍이 1756년과 1759년에 대학 졸업식에서 행한 "철학 강연"에서 윤곽이 드러나는데 그의 강연 내용은 처버리의 허버트 경을 떠올리게 만든다. 《철학 강연집》(*Philosophical Orations*): 951면 참조. 여기서 리드는 철학자들이 상식적인 개념들을 무너뜨리는 데 몰두해서는 안 되며 오히려 이런 개념을 기초로 삼아야 한다고 강력히 주장한다.

문에 추론을 필요로 한다(《지적 능력》Ⅶ. 1: 476a면). 로크는 도덕적 진리들이 증명될 수 있다고 주장했지만 리드는 이런 견해를 거부한다. 그가 로크의 견해를 거부한 까닭은 도덕을 설명하는 데 적합한 것은 정서라고 생각하기 때문이 아니라 증명은 도덕의 합리성을 파악하는 데 사용될 만한 적절한 개념이 아니라고 생각하기 때문이다. 로크는 개념들 사이의 추상적 연결의 예로 소유권이 없다면 불의도 없음을 든다. 하지만 도덕은 구체적 개인에게 부과되는 도덕적 의무들과 관련되는데, 로크가 개인의 진정한 본질이라고 부를 만한 것이 무엇인지 알 수 없으므로 이러한 도덕적 의무들을 증명할 수는 없다. 설령 자신의 현존을 조금도 회의하지 않는다 할지라도 그것을 증명할 수는 없다. 우리는 그저 어떤 경우에 성립하는 의무를 파악할 수 있는 능력을 지닐 뿐이다. 이런 능력이 없다면 우리는 책임을 지는 행위자가 될 수 없을 것이다(《지적 능력》Ⅶ. Ⅱ: 479b~481a면). 도덕적 능력 또는 양심은 지적인 능력이다(《행위 능력》Ⅲ. Ⅲ. Ⅷ: 599a면). 다른 기본적인 인식 능력과 마찬가지로 도덕적 능력을 통해 우리는 직관적으로 알려지는 최초의 진리들을 인식해야 하며 이들로부터 어떤 결론을 연역할 수 있어야 한다. 모든 추론은 추론을 통하지 않고 인식되는 진리들에 근거해야 하는데 도덕 또한 예외가 아니다. 사실 누군가가 직관이 부족해 어떤 것은 옳고 다른 것은 그르다는 점을 파악할 수 없다면 그는 도덕에 관한 추론을 할 수 없을 것이다(《지적 능력》Ⅶ. Ⅱ: 480a면; Ⅶ. Ⅲ: 482a면).

도덕이 본질상 원리들에 관한 직관적인 지식에 의존한다는 사실은 매우 다행스러운 우연이다. "만일 덕의 규칙들이 … 어떤 종류의 추론을 통해서 발견되어야 하는 것으로 남았다면 이는 추론 능력을 계발할 수단을 얻지 못한 대다수의 사람에게는 매우 불행한 상황이 되었을 것이다." 하지만 덕은 모든 사람에게 필요하며, "모든 사람이 필요로 하는 지식은 모든 사람이 얻을 수 있는 것이어야 한다" (《지적 능력》 VII. II: 481a면). 물론 "도덕의 공리들"을 개별적인 경우에 적용하기 위해서는 추론을 사용해야 하는데 이런 과정에서 누구라도 잘못을 저지를 수 있다. 하지만 도덕의 기초는 확고하며 이미 충분히 파악되었다(VII. II: 481a면).

1788년 출판한 《행위 능력》에서 리드는 도덕이 이성에 기초한다는 자신의 주장을 몇 가지 방식으로 옹호한다. 그는 도덕적 능력을 통해서 얻은 지식이 어떻게 행위를 효과적으로 인도할 수 있는지 설명하기 위한 도덕심리학을 제시한다. 그 다음에 그는 프라이스와는 달리 직관적으로 인식되는 공리들을 언급한다. 그 다음에는 프라이스와 마찬가지로, 어쩌면 그보다 더욱 성공적으로 흄의 정서주의적인 주장에 반대하는 논증을 전개한다. 나는 도덕의 공리들과 이들이 이성적이라는 리드의 주장과 더불어 논의를 시작하려 한다. 30)

8. 명백한 것을 옹호함: 직관적 공리들

리드는 기본적이고 자명한 진리들을 명시하면서 도덕 체계의 기초를 제시하는데, 이는 도덕 이론 자체와 같은 것이 아니다. 31) 타고난

---

30) 리드의 도덕철학에 관한 더욱 풍부한 설명은 *Reid's Practical Ethics*에 수록된 Haakonssen의 서문 또는 Haakonssen(1996), 6장 참조.

기본적 직관 능력조차도 교육과 계발이 필요하므로 도덕 원리들을 분명히 제시하고 이들이 전형적인 경우에 적용되는 사례를 예시하는 것은 도움이 된다. 도덕 체계가 기하학적인 질서를 지녀서는 안 된다. 그것은 오히려 식물학의 체계처럼 개별적 지식들을 모아 더욱 인상적인 것으로 만들어야 한다. 나는 앞서 제 14장 1절에서 리드가 고대 철학자들이 덕의 측면에서 도덕을 "조직화한" 방식을 비판했으며, 신과 자기 자신 그리고 이웃에 대한 의무를 앞세우는 것이 더욱 기독교적이라고 생각했음을(《행위 능력》 V. II: 640a~622면) 지적했다. 그는 또한 자연법 학자들이 선호했듯이 권리보다는 의무로부터 논의를 시작하는 편이 더욱 적절하다고 생각한다. 도덕은 우리에게 의무와 법적 권리를 가르쳐 준다. 권리는 의무를 전제하므로 의무가 권리에 선행한다(V. III: 643a. 면). 그리고 의무는 — 우리에게 도덕적인 측면에서 부과되는 일련의 행위들은 — 결국 우리가 직관적으로 인식하는 법칙들 또는 공리들에 의존한다.

공리들은 세 유형으로 나뉜다. 첫 번째 유형은 그리 엄밀하지 않게 도덕과 관련된 일반적 상황을 제시한다. 인간의 행위에는 도덕적 차이가 있다는 점, 오직 자발적이고 회피할 수 있는 행위들만이 도덕적 평가의 대상이 된다는 점, 우리는 자신의 의무를 발견하고 이를 행하기 위해 분투해야만 한다는 점이 첫 번째 유형의 공리에 속한다(V. I: 637a면).

두 번째 유형에 속하는 공리들은 더욱 중요하다. 이들 중 두 공리

---

31) 또한 그는 당연히 로크의 비판, 즉 도덕에 대한 본유주의적인 견해를 택하는 학자들이 어떤 원리가 본유적인지 결코 밝히지 않는다는 비판에 대해서도 대답한다. 로크의 견해는 《인간지성론》, I. II. 14: 76면 참조.

는 우리 자신에 대한 의무와 관련된다. 우리는 언제 선이 발생하든 간에 작은 선보다는 더욱 큰 선을 선호해야 한다. 그리고 우리의 본성을 탐구함으로써 배우게 되는 "자연의 의도"에 순응해야 한다 ― 예를 들면 양심에 따라야 하는데 양심은 우리에게 주어진 권위 있는 인도자로서의 특징을 지닌다(III. III. VIII: 597~598a면). 다음에는 다른 사람에 대한 우리의 의무에 관한 두 공리가 등장한다. 우리는 오직 자신을 위해서만 살아서는 안 되며, 우리가 속한 다양한 사회의 이익을 증진하기 위해 최선을 다해야 한다. 다른 사람들이 우리를 어떤 방식으로 대우할 때 우리가 옳다고 판단하는 방식대로 다른 이들을 대우해야 한다. 이것이 바로 정의의 본질이다. 리드는 이 공리가 최소한 다른 사람의 행위에서 무엇이 옳고 무엇이 그른지 파악할 수 있는 능력을 전제한다고 강조한다(V. I: 639면). 마지막으로 우리는 "신을 숭배하고 신에게 순종해야" 한다.

세 번째 유형의 공리들은 서로 다른 덕들이 요구하는 바가 상충할 때 도움을 주는 것들이다. 덕은 "어떤 일반 규칙에 따라 행위하려는 성향"인데 그 자체로는 상충을 일으키지 않는다. 하지만 때로 우리는 모든 덕의 요구를 동시에 만족시키지 못하기도 한다. 이런 경우 어떤 규칙이 다른 규칙에 우선해야 하는데 리드는 규칙들 사이의 순위가 자명하다고 생각한다. 예를 들면 누군가에게 선물을 하기 전에 빚부터 갚아야 한다는 점은 명백하다(V. I: 639b~640면).

원리들에 대해 일반적인 동의가 이루어진다는 것이 그 자체로 원리들이 이성적인 직관이라는 사실을 보여 주지는 않는다. 철학자들은 "도덕의 실천적 규칙들"이 무엇인지 서로 일치된 의견에 이르렀지만 이들에 대한 적절한 설명에서는 고대부터 계속해서 불일치를 드러내었다(V. IV: 646a면). 리드는 도덕 규칙들이 이성적이라는 점을 옹호할 필요성은 "관념과 인상에 관한 근대적 체계로부터" 등장한, 비교적 최근에 이루어진 발전이라고 생각한다. 철학자들은 제1성질과 제2성질을 구별하고, 후자를 단지 우리 정신 안의 감각일 뿐이라고 규정한 후 곧바로 색채와 취미 판단이라는 경로를 통해 미적, 도덕적 성질들을 도입했다(V. VII: 670b면). 행위들이 진정으로 의무로 부과될 수 있으며 행위자는 진정으로 덕을 갖출 수 있음을 증명하려는 리드의 시도는 근대적 인식론의 체계를 무너뜨리려는 그의 노력 중 일부이다.

리드는 흄의 정서주의에 반대하는 몇 가지 논증을 제시한다. 나는 그중 하나만을 다루려 하는데 이는 컴벌랜드가 암시했던 생각을 더욱 정교하게 재구성한 것이기도 하다. 일상적인 사고와 언어는 행위 및 행위자의 특징을 통해서 실제로 도덕적 차이 드러내며, 이런 차이는 단순히 이와 관련된 우리 자신의 감정이나 욕구를 표현하는 것만이 아니다.[32] 리드는 이를 매우 강력하게 주장한다. 상대방의 행위를 옳다고 말한다면 이는 상대방의 행위가 나에게 어떤 특별한 감정을 불러일으킨다고 말하는 것이 아니다. 왜냐하면 전자는 상대방의 행위에 관한 언급인 반면 후자는 나에 관한 언급이기 때문이다. 상대방이 첫 번째 주장을 반박한다고 해도 나를 비난하는 것이 되지는 않겠지만 만일 두 번째 주장을 부정한다면 그는 거짓말을 한다고 나를 비난하는 셈이 된다. 모든 언어에서 첫 번째 유형에 속하는 표

---

32) 이와 유사한 컴벌랜드의 지적은 《자연법》(*Laws of Nature*), 5. xvi: 214~215면 및 앞의 제6장 5절 참조. 나는 Schneewind(1977): 67면에서 리드의 논증을 다루면서는 컴벌랜드의 저술에 등장하는 대목을 알지 못했다.

현이 등장한다. 그런데 만일 "도덕적인 칭찬이 단지 판단과 무관한 감정에 불과하다면" 이런 표현을 사용하는 모든 사람이 사실은 자기 자신에 관해 말하면서도 마치 다른 무언가에 관해 말하는 체함으로써 무의미한 말을 하거나 아니면 문법과 수사학의 모든 규칙을 어긴다고 생각해야 한다. 리드는 "나는 이런 결과가 도덕 판단을 감정의 표현으로 여기려는 모든 철학적 의견들을 잠재우기에 충분하리라고 생각한다"고 말한다(V. VII: 673~674a면). 33)

9. 자유와 도덕

리드의 견해에 따르면 위와 같은 논증은 도덕 이론에 속하는데 도덕 이론이란 "우리가 지닌 도덕적 능력의 구조"를 설명하려는 시도이다 (V. II: 642b면). 이런 복잡한 주제는 일상적인 의무에 관한 지식에 큰 영향을 미치지는 않지만 리드가 《행위 이론》에서 가장 큰 관심을 기울이는 것이 바로 이런 주제이다. 그의 견해에 따르면 이는 결코 놀랄 일이 아니다. 우리가 자신의 능력을 신뢰해야 한다는 점, 도덕 원리들이 자명하며 분별 있는 성인이 손쉽게 파악하고 활용할 수 있다는 점, 도덕 원리로부터 전체 "도덕 체계"가 매우 쉽게 도출되므로 "자신의 의무가 무엇인지 알고자 한다면 누구라도 충분히 알 수 있다"는(V. I: 640b면) 점 등을 전제할 때 도덕철학자들이 도덕에 관해

---

33) 흄 또한 "모든 언어에서" 칭찬과 비난의 단어들이 사용된다는 사실을 지적함으로써 일상 언어에 호소해 우리의 도덕적 정서를 인도할 수 있다고 주장한다(《도덕 원리》: 174면).

새롭게 말할 수 있는 것은 사실상 거의 없는 듯하다. 34) 리드가 버틀러처럼 그가 몇몇 중요한 측면에서 추종하는 자연법 학자들과 다른 대표적 지점 중 하나는, 도덕이 요구하는 바에 관한 지식이 인간의 본성에 관한 지식으로부터 도출되어야 한다고 주장하지 않는 점이다. 리드는 자연법 학자들과 마찬가지로 우리의 본성을 통해 신이 우리에게 의도한 것이 드러난다고 생각한다. 그는 또한 우리가 자연의 의도를 따라야 한다고 주장한다. 하지만 자명한 공리들을 제시하면서 그는 도덕적 지식을 지니기 위해서 사람이 자신의 본성에 관한 어떤 특별한 지식이라도 필요로 한다는 점을 부인한다. 하지만 그는 여전히 도덕 이론이 "인간 정신에 관한 철학 중 매우 중요한 일부"라고 생각한다(V. II: 643a면). 도덕 이론이 그토록 중요한 까닭은 단지 그것이 우리가 자기이익을 향한 욕구뿐만이 아니라 타인의 이익을 향한 욕구도 지닌다는 증거를 제시하기 때문만이 아니다. 이는 또한 우리가 진정한 행위자인지 아닌지, 리드의 표현을 빌리면 우리가 진정으로 능동적인 행위 능력을 지니는지 그렇지 않은지 묻는 질문에 관여하기 때문이다.

리드는 이 문제에 관해 상당히 길게 논의하면서 근대 과학이 우리에게 제시하는 세계에서는 오직 신만이 진정 능동적으로 행위할 공

---

34) 나는 학생들에게 더욱 감정이 풍부한 도덕적 행위자가 되라고 한 리드의 가르침을 과소평가할 생각은 없다. Haakonssen(1990)에서 드러나듯이 리드는 자연법학에 관해 논의하면서 도덕적 삶에 중요한 많은 요소들을 지적한다. 이런 지적은 그가 출판한 저술들에서 주장해야만 했던 견해들과 충분히 조화를 이룰 수 있다. 왜냐하면 그의 언급대로 이런 요소들에 대해 더 많이 생각한 사람은 그렇지 않은 사람에 비해 다른 사람들을 더욱 잘 계몽할 수 있을 것이기 때문이다(《행위 능력》, V. II: 624a면).

간을 가지고 있으며 다른 모든 존재에게는 그런 공간이 허용되지 않는다는 우려에 대응하려 한다. 이 과정에서 리드는 클라크의 생각을 더욱 발전시킨다. 무언가는 능동적으로 작용하고 다른 무언가는 수동적으로 그 영향을 받는다는 믿음은 이미 상식의 차원에 속하는 확고한 것이므로 리드는 이를 회의하려 하지 않는다(I. III: 519a면). 능력 또는 힘의 관념은 단순하다. 하지만 이 관념은 감각이나 반성을 통해서 획득되지는 않으며 오직 그것이 산출한 것을 우리가 관찰함으로써 간접적으로 인식된다. 로크는 힘에 관해 여러 가지 잘못된 주장을 펴기도 했지만 "우리가 능동적인 힘에 대해 가진 유일하게 명확한 관념 또는 개념은 우리 자신 안에서 발견되는, 우리의 신체에 어떤 운동을 일으키는 능력 또는 우리의 사고를 어떤 방향으로 이끄는 능력으로부터 얻어진다"고 주장한 점에서는 옳았다(I. V: 523a면). 우리에게 의지가 있다는 점을 전제할 때 어떻게 우리는 현재 우리가 살아가는, 인과적 질서에 따르는 세계와 조화를 이룰 수 있는가? 리드는 모든 사건 또는 변화에는 어떤 원인이 있음에 틀림없다는 상식적인 믿음에 결코 도전하지 않는다(IV. II: 603a면). 하지만 그는 하나의 자연적인 사건이 다른 자연적 사건을 일으킨다고 말하는 상식적인 표현 방식에 대해 의문을 제기한다. 이런 표현을 곧이곧대로 받아들여서는 안 되는데 이는 해가 떠오른다는 표현을 문자 그대로 받아들여서는 안 되는 것과 마찬가지이다. 우리는 감각을 통해서는 인과성 또는 힘에 관한 지식을 얻을 수 없으므로 — 이런 점에서 리드는 흄의 견해를 받아들이는데 — 우리가 자연에 관해 진정으로 인식할 수 있는 바는 단지 법칙에 따르는 듯 보이는 사건들의 연속일 뿐이다. 우리의 호기심을 만족시키고, 무엇을 기대해도 좋은지 가르치고, 어떻게 여러 사건이 일어나는지 보이는 데는 이런 정도로 충분하다(I. VI: 526b면; IV. III: 606b~607a면). 흄이 어떻게 생각하든지 간에, 규칙성은 인과성을 형성하지는 않지만 자연과 관련하는 한 우리가 필요로 하는 모든 것을 제공한다. 신은 자연의 사물들을 직접 움직일지도 모르며, 어떤 매개체를 통해서 아니면 최초의 명령을 통해서 움직일 수도 있다. 우리는 무엇이 사실인지 결정할 수 없지만 이는 그리 중요한 문제가 아니다. 리드는 "칭찬과 비난의 대상이 되는 것은 오직 인간의 행위이므로 우리가 알아야 할 바는 행위자가 누구이냐는 것"이라고 말한다. 그리고 우리는 행위자에 대해 충분히 말할 수 있다.

여기서 중요한 바는 의지 또는 의욕 작용이다. 욕구와 욕망은 상상할 수 있는 거의 모든 것을 대상으로 삼는 반면 의지는 오직 "우리 자신의 어떤 행위만을" 또는 사고나 신체의 움직임만을 대상으로 삼을 수 있는데 우리는 의지의 대상이 우리 능력 안에 속한다고 생각하며 또 그렇게 믿는다(II. I: 531a~533a면). 의지가 무언가 원한다는 것은 곧 우리 자신이 어떤 행위를 하기로 결정한다는 말이다. 의지로부터 등장한 행위는 자발적이다(II. I: 531a면; IV. I: 601b면). 리드는 자신은 물론 다른 누구도 의지의 결정이 어떻게 사고를 통제하고 신체의 움직임을 일으키는지 알 수 없다고 기꺼이 인정한다(I. VIII: 528a면). 그렇다면 로크에서와 마찬가지로 리드의 핵심 질문 또한 무엇이 의지를 결정하는가이다.

리드는 자유로운 의지작용의 경우 그런 작용을 하는 개인 자신이 의지작용의 원인이라고 생각한다. 그리고 여기서 그는 인간의 행위 능력에 관한 자신의 핵심적인 주장을 전개한다. 우리는 자신의 의지를 이렇게 또는 저렇게 결정할 능력을 분명히 가진다. 리드는 인과성은 기본적인 행위 능력을 발휘하는 것일 뿐 항구적인 연결은 아니라고 여기므로 인과성이 어떤 종류의 결정에 속하는지 설명을 하지 않으며 원인에 관해 더 이상 탐구할 여지가 전혀 없다고 생각한다. 누군가가 어떤 선택을 왜 했는지 물을 수 있다. 하지만 앞으로 보게 되듯이 반드시 이 질문이 실제로 그런 선택을 하도록 행위자의 의지를 결정한 원인이 무엇이었는지 묻는 것은 아닐 수도 있다. 즉, 이는 행위자의 이유에 관한 질문일 수도 있다(Ⅳ. 1~Ⅱ: 601a~604a면).

따라서 특별한 종류의 원인으로서의 행위자라는 개념은 자유와 도덕에 관한 리드의 설명에서 핵심을 차지한다. 행위를 설명하는 데 항상 능동성이 포함되지는 않는다. 하지만 누군가가 왜 의지를 지금처럼 결정했는지 그 자신의 능동성을 통해 설명할 때에 그 행위자는 자유롭다. 그런 행위의 책임은 전적으로 행위자 자신에게 있다고 리드는 말한다.

동기가 의지를 필연적으로 결정한다는 흄의 견해를 리드는 받아들이지 않는데 이는 전혀 놀랄 만한 일이 아니다. 클라크와 마찬가지로 리드는 동기가 결코 작용인이 아니라고 주장한다. 동기는 "현존하는 것이 아니라 단지 상상되는 것일 뿐이며" 따라서 인과 관계에 개입할 수 있는 제대로 된 실재가 아니다(Ⅳ. Ⅳ: 608b면). 필연주의자들은 세계가 결코 스스로 운동할 수 없는 물체들로 구성되며 따라서 결코 능동적으로 작용할 수 없고 항상 무언가의 작용을 받는다고 가정한다. 이들은 지적인 존재의 행위도 이런 세계의 일부라고 생각하므로 동기 또한 강도와 방향에 비례해 의지에 작용한다고 본다. 하지만 이성적 존재를 진정한 행위자로 여기려면 동기가 의지의 원인이 되는 것이 아니라 단지 행위를 충고하는 방식으로 의지에 **영향을 미친다**고 말해야만 한다.

행위에 영향을 미치는 동기 중에는 이성적인 행위 원리로부터 등장하는 것들이 있다. 우리는 우리 자신의 전체적인 이익을 고려하려는 생각에 의해서 영향을 받음을 잘 알고 있다. 그런데 이성이 없다면 이런 이익의 개념을 형성조차 할 수 없을 것이다(III. III. II: 580b~581면). 우리는 또한 의무의 개념에 의해서 행위하기도 하는데 의무는 단순 개념이므로 이익의 개념으로부터 도출될 수 없다. 이 경우 우리 자신의 판단이 우리에게 영향을 미친다는 사실을 회의할 근거는 전혀 없다. 만일 우리가 이런 이성적인 원리들을 통해 우리 자신을 규율할 수 없다면 우리를 어떤 내부적인 질서도 갖추지 못한 정념의 처분에 내맡기는 셈이 되리라고 리드는 생각한다(III. III. V: 586b~587면). 하지만 우리는 결코 이렇게 불행한 상황에 놓여 있지 않다. 도덕적 지식과 자유의지의 협력을 통해서 우리는 자기규율적인 행위자가 된다.

10. 리드가 남긴 유산

리드는 신을 헌신할 만한 대상으로 만드는 것은 신에 대한 두려움이 아니라 신의 "공평무사한 선함과 올바름"이며, 우리는 "노예근성"이 아니라 원리에 따라 신에게 복종해야 한다고 지적한다(III. III. IV: 585b면). 이런 지적을 제외하고는 주의주의적인 신의 관념에 대한 오래된 우려를 리드의 저술에서는 발견할 수 없는 듯하다. 그는 심리적 이기주의에 반대하는 논증을 펼치지만 이에 관해 심각하게 고려하지는 않는다. 또한 그는 실천적 회의주의가 실제로 큰 위험성을 지닌다고도 생각하지 않는다. 어느 누구도 — 쾌락을 추구하는 에피쿠로스주의자는 물론 회의주의자로 악명 높은 흄까지도 — 도덕적 구별이 진정으로 실재하는 것임을 회의하지 않는다(III. III. V: 587b~588a면; III. III. VII: 594a면 참조). 신이 지배하는 우리 주위의 세계를 보면 신이 지닌 덕이 오직 자비뿐만은 아니라는 사실을 명확히 알게 된다(IV. XI: 633b면). 우리의 경우도 마찬가지이다. 우리는 자신의 능력을 신뢰해야 하는데 직관을 통해서 다양한 도덕 원리들을 파악할 수 있기 때문에 도덕을 오직 자비심의 문제로만 여겨서는 안 된다. 도덕이 복잡한 까닭은 기본 원리들이 다양하기 때문인지도 모른다. 하지만 전체적으로 볼 때 "의무에 이르는 길은 확실한 길이다"(V. I: 640b면).

리드가 철학자로서 가장 큰 능력을 발휘한 부분은 지식에 관한 상식적인 주장을 이론적으로 옹호한 것이다. 흄의 정서주의에 대한 공격은 이런 옹호의 일부를 차지한다. 과학을 통해서 드러나는 세계 안에서 우리가 어떻게 자기규율적인 행위자일 수 있는지 설명하려는 리드의 시도 또한 마찬가지이다. 흄이 제시한, 자연법칙에 따르려는 필연주의적 견해는 거부되어야 마땅하다. 리드는 흄의 견해가 도덕을 위험에 빠뜨리는 이론 중 하나라고 생각한다. 필연성의 체계에 따르면 세계는 단지 거대한 기계일 뿐이며, 신은 기계론적 원리에 따라 이 세계에 작용할 뿐이다. 따라서 도덕적 규율의 공간은 존재하지 않는다. 법률과 처벌은 우리의 운동을 불러일으키는 수많은 수단 중 일부에 지나지 않는다. 필연주의는 우리 자신을 지나치게 과소평가하게 만듦으로써 숙명론의 유혹에 빠뜨린다. 또한 "인간의 능력을 너무 과대평가해서도 안 된다". 즉, 우리가 신에게 의존한다는 사실을 잊어서는 안 된다(IV. XI: 635b~636a면). 하지만 우리는 자유로운 행위 능력을 지닌다고 확신할 경우에만 스스로를 단지 신의 도구가 아니라 신의 충직한 신하로 올바르게 바라볼 수 있다. 우리의 공간 안에 바로 적절한 자기규율의 영역이 포함되기 때문에 우리는 "신의 형상에 따라 창조된 존재라는 말을 들을 수 있다"(IV. V: 615b~616a면; IV. IV: 612a면 참조). 이렇게 세계 안에서 우리가 차지하는 지위를 이해하는 데 도덕철학이 필요하다면 그것이 제공하는 이론적인 통찰은 충분히 추구할 만한 가치가 있다.

프라이스와 스미스 그리고 리드가 우리의 도덕적 능력이 명령하는 바를 서로 얼마나 다르게 해석하든 간에 이를 신의 명령으로 여긴다는 점에서는 서로 일치한다. 무엇을 행해야 하는지 스스로 파악할 수 있으며 외부에서 부과된 제재가 없이도 이를 행할 동기가 있다는 사실을 통해 우리는 충분히 자기규율적인 존재가 된다. 하지만 우리의 자기규율은 스스로 창조하지 않은 어떤 질서에 따라야 한다. 더욱이 우리의 행위가 초래하는 모든 결과를 스스로 알지 못하면서도 — 이는 결코 우리가 도달할 수 없는 수준의 지식이기도 한데 — 신이 부여하는 도덕적 명령에 따름으로써 최선의 행위를 하게 된다는 확신을 우리에게 심어 주는 것은 바로 신이 이 세계를 지배한다는 사실이다. 우리가 개인으로서 자기규율적일 수 있는 까닭은 신이 없는 세계에 살지 않기 때문이다. 결국 세계 전체의 복지와 안녕은 우리의 책임이 아니라 신의 책임이다.

프라이스와 스미스의 저술은 이들 생전에는 폭넓게 읽혔지만 이들의 견해는 이후 세대에 그리 큰 영향을 미치지는 못했다. 19세기에는 정서주의가 사람들의 시야에서 사라졌다. 35) 정서주의에 대한 관심은 20세기에 이른 후에야 처음에는 실증주의자들, 그 다음에는 도덕적 믿음과 도덕적 동기 사이의 연결점을 설명하는 데 관심을 보인 철학자들에 의해서 되살아났다. 그리고 설령 자명한 원리들에 호소했던 프라이스의 시도가 리드의 견해를 형성하는 데 도움을 주었다 할지라도 이후 지속적인 영향을 미친 것은 리드의 직관주의와 상식을 옹호하려는 태도였다. 이런 리드의 견해로부터 19세기에 큰 영향력을 발휘한 영국, 미국, 프랑스의 여러 학파가 등장했다. 또한 리드의 이론은 순전히 세속적인 쾌락주의의 윤리적 방법을 제시하려는 벤담의 시도에 맞서 기독교적인 근거에서 내세울 수 있는 최선의 대응책인 듯이 보였다. 리드의 직관주의는 밀이 매우 격렬하게 반대했고, 시지윅이 공리주의와 조화시키려 했던, 공리주의가 대표적인 논적으로 여겼던 견해로 변형되어 등장함으로써 생명력을 계속 유지했다. 36)

---

35) 토마스 브라운(Thomas Brown)은 예외적이다. Schneewind(1977)：78~80면 참조.

36) 19세기 영국에서 벌어진 이런 논쟁의 전개 과정에 관해서는 Schneewind (1977)；Haakonssen(1996)；Stefan Collini, Donald Winch & John Burrow, eds.(1983), *That Noble Science of Politics*：Cambridge 참조.

제 19 장

자기애가 낳은 고귀한 결과

디드로의 《백과전서》에서 "이익" 항목은 이 단어가 다의적이라는 설명으로 시작되어 적절한 자기애(*self-love*)가 모든 덕의 근원이라는 견해를 해명한 후, 자기애를 악덕으로 폄하하려는 니콜, 파스칼, 라로슈푸코의 시도를 강력하게 비난하는 내용으로 구성된다. 백과전서파의 학자들은 샤프츠버리 경이 무관심성이라는 불가능한 요구를 하며 더 나아가 그는 "자기애, 질서에 대한 사랑, 도덕적 선, 자비심 등이 낳은 고귀한 결과가 타락한 사회에서 살아가는 인간들의 행위에 거의 영향을 미치지 못한다는 사실을 충분히 인식하지 못했다"고 생각한다. [1] 18세기에 활동한 많은 학자들은 자기애가 타락한 사회에서조차도 전반적으로 고귀한 결과를 낳을 수 있다고 주장했다. 더욱이 자기애는 우리에게 자비를 강요하지 않으면서도 그런 결과를

---

1) 《백과전서》, vol. 8(1765), "이익" 항목: 819a면 참조.

낳을 수 있다.

자기애를 새롭게 옹호하려 한 학자들은 이성주의 못지않게 정서주의에 대해서도 반대했다. 이들은 니콜과는 달리 우리의 이기주의를 죄의 결과로 생각하지 않았으며 어떻게 신이 우리의 배후에 놓인 이기주의를 극복할 수 있는지 보이려 했다. 이들은 절대 왕정이 없으면 이기적인 인간의 정념 때문에 우리가 자멸할 것임을 보임으로써 절대주의 정치를 지지하려 하지도 않았으며, 일견 관대하고 자비로운 듯한 모든 욕구의 가면을 벗겨 그 정체를 드러내려 하지도 않았다. 이들은 자기애가 우리 자신의 장기적인 이익에 대한 관심을 증가시킴으로써 과도한 정념의 분출에 대항하는 힘으로 작용할 수 있다고 주장하려 하지 않았다.[2] 이들은 자기애의 심리학과 도덕을 우리의 동기와 행위에 의미를 부여하고 이들을 지적으로 인도할 수 있는 유일한 이론으로 여겼다. 새롭게 등장한 이기주의자들은 자기애가 우리를 인도하는 세계를 어떻게 이해하는가에 따라 서로 다른 견해를 취한다. 버틀러와 허치슨이 이기주의를 비판한 이후 — 이런 비판에도 불구하고 — 다시 이기주의를 옹호한 최초의 영국 철학자들은 우리가 신이 질서를 부여한 세계에서 산다고 여겼다. 프랑스의 이기주의자들은 이런 편안한 생각을 받아들이지 않았다. 특히 이들은 영국 철학자들과는 달리 우리를 둘러싼 사회 전체가 심각하게 타락했다는 믿음을 전제로 자신들의 생각을 이끌어 나갔다. 또한 이들 중 일부는 사회가 개선될 수 있으며, 철학이 이를 도와야 한다고 생각했다. 벤담은 이런 프랑스 철학자들의 관심을 영국으로 가져와 프

---

2) Hirschman (1977) 참조.

랑스와는 달리 자기만족의 분위기가 강했던 영국의 철학을 개혁하려 했다. 그리고 이 결과는 현재 우리에게까지도 여전히 영향을 미친다.

1. 연합과 효용

1731년에 출판된, "덕 또는 도덕의 기본 원리에 관해"(Concerning the Fundamental Principle of Virtue or Morality) 라는 제목의 간결한 논문에서 목사이며 한때 케임브리지대학 교수였던 게이(John Gay, 1699~1745) 는 새로운 이기주의를 창시하는 사상적 관점을 드러내었다.[3] 그는 자신을 허치슨이 묘사한 도덕 현상을 확신하는 로크주의자라고 소개한다. 우리는 덕의 결과를 생각하지 않고 덕을 바로 시인하고, 덕을 그 자체로 선택하며, 자기이익을 고려하지 않고도 적절하게 행위한다. 하지만 게이는 이것이 전부는 아니라고 생각한다. 그는 우리의 시인과 동기에 대해 더욱 깊이 있는 설명이 필요하다고 여기면서 관념들의 연합이라는 이론에 기초한 설명을 제시한

---

3) 이 논문은 1706년 킹(King)이 쓴, 악의 문제에 관한 라틴어 저술을 1731년 로(Edmund Law)가 번역, 출판한 책의 첫머리에 "예비적 고찰"(Preliminary Dissertation) 의 형태로 출판되었다. 나는 이 판을 인용의 기준으로 삼았다. 게이의 견해는 몇 가지 점에서 킹의 견해와, 더욱 중요하게는 로의 견해와 일치하지만 모든 점에서 그런 것은 아니다. 로의 주석, 66~67면 참조. 이런 차이점을 전제할 때 왜 로가 게이의 논문을 첫머리에 실었는지 그 이유는 명확하지 않다. 어쩌면 로는 게이의 논문이 단순히 설득력이 있다고 생각했는지도 모른다. 로는 뒤이어 신학적 공리주의를 가장 성공적으로 제시한 페일리(William Paley) 를 후원하기도 했다.

다(xiii~xiv면).

그의 기본적인 생각은 단순하다. 도덕의 영역에서 우리는 구두쇠와 같다. 구두쇠는 처음에는 돈을 통해 얻을 수 있는 것 때문에 돈을 사랑한다. 하지만 결국에는 자신이 처음에 왜 돈 버는 것을 즐거워했는지 망각하고 오직 돈 자체만을 사랑하게 된다. 도덕법칙 또는 가치에 대한 우리의 명백한 직관 또한 이와 유사한 역학을 통해서 등장한다. 처음에 우리는 어떤 유형의 행위들이 그것의 영향을 받는 모든 사람에게 이익을 준다는 사실을 자주 인식한다. 자신 또한 그런 행위로부터 이익을 얻으므로 우리는 그런 행위를 자기이익에 근거해 시인하게 된다. 그 다음 우리는 이런 유익한 행위들과 그 행위를 하는 이들을 시인의 감정과 너무나 밀접하게 연결시킴으로써 시인의 진정한 원인인 우리 자신의 행복 증가를 간과하기에 이르게 된다. 따라서 우리는 선행에 대한 명백하고 직접적인 시인을 본유적인 단순 관념 또는 본능적인 단순한 정서의 측면에서 설명하는 잘못을 저지른다(xxx~xxxi면).

자비심에서 등장한 듯이 보이는 우리의 동기도 이와 유사한 방식으로 등장한다. 우리는 자신에게 이익을 주는 사람들에게 시인을 느끼거나 이들을 사랑할 뿐만 아니라 이들이 우리를 시인한다면 우리에게 이익이 될 것이기 때문에 이들이 우리를 시인하기를 원한다. 우리는 만일 우리가 자신의 선을 추구하는 과정에서 다른 이들의 선을 수단으로서 사려 깊게 포괄하는 방법을 선택한다면 다른 사람들이 우리를 시인하리라는 사실을 알고 있다(xxiv~xxv면). 따라서 우리는 다른 사람들로부터 시인을 얻으려는 욕구에 의해 스스로 고무된다. 하지만 우리는 스스로 이익을 얻기 위해 이런 욕구를 얻었음을 망각하고 이를 우리의 본성 중 일부로 여기게 된다. 구두쇠가 돈을 그 자체로 사랑하게 되듯이 우리도 다른 사람을 돕는 데서 자신이 얻는 이익을 망각하고 그저 다른 사람을 돕는 일을 즐기게 된다.

게이는 이런 환원주의 심리학을 통해 덕과 의무에 관한 새로운 이론을 제시한다. 그에 따르면 덕의 개념은 로크식으로 말하자면 혼합된 양태의 관념이다. 그것은 "삶의 규칙에 따르는 것을 의미하는데, 모든 이성적 피조물의 행위가 각자 서로의 행복을 존중할 것을 명령한다. 모든 사람은 모든 경우에 이에 따를 의무가 있다"(xvii면). 우리는 덕이 무엇인지 아는 것에 더해 어떤 행위가 덕이 있는지 말할 방법 또한 알아야 한다. 즉, 우리는 덕의 기준을 알아야 한다. 게이는 강요됨(being obliged)과 의무로 부과됨(being obligated)의 관념을 고찰함으로써 이 기준을 이끌어 낸다. 이 두 용어는 모두 "행복하기 위해 어떤 행위를 해야만 하거나 해서는 안 되는 필연성"을 지시한다. 따라서 오직 우리 자신의 행복에 대한 관심만이 우리에게 무언가를 강요할 수 있다. 게이는 법칙 부여자의 의지를 단지 간접적으로만 도입한다. 덕은 정의상 **항상** 무언가를 강요한다. 하지만 오직 신만이 우리를 모든 경우에서 행복하게 또는 불행하게 만들 수 있다. 그러므로 신의 의지는 도덕의 궁극적 근원이어야 하며, 따라서 최초의 기준이 된다.

그렇다면 우리는 어떻게 이 기준을 적용할 수 있는가? 신은 완전하고 아무것도 필요하지 않으므로 세계를 창조하면서 우리의 행복을 원했음에 틀림없다. 따라서 인류의 행복은 신의 의지를 나타내는 지표이자 덕의 기준에 가장 근접한 것이다. 무엇이 옳은지 또는 목적에 적합한지도 또 다른 근접한 기준이다. 그리고 이런 문제들을 판단하는 올바른 근거 또한 기준이 된다. 결국 모든 도덕 이론들은 동일한 것으로 환원된다(xix~xx면).

이를 통해 게이는 윤리적 이성주의에 대한 허치슨의 정서주의적 비판을 받아들인다. 그는 우리의 도덕적 신념이 필연적으로 우리를 행위로 이끈다는 점에 동의한다. 뒤이어 그는 우리가 오직 욕구에 의해서만 행위하게 된다고 주장함으로써 위의 견해를 자신의 고유한 방식으로 변형한다. 욕구는 오직 우리가 무언가에서 쾌락을 얻을 경우에만 생긴다. 무언가에서 쾌락을 얻는다는 것은 그것을 우리의 행복 중 일부로 여기는 것이다. 그리고 우리의 행복 중 일부로 여겨지는 바를 위해 행위하는 것은 결국 자기이익에 따라 움직이는 것이다. 물론 게이는 이런 추론이 오류임을 보이려 했던 허치슨의 시도를 단순히 알지 못했던 듯이 보이기도 한다. 하지만 사실상 그는 자신의 관념연합 이론을 통해서 허치슨식의 비판은 자신이 제시한 형태의 이기주의에 적용되지 않는다는 점을 드러내려 한다. 게이는 우리가 직접적인 시인과 자비로운 동기를 느낀다는 사실을 부인하지 않는다. 하지만 허치슨의 생각과는 달리 이들은 단순하지 않다. 이들은 더욱 단순한 관념들의 연합이다. 우리는 이들의 근원 또는 복합성을 알아차리지 못했을 뿐이다. 4) 게이는 자신의 이론이 허치슨의 이론에 비해 설명되지 않은 실재들을 덜 필요로 하기 때문에 더 나은 경험주의라고 생각한다.

---

4) 게이는 감정과 욕구가 선에 대한 혼란스럽고 불명료한 인식이라고 말하지 않는다. 그의 저술에서 우리가 느끼는 자비로운 욕구나 시인의 단순성과 이런 감정이 지니는, 자기이익과 관련된 근원 사이의 관계가 정확히 무엇인지는 명확하지 않은 채로 남아 있다.

흄은 관념연합 이론을 게이와는 전혀 다른 방식으로 사용했다. 흄은 전반적으로 이를 어떤 관념들은 "단지" 다른 관념들의 결합에 지나지 않는다는 주장의 근거로 사용하지 않는다. 흄은 도덕적 시인, 사랑, 의지 그리고 자비로운 욕구 등은 모두 단순 관념이라고 생각한다. 연합은 이들의 원인과 결과를 설명해 줄지는 몰라도 이들 자체와 동일하지는 않다. 게이가 주장한 종류의 환원주의적인 관념연합 이론은 하틀리(David Hartley, 1705~1757)에 의해서 상당히 길고 정교하게 제시된다. 하틀리는 《인간과 그의 구조, 그의 의무 그리고 그의 기대에 관한 고찰》(Observations on Man, His Frame, His Duty, and His Expectations)이라는 제목의 저서를 1749년에 출판했는데 ─ 이런 제목은 그가 심리학과 도덕, 종교를 어떻게 서로 연결하려 했는지 암시한다. 하틀리는 자신이 게이뿐만 아니라 뉴턴을 추종한다고 스스로 선언한다(《고찰》 I. 5~6, 115). 뉴턴의 저술은 관념들의 물리적 토대를 암시했는데 이런 관념들의 연합은 신경 조직의 미세한 진동으로 우리의 모든 정신적 활동을 설명한다. 하틀리는 이런 신경 조직을 "소진동입자"(vibratiuncles)라고 부른다(I. 60). 이들이 감각을 일으키며, 감각은 다시 단순관념과 쾌락 또는 고통을 일으킨다. 그리고 이들이 서로 다양하게 결합해 정신의 다른 모든 내용물을 만들어 낸다.

쾌락 및 고통의 감정과 연합된 관념들의 집단은 정념을 낳는데 정념은 다시 사랑과 미움으로 변화해 우리를 행위하게 만든다(I. 381 이하). 공감, 도덕감, 신에 대한 감정 또는 신과 인간의 융합에서 느끼는 감정 등으로부터 생겨나는 복합적인 쾌락과 고통은 모두 감각 가능한 쾌락과 고통에서 시작된다(I. 428 이하). 하틀리는 정상적인 도덕적 발전을 모두가 출발점으로 삼는 "순전한 자기이익"으로부터 출발해 공감과 도덕감이 주는 쾌락에 의해서 만족되는 "세련된 자기이익"을 거쳐 결국 신에게 헌신하는 데서 즐거움을 발견하는 "이성적 자기이익"에 이르는 과정으로 묘사한다(I. 471~472). 여기서 하틀리의 핵심은 게이와 마찬가지로 우리가 오직 자신의 번영만을 추진하는 것보다 이웃을 돕는 것이 더 큰 쾌락을 주며, 신을 사랑하는 것은 이보다 더 훨씬 더 큰 즐거움을 준다고 의식적으로 생각한다는 점이 아니다. 오히려 우리는 타인을 돕는 일과 우리 자신의 즐거움을 강력하게 연합하기 때문에 오직 후자만을 분리해 생각하는 경우가 사라지게 된다. 하틀리는 이것이 "순수한 무관심성의 자비심과 같은 것이 존재하며 또한 존재해야만 한다는 사실에 대해 연합 이론으로부터 등장하는 일종의 증명이며 또한 자비심의 근원과 본성에 관한 올바른 설명이기도 하다"고 생각한다(I. 487). 그리고 이에 대응되는, 신에 대한 순수한 무관심성의 사랑에 관한 설명도 등장한다.

이로부터 도출되는 도덕적 결론은 명확하다. 우리는 오직 자신의 쾌락을 증진하리라고 생각하는 바만을 추구할 수 있으며, 우리가 다른 사람의 쾌락에서 더 큰 쾌락을 얻으면 얻을수록 자신의 삶 또한 더욱 즐거워진다는 사실을 배운다. 따라서 감각, 상상력, 명예, 눈앞의 자기이익으로부터 얻는 쾌락은 자비심, 동정심, 도덕감으로부터 얻는 쾌락의 지배를 받아야 한다(II. 223, 254, 272, 289). 우리는 "신과 하나가 되는" 쾌락이 우리를 "자신의 소멸과 … 신에 대한 순수한 사랑으로" 이끌 때까지 이를 추구해 나가야 한다(II. 292~293). 우리 자신이 스스로 신의 관점에 서서 "모든 것을 거기서 바라보기" 이전에는 우리의 자비심조차도 편향적이고 불완전한 것에 지나지 않는다.

하틀리는 우리가 행위를 인도하면서 단 하나의 결과주의 원리를 사용해야 한다고 말하지 않는다. 우리는 스스로 행한 바가 낳는 모든 결과를 결코 알지 못하며, 어떤 행위가 "행복을 증가시키고 불행을 감소시키는 데 가장 크게 기여하는지" 결정할 수 없다. 설령 모두를 향한 자비심이 스스로에게 최대의 행복을 가져준다는 사실을 안다 할지라도 우리는 덜 일반적인 규칙에 따라 행위를 인도하지 않을 수 없다(II. 303~304). 즉《성서》의 가르침과 자신의 도덕감에 따라야 하며, 결과를 고려해야 하고, 자신을 다른 사람의 기준에 맞추어야 하고, 다른 이들을 돕기에 앞서 가족과 친구, 훌륭한 성직자들을 돌보아야 하며, 정직해야 하며, 국가의 행정권을 존중하고 이에 따라야 한다(II. 304~310). 빠른 결정이 필요할 경우에는 우리의 도덕감에 따라야 하지만 도덕감은 결국 동정심과 자비심에 의해서 인도되어야 한다(II. 349~351).

2. 신과 최대 행복

게이와 하틀리는 모두 기독교적인 사랑의 윤리를 제시하지만 게이는 신을 우리가 덕을 갖추고 모든 사람을 사랑하도록 행위할 의무를 부과하는 존재로 보는 반면 하틀리는 신의 사랑을 최대의 행복으로, 즉 우리가 이런 사랑을 한번 느끼기만 하면 모두를 사랑하는 행위를 하도록 우리를 인도하는 것으로 생각한다. 또한 이들은 모두 당시 비판의 대상이 되기도 했던 동정심을 강화함으로써 독자들이 받아들일 수 있는 도덕을 활용해 기독교를 옹호하려 했다. 이런 호교론적인 의도는 샤프츠버리 경의 이신론적 도덕을 공격한 브라운(John Brown)의 시도에서 더욱 명확하게 드러난다. 브라운의 시도는 1751년 출판한 《특성론》(Essays on the Characteristics)에 수록된 세 논문 중 두 번째 논문인 "덕을 향한 동기에 관해"(On the Motive to Virtue)에 등장한다.

브라운은 하틀리와 마찬가지로 도덕에 관해서 모든 사람이 일치된 의견을 보인다고 생각한다. 덕은 우리가 스스로 "최대 행복의 산출에 자발적으로" 참여할 것을 요구한다(《특성론》: 136~137면). 감정과 직관을 내세우는 학자들은 여기에 동의하지 않는 듯하다. 하지만 이들의 견해는 매우 부정확하며, 진정으로 덕을 검토하는 데 도움이 되지 않는다(116~118면). 정서주의자와 이성주의자들도 마찬가지로 행위를 진정으로 인도하기 위해서는 결과에 의지하지 않을 수 없는데, 우리의 상식도 이에 동의한다. 브라운은 자신이 모두가 이미 알고 있는 것을 명확하게 체계화해 밝혔을 뿐이라고 생각한다(133~135면).

문제는 우리로 하여금 실제로 덕이 있는 행위를 하도록 이끄는 "유일한 동기가 직접적인 감정 또는 미래의 개인적 행복에 대한 전망임에 틀림없다"는 점이다(159면). 그런데 덕과 악덕이 낳는 자연적인 결과는 도덕적 요구와 효과적인 동기가 일치한다는 사실을 보장하기에 불충분하며 명예의 보상이 이루어진다는 사실을 드러내지도 못한다(197~198, 202~203, 209면). 어떤 사람들은 본성적으로 자비심을 즐겨 발휘하는 반면 다른 이들은 그렇지 않을 경우, 게이와 하틀리의 희망과는 달리 개인의 성격을 훈련하는 것으로는 공백을 메우기가 어렵다. 인간이 만든 법칙은 개인의 심정에까지 이르지는 못하므로 불완전한 의무의 수행을 강요하지는 못한다. 따라서 "개인의 행복과 전체의 행복 사이의 완전하고 보편적인 일치"를 보장하는 유일한 방법은 전능한 신이 우리가 덕을 행하면서 사는지 그렇지 않은지에 따라 우리를 행복하게 또는 불행하게 만든다고 모든 사람이 확신하는 것이다(209~210면).

　브라운은 이런 방향으로 논의를 진행하면서 덕을 향한 동기에 관한 이런 견해가 천박하고, 비굴하고, 노예근성을 드러낸다는 샤프츠버리의 주장을 부인한다(213, 219면). 실제로 세 번째 논문에서 브라운은 기독교가 진정한 자아는 다른 사람들을 사랑하는 자아임을 보여 주므로 신의 제재는 우리에게 겉으로 드러나는 복종뿐만 아니라 인간이 도달할 수 있는 최고의 완전성을 가져다준다고 주장한다(329면).[5] 하지만 덕에 관한 그의 논문이 남기는 강력한 인상은 덕과 행복이 서로 별개의 것이며, 자연적인 사건의 흐름에서 이 둘은 서로 조화를 이루지 않으며, 심지어 완벽한 자아의 경우에도 그렇다는 것이다. 말브랑슈와 클라크, 맨더빌은 모두 브라운이 제기한 것과 유사한 문제를 감지했지만 어느 누구도 이를 자신의 용어로 정확하게 표현하지 못했다. 반면 브라운은 이 문제를 단순화한다. 그는 공약 불가능성을 기본 문제로 여기지 않는다. 오직 하나의 동기만이 작용한다면 오직 하나의 도덕적 목적만이 정당화된다. 이 동기가 자연스럽게 그 목적을 추구하도록 우리를 인도하지 못한다면 신이 이 둘을 조화롭게 만들면 된다.

---

5) 이 점은 Crimmins(1983)에서 특히 강조된다.

동기와 목적의 일치 때문에 발생하는 이 문제에 대한 신학적 해결책을 매우 완전하게 제시함으로써 독자를 가장 많이 확보했던 것은 페일리의 저술이다. 그가 1786년에 출판한 책《도덕철학 및 정치철학의 원리들》(*Principles of Moral and Political Philosophy*)은 이후 수십 년 동안 케임브리지에서 사용되었고 재판을 거듭했다.6) 페일리는 복음서의 단순성이 지금까지 미신적 첨가물에 의해 감추어졌다고 생각하면서 이 책의 헌사에서 "종교를 더욱 이성적으로 만드는 것은 무엇이든 종교를 더욱 신뢰할 수 있게 만든다"고 단언한다. 우리가 문제를 제대로 이해한다면 다음과 같은 명언이 참이라는 사실을 알게 될 것이다. "종교는 이성의 목소리로, 도덕은 신의 의지로 나타나야 한다." 페일리는 자연법 학자들이 구체적인 법률적 주제와 국제 관계에 대해서만 지나치게 많은 글을 쓰고 집착했기 때문에 윤리학 체계의 목적에는 별 도움이 되지 않았다고 비판한다. 그 목적이란 "인간 삶의 일반적인 행위와 관련해 개인의 양심을 인도하는 것"이다. 또한 자연법 학자들은 이성의 가르침과《성서》의 가르침 사이의 거리를 너무 멀게 보았다. 페일리는 이를 바로잡을 것을 제안하면서 현재의 문제들에 적용할 수 있는 기본 원리를 포함하는 체계를 제시했다. 그는 앞서 소개한 저술의 서문에서 "**일반 규칙의 필연성**"에 관한 자신의 이론이 서로 무관하게 보이는 주제들 사이에 통일

---

6) 여러 판들이 등장했지만 원전 자체는 크게 바뀌지 않았다. 나는 권과 장의 번호에 따라 인용했는데 그 까닭은 각각의 장들이 매우 짧기 때문이다. 페일리의 케임브리지 시절 및 케임브리지 플라톤주의자들과 클라크가 보인 종교적 자유주의와 페일리 사이의 관계에 대해서는 Gascoigne(1989): 238~245면 참조.

성을 부여한다는 점을 강조한다.

페일리는 게이의 첫 번째 질문, 즉 덕의 기준에 관한 질문으로부터 논의를 시작한다. 일상의 예의범절이나 한 나라의 법이 이런 기준이 될 수 없으며 《성서》 또한 우리를 완벽하게 인도하기에는 충분하지 않다고 주장한 후 그는 어떤 특별한 능력이 발휘되어 이런 역할을 할 수 있음도 부정한다. 도덕감이라 부르든 아니면 양심이나 직관이라 부르든 간에 (이들은 모두 동일한 것을 지칭할 뿐인데) 이런 능력들은 우리의 도덕 판단을 설명하는 데 필요하지 않다. 이런 용어들이 암시하듯이 우리는 우리 개인에게 이익이 되지 않을 경우에도 덕을 사실상 시인한다. 하지만 그 까닭은 우리가 자신에게 **실제로** 이익이 되는 바를 시인함으로써 출발하기 때문이다. 따라서 우리가 어떤 행위로부터 구체적 이익을 얻지 않을 때에도 그 행위가 우리에게 이익을 주었던 경우를 떠올리고 시인의 정서를 동반하게 된다. 몇몇 사람들이 이렇게 이익과 무관한 시인의 습관을 들이기만 하면 이는 모방과 가르침을 통해서 다른 사람들에게로 확산된다. 페일리는 특별한 도덕적 능력이 도덕에 관한 추론 방식을 제공하지 않는다고 보기 때문에 이에 관한 질문은 별 의미 없는 것으로 무시한다 (《원리들》 I. 2~5).

페일리가 제시한 기준에는 행복에 관한 그의 설명이 포함된다. 브라운은 정서주의자와 이성주의자들이 모두 정확한 원리를 제시하지 않는다고 불평했다. 반면 페일리의 원리는 정확하다. 그는 쾌락의 총계가 고통의 총계보다 많다면 그 어떤 상황이라도 행복하다고 말한다. 우리가 인간의 행복을 언급할 때 의미하는 바는 오직 "일상적인 인간의 삶에서 얻을 수 있는", 쾌락이 고통을 능가하는 "총량이 최대화된" 상태이다. 가장 육체적인 것에서 가장 세련된 것에 이르기까지 모든 쾌락은 서로 비교가 가능하다. 이들은 "오직 지속성과 강도에서만 차이가 난다". 따라서 우리는 쾌락의 총계를 산정할 수 있으며 어떤 종류의 삶이 가장 행복한지 계산할 수 있다.[7] 사람들 사이의 차이가 너무나 크기 때문에 모든 사람에게 적용되는 유일한 "행복의 계획"을 세우기는 어렵다고 여기면서 페일리는 우리 대부분이 사회에 대한 호의를 발휘하고, 우리가 추구하는 어떤 목적을 위해 자신의 능력을 활용하고, 사려 깊고 건강한 삶을 유지하는 데서 행복을 발견하리라고 주장한다(I. 6).

이런 지적이 지니는 중요성은 페일리가 "덕"을 "신의 의지에 복종하면서, 영원한 행복을 위해 인류에게 선을 행하는 것"으로 정의하는 대목에서 명확히 드러난다. 덕이 있는 행위를 할 때 우리는 인류의 행복을 목표로 삼으며, 신의 의지를 따라야 할 규칙의 기초로 삼고, 자신의 영원한 행복을 향한 욕구를 동기로 삼는다(I. 7). 인류의 행복을 유일하게 적절한 도덕적 목표로 여기려는 페일리의 논증은 두 단계로 이루어진다. 우선 신이 우리가 행복을 추구하기를 원한다는 사실을 우리는 알 수 있다. 신은 우리의 행복이나 불행을 원할 수

---

7) 이 장에서 다루는 내용 대부분에서 페일리는 1749년 출판된 모페르튀의 《도덕철학 시론》(*Essai de philosophie morale*)을 따른다. 모페르튀(Pierre Louis Maupertuis, 1698~1759)는 프랑스 과학자인데 1744년부터 죽을 때까지 프리드리히 대제가 설립한 프로이센 학술원을 이끌었다. 그는 내가 발견한 한에서 쾌락과 고통의 총계가 지속성과 강도의 측면에서 측정될 수 있다고 명확히 주장한 최초의 학자이다. 그는 모든 쾌락과 고통의 공약 가능성을 주장하면서 동시에 우리의 삶에는 쾌락보다 고통이 더 많다고 보았다. 이는 결국 기독교를 지지하는 논증으로 전환된다. Maupertuis: 231~235, 236~237, 240, 275면 참조.

도, 이에 무관심할 수도 있다. 하지만 자연에는 신이 인간의 행복을 원했음을 지지하는 "장치"의 증거들이 너무나 많으므로 우리는 신의 자비심과 우리의 행복을 원하는 신의 의지를 의심할 수 없다(II. 5). 이 견해는 그의 전체 체계의 전제에 해당한다. 하지만 논증을 완성하는 데는 그 이상의 것이 필요하다.

페일리는 도덕은 의무를 포함하는데, 의무를 진다는 것은 곧 무언가를 강요당하는 것과 같다고 말한다. 우리는 "다른 누군가의 명령으로부터 기인한 강력한 동기에 의해서 강제로 무언가를 하게 될 때" 강요당한다. 따라서 설령 우리가 설득과 유혹에 강력하게 이끌린다 할지라도 이들은 의무와 같은 것이 아니다(II. 2). 앞서 살펴보았듯이 신은 우리에게 일정한 행위 유형에 따르라고 명령하는데, 신은 처벌과 보상을 하므로 그의 의지는 우리에게 필수적인 강력한 동기로 작용한다(II. 3~4). 따라서 신의 의지가 도덕의 영역에서 의무의 근원이 되는데 이는 자연법 학자들도 주장한 바이다. 신의 자비심이 기본 규칙 자체의 근원이기는 하지만 어떤 행위가 좋은 결과를 낳는다고 해서 그것만으로 그 행위가 의무가 되지는 않는다.

페일리는 신의 의지가 어떤 행위를 의무로 만들므로 또한 그것은 다른 행위를 옳게 만든다고 주장한다. 그렇다면 신의 행위 자체를 옳다고 말할 수 있는가? 그는 자신의 견해가 이런 주장을 단지 "동어 반복적인 명제"로 만드는 듯이 보인다는 사실을 알고 있지만 전혀 그렇지 않다고 주장한다. 그는 그 이유를 규칙에 호소해 설명한다. 일단 도덕 규칙을 가지게 되면 우리는 신의 의지보다는 '옳음'과 '그름'을 도덕 규칙과 연결한다. 그 다음에 신의 의지가 이런 규칙과 일치하는지 아닌지 묻는다. 이에 대한 대답은 긍정적이므로 우리는 신의 행위가 옳다고 진정으로 유의미하게 말할 수 있다(II. 9). 따라서 우리가 옳음의 개념과 연결하는 보조적 규칙을 통해 페일리는 그의 기본 원리가 주의주의에 기초한다는 모든 우려에서 벗어나게 된다. 이런 규칙은 또한 기본 원리를 적용하는 데도 중요한 역할을 한다. 그이유 중 하나는 우리의 심리학적 구성과 관련된다.

페일리는 "인간이 습관의 다발이므로" 대부분의 사람들이 거의 모든 경우에 습관에 따라 행위한다고 생각한다. 덕에 관한 어떤 현실적인 설명도 이 이상을 요구하지 않는다. 그렇다면 덕을 위한 첫 번째 훈련은 올바른 습관을 형성하는 것이다. 습관은 우리 자신의 이익이나 인류 전체의 이익 또는 신의 의지 등을 전혀 생각하지 않고 바로 덕이 있는 행위를 하도록 우리를 이끈다. 하지만 이런 행위가 우리를 영원한 행복으로 인도하지는 않는다. 기독교가 "구원받기 위해 필요한 덕의 분량"을 말하지는 않았지만 우리가 염두에 두어야 할 몇몇 규칙들이 있다. 우리가 덕 또는 종교에 의해서 자극받지 않는다면, 즉 다른 사람들의 선이나 신의 의지에 관심을 갖지 않는다면 우리는 결코 영원한 행복을 기대할 수 없다. 또한 우리는 의무를 대가로 고의로 악덕을 저지르는 일을 결코 허용해서는 안 된다. 우리가 단지 악행을 피하려고만 한다면 우리는 칭찬받지 못한다. 영원한 처벌을 피하려면 적극적으로 선을 행해야 한다(I. 7). 이런 측면에서 볼 때 페일리의 윤리학은 우리가 지닌 성품의 윤리를 제시한다. 자신을 올바르게 형성해 습관적으로 인류와 신의 의지를 위해 행위하면 할수록, 우리는 진정으로 가장 크게 원하는 바를 — 즉 우리 자신의 영원한 행복을 — 누릴 자격을 더 많이 얻게 된다.

일상적인 삶에서 규칙의 형성을 중요시해야 할 심리적 근거뿐만 아니라 도덕적 근거도 존재한다. 페일리는 버틀러를 언급하지 않으면서도 아무도 옳다고 생각하지 않지만 명백히 유용한 행위의 예를 충분히 들 수 있다고 생각한다(II. 87). 또한 컴벌랜드나 클라크를 언급하지 않으면서도 "어떤 행위를 허용하고 다른 행위를 금지하려면 반드시 두 행위 사이에 어떤 차이가 있음을 보여야" 하기 때문에 규칙이 사용되어야 한다고 덧붙인다. 그는 이런 주장을 지지하는 이성적 근거를 전혀 제시하지 않으면서도 곧바로 계속해서 어떤 종류의 행위를 일반적으로 허용하는 것이 해로운 결과를 일으킨다면 그런 종류에 속하는 행위 전체를 금지해야 한다고 말한다. 심지어 신조차도 일반 규칙에 따라 행위해야만 한다. 그렇지 않다면 신의 위협과 약속 또한 임의적이 되므로 효력을 잃게 될 것이다(II. 7). 그리고 행위의 옳음을 계산하려면 그 행위가 초래하는 "일반적인 결과"를 계산해야 한다.[8]

허치슨과 마찬가지이기는 하지만 그보다 더욱 편안하게, 페일리는 옳음이라는 어휘를 자신의 결과주의 원리 아래로 흡수한다. 옳은 (right) 행위와 개인에게 속하는 권리(rights)는 모두 신의 의지라는 관점에서 설명될 수 있으며 따라서 간접적으로 일반적 결과의 측면에서 설명될 수 있다(II. 9). 그러므로 사람들에게 어떤 도움이나 물건을 제공하는 일이 일반적으로는 유용한 반면 이를 강제로 빼앗는 것을 허용하는 일은 일반적으로 해롭기 때문에 사람들은 불완전한

---

8) 페일리의 설명에 따르면 고대 철학자들은 이 점을 간과했기 때문에 완전히 비도덕적인 행위를 허용하지 않으면서도 행위의 결과가 행위들 사이의 모든 도덕적 차이를 만들어 내는 것을 허용하기 위해 올바름(honestum)과 유용함(utile) 사이의 구별을 발명하지 않을 수 없었다(《원리들》, II. 8).

권리를 지닌다(II. 10). 사람들이 일반적 권리를 지니는 까닭은 신이 자신의 피조물 대부분이 모든 사람들에게 똑같이 이롭기를 원했기 때문이다. 페일리는 상식적 도덕의 규칙들을 고려하면서 우리의 구체적 권리와 의무들을 논의한다. 하지만 그는 어떤 행위자가 규칙에 따를 경우 이것이 행위자 자신이나 다른 모든 사람들에게 일상적으로 얻을 수 있는 최대의 행복을 가져다준다는 사실을 보이기 위한 노력을 하지 않는다. 그는 우리가 일상적인 도덕적 믿음에 따라 살아갈 경우 이로부터 행복을 얻게 된다는 사실을 보이는 정도로 만족한다.

페일리는 이런 믿음이 고도의 위계질서가 존재하는, 계층 중심 사회에서 온건한 기독교도가 품는 것이라고 생각한다. 하지만 가끔 그는 자신의 원리가 기존의 규범을 정당화하는 것 이상의 역할을 한다는 것을 서슴지 않고 드러낸다. 그 예로 그는 농사를 해친다는 이유로 사냥에 반대하며(II. 11), 노예제도를 강력하게 비난한다(III. 3). 그가 당시 영국에서 이런 견해를 보였던 유일한 인물은 아니다. 하지만 그는 일반적인 개혁주의의 태도를 전혀 드러내지 않으면서도 이런 주장을 폈다. 특히 재산권에 관한 그의 견해를 보면 이 점이 명백하게 드러난다. 그는 급진적인 결론을 암시하는 설명과 더불어 논의를 시작하지만 실제로 이런 결론을 이끌어 내지는 않는다. 그는 한 무리의 비둘기가 들에서 곡식을 모으는 광경을 상상해 보라고 말한다. 게으른 비둘기 하나를 제외한 모든 비둘기들이 그 게으른 비둘기를 위해 곡식을 모아 쌓는다. 게으른 비둘기는 곡식 더미를 오직 혼자 힘으로 지키면서 곡식을 모으는 비둘기들에게는 단지 껍질만을 나누어 준다. 특별히 배고픈 비둘기 한 마리가 곡식 더미에서 알찬 곡식을 빼앗아 먹으려 하자 다른 비둘기들이 그를 죽여 버린다. 페일리는 이런 모습이 "사람들 사이에서 매일 일어나는, 이미 확립된 상황과 똑같다"고 생각한다(III. 1). 우리는 바로 이를 재산권의 관행이라고 부른다. 이런 체계 안에 편입될 경우 틀림없이 어떤 굉장한 유용성을 얻으며 그런 유용성은 실제로도 성립한다. 즉, 이런 체계는 생산량을 크게 늘리며, "경쟁을" 방지하며, "편리한 삶을" 증진시킨다. 일종의 불평등은 피할 수 없는 일이다. 하지만 페일리는 이런 목적들에 기여할 수 없을 정도로 불평등이 커진다면 그것을 바로잡아야 한다고 주장한다(III. 2).

여기서 우리는 어느 누구도 현재와는 다른 대안적 체계의 부담과 이익을 정확하게 계산할 수 없다는 근거에서 현재의 재산권 체계를 옹호하는, 훨씬 이전에 등장했던 컴벌랜드의 외침을 듣는 듯하다. 하지만 페일리는 나름대로 대담한 주장을 펴면서도 이로부터 어떤 급진적인 또는 개혁주의적인 결론을 이끌어 내지 않는다. 그는 재산 상의 거대한 불평등이 다수를 비참하게 만드는 것을 대가로 오직 지극히 소수만을 행복하게 만드는 체계에 대한 분개를 조금도 드러내지 않는다. 이와는 정반대로 그는 행복이 "시민사회의 서로 다른 신분 질서에 따라 공평하게 분배되어야 한다"고 생각한다(I. 6). 그는 자신이 제시한 덕의 기준에 관한 설명을 누가 실제로 채택해 사용할지 아무런 언급을 하지 않는다. 그는 모든 사람이 일상생활에서 그것을 사용하리라는 점을 암시하지 않으며, 철학자들이 입법자에게 법률을 발전시킬 방법을 가르쳐야 한다고 요구하지도 않는다. 간단히 말하면 그는 어떻게 윤리학의 방법이 자신의 원리에 기초할 수 있는지에 대해 아무 말도 하지 않는다. 만일 페일리가 생각하듯이 우리가 이미 받아들인 규칙들을 검토한 결과가 현재 우리의 도덕적 습관과 일치한다면 그의 순수하고, 이성적이고, 종교적인 도덕은 단지 현상유지를 위한 변명 이상의 것이 아님이 판명된다.

3. 이기주의와 개혁: 엘베시우스와 돌바크

하틀리는 우리가 국가의 행정권을 존중해야 한다고 주장했다. 하지만 자기애가 낳은 고귀한 결과를 보여 주는 프랑스의 대표적 철학자들은 이렇게 생각하지 않았다. 이들은 저술을 통해 국가 기관을 격분시킨 학자 집단에 속하였으며, 검열, 박해, 투옥 등을 당하였다. 1770년 프랑스 고등법원은 돌바크의 저술을 불태우라는 판결을 내렸다. 이는 저자를 화형에 처한다는 의미도 포함했는데 당시 고등법원은 실제로 그렇게 할 수도 있었다. 돌바크를 이런 판결로 이끈 고발의 이유를 보면 당시 프랑스 정부가 무엇을 두려워했는지 명확히 알 수 있다. 프랑스 대법관이었던 세귀에(Seguier)는 돌바크에 대해 이렇게 말한다 "종교와 정부에 반대하는 한 동맹의 일원인데 … 이 동맹은 한편으로는 왕권을 뒤흔들려 했으며 다른 한편으로는 교회의 제단을 넘어뜨리려 했다. … 이른바 혁신가라는 이들은 특히 종교에 대해 가장 날카로운 일격을 가하는 것을 목표로 삼았다. … 이 위험한 집단은 모든 방법을 동원했다. 그리고 자신들이 독을 풀어넣어 타락시킨 이른바 공공의 우물을 완전히 파괴하려 했다". 이들은 모든 형태의 문학을 오염시켰으며, 파리를 훨씬 넘어선 지역에까지 영향을 미쳤다. 이들은 부유층뿐만 아니라 노동자의 작업장과 시골의 오두막에까지 파고들어 "영혼을 고갈시키고 덕을 파괴하는 불

신앙의 기운이 타오르게 만들었다". 이들은 가난한 자들에게서 내세에는 더 나은 삶을 살 수 있다는 희망을 빼앗고 그 대신 현재의 비참한 상황에 대한 강력한 감정을 불러일으켜 결국 희망 대신 소멸만을 남겼다. 9)

세귀에의 이 언급에는 잘못이 없다. 이른바 철학자들(philosophes)이라고 불렸던 인물들, 즉 당시 프랑스 사상을 지배했으며 전 유럽에 걸쳐 그 저술이 급속도로 전파되었던 인물들은 자의식이 뚜렷하고 전위적인(avant-garde) 성향을 보였으며, 자신들을 계몽된 학자들이라고 불렀고, 지식의 빛을 확산함으로써 구체제를 종식시킬 수 있으리라 생각했다. 최소한 이들은 자신들이 보기에 타락하고, 무능하고, 강압적일 뿐인 교회와 국가의 조직이 프랑스를 비롯한 유럽 대륙 전체에서 근본적으로 개혁되기를 희망했다. 이들은 자주 갈등을 불러일으켰던 자신들의 이론을 옹호하기 위해 도덕철학과 정치철학뿐만 아니라 경제학, 역사학, 심리학 등도 새롭게 탐구했으며 또한 자신들의 견해를 확산하기 위해 이론적 형식의 저술뿐만 아니라 시, 연극, 소설 등도 폭넓게 활용했다. 이들의 글을 가장 방대하게 모은 것이 바로 1751년부터 1772년 사이에 디드로와 달랑베르가 편집한 《백과전서》인데 당시 프랑스 정부는 너무 위험해 보인다는 이유로 이 책의 출판을 몇 년 동안 금지하기도 했다. 이들의 사상을 널리 알린 가장 대표적 인물은 볼테르인데 그는 개인 신상의 안전을 위해 프랑스에서 스위스로 이주하기까지 했다. 프랑스에서 이들에

---

9) 세귀에 대법관이 고등법원 판결을 위해 제출한 기소이유서는 돌바크의 《자연의 체계》(Système de la nature), 2권에 다시 실렸다. 위의 인용문은 403~407면에 등장한다.

게 지적으로 가장 강력하게 대항한 인물은 루소였는데 사실 그는 이들과 개인적으로나 이론적으로 등을 돌리기 이전에 이 집단 중 한 사람으로 활동을 시작했으며 《백과전서》에 여러 글을 기고했다. 볼테르와 루소에 관해서는 뒤의 제 21장에서 논의하려 한다. 여기서는 자기애가 인류의 행복을 실현할 수 있는 유일한 희망이라고 여긴 두 사상가를 검토하려 하는데 그중 한 사람은 이런 철학자들 중 가장 체계적인 도덕철학을 제시했던 엘베시우스(Claude Adrien Helvetius, 1715~1771)이며, 다른 한 사람은 이들 중 가장 많은 저술을 남긴 돌바크(Paul Henry Thiry, Baron d'Holbach, 1723~1789)이다.

엘베시우스는 검열과 개인적인 위기 때문에 큰 어려움을 겪은 후인 1758년 《정신에 관해》(De l'Esprit)를 출판했다. 이 책은 정신 또는 사고 전반에 관한 탐구인데 감각이 모든 사고의 원천이라는 주장을 매우 간략하게 제시한다. 그는 판단한다는 것은 단지 감각하는 것에 지나지 않는다고 주장한다. 정신의 내용을 설명하는 데 어떤 능동적인 영혼도 필요하지 않다. 정념과 무지 그리고 이와 연결된 데카르트적인 의지는 오직 오류의 원천일 뿐이다. 자기이익은 우리의 행위를 지배하며, 우리가 행위와 사고를 평가하는 유일한 기준이다. 따라서 엘베시우스는 교육이 사람들의 사고방식을 개선하기 위한, 잠재적이고 강력한 수단임을 상당히 길게 논의한다.

교육과 훈련의 목표는 결코 이론이 아니다. 엘베시우스는 자신의 책에서 가끔 당시의 정통파 종교를 향해 주의 깊게 고개를 숙이는 시늉도 하지만 그가 공격 목표로 삼았던 것은 분명히 드러난다. 그는 교회가 교육을 통제하는 나라에서는 무지가 수많은 사람들을 불행에 빠뜨리는 근원이 된다고 주장한다. 또한 그는 왕실과 귀족들의 사치와 낭비는 그것을 뒷받침하는 세금만큼이나 악명 높은데 그런 왕실과 귀족 아래서는 결코 살아갈 수 없다고 주장하면서 다수의 복지를 위해 헌신하지 않는 정치가들은 오직 무지한 대중을 속이려 할 뿐이라고 비난한다. 그는 일방적인 견해가 어떻게 오류에 이르는지 보이기 위해 사치에 대한 찬반양론을 모두 제시하는데, 결국 사치에 대한 공격에서 그의 핵심이 무엇인지뿐만 아니라 그가 쓴 책의 주제가 무엇인지도 드러난다.

엘베시우스는 사치를 옹호하면서 부자들의 습관인 사치로부터 고용이 증가한다는 점을 지적한다. 사치를 비판하면서는 "사치는 어느 누구의 행복에도 기여하지 못하며, 시민들 사이에 지나친 부의 불평등을 용인함으로써 시민들 최대 다수의 최대 불행을 낳는다"고 말한다(《정신에 관해》, I. III: 35면). 그는 한 각주에서 맨더빌을 연상시키는 이런 논쟁의 또 다른 측면을 더욱 상세히 지적한다.

문명화한 나라에서도 자주 입법의 기술이 오직 다수의 사람들을 소수의 행복과 결부되도록 만드는 것으로 여겨지기도 하는데 이렇게 함으로써 다수는 계속 억압받고 이들의 모든 인권은 철저히 침해된다. … 하지만 진정한 입법의 정신은 오직 전체의 행복을 추구하는 것이어야 한다. … 지극히 소수의 극단적인 행복이 항상 최대 다수의 불행과 연결된다는 사실은 수상히 여길 만하지 않은가(I. III: 35면 각주)?

최대 다수의 행복이라는 도덕적 요구를 자기이익의 심리학과 연결함으로써 엘베시우스는 자기이익이 사악한 것임에 틀림없다는 주장을 바로 부정하는데 이는 이미 라 로슈푸코가 암시했던 바이기도 하다. "자기애 또는 자기 자신에 대한 사랑이 오직 우리의 본성에 새겨진 정서라는 점, 이런 정서가 각 개인 안에서 그를 움직이는 기호와 정념에 따라 덕 또는 악덕으로 변형된다는 점 그리고 자기애가 달리 변형되면 긍지와 겸손을 일으킨다는 점을 깨닫기란 … 손쉬운 일이다."(I. iv: 45면) 엘베시우스는 우리가 항상 넓은 의미에서의 이익에 따라 움직이므로, 정말 던져야 할 질문은 구체적으로 어떤 목적에서 우리는 이익을 발견하느냐는 것이라고 여러 차례에 걸쳐 말한다. "인간적인 사람은 다른 사람의 불행을 보고 이를 견딜 수 없어 하며 그런 모습을 보지 않기 위해 불행한 사람을 기꺼이 도우려 하는 사람이다. 반면에 비인간적인 사람은 … 다른 사람의 비참한 모습을 보고 이를 즐겁게 여기는 사람이다."(II. ii: 59면 각주)

엘베시우스는 모든 동기를 자기애가 드러나는 경우로 보는 것에 대한 영국 철학자들의 비판을 자신이 모른다는 점을 은연중에 드러낸다. 그리고 그는 우리가 기호와 습관을 가르칠 수 있고 따라서 인간적인 사람이 행하는 바에서 자기이익을 발견하도록 교육받을 수 있다고 생각하지만 어떤 정교한 관념연합 이론도 제시하지 않는다. 하지만 그는 그의 저술을 새로운 이기주의를 제시한 영국의 대표적 철학자들의 영역을 훨씬 넘어서서 윤리학사의 전환점으로 만든 생각 한 가지를 제시한다. 그는 우리가 사는 세계가 신의 숨겨진 섭리나 천국에서의 보상을 통해 각 사람을 모든 사람의 이익을 위해 일하도록 만드는 신의 질서에 의해 지배받지 않는다고 생각한다. 이와는 정반대로 그는 우리가 살아가는 사회적 영역에서 자기이익이 모두를 타인의 행복을 고려하도록 인도하게 하는 것은 결국 우리 자신에게 달려 있다고 생각한다.

그는 이를 매우 간결하게 표현한다. 서로 다른 지역과 시대에 따

라 사람들이 덕으로 여기는 것이 서로 크게 다르게 나타나지만 — 이
런 차이는 그들이 사는 사회에서 무엇을 이익으로 보는지 서로 다르
다는 점을 통해서 설명될 수 있지만 — '덕'이라는 용어는 하나의 핵
심적인 의미를 지닌다. 즉, 덕은 "전체의 행복을 향한 욕구"라는 의
미를 지닌다(II. xiii: 119면). 엘베시우스는 자신에 대해 관심을 가질
것을 배울 수 있는 가장 큰 집단은 우리 자신의 국가라고 생각하기
때문에 자신이 "성실함"(probity)이라고 부르기도 하는, 행위에서 드
러나는 덕을 "자신의 국가에 유익한 행위 습관"으로 정의한다(II.
xiii: 123면).10) 그런데 요즘 사람들은 오직 자기 자신의 행복만을
추구한다. "따라서 우리는 오직 개인의 이익을 전체의 이익과 통합
함으로써만 사람들을 덕이 있게 만들 수 있다." 이 점은 긴급한 현실
적 의미를 지닌다. 만일 엘베시우스의 주장이 옳다면 다음과 같이
말할 수 있다.

정치나 입법과 결합하지 않는다면 도덕이 그저 하찮은 학문에 지나지 않
는다는 점은 명백하다. 이로부터 나는 사람들을 세계에 유용한 존재로
만들기 위해 철학자도 통치자가 사람들을 바라보는 관점에서 사람들을
고찰해야 한다고 결론짓는다. … 통치자가 확실히 실행하려고 하는 법을
미리 알리는 것은 바로 도덕철학자를 위해서이다(II. xv: 139면).

---

10) 프랑스어의 "성실함"(probité)이라는 용어는 '도덕' 또는 '덕' 일반을 의미한
다. 따라서 "어떤 사람이 종교적이라는 말을 듣더라도 여전히 우리는 '그의
도덕은 무엇인가?'라고 묻는다"는 샤프츠버리의 언급을 1745년 디드로는 다
음과 같이 프랑스어로 번역했다. "M. *** a de la religion, dites vous;
mais a-t-il de la probité?" 이 대목 몇 줄 아래에서 디드로는 "probité"를
'덕'(virtue)에 대한 번역어로 사용한다(디드로의 《전집》, I. 302에 수록된,
샤프츠버리의 《탐구》 프랑스어 번역본에 대한 서문 참조).

덕과 동기부여의 문제에 관해 영국의 이기주의자들과 같은 견해를 채택함으로써 엘베시우스는 브라운이 신의 몫으로 남겼던 임무를 인간에게 부여한다. 엘베시우스는 어중간한 기준을 원하지 않는다. 인간에게는 소규모 집단에 충성을 바치려는 성향이 있다. 이런 성향 때문에 인간은 전체의 이익과 반대되는 이익을 추구하게 되므로 국가에 관심을 갖도록 교육되어야 한다. 우리는 인간으로 하여금 자신의 덕을 더욱 확고하고 안정되게 사용하도록 만드는, 일종의 공식적인 "덕의 교리 문답" 같은 것을 필요로 한다. 이를 통해 통치자는 누가 존경받고 누가 비난받아야 하는지 지적할 수 있으며, 사람들을 낡은 법과 관습에 대한 집착으로부터 벗어나게 할 수 있다 (II. xvii: 1446면). "따라서 통치자의 기법은 오직 사람들이 자신에 대한 사랑의 감정을 통해 서로에게 항상 정의롭게 대하도록 만드는 것일 뿐이다"(II. xxiv: 196면). 처음에는 철학자가 통치자에게 자극을 불러일으켜 그를 가르쳐야 한다. 하지만 결국에는 모든 사람이 자기 자신의 이익과 국가의 이익 사이의 관계를 이해하도록 교육받아야 한다. 따라서 통치자가 적절한 법을 제정하고 승인한다면 그는 모든 사람을 덕이 있게 만들 것이다. 이렇게 하는 과정에서 통치자는 사람들로 하여금 자신의 행복을 희생하고 다른 사람의 행복을 추구하도록 만드는, 실현 불가능한 임무를 수행할 필요는 없다. 통치자는 사람들이 추구하는 쾌락을 변형하고 이를 전체의 이익과 확고하게 연결함으로써 각각의 사람이 "거의 항상 덕을 향해 나아가지 않을 수 없도록" 인도하기만 하면 된다(III. xvi: 298면).

이후로 엘베시우스는 오직 한 권의 저술만을 더 썼는데 이는 그의 사후에 《인간론》(*On Man*, 1772)이라는 제목으로 출판되었다. 여기서 그는 교육에 관한 자신의 견해를 더욱 정교하게 제시하고 옹호하면서 도덕에 관해서도 간략히 언급한다. 오늘날 학자들은 독일에서 태어난 돌바크가 얼마나 많은 저술을 남겼는지 정확하게 알지 못한다. 물려받은 유산으로 파리에서 부유하게 살면서 주요 계몽철학자 및 이들에 공감하는 집단의 유쾌한 좌장으로 살았던 그는 끝없는 정열을 쏟아 부어 기존 종교의 모든 측면을 공격하고 순전한 세속 도덕을 옹호하는 수많은 저술들을 익명 또는 가명으로 출판했다. 그의 저술 《자연의 체계》(*Système de la nature*, 1770)는 국왕과 신에 반대하는 대역죄를 저질렀다는 판결을 받아 불태워졌는데 여기에는 정신과 육체의 이원론을 유물론과 정서주의로 대체하려는 그의 시도에 대한 가장 체계적인 설명이 등장한다. 이 책의 정열적인 서문에는 종교와 전제정치가 서로를 지지한다는, 그리고 이들이 계속 살아남는 까닭은 우리가 자연과 인간에 관한 진리를 모르기 때문이라는 돌바크의 신념이 잘 드러난다. 그의 저술들은 그가 진리의 빛이라고 여긴 바를 확산하고 이를 통해 오직 압제만이 통용되는 어둠을 걷어내려는 시도이다.

돌바크는 자신의 결정론적 형이상학에 어울리는 도덕철학을 《보편 도덕》(*La morale universelle*, 1776)에서 가장 완전한 형태로 제시한다. 그는 초기 저술 《자연의 체계》에서 간략하게 윤곽만을 제시했던 이론을 《사회적 체계》(*Système social*, 1773)에서 상당히 길고 정교하게 설명한다. 그는 맨더빌식의 이야기를 개혁주의적 방식으로 변형한다. 그는 최초의 통치자가 사람들을 계속 고분고분하고 다루기 쉽게 만들기 위해 종교를 발명했는데 이런 관행이 계속 이어진다고 말한다. 하지만 통치를 받는 사람뿐만 아니라 통치하는 사람도 똑같이 편견과 무지의 희생양에 지나지 않는다. 이들은 모두 쓸데없이 행복을 희생한다. 도덕은 정치를 인도하기 위해, 정치는 도덕을 강화하기 위해 필요하다. 돌바크는 "도덕의 목표는 덕을 실천하면 최대의 이익을 얻을 수 있음을 사람들이 깨닫도록 만드는 것이며, 또한 정부의 목적은 사람들이 덕을 실천하도록 만드는 것"이라고 말한다(《사회적 체계》 I, 서문, vii~viii면). 물론 이런 견해는 새로운 것이 아니지만 돌바크는 자신만의 방식으로 여기에 철학적인 세부 내용을 덧붙인다.

이전의 영국 철학자들과는 달리 돌바크는 서로 다른 모든 도덕 체계가 결국 동일한 목표에 이른다고 생각하지 않는다. 직관과 도덕감, 영원한 적절함에 관한 주장 등은 오직 행위가 행복과 관련해서 지니는 의미만이 도덕적으로 중요하며, 다만 경험을 통해서만 그 의미를 배울 수 있다는 사실을 모호하게 만들 뿐이다(《보편 도덕》 I, 서문, xi~xx면; 《사회적 체계》 I. IX: 91~103면). 돌바크는 이런 견해를 설명하기 위해 질서의 개념을 기꺼이, 하지만 말브랑슈와는 다른 방식으로 사용한다. 돌바크가 질서라고 부르는 바는 라이프니츠가 완전성이라고 부른 바와 더 가깝지만 완전성에 관한 형이상학과는 아무런 관련이 없다. 돌바크가 말하는 질서란 단지 "전체를 구성하는 부분들이 하나의 목적을 추구할 때 드러나는 일치이다. 도덕의 아름다움은 도덕적 질서에 기인하는데 이 질서는 행복을 추구하는 인간의 의지와 행위가 일치하는 것을 말한다"(《사회적 체계》 IX: 97면). 11) 돌바크는 행복이 본질상 쾌락으로 구성된다고 생각한다. 그

_____

11) 돌바크는 계속해서 《신국론》, XIX. 13에 등장하는, 질서 잡힌 전체가 주는

는 오직 질서와 일치하는 쾌락만이 도덕적으로 받아들여질 수 있다고 말하지만 이를 통해서 그가 의미하는 바는 단지 우리 자신이나 다른 사람의 과도한 고통을 대가로 얻어지는 쾌락을 추구해서는 안 된다는 점이다(《보편 도덕》 I. I. IV: 12~14면). 그가 생각한 도덕적 질서는 행복의 추구를 말브랑슈와 같은 방식으로 점검하는 것이 아니다. 그것은 "우리와 더불어 살아가는 모든 존재의 지속적인 행복을" 실현하는 질서이다(《보편 도덕》 I. II. II: 75면).

돌바크는 비록 덕에 관해 언급하기는 하지만 기본적으로 도덕을 의무 및 책무와 관련해서 파악한다. 그는 의무를 "우리가 내세우는 목적에 대한 수단으로 적합한 것"으로, 도덕적 책무를 그저 "우리가 속한 사회가 추구하는 복지의 개념에 따라 어떤 행위를 하거나 하지 않을 필연성"으로 정의한다(《보편 도덕》 II. I: 1~2면). 우리 모두가 항상 추구하는 목적은 자신의 보존과 즐거움이라는 점이 경험을 통해서 드러난다(I. I. II: 4면). 우리가 번영하기 위해서는 사회가 필요하다는 점을 전제할 때 도덕이 추천하는 덕은 오직 하나, 바로 정의이다. 일종의 덕으로서 정의는 인간에게 그 자신의 권리를 부여하려는 성향이다. 인간의 권리는 "자기 자신의 행복에 필요한 바를 획득하기 위해 자신의 의지와 능력을 자유롭게 사용할 수 있음을" 의미한다. 따라서 돌바크는 사회 구성원 중 어느 누구의 권리, 자유, 복지라도 손상하는 모든 행위는 정의롭지 못하다고 결론짓는다(II. IV: 84~85면). 이로부터 우리에게 필요한 모든 도덕 규칙이 어떻게 경

평화에 관한 아우구스티누스의 위대한 언급을 사려 깊게 반영한 것임에 틀림없는 내용을 이어 나간다.

험에서 도출되는지 알 수 있으며 따라서 도덕을 유용한 학문으로 전환할 수 있다.

서로 다른 시대에 속한 서로 다른 사회에서 서로 다른 다양한 규칙이 통용된다는 사실을 들어 보편적인 도덕이 존재하지 않는다고 주장하는 사람들에게는 그런 다양성이 단지 인류가 지금까지 감수할 수밖에 없었던 무지와 편견 때문이라고 말하기만 하면 충분하다. 무엇이 실제로 인간을 행복으로 이끄는가에 대한 무지, 즉 충분히 납득이 가지만 동시에 얼마든지 제거할 수도 있는 무지가 물론 존재한다. 하지만 돌바크는 이보다 해로운 원인 또한 작용한다고 생각한다. 우리의 도덕이 "타락한 까닭은 〔사람들을〕 마땅히 행복으로 인도해야 할 인물들이 … 사람들을 더욱 편하게 지배하기 위해서는 무자비하고 과격할 필요가 있다고 생각했기 때문이다"(《보편 도덕》 I, 서문: xxi면). 종교도 이런 잘못을 저지른다. 이에 관한 돌바크의 설명을 보면 그가 그의 언급 대부분에 대해 아마도 당황하고 경악하였을 일련의 사상가들과 밀접하게 연결됨을 알 수 있다. 그는 종교가 도덕을 파괴하는 결과를 낳는 까닭은 조잡한 수준의 주의주의에 집착하기 때문이라고 생각한다. 그는 컴벌랜드나 라이프니츠와는 달리 우리가 신의 도덕에 관해 주의주의자들이 허용하는 것보다 더 많이 알 수 있다는 것을 보임으로써 주의주의에 반대하지 않는다. 그는 종교적인 도덕을 가르치려는 사람들이 쓴 심리적인 가면을 벗기고 그들이 저지르는 해악을 폭로하려는 노력을 경주한다.

덕이 무엇이냐고 묻는다면 신학자들은 어떻게 대답하는가? 이들은 덕이 "자연을 지배하는 파악할 수 없는 존재의 의지"라고 말한다(《자연의 체계》 II. 9: 256면). 간단히 말하면 이들은 주의주의적인 대답을 제시한다. 이런 대답이 해로운 이유는 명백하다. 어떻게 신의 의지를 알 수 있는지 묻는다면 혼란으로 뒤범벅된 대답을 얻을 뿐이다. 결국 우리는 제멋대로 말하는 성직자들에게 의지할 수밖에 없다. 우리는 어떤 확고한 원리에도 이르지 못하는데 이는 모든 시대, 모든 사람도 마찬가지이다. 우리는 "변덕스러운 상상력"을 얻을 뿐이다(II. 9: 259면). 종교적인 도덕철학자들은 우리로 하여금 도덕이 가장 불확실한 학문이며, 극소수의 심오한 형이상학자만이 도덕의 원리를 깨달을 수 있다고 생각하도록 만든다. 하지만 돌바크는 이런 체계로부터 도덕을 이끌어 내려는 시도는 사실상 그 체계에, 즉 "성직자 각각의 변덕"에 복종하는 것에 지나지 않는다고 거듭 주장한다(II. 9: 265면). 그리고 이는 참담한 결과를 초래한다.

이제 돌바크는 다음과 같이 선언한다. "자연은 인간에게 너는 자유롭다, 지상의 어떤 권력도 너에게서 너의 권리를 정당하게 빼앗아 갈 수 없다고 말한다. 반면 종교는 인간에게 너는 노예다, 신이 너를 정죄했으므로 신을 대신하는 성직자들의 쇠몽둥이 아래서 평생 울면서 회개해야 한다고 외친다." 종교는 인간에게 통치자가 아무리 가혹하더라도 그에게 복종하라고 말하는 동시에 통치자에게는 모든 것을 바쳐 성직자에게 헌신하지 않으면 안 된다고 위협한다. 따라서 "종교는 군주를 타락시키고, 군주는 법률을 타락시킨다. 따라서 모든 제도는 그릇된다"(《자연의 체계》 II. 9: 270~271면). 이상적인 통치자는 "각 개인이 자기 자신의 이익으로부터 벗어나 전체의 이익에 기여하도록 요구하고, 유도하고, 강요해야 한다"(《보편 도덕》 I. VII: 37면). 한 사회의 지도자가 사회를 타락시켜 오직 변덕으로 사회를 인도한다면 그런 사회에 사는 사람들은 탐욕스럽고, 질투심 많고, 방탕하게 변한다. 또한 그런 사회는 사람들의 재능을 꺾어 버리고, 덕과 진실을 무시하고, 정의를 짓밟고, 절제하는 사람을 다만 가난하게 만들 뿐이다(《자연의 체계》 II. 9: 272~273면). 따라서 오직 자연의 도덕만이 이런 참혹한 상황을 치유할 수 있다.

돌바크는 이런 문제들을 바로잡는 일이 매우 어렵다는 점을 잘 알고 있다. 그답지 않게 우울함을 드러내는 한 대목에서 그는 사람들이 "자기 자신과 모순되게 … 덕과 악덕 사이를 계속 떠다닌다"고 한탄한다. 올바르고 정직한 삶의 진정한 가치를 한번이라도 깨닫는다면 사람들은 당연히 그런 삶을 살고자 할 것이다. 하지만 사람들은 그런 삶에서는 아무것도 얻지 못한다고 너무 성급하게 예단함으로써 "심지어 마음속으로 항상 원하는 행복을 스스로 방해하기도 한다". 돌바크는 "이런 타락한 사회에서 행복해지기 위해서는 자신을 타락시켜야만 한다"는 슬픈 결론을 내린다(《자연의 체계》 II. 9: 271~272면).

4. 벤담: 스스로 전개되는 세계에서 도덕의 형성

위와 같은 돌바크의 결론에 벤담(Jeremy Bentham, 1748~1832)은 동의하지 않았을 듯하다. 벤담과 관련해 널리 회자되는 이야기가 있는데 그 정확한 출처는 확인하기 어렵다. 언젠가 벤담은 왜 법률 개혁이라는 힘든 일에 평생 헌신했느냐는 질문을 받고, 다른 사람들처럼 자기이익을 추구한 것이기는 하지만 사실 자신은 그저 그 일을 즐겼을 뿐이라고 대답했다고 한다. 명백하게 그는 자신이 한 일을 사후의 천상에서 보답받으리라고 기대하지 않았다. 그는 젊은 시절부터 종교에 혐오감을 느꼈으며 갓 스무 살이 되자마자 법률에 매력을 느꼈다. [12] 그는 영국 법률 개혁의 근거가 되었던 자신의 유명한 원리들을 바로 출판하지 않고 미루다가 페일리의 윤리학 저술이 등장한 이후 친구들의 재촉을 받고서야 출판했다. 이렇게 출판된 《도덕과 입법의 원리 서설》(*Introduction to the Principles of Morals and Legislation*, 1789, 이하 《서설》로 약칭)은 페일리의 책만큼 성공을 거두지는 못했다. 재판은 1823년에 이르러서야 출간되었는데 이때는 페일리의 명성이 이미 사라지고 오늘날 우리가 의심 없이 인정하는 지위, 즉 현대 용어로 공리주의라 불리는 이론의 창시자라는 지위를 벤담에게 돌린 새로운 세대의 사상가들이 등장한 시기였다. [13]

공리주의라는 단어를 접하면 벤담을 유명하게 만든 문구, 즉 "최대 다수의 최대 행복"이라는 문구가 떠오른다. 도덕적 목적을 표현한 허치슨의 정식에도 이것에 매우 근접한 문구가 등장했다. 프랑스어로 번역된 허치슨의 저술을 읽었던 이탈리아의 형법 개혁론자 베카리아(Cesare Beccaria)는 자신의 저술 《범죄와 처벌에 관해》(*On*

---

12) 벤담과 종교에 관해서는 Steintrager(1971) 참조; 젊은 시절 그가 법률에 보인 관심에 관해서는 Bowring(1843): 27면 참조. Halevy(1928)에는 벤담의 지적인 발전 과정에 대한 간략하지만 유용한 설명이 등장하며, Mack (1962)에는 Halevy의 몇몇 주장을 수정한 더욱 긴 설명이 제시된다.
13) 벤담의 저술에 대한 초기의 반응에 관해서는 Schneewind(1977), 4장 참조. 1802년 벤담은 자신의 이론을 지칭하면서 "공리주의적"(*utilitarian*)이라는 용어를 사용했다(Bowring(1843): 320면). 하지만 이 용어의 명사형 (*utilitarianism*)은 이보다 늦게 등장했으며 벤담 자신이 사용하지는 않은 듯이 보인다. 벤담의 《도덕과 입법의 원리 서설》을 인용할 경우 해리슨 (Harrison)이 편집한 판의 면수를 표시했다.

Crimes and Punishments) 에서 "최대 다수에 의해서 나뉜 최대 행복"이라는 표현을 사용했다. 1767년 이 저술의 영어 번역본이 출판되었는데 여기서 이 표현이 잘못 번역되어 "최대 다수의 최대 행복"이라는 유명한 문구가 탄생했으며 벤담도 자신의 문구를 이로부터 가져왔다.[14] 벤담은 1776년 최초로 출판한 저술 《정부에 관한 단상》(*Fragment on Government*) 에서 이 문구를 사용했는데 이는 블랙스톤(Blackstone) 의 《영국법 주해》(*Commentaries on the Laws of England*) 를 비판하기 위해 쓴 책이었다. 벤담이 이 문구를 다시 사용한 것은 1820년대에 이르러서인데 이때는 약간의 제한 조건을 덧붙여 사용한다.[15] 하지만 이 문구가 표현한 생각은 ── 즉 양적으로 정확하게 계산할 수 있는 궁극적 목표를 명확한 도덕적 지침으로 삼아야 한다는 생각은 ── 그의 모든 저술을 관통하는 내용 중의 하나이다.

처음부터 벤담은 도덕을 계산할 수 있다는 생각을 당시의 법률을 비판하고 사회를 개혁하려는 자신의 노력을 뒷받침하기 위해 활용했다. 하지만 젊은 시절에는 그렇게 급진적인 태도를 보이지는 않았

---

14) 허치슨은 《아름다움 및 덕 관념의 기원에 관한 탐구》 II 3. viii, 181면에서 "따라서 최대 다수에게 최대 행복을 낳는 행위가 최선"이라고 말한다(앞의 제 16장 4절에서 인용). Shackleton(1988)에는 벤담에게 이 문구를 제공한 것은 1767년에 출판된 베카리아의 저술 영역본이며, 베카리아의 이탈리아어 원전이나 벤담이 이 문구를 발견했다고 기록한 프리스틀리의 저술 또는 엘베시우스의 저술에는 이 문구와 정확하게 일치하는 표현이 등장하지 않는다는 주장이 제기된다. Smith(1993)는 엘베시우스가 이 문구를 사용했다고 지적하면서 《인간론》을 인용한다. 하지만 이 저술은 벤담이 이 문구를 우연히 발견했다고 말한 1768년에는 아직 출판되지 않은 상태였다. 이 문구에 관한 벤담 자신의 언급에 관해서는 Mack(1963): 103면 및 각주 참조.

15) Rosen(1983): 201~203면 참조.

다.[16) 그는 일찍이 블랙스톤을 비판했지만 그 근거는 블랙스톤의 《영국법 주해》에 영국 법체계에 대한 서술만 등장할 뿐 평가가 제시되지 않는다는 점이었다. 블랙스톤은 이런 지적을 받아들이고 모든 문제점을 인정했다. 벤담은 블랙스톤식의 서술을 결코 수용할 수 없었다.[17) 법률가로서 교육을 받은 벤담이 도덕철학에 관심을 보인 까닭은 서로 대립하는 양측이 법적인 문제에서 동의할 수 있도록 도덕철학이 도움을 줄 수 있으리라고 생각했기 때문이다. 그로티우스와 달리 벤담은 서로 충돌하는 종교적 신앙에 대한 적대적 국가 사이의 논쟁을 먼저 다룰 필요는 없었다. 그는 몽테뉴처럼 이전의 철학이 행위를 인도하기 위해 제시한 여러 이론을 깨끗이 제거하려 했지만 몽테뉴보다 훨씬 더 냉정한 태도를 취했다. 이는 개인의 내면적 평정을 추구하기 위함이 아니라 도덕적 문제들을 해결하기 위한 절차를 제공하려 함이었다. 이 절차는 모든 사람이 공적으로뿐만 아니라 사적으로도 사용할 수 있는, 그리고 객관적으로 결정할 수 있는 사실로부터만 그 결과를 도출해 내는 절차이다.

벤담은 자신이 "옳고 그름의 기준에 관한 … 이전의 모든 체계들에" 반대한다는 점을 암시하기 위해 (《서설》 II. 14) 돌바크가 신학적 도덕의 기본적인 약점을 조롱하기 위해 사용했던 변덕이라는 용어를 도입한다 (II. 11 각주). 이전의 모든 이론이 도덕 판단을 이끌어 내면서 의존하는 유일한 사실은 개인적 판단에 불과한 시인과 부인

---

16) 벤담이 다른 학자들에 비해 일찍 급진주의로 나아간 까닭에 관한 설득력 있는 논의로는 Crimmins(1994) 참조.

17) 블랙스톤에 대한 벤담의 비판과 그것의 역사적 의미는 Lieberman(1989) 참조; 영국법에 관한 벤담의 견해는 Postema(1986) 참조.

의 감정에 관한 사실뿐이다. 하지만 시인 자체는 개인적 판단에 지나지 않는 변덕과 마찬가지의 결과를 일으킬 뿐이다. 도덕감, 상식, 지성, 권리의 규칙, 영원한 적절함, 자연법, 이성 또는 올바른 이성, 사물에 관한 진실 — 벤담은 이들 모두가 오직 다음과 같은 점으로 환원된다고 말한다. 즉, 발화자가 논의의 대상이 되는 행위에 대해 공감을 느끼는지 아니면 반감을 느끼는지로 환원될 뿐이다(II. 14 각주). 18) 신의 의지에 의존하는 도덕도 이보다 조금도 나을 것이 없다. 지금은 어느 누구도 계시에 호소해 정치적 조언을 구하지 않는다. 그리고 옳은 바는 곧 신의 의지와 일치하는 것이라는 말은 참일지는 몰라도 공허하다. 왜냐하면 "어떤 것이 신의 의지와 일치하는지 아닌지 알기 위해서는 그것이 옳은지 아닌지 먼저 알아야 하기 때문이다"(II. 18). 이런 주장과 더불어 벤담은 영국에서 이전에는 종교적 도덕철학자들에게 속했던 도덕 원리를 빼앗아 와 그의 표현대로 최대 행복의 원리라고 이름 붙인다(I. 1 각주).

벤담은 자신의 원리를 시인과 부인의 정서로 표현한다(I. 2). 하지만 그의 견해는 다른 모든 도덕 체계에서 시인과 부인을 단순한 느낌으로서 도입하는 것과는 구별된다. 이는 오직 그만이 "시인과 부인이라는 내부적인 정서를 정당화하고 인도하는 수단으로서 어떤 외부적 고려를 언급하기 때문이다"(II. 12). 19) 벤담이 생각하는 외부

---

18) 벤담은 이런 환원주의적 주장 및 자신의 다른 주장들을 뒷받침하는 언어와 의미 이론을 제시했다. 《허구에 관한 벤담의 이론》(*Bentham's Theory of Fictions*) 참조. 이 책에는 도덕 및 동기부여와 언어의 관계를 설명하는 수많은 대목이 등장한다. 하지만 나는 돌바크의 저술에서는 종교적 도덕이 결국 성직자들의 변덕스러운 판단으로 환원된다는 그의 주장을 지지하는 벤담과 유사한 이론을 발견하지 못했다.

적인 고려란 바로 우리가 선택한 행위가 산출하는 쾌락과 고통의 분량이다. 쾌락과 고통은 개인의 이익을 구성하는 궁극적인 요소일 뿐만 아니라 결국 공동체의 이익까지도 구성한다. 도덕적 문제는 우리가 실제 어떻게 판단을 내리는지, 혹은 우리의 숙고 중에 전혀 정당화되지 않은 느낌을 과연 은밀히 유지할 수 있는지에 대한 것이 아니다. 도덕적 문제는 결국 공적인 정당화의 문제이다. 벤담은 자신이 속한 공동체에 대해 무언가 의견을 표명하는 개인은 오직 그가 제시한 기초 위에서 도덕 판단을 정당화할 수 있어야 한다고 생각한다. 행위는 그 영향을 받는 사람들의 행복을 증진하는 한에서만 시인될 수 있으며, 더욱 큰 행복을 증진할수록 더 큰 시인을 받게 된다(I. 2: I. 6). 벤담은 이와 같은 원리가 필요하다는 점, 그리고 다른 어떤 원리도 그러한 역할을 하지 못한다는 점에 모든 사람이 동의할 것이라고 주장함으로써 최대 행복의 원리를 옹호한다.

공적으로 검증 가능한 사실에 호소하는 일이 필요한 까닭은 이와는 다른 대안을 결코 받아들일 수 없기 때문이다. 특히 정치적인 문제에서 공동체의 이익을 무시하는 것은 생각조차 할 수 없는 일이다. 벤담은 도덕을 검증하는 유일한 기준으로 공동체의 이익을 채택하지 않고서는 어느 누구도 이런 이익을 중시하는 대안적인 원리를 제시할 수 없다고 생각한다. 그렇다면 우리는 원리가 없이 단지 우리 자신의 느낌에만 기초해 도덕적 판단을 내려야 하는가? 만일 각

19) 다른 원리들에 반대하는 벤담의 논증은 홉스가 《리바이어던》: 46. 11에서 암시한 논증을 크게 확장한 형태를 취하며, 내가 앞서 제10장 4절에서 지적했듯이 결국 철학자들로 하여금 자신의 취향에 따라 도덕 규칙을 제시할 수 있도록 만드는 본질과 형식에 호소하는 것이기도 하다.

개인이 이런 식으로 판단한다면 그 결과는 완전한 혼란과 무질서일 뿐이며 이는 도덕의 객관적 특성을 파괴하고 도덕 판단을 개인적 취향의 표현으로 축소시키고 말 것이다. 아니면 그 대신에 우리는 오직 한 사람의 감정에 의해서 인도되어야 하는가? 벤담은 종교에 기초한 주의주의에 대해 큰 관심을 보이지 않지만 항상 반주의주의자들이 사용하는 표현을 통해 주의주의를 비난한다. 간단히 말하면 주의주의는 "전횡적일" 뿐이다(I. 14. 6; II. 15 각주 참조). 벤담의 원리는 우리 모두가 실제로 싸우지 않고 논쟁을 해결하는 방법이라고 동의할 수 있는 유일한 원리이다.

엘베시우스와 돌바크는 자신들의 기본 원리를 정당화하는 방식을 제시하는 데 큰 관심이 없었다. 벤담은 자신의 원리가 엄밀하게 증명될 수는 없다고 말한다. 또한 그것이 자명하다고 주장하지도 않는다. 하지만 그의 원리는 라이프니츠의 원리만큼이나 보편적이며 반면 새로운 방식을 통해 지지된다. 그는 자신의 원리가 현실에 적용될 경우 이성의 요구를 만족시킨다고 주장한다. 하지만 그 까닭은 클라크의 주장처럼 다른 원리들이 자기모순적이기 때문이 아니라 벤담의 원리만이 공적으로 옹호되는 의사결정의 기초를 제공할 수 있기 때문이다. 벤담은 오직 자신의 원리만이 우리가 원리를 필요로 하는 이유를 충족시킬 수 있다고 생각한다.

최대 행복의 원리는 또 다른 이점도 지닌다. 이 원리는 사람들이 믿고 의지할 수 있는 동기를 제공하는 유일한 원리이다(I. 14. 10; III). 벤담은 동기를 표현하는 언어들이 크게 다르지만 이런 언어의 배후에 놓여 있는 유일한 사실은 쾌락과 고통뿐이라고 주장한다. 행위의 결과로서 예상되는 쾌락과 고통 이외에는 어떤 것도 우리에게 동기를 제공하지 못한다(X. 5~7: 10). 그는 이런 사실이 우리가 다른 어떤 원리도 아닌 바로 최대 행복의 원리를 받아들이는 쪽으로 이끌린다는 주장의 근거를 분명히 제공한다고 생각한다. 하지만 그 이유는 결코 명확하게 설명하지 않는다. 쾌락주의적인 성향을 지닌 라이프니츠주의자라면 누가 선을 누리는지와 무관하게 우리가 필연적으로 선을 추구하는 쪽으로 이끌리며 선을 접할 때마다 선을 산출하려 한다고 주장할지 모른다. 하지만 벤담은 이런 주장을 펴지 않는다. 벤담은 우리가 때로 다른 사람들이 잘 살아가는 모습을 보고 쾌락을 느낀다는 점을 인정한다. 벤담은 우리를 자신의 쾌락이 고통을 능가하는 상태를 최대한 추구하는 존재로 여기지만 우리 모두가 반드시 이기적이라고 주장하지는 않는다. 그가 지적하는 것은 우리가 항상 다른 사람에 대한 애정에 이끌려 행위하지는 않지만 본성상 사회의 최대 행복을 추구하는 성향을 지닌다는 점이다. 벤담이 몹시 존경하는 흄은 정의(正義)를 추구하려는 본성적인 동기는 존재하지 않는다고 주장했다. 벤담은 이를 도덕 일반으로 확대해 반드시 극복되어야 하는 의무와 이익 사이의 분기라는 측면에서 표현하는데 다소 오해의 소지를 남기기도 한다.[20]

　이런 분기는 우리 자신의 행위를 통해서 극복되어야 한다. 도덕적으로 적절한 목표를 추구하는 것이 자신의 이익을 위한 행동임이 법으로 분명히 드러날 경우에만 우리는 그렇게 행동할 것이다. 입법자와 재판관의 임무는 "처벌과 보상을 통해 사회의 행복을 증진하는 것

---

20) 벤담이 흄으로부터 받은 영향을 직접 표현한 대목으로는 《정부에 관한 단상》: 1. 36 및 상당히 긴 각주 참조.

이다"(Ⅶ. 1). 엘베시우스나 돌바크와 마찬가지로 벤담은 적절한 법률이 핵심적인 도구라고 여기며 이를 통해 최대 다수의 최대 행복을 산출하는 방식으로 행위하는 것이 각 개인에게도 이익이 되도록 만들 수 있다고 생각한다. 프랑스의 이기주의자들은 주로 이론의 형성과 선전에 평생을 바쳤지만 벤담은 자신의 생각을 실현하는 데 필요한 법률과 제도를 정확하게 가르치는 일에 대부분의 삶을 소비했다.

그가 개발하거나 장려했던 계획들은 그의 전망대로 최대 행복의 원리가 도덕적 논쟁을 해결하고 사회 변화를 인도하는 방법을 제공한다는 것을 보여 주는 듯하다. 그는 깨끗한 식수를 공급하고 하수를 효과적으로 처리하려는 계획에 관여하기도 했는데 아마도 이런 일들이 명백히 큰 효용을 지닌다는 점은 분명할 듯하다. 하지만 그는 쾌락과 고통 간의 균형을 실제로 비교하고 대조하기 위한 진지한 과학적 탐구를 결코 요구하지 않았다(사실 그 이후 어떤 공리주의자도 이를 요구하지 않았다). 더욱이 그는 어떻게 개인들이 사적인 결정을 내리는 방법을 효용의 원리로부터 도출할 수 있는지 결코 제대로 설명하지 않았다. 그 이후 계속 이어진 철학적 논쟁은 이런 방법을 도출해 내는 데에 상당한 어려움이 있음을 보여 준다. 자기규율의 도덕이 개별적인 행위자가 자신이 행해야만 할 바를 스스로 이끌어 낼 수 있음을 전제한다면 벤담주의가 이런 도덕의 근거를 제공할 수 있는지는 불투명하다. 하지만 이후 등장한 공리주의자들이 자신들의 이론을 통해 그러한 방법을 발견할 수 있음을 보이려고 노력했다는 사실은 몹시 흥미롭다.

자기규율과 관련해 벤담의 이론은 또 다른 문제를 불러일으킨다. 벤담은 우리가 그 자체로 도덕적인 세계에 산다고 생각한다. 현세에

서도 내세에서도 우리를 위해 세계를 조화롭게 하는 신에게 의지할
필요가 없다. 도덕적 세계를 조화롭게 만드는 일은 오직 우리 자신
에게 달려 있다. 하지만 개인이 덕을 갖춘다고 해서 이런 조화가 이
루어지지는 않는다. 이런 일은 — 앞서 언급한 돌바크의 슬픈 결론
에서 명확하게 드러나듯이 — 오직 적절한 체계를 지닌 공동체를 통
해서만 가능하다. 벤담은 그 지배를 받는 사람이 외부의 어느 누구,
혹은 그 무엇에게도 복종하거나 제재를 받을 필요가 없는 도덕을 묘
사한다. 하지만 그는 또한 어떤 제재가 없이도 최대 행복의 원리에
따라 행위할 수 있는 강력한 성향을 우연히 지니게 된 사람들만을 위
한 도덕을 제시한다. 해링턴이 주장한 고전적인 공화정에서와 마찬
가지로 우리들 중 이런 성향을 지니지 않는 사람은 적절한 법적 체계
를 형성함으로써 타락을 극복하는 사회에서 살지 않는 한 유덕하게
행위할 수 없다.

5. 사드: 타락한 사회에서의 자기애

사드의 견해를 대변하는 한 인물은 다음과 같이 말한다. "최소한 우
리가 자유롭게 판단하는 한에서 삶에서 일어나는 모든 사건들에 대
해 … 우리는 두 가지 인상을 경험한다. … 그중 하나는 우리를 사람
들이 선하다고 — 그리고 덕이라고 — 부르는 바를 행하도록 이끌
며, 다른 하나는 사람들이 악하다고 — 또는 악덕이라고 — 부르는
바를 행하도록 이끈다. … 우리가 왜 이 두 가지에 관련되며 그 사이
에서 망설이는지 반드시 살펴보아야 한다."(《쥘리에트》(Juliette):

147면) 사드 후작(Marquis de Sade, 1740~1814)은 엘베시우스나 돌바크의 견해가 지닌 몇몇 문제들을 자신만의 방식으로 폭로했다.[21] 그는 구체제와 구교의 호교론자들에게, 아니 그 어떤 종류의 덕이나 종교라도 옹호하고자 하는 인물에게 전혀 호의적이지 않았다. 그의 견해는 내가 방금 논의했던 철학자들, 즉 엘베시우스와 돌바크, 벤담과 밀접하게 관련되는데 그 까닭은 그가 무신론, 기존 종교의 체계에 대한 증오, 심리적 이기주의 등을 이들과 공유했기 때문이다. 더 나아가 인간이 단지 완전히 결정된 자연의 일부에 지나지 않는다는 이들의 주장에 동의하면서도 사드는 때로 돌바크와 마찬가지로 자연이 우리에게 큰 교훈이 된다는 듯이 말한다. 설령 이들이 모두 자연의 제자라고 할지라도 사드는 다른 프랑스 철학자들이나 개혁가들과는 다른 내용을 자연으로부터 배웠다.

사드의 철학적 언급과 지적들은 성적인 탐닉과 학대로 가득 찬, 수천 페이지에 이르는 방대한 그의 저술 여기저기에 흩어져 있다. 다양한 인간과 그들의 역할을 결합하고 분해하는 서로 다른 방법에 관한, 거의 강박관념에 사로잡힌 듯한 환상적인 묘사와 마찬가지로 개인이 쾌락을 극단적으로 추구하는 것을 정당화하려는 그의 시도 또한 단지 제한적인 몇몇 관점에서만 유효할 뿐이다. 하지만 그의

---

21) 이런 맥락에서 사드의 견해를 논의하려는 생각뿐만 아니라 몇몇 상세한 부분들과 관련해 나는 사드를 다룬 도메네크(Domenech)의 유익한 저술 《계몽주의 윤리》(*L'ethique des lumières*)로부터 큰 도움을 받았다. 특히 214면 이하 참조. Smith(1993)에서는 사드가 후에 제기한 것과 같은 문제들에 대한 엘베시우스의 현실적인 또는 가상적인 대답들이 논의되는데 스미스는 엘베시우스의 비판자들이 이런 문제들 중 일부를 매우 빠르게 지적했다고 주장한다.

다양한 견해가 서로 조화를 이루어 하나의 전체를 이루는지 그렇지 않은지 물을 필요는 없다. 그의 전반적인 견해를 확인하는 것은 그리 어려운 일이 아니다.

사드가 엘베시우스나 돌바크, 벤담 등의 이름을 직접 언급하지는 않지만 이들이 공유한 기본적인 생각에 반대한다는 점은 분명하다. 이들은 모두 잘 질서 잡힌 사회에서는 입법자가 다른 사람의 행복을 증진하는 방식으로 행위하는 것이 각 개인에게도 이익이 되도록 만들 수 있다고 생각한다. 모든 사람들이 이런 사실을 깨닫는다면 우리는 결국 다른 사람들에게 이익을 주는 방식으로 행위하게 된다. 왜냐하면 우리 모두는 항상 자신에게 이익이 된다고 생각하는 방식으로 행위하기 때문이다. 자기이익은 제대로 이해되기만 한다면 덕을 낳을 것이다. 그런데 돌바크가 명백히 지적한 바대로 우리가 타락한 사회에 살고 있다는 점이 문제이다. 입법자들은 당시 프랑스 철학자들이 요구한 직무를 전혀 수행하지 않았다. 따라서 제대로 이해된 자기이익은 그런 사회에서 모든 사람이 동일하게 최대의 선을 위해 행위해야 한다는 요구를 합리적으로 할 수 없다. 합리성에 의해 그러한 행위를 할지, 하지 않을지는 오직 개인에게 달린 것이 되고 만다. 벤담이 암시하듯이 그러한 선택은 오직 개인의 취향에 의존한다. 법률의 개혁을 선호하는 사람은 공공의 선을 위해 행위할 것이다. 다른 취향을 지니기 때문에 그런 공평성에서 자신의 이익을 발견하지 못하는 이들은 다르게 행위할 것이며 그들에게는 그렇게 행위하는 것이 지극히 합리적이다.

엘베시우스가 묘사한 인간적인 사람은 다른 사람이 불행한 모습을 보거나 그렇다고 생각되는 것을 도저히 견딜 수 없기에 그들을 돕는 일이 실제로 자신에게 이익이 된다고 생각하는 자이다. 맨더빌이 제시한 예에서 등장하는, 자기 자신이 받을 고통을 완화하기 위해 불이 났을 때 아이를 구하는 사람의 경우처럼 엘베시우스의 인간적인 사람은 그런 일을 행하는 스스로를 격려하며, 이를 위해 물질적인 비용을 들이는 것도 충분히 가치 있다고 생각할 것이다. 또한 엘베시우스는 비인간적인 사람도 묘사하는데 그는 다른 이들이 불행을 겪는 모습을 보고 즐거워하는 사람이다. 그가 추구하는 쾌락은 그를 인간적인 사람과는 전혀 다른 방향으로 이끌 것이다. 그런데 사드는 바로 이런 비인간적인 사람에게 매혹된다. 사드는 무엇이 이런 유형에 속하는 남자 또는 여자에게 쾌락을 주는지 극도로 상세히 묘사한다. 사드가 묘사하는 행위들은 매우 극단적이기는 하지만 그 자신의 심리적, 사회적 견해를 전제할 때 나름대로 어떤 의미를 지닌다.

개인의 심리로부터 논의를 시작하자. 각 개인은 자신이 최대의 쾌락이라고 여기는 바를 추구한다. 사드가 생각하는 영웅은 폭력성과 잔학성이 클수록 쾌락의 정도 또한 증가한다고 생각한다(《쥘리에트》: 146, 174면). 따라서 가능하면 육체적 학대와 고문을 포함하는 유형의 성행위가 최대의 쾌락을 일으킨다. 만일 자연의 가르침을 진지하게 받아들여 행위의 자연스러운 결과를 자연법칙에 따르도록 만들기 위해 보상과 처벌이 주어진다고 여긴다면, 자연법칙이 이런 사람에게는 사드적인 쾌락을 요구한다고 생각해야 할 것이다. 모든 도덕철학자가 동의하듯 금욕에는 매우 큰 어려움이 따르는데, 이러한 사실은 자연이 지시하는 방향을 명백히 드러낸다〔《침실의 철학》(*Philosophy in the Bedroom*): 220면〕. 따라서 행위는 그 자체만으로는 선도 악도 아니다. 우리가 자연이 지시하는 방향과 다르게 생각하고 느낀다면 — 예를 들어 덕의 방향으로 이끌리는 것을 느낀다면 — 이는 단지 타락한 사회의 편견을 받아들였기 때문에 생겨난 나쁜 결과를 드러낼 뿐이다. 우리는 행위를 바꾸기보다는 양심의 가책에서 벗어나도록 자신을 단련해야 한다(《쥘리에트》: 170~172면). 자연은 많은 것을 창조하는 것만큼이나 자주 많은 것을 파괴한다. 자연은 창조를 필요로 하는 정도와 똑같이 파괴도 명백히 필요로 한다. 우리가 최대의 쾌락을 얻는 방법이 다른 사람을 고문해 불구로 만들거나 죽이는 것이라면 자연의 명령에 따라 그저 그렇게 할 수밖에 없다(《쥘리에트》: 172~173면; 《침실의 철학》: 238, 345면 참조). "다른 사람의 경험과 우리의 감각을 비교할 방법은 전혀 없다는 점"을 기억해야 한다. 우리는 다른 사람의 극심한 고통을 느끼지 못하는 반면 우리 자신의 쾌락은 매우 작은 것에라도 바로 반응한다. 따라서 "우리는 … 어차피 우리에게 전달될 수 없는 다른 사람의 거대한 고통보다는 우리를 사로잡는 최소한의 쾌락을 선호해야 한다. … 우리는 모두 혼자만의 외톨이로, 서로 분리된 존재로 태어나지 않았는가?"(《침실의 철학》: 283면)

하지만 우리에게는 다른 사람에 대한 사랑과 애정, 관심 등의 정서도 있지 않은가? 그러하지만 이런 정서는 우리에게 큰 손실을 끼친다. "당신의 마음에 절대 귀 기울이지 말라. … 그것은 정신의 그릇된 판단 이외에는 다른 아무것도 표현하지 않기 때문에 오직 기만적일 뿐이다."(《침실의 철학》: 340~342면) 자비로운 충동에 따라 행위하는 사람이 공공연히 자기이익에 따라 행위하는 사람보다 낫다는 바보 같은 생각을 해서는 안 된다. "이른바 덕이 있다는 정서는

… 장삿속의 악취를 풍길 뿐이다. 즉, 나는 당신에게서 무언가를 얻기 위해서 그 대가로 내 것을 당신에게 준다는 속내를 드러낸다.” 이것이 사실이라면, 또한 엘베시우스나 돌바크의 가르침대로 모든 자발적인 행위는 자기이익으로부터 등장한다면 “인간은 어떤 목적이 없이는 … 즉 자신이 바라는 이익을 얻거나 자신이 빚진 바에 대해 다른 사람에게 감사를 표하는 등의 목적이 없이는 결코 덕을 실천하지 않을 것이다”. 아무 동기도 없이 그저 선을 행하는 것을 목표로 삼는, 이익과 무관한 덕 따위는 결코 존재할 수 없다(《쥘리에트》: 144면). 따라서 전혀 무익하게 우리가 사랑하는 사람의 행복에 관심을 갖도록 만드는 애정으로부터는 당연히 벗어나야 한다(《쥘리에트》: 502면; 《침실의 철학》: 285면).

사드가 영웅시했던 남성이나 여성의 행위에 대한 사람들의 강력한 반대로부터 사드 자신도 결코 벗어나지 못했다. 결국 사드는 실제로 그런 행위에 가담했다는 이유로 자주 감옥에 갇혔다. 사드는 사람들의 반대에 대해 두 가지로 대답한다. 첫째, 그는 자연이 강한 자와 약한 자를 서로 다른 방식으로 행위하도록 만들었다고 분명히 선언한다. 부자는 자신만의 방식대로 삶을 즐길 권리를 살 수 있다. 자연은 약한 자가 노예가 되도록 만들었다. 약한 자에 대한 동정은 자연이 의도한 질서를 방해한다. 가난하고 약한 자도 강한 자와 마찬가지로 오직 자기 자신만의 이익을 추구한다. 단지 강한 자는 자신의 이익을 더욱 쉽게 얻는 것뿐이다. 물론 약한 자들은 그렇게 생각하지 않는다(《쥘리에트》: 174~179면). 두 번째 대답은 사드적인 삶이 법의 테두리 안에서 허용될 수 있는 사회적 질서를 요약해 제시한 것이다 ─ 하지만 그가 얼마나 진지하게 이를 제시했는지는 알 수 없다.

　사드는 대혁명 덕분에 왕과 성직자가 사라진 프랑스에 고전적인 공화정이 등장하기를 꿈꾼다. 우리는 법률의 제한을 최소한만 받으면서 가능한 한 제각각 자유롭게 살아야 한다. 그렇다면 어떤 법률이 필요한가? 우리는 신이 존재한다는 사실을 부정했으므로 신에 대한 의무는 더 이상 성립하지 않는다. 따라서 신에 대한 숭배를 명령하는 법률은 존재하지 않으며 그 결과 더 이상의 종교적 박해도 없다 (《침실의 철학》: 308~309면). 사드가 인정하는, 유일한 자기 자신에 대한 의무는 자살하지 말라는 것이다. 사드는 자살을 철저히 거부한다(337면). 다른 사람들에 대한 의무는 우리가 네 가지 문제에 주의를 기울이도록 만드는데 이들은 한 사람에 대한 평판에 영향을 미치는 요소, 그의 재산, 그의 인격 그리고 그의 삶이다(311면). 평판은 저절로 형성된다. 악덕은 언젠가 드러나고 덕은 결국 알려지기 마련이다. 재산과 관련해 공화정은 커다란 부의 불평등을 허용하지 않는다. 불공정하게 분배되지 않는 한 재산은 별 문제를 일으키지 않는다. 예를 들어 가난한 사람이 부자의 재산을 훔쳤다면 이는 가난한 사람이 불공정을 바로잡기 위해 한 일이다. 우리는 재산을 제대로 관리하지 않아 도둑맞았다는 이유로 부자를 처벌해야 마땅하며, 가난한 도둑을 더 가혹하게 처벌해서는 안 된다(314면). 다른 사람들의 인격을 보호하는 일은 그리 크게 어렵지 않다고 예상된다. 우리는 정절이나 순결의 덕을 지지하는 대신 국가가 공적인 비용을 들여 어느 누구든, 남자든 여자든 다른 이들을 모아 최고의 쾌락을 주는 것으로 생각되는 모든 종류의 행위를, 심지어 남색이나 근친상간까지도 마음껏 즐길 수 있는 공간을 마련해야 한다. 그렇게 하지 않는다면 우리의 욕구 안에서 강하게 요동치는 자연의 목소리를 인정하지 않는 셈이 된다(320~327면). 마지막으로 살인을 금지하는 법률이 필요한가? 그렇지 않다. 각자가 자신의 생명을 지켜야 한다. 오직 이를 통해서만 공화정은 국가를 방어하는 데 필요한, 강건하고 두려움을 모르는 시민을 얻게 될 것이다(331~337면).

사드의 여러 생각은 당시의 도덕 및 정치 이론을 탁월하게 풍자해 묘사한다. 때로는 자신의 생각을 표현한 전형이 고귀하다고 여기지만, 그는 자기애가 낳은 고귀한 결과를 공공연히 찬양하기보다는 오히려 타락한, 신이 없는 세계가 낳을 수밖에 없는 자기애의 결과를 있는 그대로 묘사한다. 그는 여러 저술을 통해 프랑스 백과전서파 철학자들의 사상을 비판하려 했지만 그의 견해는 너무 늦게 그리고 너무나 기괴한 형태로 제시되었으므로 백과전서파 철학자들이나 이들을 추종한 이후 철학자들에게 큰 영향을 미치지 못했다. 하지만 그가 여전히 우리에게 강력한 인상을 남기는 까닭은 — 다른 무엇보다도 특히 — 자기애를 옹호하려는 사상에 심각한 결함이 내재한다는 점을 매우 불쾌한 형태로 암시하기 때문이다.

찾아보기

용어

ㄱ ~ ㅁ

ㅂ ~ ㅇ

인물

제롬 B. 슈니윈드 Jerome B. Schneewind, 1930~

제롬 B. 슈니윈드 Jerome B. Schneewind, 1930~

1930년 뉴욕주 마운트버넌에서 태어났다. 코넬대를 졸업한 후 프린스턴대에서 석사 및 박사학위를 받았으며 시카고대, 프린스턴대, 피츠버그대, 스탠퍼드대 및 헬싱키대 등에서 철학을 가르쳤다. 1981년부터 존스홉킨스대에 재직하다 2003년에 은퇴, 현재는 명예교수로서 연구에 전념하고 있다. 1973년부터 1978년까지는 미국철학협회 회장직을 맡았으며 구겐하임재단 및 멜론재단 등에서 특별연구원직을 맡기도 하였다.

대표 저서로는 《영국 빅토리아 문학의 배경》(1970), 《시지윅의 윤리학과 빅토리아 도덕철학》(1977), 《근대 도덕철학의 역사: 자율의 발명》(1998), 《도덕철학사 에세이》(2009), 편저로는 《기부: 자선에 관한 서구 철학》(1996), 《칸트 윤리학 강의》(2001), 《도덕철학, 몽테뉴에서 칸트까지》(2003) 등이 있다.

슈니윈드는 도덕철학사와 윤리학 이론, 칸트, 영국 경험주의 분야의 탁월한 연구자로 평가받는다. 근대 도덕철학사에 관한 그의 연구는 오늘날의 철학 연구에 깊은 영향을 미쳤다. 특히 《자율의 발명》은 칸트의 문제의식을 상세히 추적하면서 방대하고도 치밀한 윤리학사를 완성함으로써 서양 근대 윤리학을 다룬 저술 중에서도 독보적 위치를 차지한다.

김성호 金聖昊

고려대 철학과를 졸업하고 같은 대학원에서 칸트 윤리학 연구로 철학박사 학위를 받았다. 서양근대철학회장, 한남대 연구원 등을 역임하였으며, 현재는 고려대, 강원대에서 철학사와 윤리학을 가르친다. 철학서 번역에 큰 관심을 갖고 여러 책을 지속적으로 번역 중이다. 대표적인 번역서로는 애링턴의 《서양 윤리학사》(서광사, 2003), 케니의 《고대철학》(서광사, 2008), 《중세철학》(서광사, 2010), 《근대철학》(서광사, 2014), 웨스트의 《밀의 공리주의 입문》(서광사, 2015) 등이 있다.